書不盡言
言不盡意
自覺聖智
完成人格

辛卯冬 二〇一二年
九四嵩壽
南懷瑾

楞严大义今释

南怀瑾 著述

出版说明

《楞严经》是我国禅宗、净土宗依奉的一部重要经典。自唐以来，仅是它的注疏就有一百多种，至于寺院内外的诵持讲习则更为普遍，有名的"楞严法会"就是据此建立的。《楞严经》全称《大佛顶如来密因修证了义诸菩萨万行首楞严经》，十卷，由唐代般剌密帝译出。经中主要论述了"根尘同源，缚脱无二"的理论，以及"二十五圆通法门"。明末高僧智旭评价说："此宗教司南，性相总要，一代法门之精髓，成佛作祖之正印也。"(《阅藏知津》卷十一) 本书为著名学者南怀瑾先生撰著的《楞严经》全本的大义今释，内容包括：原文、注释、今译和串讲（用括号的方式标出）。译文力求信雅达，推陈出新，化古为今，是一部质量较高的《楞严经》白话读本。

兹经版权方台湾老古文化事业公司授权，将老古公司二〇一二年三月第二版校订出版，以供研究。

复旦大学出版社
二〇一五年十一月二十六日

叙 言

（一）

在这个大时代里，一切都在变，变动之中，自然乱象纷陈。变乱使凡百俱废，因之，事事都须从头整理。专就文化而言，整理固有文化，以配合新时代的要求，实在是一件很重要的事情。那是任重而道远的，要能耐得凄凉，甘于寂寞，在默默无闻中，散播无形的种子。耕耘不问收获，成功不必在我。必须要有香象渡河，截流而过的精神，不辞辛苦地做去。

历史文化，是我们最好的宝镜，观今鉴古，可以使我们在艰苦的岁月中，增加坚毅的信心。试追溯我们的历史，就可以发现每次大变乱中，都吸收了外来的文化，融合之后，又有一种新的光芒产生。我们如果将历来变乱时代加以划分，共有春秋战国、南北朝、五代、金元、清等几次文化政治上的大变动，其间如南北朝，为佛教文化输入的阶段，在我们文化思想上，经过一段较长时期的融化以后，便产生盛唐一代的灿烂光明。五代与金元时期，在文化上，虽然没有南北朝时代那样大的变动，但欧亚文化交流的迹象却历历可寻。而且中国文化传播给西方者较西方影响及于中国者为多。自清末至今百余年间，西洋文化随武力而东来，激起我们文化政治上的一连串的变革，启发我们实验实践的欲望。科学一马当先，几乎有一种趋势，将使宗教与哲学、文学与艺术，都成为它的附庸。这乃是必然的现象。我们的固有文化，在和西洋文化相互冲突后，由冲突而交流，由交流而互相融化，继之而来的一定是另一番照耀世界的新气象。目前的一切现象，乃是变化中的过程，而不是定局。但是在这股动荡的急流中，我们既不应随波逐流，更不要畏惧趑趄。必须认清方向，把稳船舵，此时此地，应该各安本位，无论在边缘或在核心，只有勤慎明敏地各尽所能，做些整理介绍的工作。这本书的译述，便是本着这个愿望开始，希望人们明了佛法既不是宗教的迷信，也不是哲学的思想，更不是科学的囿于现实的有限知识。但是却可因之而对于宗教哲学和科学获得较深刻的认识，由此也许可以得到一些较大的启示。

（二）

依据西洋文化史的看法，人类由原始思想而形成宗教文化，复由于对宗教的反动，而有哲学思想和科学实验的产生，哲学是依据思想理论来推断人生和宇宙，科学则系从研究实验来证明宇宙和人生。所以希腊与罗马文明，都有它划时代的千秋价值。自欧洲文艺复兴运动以后，科学支配着这个世界，形成以工商业为中心的物质文明。一般从表面看来，科学领导文明的进步，唯我独尊，宗教和哲学，将无存在的价值。事实上，科学并非万能，物质文明的进步，并不就是文化的升华。于是在这科学飞跃进步的世界中，哲学和宗教，仍有其不容忽视的价值。

佛教虽然也是宗教，但是一种具有高深的哲学理论和科学实验的宗教。它的哲学理论常常超出宗教范畴以外,所以也有人说佛教是一种哲学思想,而不是宗教。佛教具有科学的实证方法,但是因为它是从人生本位去证验宇宙,所以人们会忽略它的科学基础,而仍然将它归之于宗教。可是事实上,佛教确实有科学的证验,及哲学的论据。它的哲学,是以科学为基础,去否定狭义的宗教;它的科学,是用哲学的论据,去为宗教做证明。《楞严经》为其最显著者。研究《楞严经》后,对于宗教、哲学和科学,都将会有更深刻的认识。

(三)

　　世间一切学问,大至宇宙,细至无间,都是为了解决身心性命的问题。也就是说,都是为了研究人生。离开人生身心性命的研讨,便不会有其他学问的存在。《楞严经》的开始,就是讲身心性命的问题。它从现实人生基本的身心说起,等于是一部从心理生理的实际体验,进而达致哲学最高原理的纲要。它虽然建立了一个真心自性的假设本体,以别于一般现实应用的妄心,但却非一般哲学所说的纯粹唯心论。因为佛家所说的真心,包括了形而上和万有世间的一切认识与本体论。可以从人人身心性命上去实验证得,并且可以拿得出证据,不只是一种思想论辩。举凡一切宗教的、哲学的、心理学的或生理学的矛盾隔阂,都可以自其中得到解答。

　　人生离不开现实世间,现实世间形形色色的物质形器,究竟从何而来?这是古今中外人人所要追寻的问题。彻底相信唯心论者,事实上并不能摆脱物质世间的束缚。相信唯物论者,事实上随时随地应用的,仍然是心的作用。哲学把理念世界与物理世界勉强分作两个,科学却认为主观的世界以外,另有一个客观世界的存在。这些理论总是互相矛盾,不能统一。可是早在两千多年前,《楞严经》便很有条理、有系统地讲明心物一元的统一原理，而且不仅是一种思想理论，乃是基于我们的实际心理生理情形，加以实验证明。《楞严经》说明物理世界的形成，是由于本体功能动力所产生。因为能与量的互变，构成形器世间的客观存在；但是真如本体也仍然是个假名。它从身心的实验去证明物理世界的原理，又从物理的范围，指出身心解脱实验的理论和方法。现代自然科学的理论，大体都与它相吻合。若干年后，如果科学与哲学能够再加进步，对于《楞严经》上的理论，将会获得更多的了解。

《楞严经》上讲到宇宙的现象，指出时间有三位，空间有十位。普通应用，空间只取四位。三四四三，乘除变化。纵横交织，说明上下古今，成为宇宙万有现象变化程序的中心。五十五位和六十六位的圣位建立的程序，虽然只代表身心修养的过程，事实上，三位时间和四位空间的数理演变，也说明了宇宙万有，只是一个完整的数量世界。一点动随万变，相对基于绝对而来，矛盾基于统一而生，重重叠叠，所以有物理世界和人事世间错综复杂的关系存在。数理是自然科学的锁钥，从数理之中，发现很多基本原则，如果要了解宇宙，从数理中，可以得到惊人的指示。目前许多自然科学不能解释证实的问题，如果肯用科学家的态度，就《楞严经》中提出的要点，加以深思研究，必定会有所得。若是只把它看作是宗教的教义，或是一种哲学理论而加以轻视，便是所有学术文化界的一个很大的不幸了。

（四）

再从佛教的立场来讨论楞严，很久以前就有一个预言流传着。预言《楞严经》在所有佛经中是最后流传到中国的。而当佛法衰微时，它又是最先失传的。这是寓言，或是神话，姑且不去管它。但在西风东渐以后，学术界的一股疑古风气，恰与外国人处心积虑来破坏中国文化的意向相呼应。《楞严》与其他几部著名的佛经，如《圆觉经》、《大乘起信论》等，便最先受到怀疑。民国初年，有人指出《楞严》是一部伪经。不过还只是说它是伪托佛说，对于真理内容，却没有轻议。可是近年有些新时代的佛学研究者，竟干脆认为《楞严》是一种真常唯心论的学说，和印度的一种外道的学理相同。讲学论道，一定会有争端，固然人能修养到圆融无碍，无学无争，是一种很大的解脱，但是为了本经的伟大价值，使人有不能已于言者。

说《楞严》是伪经的，近代由梁启超提出，他认为：第一，本经译文体裁的美妙，和说理的透辟，都不同于其他佛经，可能是后世禅师们所伪造。而且执笔的房融，是武则天当政时遭贬的宰相。武氏好佛，曾有伪造《大云经》的事例。房融可能为了阿附其好，所以才奉上翻译的《楞严经》，为的是重邀宠信。此经呈上武氏以后，一直被收藏于内廷，当时民间并未流通，所以说其为伪造的可能性很大。第二，《楞严经》中谈到人天境界，其中述及十种仙，梁氏认为根本就是有意驳斥道教的神仙，因为该经所说的仙道内容，与道教的神仙，非常相像。

梁氏是当时的权威学者，素为世人所崇敬。他一举此说，随声附和者，大有人在。固然反对此说者也很多，不过都是一鳞半爪的片段意见。一九五三年《学术》季刊第五卷第一期，载有罗香林先生著的《唐相房融在粤笔受首楞严经翻译考》一文。列举考证资料很多，态度与论证，也都很平实，足可为这一重学案的辩证资料。我认为梁氏的说法，事实上过于臆测与武断。因为梁氏对佛法的研究，为时较晚，并无深刻的功夫和造诣。试读《谭嗣同全集》里所载的任公对谭公诗词关于佛学的注释便知。本经译者房融，是唐初开国宰相房玄龄族系，房氏族对于佛法，素有研究，玄奘法师回国后的译经事业，唐太宗都交与房玄龄去办理。房融对于佛法的造诣和文学的修养，家学渊源，其所译经文自较他经为优美，乃是很自然的事；倘因此就指斥他为阿谀武氏而伪造《楞严》，未免轻率入人于罪，那是万万不可的。与其说《楞严》辞句太美，有伪造的嫌疑，毋宁说译者太过重于文学修辞，不免有些地方过于古奥。

依照梁氏第一点说，我们都知道藏文的佛经，在初唐时代，也是直接由梵文翻译而成，并非取材于内地的中文佛经。藏文佛经里，却有《楞严经》的译本。西藏密宗所传的大白伞盖咒，也就是楞严咒的一部分。这对于梁氏的第一点怀疑，可以说是很有力的解答。至于说《楞严经》中所说的十种仙，相同于道教的神仙，那是因为梁氏没有研究过印度婆罗门和瑜伽术的修炼方法，中国的神仙方士之术，一部分与这两种方法和目的，完全相同。是否是殊途同归，这又是学术上的大问题，不必在此讨论。但是仙人的名称及事实，和罗汉这个名词一样，并不是释迦佛所创立。在佛教之先，印度婆罗门的沙门和瑜伽士们，已经早有阿罗汉或仙人的名称存在。译者就我们传统文化，即以仙人名之，犹如唐人译称佛为"大觉金仙"一样，绝不可以将一切具有神仙之名实者，都攫为我们文化的特产。这对于梁氏所提出的第二点，也是很有力的驳斥。

而且就治学方法来说，疑古自必须考据，但是偏重或迷信于考据，则有时会发生很大的错误和过失。考据是一种死的方法，它依赖于或然性的陈年往迹，而又根据变动无常的人心思想去推断。人们自己日常的言行和亲历的事物，因时间空间世事的变迁，还会随时随地走了样，何况要远追昔人的陈迹，以现代观念去判断环境不同的古人呢？人们可以从考据方法中求得某一种知识，但是智慧并不必从考据中得来，它是要靠理论和实验去证得的。如果拼命去钻考据的牛角尖，很可能流于矫枉过正之弊。

说《楞严经》是真常唯心论的外道理论，这是晚近二三十年中新佛学研究派的论调。持此论者只是在研究佛学，而并非实验修持佛法。他们把佛学当作学术思想来研究，却忽略了有如科学实验的修证精神。而且这些理论，大多是根据日本式的佛学思想路线而来，在日本，真正佛法的精神早已变质。学佛的人为了避重就轻，曲学取巧，竟自舍本逐末，实在是不智之甚。其中有些甚至说禅宗也是根据真常唯心论，同样属于神我外道的见解。实际上，禅宗重在证悟自性，并不是证得神我。这些不值一辩，明眼人自知审择。《楞严》的确说出一个常住真心，但是它也明白解说了那是为了有别于妄心而勉强假设的，随着假设，立刻又提醒点破，只要仔细研究，就可以明白它的真义。举一个扼要的例子来说，如本经佛说的偈语："言妄显诸真，真妄同二妄。"岂不是很明显地证明《楞严》并不是真常唯心论吗？总之，痴慢与疑，也正是佛说为大智慧解脱积重难返的障碍；如果纯粹站在哲学研究立场，自有他的辩证、怀疑、批判的看法。如果站在佛法的立场，就有些不同了。学佛的人若不首先虚心辨别，又不肯力行证验，只是人云亦云，实在是很危险的偏差。佛说在我法中出家，却来毁我正法，那样的人才是最可怕的。

（五）

生在这个时代里，个人的遭遇，和世事的动乱，真是瞬息万变，往往使人茫然不知所之。无论是科学、哲学和宗教，都在寻求人生的真理，都想求得智慧的解脱。这本书译成于拂逆困穷的艰苦岁月中，如果读者由此而悟得真实智慧解脱的真理，使这个颠倒梦幻似的人生世界，能升华到恬静安乐的真善美之领域，就是我所馨香祷祝的了。

一九六〇年南怀瑾自叙于金粟轩

凡 例

一、本书只取《楞严经》的大意，用语体述明，以供研究者的参考，并非依据每一文句而译。希望由本书而通晓原经的大意，减少文字与专门术语的困难，使一般人都能理解。

二、特有名词的解释，力求简要明白；如要详解，可自查佛学辞典。

三、原文有难舍之处，就依旧引用，加" "号以分别之。遇到有待疏解之处，自己加以疏通的意见，就用（ ）号，表明只是个人一得的见解，提供参考而已。

四、本书依照现代方式，在文中加注章节，既为了便利于一般的阅读习惯，同时也等于给《楞严经》列出一个纲要。只要一查目录，就可以明了各章节的内容要点，并且对全部《楞严》大意，也可以有一个概念了。

五、关于《楞严经》原文的精义，与修持原理方法有连带关系者，另集为《楞严法要串珠》一篇，由杨管北居士发心恭录制版附后，有如从酥酪中提炼出醍醐，尝其一滴，便得精华。

六、本书译述大意，只向自己负责，不敢说就是佛的原意。读者如有怀疑处，还请仔细研究原经。

七、为了小心求得正确的定本,本书暂时保留版权,以便于汇集海内贤智大德的指正。待经过慎审考订,决定再无疑义时,版权就不再保留,俾广流通。

附注:

本书自一九七八年春,经修订重新印行,蒙南师怀瑾指示,对照原文编排,采用昔年慧因法师《楞严经易读简注》互为对照,以免读者须查对原经文句之劳。至于未作今释部分,统用《楞严经易读简注》所分段落附入,以期持有此书,即同拥有《楞严经》一部。特此说明。

老古文化事业公司编辑室

目 录

出版说明　1

叙言　1

凡例　1

楞严大义指要　1

楞严大义今释　9

第一章　心性本体论　10
问题的开始　12
心灵存在七点认识的辨别　13
真心与妄心体性的辨认　26
心性自体的指认　28

第二章　宇宙心物认识论　38
宇宙万有自性本体的认识　40
自性和物理现象界的八种分析　45

客观的物理世界与自性能见的主观无二无别　　50

自性本体超越自然与因缘和合　　57

个别际遇与共同遭遇的原因　　61

第三章　心理与生理现状为自性功能发生的互变　　65

心理与生理的五阴作用经验的分析　　69

心理与生理的六根作用（五官与意识）经验的分析　　75

身心与外界作用（十二处）经验的分析　　82

身心与外界之间（十八界）经验的分析　　88

第四章　物理世界与精神世界同为自性功能的显现　　94

地水火风空五大种性的剖视　　98

心意识精神领域的透视　　106

物理世间物质的形成　　115

众生世界生命的成因　　120

第五章　修习佛法实验的原理　　123

个人解脱成佛与群体的关系　　125

自性真心证悟的法则与原理　　131

解脱宇宙时空与物理世间束缚的法则与原理　　139

修证自性的法则与原理　　148

修证自性解脱的总纲　　155

二十五位实地修持实验方法的自述　　164

第六章　修习佛法的程序与方法　222
　　学佛修行入门的基本戒行　226
　　修学佛法进度程序的指示　246
　　五十五位修行的圣位和境界的含义　257
　　地狱天堂的有无与人生精神心理的因果关系　274
　　十种仙道与天人间精神心理的关系　277

第七章　修习佛法定慧中的错误和歧路　284
　　性空正觉的基本认识　285
　　色阴区宇——生理与心理互变范畴的魔境　288
　　受阴区宇——感觉变幻范畴的魔境　294
　　想阴区宇——想念中精神幻觉范畴的魔境　304
　　行阴区宇——心理生理的本能活动与对宇宙心物认识的偏差　318
　　识阴区宇——唯识境界中所生的偏差　331
　　解脱五阴和直指明心见性的结论　339

楞严法要串珠　343

增补楞严法要串珠修证次第　345

跋楞严大义今释　347

后记　350

南怀瑾先生著述目录　354

楞严大义指要

经题之标示

佛经与世间普通书籍，标题立义，都求能以一个名词而概内容，其理并无二致。佛所说群经，顾名思义，观览经题，可窥涯量。"楞严"一词，纯系译音，具有颠扑不破，坚固不坏，自性本来清净，常在定中之意。由此则见《楞严》全经之所指者，无非是直指人心，见性成佛法门。但直指见性，可与利智者言，未足为钝根者道。是以等次以求，有修行证验之方法与次序，以及种种方便，精详分析，可谓具全部佛法之纲要矣。故于其上标名为大佛顶、修证了义、诸菩萨万行也。

本经之缘起

佛说诸经，大体皆有缘起。举众所周知者而言，如《金刚经》，但从人本位之穿衣吃饭，平平实实之人生日常生活说起。如《维摩经》，首标佛国心地境界，而以维摩之卧疾说起。人生日常生活，不离穿衣吃饭，而穿衣吃饭中正具有人生无上之大智慧，故不得不说。人生必有老病之苦，于老病卧疾之中，更有人生无上之大问题，故又不得不说。《楞严经》中，首先从吃饭说起，因为吃饭，才发生阿难之行乞城中，途遇摩登伽女，一见倾心，几乎双双落在情波欲海之中，的的由此而来，明明白白，轻轻指出食色性也之人生一大苦恼。吾佛慈悲，故又不得不说出此中奥妙,如此如彼,乃有此一本经留传之大因缘。其中节节剖解,条理井然,由人生而宇宙,精神与物质,莫不层层分析无遗。自出生至老死,指出如何才为人生一大解脱境界。与其人生解脱之不易,而后始有修持实验方法之说明。故自阿难与摩登伽女之情天欲海始,最后结以修证解脱方法之不易原则。则曰:"生因识有,灭从色除。理则顿悟,乘悟并销。事非顿除,因次第尽。"

实则,阿难与摩登伽女,只是一个引子。茫茫人海,芸芸众生中,人不论黄白棕黑,物不论动植飞走,尽在情天欲海中头出头没,何一而非阿难与摩登伽女。"春蚕到死丝方尽,蜡炬成灰泪始干。"安得慈云法雨,洒下一滴滴清凉剂,解此尘劳烦恼!故吾佛不忍低眉独醒,不得不如此云云。此所谓如来密因也。系以诗曰:

> 紫陌芳尘日转斜,琵琶门巷偶停车,
> 枝头罗绮春无限,落尽天人一夜华。
> 好梦初回月上纱,碧天净挂玉钩斜,
> 一声萧寺空林磬,敲醒床头亿万家。
> 碧纱窗外月如银,宴坐焚香寄此身,
> 不使闲情生绮障,莫教觉海化红尘。

七处征心与八还辨见

佛问阿难,劈头一语,即询以为何出家学佛?阿难答以看见如来相好,故此出家。此所谓追赃断案,不可冤枉好人。阿难为了见相好而出家学道,心目中只因美感一念而来。美感一生,色情继起。情生欲障,叠叠而兴。无怪摩登伽女一见,加之以魔咒之力,阿难之本性全迷,定慧不力。魔从心造,妖由人兴,是摩登伽女之魔力耶?是阿难之自堕绮障耶?是吾辈芸芸众生之自丧人天眼目耶?诚不得而辨也。

阿难招供，即直吐心腹病根。佛如捉贼捕快，又节节迫进，问其能知色相之美妙者，究为何物？阿难毫不思索，即答以因目看见，心生爱好。此诚句句实情，人人如此，复有何疑。孰知佛却得寸进尺，追问能使心目发生爱好者之主人公，究乃谁为主使？只此一问，即使百万人天，一时茫然不知所对。明明是此心目，又是谁为主使？故有七处征心之往返论辩生矣。必使阿难与吾辈口服心服，然后才知吾佛之不诬不妄也。

七处征心者何？即如阿难所答：此心乃在身内，在身外，在根，在内外明暗之间，在思惟里，在中间，在无著处。此皆经佛一一辨证，无一是处，其详具如本文。即此七问七辨，阿难茫然，即举古今中外之学理，概括唯心唯物之理论，统使其抽丝剥茧净尽，无一真实存在可言。谁知阿难与吾辈之误，皆以此现在应用之心，即为心矣。佛所问心，谓此皆是妄心，只是应用之现象。如以妄心应用之现象而言，阿难所答者，并无过错。奈何此正为贼媒之窠臼，虚妄不实之尤者，并非真心自性。然则，心果有真妄之别乎？抑为话分两头，声东而击西耶？"一句合头语，千古系驴橛。"致使千秋浩浩，坐而商量断妄求真之辈，滔滔滚滚，如过江之鲫也。若然，妄缘不断，声色沉迷，不知何日是了，此岂即是真实耶？吾佛乃兴慈悲，到此无言可答，无理可申之处，强为铺排，说出真妄两相，于歧路中立碑为记，明告来者以此路不通。然后由憍陈那轻轻拈出："憧憧往来，朋从尔思"者，尽是浮光掠影，谓之客尘烦恼。此是大块文章，若非释迦文佛之大手笔，谁能写此！林林总总众生，困扰于客尘烦恼者，多如恒河沙数，由来久矣。岂但阿难一人之左倾右倒而已。迷心逐物，疑真疑假，虽有夫子之木铎，其奈聋聩者何！系以诗曰：

　　羊亡几度泣多歧，错认梅花被雪迷，
　　疑假疑真都不是，残蕉有鹿梦成痴。

一枕沉酣杜德机，尘埃野马乱相吹，

　　壶中偶放偷天日，照破乾坤无是非。

　　世间事物，尽为心上浮尘。草草劳生，终是一团烦恼。"天地者，万物之逆旅。光阴者，百代之过客。浮生若梦。"生前身后，众说纷纭，究不知其前因后果，为何而来者？虽尊为帝王，贱如蝼蚁，迨运至老大，齿落面皱，发苍苍而视茫茫，莫不到此兴悲，无可奈何！不知身后何往，故有波斯匿王之问。此乃人生必有之境，个个如此，他人不问，唯独波斯匿王起问，恰恰点出富贵恋生，贫贱轻死之事实。话说虽为帝王，到此亦无能为力者。学佛乃大丈夫事，非帝王将相之所能为，可为暮鼓晨钟，晓谕天下。吾佛乃就其所问，当场剖解其见性之实相，三岁观河，与百年视水，同此真实。生老病死，但为形变，固有不变者在也。奈"明足以察秋毫之末，而不见舆薪！"此一伏笔，乃石破天惊，引出以下八还辨见一大堆文章，无怪大众皆嗒然似丧其偶矣。系以诗曰：

　　华发无知又上颠，几回揽镜奈何天，

　　离离莫羡春风草，落尽还生年复年。

　　生死无端别恨深，浪花流到去来今，

　　白头雾里观河见，犹是童年过后心。

　　生死涅槃，皆如梦幻，吾辈何须求悟？何必成佛？又何以说众生皆为自性颠倒？吾佛经此一问，乃不惜饶舌，直指真心，明白指出心性之体用，是弥纶天地，开物成务，大而无外，小而无内。放之则弥六合，退而收藏于密，只在目前而人不识耳。乃有八还辨见，明示见性之真际。尘色本不迷人，人自迷于尘色。故吾佛指出"诸可还者，自然非汝。不汝还者，非汝而谁"，要当人自见自肯，直达心性不动之道场。无奈明理者多，实证者少。知解者多，行证者少。必须"悬崖撒手，自肯承当。绝后再苏，欺君不得"。若"心能转物，则同如来"，然后可以横身宇宙，去住自由，即佛即心，两不相涉。系以诗曰：

> 碎却菩提明镜台，春光秋色两无猜，
> 年来不用观花眼，一任繁华眼里栽。
> 不汝还兮更是谁，儿时门巷总依稀，
> 寻巢犹是重来燕，故傍空梁自在飞。

《楞严》之宇宙观与人生观

由七处征心而至八还辨见，已经明白指出尘尘逐逐，为烦恼窠臼者，都是心目为咎。然而人心，机也。目为心之开关也。如欲心目自不为咎，就要息机才对。此机究竟又从何而息？此诚为人生一大事因缘。机如不息，始终在柳暗花明处，循声逐色，依旧沉沦去也。于是佛又横说竖说，指出宇宙万象，无非物理变化之幻影。无奈众生妄见，而生个别与群见之异同。但从心物齐观，方知万象尽为能量之互变。而此能变之自性，固自寂然不动，无声无臭者也。迨感而遂通之后，即变动不居，周流六虚，困于夫妇之愚，日用而不知其至矣。因此又三科七大，详细指陈心物之真元。说出十八界因缘法则与自然之关系，指示一般见解之谬误。由此可以概括近世自然科学理论与哲学原理，了然无遗。上下古今，一串穿却。此是乾坤一只眼，直指心物同元，物我无二，涅槃生死，等是空花之境。人生到此，可以向无佛处称尊矣。然而问题至此，辨理愈精而实际愈迷。黑松林忽然闯出李逵，故有富楼那之卒然发问。若此世间之山河大地，形形色色之万有世间相，究竟胡为而来者？于是佛又不惜眉毛拖地，说出物质世界与众生世界之形成，从时间以称世，以空间而名界。时空无际，而对待成劳，则天地一指，万物一马，由身心而透法界。从法界复入身心。视此碌碌尘劳者，无非物理之变化。但能寂然观化，本分事即不离目前，可以当下明白，归家稳坐，毋须骑牛觅牛去也。所谓第一义谛，所谓第二义门，直指明心与闻思修慧，到此皆和盘托出，不尽言诠矣。系以诗曰：

鱼龙鹏鷃互相催，瞬息千秋自往来，
小坐闲窗观万化，乾坤一马走云雷。
万物由来自不齐，南山高过北山低，
空明虚室时生白，子夜漫漫啼木鸡。

根尘解脱与二十五位圆通

到此本已言语道断，心行处灭。忽然又奇峰突起，阿难却于言思不到处，等而再求其次，望佛说明解脱之方法。佛乃以华巾作成六结，譬喻身心六根结缚之因由，指出"虎项金铃，系者解得"。花果山上孙猴子，头上本无金箍，只因未曾悟空，不见如来，自苦不知其中底蕴耳。谁知万法本闲，唯人自闹，何须种了芭蕉，又怨芭蕉！然此是无门为法门，几人到此误平生！不如饮食男女，人人本自理会得到。因此复于无法中设法，佛乃命与会诸先进，各自陈述修持解脱之行业，如验兵符，如何契合，各各印证一番，此所以有二十五位圆通之作。恰如夫子所谓："二三子，吾无隐乎尔。"而此圆通，首由声色二尘开始，终以观音耳根圆通为结，千言万语，只是教人在声色上了，方得究竟。而色尘之结，尤较声尘为难解，如要跳出三界外，不在五阴中，仍须从解脱色尘入手，方透观音入道之要门。此乃顶门心上一只眼，画龙点睛之笔。本是平常，奈何修之不易，苟有不能，可以一一实验将来，千生万劫磨砺去也，系以诗曰：

谁教苦自结同心，魂梦清宵带影临，
悟到息机唯一念，何须解缚度金针。

妙高峰顶路难寻，万转千回枉用心，
偶傍清溪闲处立，一声啼鸟落花深。
秋风落叶乱为堆，扫尽还来千百回，
一笑罢休闲处坐，任他着地自成灰。

教理行果

从上娓娓说来，本来大事已毕，奈何"黄河之水天上来，奔流到海不复回"。唯恐平地凡愚，可望而不可即，乃急转直下，再说出一大藏教之戒定慧三学，无非是"莫以善小而勿为，莫以恶小而为之"。此理人人都知得，叵耐个个做不到。故再三叮咛咐嘱，正是"临行密密缝，意恐迟迟归"之慈母心肠也。于是详细指出轮回六道，因果循环，地狱天堂，人间苦海与圣贤之种种境界，此即所谓修道之谓教者，亦乃全部佛法之基石也。但又复坦然指出，所谓天堂地狱与因果轮回等事，皆此一心坚固妄想之所建立。纤尘飞而翳天，一芥坠而覆地，"自净其意，为诸佛教"。临歧叮咛，唯此而已。吾佛婆心恳切，恐来人于歧路徘徊，乃复说出修持过程中五十种阴魔境界之现象，"欲知山下路，须问过来人"。善恶由心，魔佛同体，执迷处即佛亦魔，放下了何魔非佛？故必须知得在"有佛处莫留恋，无佛处急走过"，则君子坦荡荡，不做小人长戚戚矣。古德有云："起心动念是天魔，不起是阴魔，倒起不起是烦恼魔。"乃知世人在开眼闭眼处，举足下足时，无一非心障之冤魂，其魔岂止五十种而已。但得正身心，魔境可成趣，则赤条条来去无牵挂，何有魔佛之可得哉！菩萨之位数五十有五，阴魔之境，只说五十者，乃综合身心是称五阴。五阴错综复杂而为用，五十相生，故数仅得此。《易》曰："天数五，地数五，天地之数，五十有五，其用四十有九。"舍此天地均数之五，故现象仅为五十。一点动随万变，故其用四十有九。如一尘不染，即万法不生。然则所谓五十五，或六十四圣位，与夫五种阴魔，都只是大衍之数，六十四卦之周天变相而已。周天之象，始于一，终于一，中通于五。故全经以情波欲海之一念始，以剖析五阴之空性为结。首尾关照，层次井然。一以贯之，等于未说一字也。系以诗曰：

游戏何妨幻亦真，莫将魔佛强疏亲，
心源自有灵珠在，洗尽人间万斛尘。
欲海情波似酒浓，清时翻笑醉时侬，
莫将粒粒菩提子，化做相思红豆红。
几年魂梦出尘寰，浊世何方乞九还，
一笑抛经高卧稳，龙归沧海虎归山。

庚子年春三月南怀瑾于净名盦
述楞严大义随笔之一

楞严大义今释①

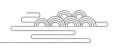

南怀瑾　述著

大佛顶如来密因修证了义诸菩萨万行首楞严经②

唐天竺沙门般剌密帝　译③
乌苌国沙门弥伽释迦　译语
菩萨戒弟子前正议大夫同中书门下
平章事清河房融④　笔受

---

① 楞严：大定之总名也，自性定也。佛自释首楞严为一切事究竟坚固。经云："常住妙明，不动周圆。"故为圆定。性自本具，天然不动，不假修成，纵在迷位，其体如故，故为妙定。凡不兼万有，独制一心者，皆非圆定。凡不即性，而别取工夫者，皆非妙定。古德称之为"彻法底源，无动无坏"之定。

② 大佛顶：此经题全文，为"大佛顶如来密因修证了义诸菩萨万行首楞严"十九字。大佛之顶，至尊无上，非相可见，喻圣凡同具之妙明真心，性净明体。如来为佛果之通称。菩萨此云大士。首楞严，此云究竟坚固。意谓吾人现前一念觉了之心，即具诸佛全体大用，以其缠诸幻妄，隐而不彰，故为如来之密因。十方如来，咸依此心，若修若证，彻底无疑，故为了义。三贤十地等觉一切菩萨，虽可九界示生，行迹不同，而此性净明体原无净垢，但除妄执，本自圆成，故曰究竟坚固也。

③ 般剌密帝：此云极量，中天竺人，即高僧传中之极量法师，唐中宗时，观方游化，来广州，住制止寺，譒译此经。

④ 房融：即房琯之父，武后时为相，后贬广州，寓制止寺，遇般剌密帝译此经，融为润文，并录而传之，故曰笔受。

第一章 心性本体论

如是我闻①。一时佛②在室罗筏（音伐）城③。祇（音其）桓精舍④。与大比丘众⑤。千二百五十人俱。皆是无漏大阿罗汉⑥。佛子住持。善超诸有。能于国土。成就威仪。从佛转轮。妙堪遗嘱。严净毗尼⑦。弘范三界。应身无量。度脱众生。拔济未来。越诸尘累。其名曰。大智舍利弗⑧。摩诃目犍（音肩）连。摩诃拘絺（音痴）罗。富楼那弥多罗尼子。须菩提。优波尼沙陀等。而为上首。复有无量辟支无学⑨。并其初心。同来佛所。属诸比丘休夏自恣。十方菩萨咨决心疑。钦奉慈严将求密义。即时如来敷座宴安。为诸会中。宣示深奥。法筵清众。得未曾有。迦陵仙音⑩。遍十方界。恒沙菩萨。来聚道场。文殊师利而为上首。时波斯匿王⑪。为其父王讳日营斋。请佛宫掖（音亦）。自迎如来。广设珍羞

---

① 如是我闻：谓如此经中所演之法，乃我亲从佛口所闻得者，此集经人，因佛立言，一切佛经，通依此冠之。——经文中的注释为慧因《楞严经易读简注》原注。
② 佛：梵语弗它耶，此云觉者，即释迦牟尼佛。
③ 室罗筏城：此云丰德，即舍卫国之王城也。
④ 祇桓精舍：桓，林也，乃祇陀太子所施之树林，精舍即给孤独长者为佛所建之讲堂也。
⑤ 比丘：此云乞士，乃受具足戒之男僧通称。
⑥ 阿罗汉：此云无生，乃诸欲净尽，烦恼不生，为小乘之极果也。
⑦ 毗尼：戒律之总称。
⑧ 大智舍利弗等：以下六人，皆佛之常随弟子。
⑨ 辟支无学：此云独觉，无师友教，修出世法，而悟道者。
⑩ 迦陵仙音：迦陵频伽，西方之仙禽也，其声和雅，喻佛声也。
⑪ 波斯匿王：此云胜军，即舍卫国王。

无上妙味。兼复亲延诸大菩萨。城中复有长者居士同时饭（音反）僧。伫（音柱，待也）佛来应（音硬）。佛敕（音饬，令也）文殊。分领菩萨及阿罗汉。应诸斋主。唯有阿难①。先受别请。远游未还。不遑（音皇，暇也）僧次。既无上座。及阿阇（读蛇）黎②。途中独归。其日无供。即时阿难。执持应器。于所游城。次第循乞。心中初求最后檀越③。以为斋主。无问净秽。刹利④尊姓。及旃（音占）陀罗⑤。方行等慈。不择微贱。发意圆成。一切众生。无量功德。阿难已知如来世尊。诃（同呵，责斥也）须菩提。及大迦叶（读摄）。为阿罗汉。心不均平。钦仰如来。开阐（音产）无遮。度诸疑谤。经彼城隍（隍城外池也）。徐步郭门。严整威仪。肃恭斋法。尔时阿难。因乞食次。经历婬室。遭大幻术。摩登伽女⑥。以娑毗迦罗先梵天咒⑦。摄入婬席。婬躬抚摩。将毁戒体。如来知彼婬术所加。斋毕旋归。王及大臣长者居士。俱来随佛。愿闻法要。于时世尊。顶放百宝无畏光明。光中出生千叶宝莲。有佛化身。结跏趺（音加夫，盘足坐也）坐。宣说神咒。敕文殊师利将咒往护。恶咒消灭。提奖阿难。及摩登伽。归来佛所。阿难见佛。顶礼悲泣。恨无始来。一向多闻。未全道力。殷勤启请。十方如来得成菩提⑧。妙奢摩他⑨。三摩。禅那。最初方便。于时复有恒沙菩萨。及诸十方大阿罗汉。辟支佛等。

---

① 阿难：此云庆喜，佛之从弟，从佛出家，多闻第一，佛灭之后，结集群经，受法为西天二祖，乃此经之当机人。
② 阿阇黎：此云轨范，僧侣远行，须三人，已外一上座，一轨范师，所以纠正行止，防过失也。
③ 檀越：此云施主。
④ 刹利：此云尊姓，即印度五族之一也。
⑤ 旃陀罗：此云屠者，即贱族。
⑥ 摩登伽：此云本性，淫女之名也。
⑦ 娑毗迦罗：此云黄发外道，先梵天咒，乃其所持之幻咒妖术，谓出于古之梵天也。
⑧ 菩提：此云觉道。
⑨ 奢摩他：此云止；三摩，此云观；禅那，此云静虑。俱为佛门之澄心定慧工夫也。

俱愿乐闻。退坐默然。承受圣旨。

　　尔时世尊。在大众中。舒金色臂。摩阿难顶。告示阿难及诸大众。有三摩提①。名大佛顶首楞严王。具足万行。十方如来一门超出妙庄严路。汝今谛（音帝，详审也）听。阿难顶礼。伏受慈旨。佛告阿难。汝我同气。情均天伦。当初发心。于我法中。见何胜相。顿舍世间深重恩爱。阿难白佛。我见如来三十二相②。胜妙殊绝。形体映彻犹如琉璃。常自思惟。此相非是欲爱所生。何以故。欲气麤（同粗）浊。腥臊（读星，骚臭气也）交遘。脓血杂乱。不能发生胜净妙明紫金光聚。是以渴仰。从佛剃落。

问题的开始

　　有一天，释迦牟尼佛③到舍卫国④波斯匿王⑤的宫廷里去，为追悼王父的忌辰而应邀赴斋。佛的从弟阿难⑥早年从佛出家，那天恰恰外出未归，不能参加。回来的时候，就在城里乞食，凑巧经过娼户门口，被摩登伽⑦女看见，爱上了他，就用魔咒迷住阿难，要想加以淫污。正当情形严重的关头，佛在王宫里已有警觉，立刻率领弟子们回到精舍，

---

① 三摩提：此云正心行处，即此经中所示之究竟坚固大定法门也。
② 三十二相：佛身从顶至足，有三十二种殊胜妙相，乃福慧两种功德之征。
③ 释迦牟尼佛：即中天竺（印度）迦毗罗国净饭王太子，十九岁出家，三十二岁成道，译曰能仁寂默。为娑婆世界之教主。
④ 舍卫国：地名，后以为国号。在今印度西北部拉普的河南岸，乌德之东，尼泊尔之南。
⑤ 波斯匿：舍卫国之王名，译曰和悦，又曰月光。
⑥ 阿难：译曰庆喜，乃佛堂弟，斛饭王之子。于佛成道日降生，王闻太子成道，一喜也。又斛饭王入宫，报告生子，请王赐名，又一喜也。故字曰庆喜。在佛弟子中，多闻第一。
⑦ 摩登伽：译曰小家种，亦曰下贱种，是其母名。女名钵吉蹄，译曰本性。虽堕淫女，本性不失。今云摩登伽女者，依母彰名也。

波斯匿王也随佛同来。佛就教授文殊①大士一个咒语，去援救阿难脱离困厄。阿难见到文殊，神智恢复清醒，与摩登伽女一同来到佛前，无限惭愧，涕泪交流，祈求佛的教诲。

佛问阿难："你以前为什么舍去了世间的恩爱，跟我出家学佛？"阿难答："我看到佛的身体，庄严美妙而有光辉，相信这种现象，不是平常人所能做到，所以就出家，跟您学法。"

佛言。善哉阿难。汝等当知一切众生。从无始来。生死相续。皆由不知常住真心性净明体。用诸妄想。此想不真。故有轮转②。汝今欲研无上菩提真发明性。应当直心詶（同酬，答也）我所问。十方如来同一道故。出离生死。皆以直心。心言直故。如是乃至终始地位。中间永无诸委曲相。阿难。我今问汝。当汝发心缘于如来三十二相。将何所见。谁为爱乐。阿难白佛言。世尊。如是爱乐，用我心目。由目观见如来胜相。心生爱乐。故我发心。愿舍生死。

心灵存在七点认识的辨别

佛说："世间的人，向来都不认识自己，更不知道自己不生不灭的常住的真心，本来是清净光明的。平常都被这种意识思惟的心理状态——妄想所支配，认为这种妄想作用，就是自己的真心。所以发生种种错误，在生死海中轮转不休。我现在要问你，希望你直心答复我的问题。你要求证得正知正觉的无上菩提，入门只有一个直径，这个直径，就是直心。你须要知道，一切正觉者成佛的基本行为，就是心口如一，绝不自欺。你因为看见了我外貌色相的美妙，就出家学佛，

---

① 文殊：译曰妙德，又曰妙吉祥。其德微妙，曾为七佛之师。降生之时，有十种吉祥瑞相。

② 轮转：即生死轮回也。

你用什么来看？又是哪个在爱好呢？"阿难答："能看见的是我的眼，能爱好的是我的心。"

佛告阿难。如汝所说。真所爱乐。因于心目。若不识知心目所在。则不能得降伏尘劳。譬如国王。为贼所侵。发兵讨除。是兵要当知贼所在。使汝流转。心目为咎（音久，过失也）。吾今问汝。唯心与目。今何所在。

佛说："你说由看见而发生爱好，是眼与心的作用。如果你不知道眼与心在哪里，就无法免除尘劳①颠倒的错误根本，不能消灭心理的烦恼。譬如一个国王，要用兵剿匪，倘使不知道匪在什么地方，如何去剿灭他们呢？你说，使你发生爱好的，使你在烦恼痛苦中流浪的，都是眼睛与心所指使。我现在问你，这能看的眼，与能爱好的心，究竟在哪里？"

阿难白佛言。世尊。一切世间十种异生②。同将识心居在身内。纵观如来青莲华眼。亦在佛面。我今观此浮根四尘③。祇（音支，但也）在我面。如是识心。实居身内。

阿难答："世间上一切有灵性的生物与人，他们能够看见的眼，都在面上。他们能够识别的心，都在身内。"（阿难第一次所答的观念，认为心在身内。）

佛告阿难。汝今现坐如来讲堂。观祇（音其）陀林今何所在。世尊。此大重阁清净讲堂。在给孤园。今祇陀林实在堂外。阿难。汝今堂中先何所见。世尊。我在堂中先见如来。次观大众。如是外望。方瞩（音烛，远视也）林园。阿难。汝瞩林园。因何有见。世尊。此大讲堂。户牖（音酉，窗也）开豁（音壑，空朗也）。故我在堂得远瞻见。佛告阿难。如

---

① 尘劳：尘有染污义，劳有扰乱义，尘劳即本末烦恼也。
② 十种异生：即十二类生之简称，包含胎卵湿化，一切有情动物而言。
③ 浮根四尘：即眼也，谓四种尘相，所成之粗浮眼根也。

汝所言。身在讲堂。户牖开豁。远瞩林园。亦有众生在此堂中。不见如来。见堂外者。阿难答言。世尊。在堂不见如来。能见林泉。无有是处。阿难。汝亦如是。汝之心灵一切明了。若汝现前所明了心实在身内。尔时先合了知内身。颇有众生。先见身中。后观外物。纵不能见心肝脾胃。爪生发长。筋转脉摇。诚合明了。如何不知。必不内知。云何知外。是故应知。汝言觉了能知之心。住在身内。无有是处。

认为心在身内的辨别

　　佛问："你现在坐在精舍①的讲堂里面，看外面的林园，在什么地方？"阿难答："这个精舍的讲堂，在这个园地里面，园林在讲堂的外面。"佛问："你在讲堂里面，先看到什么？"阿难答："我在堂内，先看到您，依次再看到大众。这样再向堂外看去，就可以看到园林。"佛问："你看到外面的园林，凭什么可以看见？"阿难答："这讲堂的门窗洞开，所以身在堂内，可以看见堂外远处的园林。"佛问："依你所说，你的身体在讲堂内，窗户洞开，方能见到远处的园林。是否会有人在堂内，根本不能看到堂内的我和大众，而只能看见堂外的园林呢？"阿难答："在堂内不能看见讲堂以内的人和景物，而只能看见外面的园林，绝无此理。"佛问："诚然如你所说，你的心，对于当前一切事物，都是明明了了。如果这个明明了了的心，确实存在于身体里面，就应该先能看到自己身体的内部。犹如一个人住在室内，应该先能看到室内的东西一样。试问，世界上有谁能够先看到了身体内部的东西，而后再见到外面的景物呢？你说心在身体内部，在内部应该先看见身内的心肝脾胃等机能的活动，以及指爪头发在内部生长的情形，筋脉动摇的状态。纵然不可以看见，至少亦应当明明了了。事实上，有谁能

---

① 精舍：以供众僧精修梵行之舍。

够自己看得见身体内部的状况呢？在身体以内，既然找不出能知能见的心是什么样子，何以能够知道心由内部发出身外的作用呢？所以你说，心在身体内部是错误的。"（分析一般观念，认为心在身内是错误的。）

阿难稽（音启）首而白佛言。我闻如来如是法音。悟知我心实居身外。所以者何。譬如灯光然于室中。是灯必能先照室内。从其室门。后及庭际。一切众生。不见身中。独见身外。亦如灯光。居在室外。不能照室。是义必明。将无所惑。同佛了义得无妄耶。

阿难问："听了佛的分析，我认为我和人们能知能见的心，是在身外。譬如一盏灯光，燃亮在室内，这个灯光，应该首先照到室内的一切，然后透过门窗再照到室外的庭院。世间的人，事实上不能自己看见身体内部，只能够看见身外的一切景物。犹如灯光本来就在室外，所以不能照见室内。"（阿难第二次所答的观念，认为心在身外。）

佛告阿难。是诸比丘。适来从我室罗筏城。循乞抟（音团）食①。归祇陀林。我已宿斋②。汝观比丘。一人食时。诸人饱不。阿难答言。不也。世尊。何以故。是诸比丘。虽阿罗汉。躯命不同。云何一人能令众饱。佛告阿难。若汝觉了知见之心。实在身外。身心相外。自不相干。则心所知。身不能觉。觉在身际。心不能知。我今示汝兜罗绵③手。汝眼见时。心分别不。阿难答言。如是。世尊。佛告阿难。若相知者。云何在外。是故应知。汝言觉了能知之心。住在身外。无有是处。

认为心在身外的辨别

佛问："刚才我们大家饿了，就去吃饭。试问，可否在饿时推派一

---

① 抟食：西竺古代习惯，以手代箸，抟取食物，故名。
② 宿斋：宿，预也，犹言我已先食也。
③ 兜罗绵：西竺所产细软之棉，喻佛手之贵相也。

个代表去吃，这个代表的人吃饱了饭，我们大家就可以不饿了呢？"阿难答："每个人的身体各自独立，各自存在，若要一个人代表大众吃饭，而使人人能饱，绝无此理。"佛说："你说这个明明了了，能知能觉的心，存在身外，那么身与心就应该各不相干。心所知的，身体不一定能感觉得到。如果感觉在身上，心就不能知道。我现在你身外一举手，你眼睛看见了，心内就有分别的知觉吗？"阿难答："当然有知觉。"佛说："既然身外一有举动，你心内在就有知觉的反应，何以认为心在身外呢？所以你说，心在身外是错误的。"（分析一般观念，认为心在身外是错误的。）

阿难白佛言。世尊。如佛所言。不见内故。不居身内。身心相知。不相离故。不在身外。我今思惟。知在一处。佛言。处今何在。阿难言。此了知心。既不知内。而能见外。如我思忖（寸上声，细思也）。潜伏根里①。犹如有人。取琉璃椀（同碗）。合其两眼。虽有物合。而不留碍。彼根随见。随即分别。然我觉了能知之心。不见内者。为在根故。分明瞩外。无障碍者。潜根内故。

阿难说："依照这样辨别，在身内既见不到心，而在外面的举动，内心就有反应，确见身心事实上不能分离，所以心在身外，也是错误。我再思惟，心是潜伏在生理神经的根里。以眼睛举例来说，就如一个人戴上玻璃眼镜，虽然眼睛戴上东西，但并不障碍眼睛，眼的视线与外界接触，心就跟着起分别作用。人们不能自见身体的内部，因为心的作用在眼神经的根里，举眼能看外面而无障碍，就是眼神经根里的心向外发生的作用。"（阿难第三次所答的观念，认为心在生理神经的根里，并举眼神经视觉作用来说明。）

佛告阿难。如汝所言。潜根内者。犹如琉璃。彼人当以琉璃笼

---

① 根里：浮尘眼根之里，即肉眼之内也。

眼。当见山河。见琉璃不。如是。世尊。是人当以琉璃笼眼。实见琉璃。佛告阿难。汝心若同琉璃合者。当见山河。何不见眼。若见眼者。眼即同境。不得成随。若不能见。云何说言此了知心。潜在根内。如琉璃合。是故应知。汝言觉了能知之心。潜伏根里。如琉璃合。无有是处。

认为心在生理神经根里的辨别

佛问："依你所说，认为心潜伏在生理神经的根里，并且举玻璃罩眼来说明。凡是戴上眼镜的人，固然可以看见外面的景物，同时也能看见自己眼睛上的玻璃啦？"阿难答："戴上玻璃眼镜的人，固然可以看见外面的景物，同时也可以看见自己眼睛上的眼镜。"佛说："你说心潜伏在生理神经的根里，当一个人举眼看见外面景物的时候，何以不能够同时看见自己的眼睛呢？假若能够同时看见自己的眼睛，那么你所看见的眼睛，也等于外界的景象，就不能说是眼睛跟着心起分别的作用。如果心能向外面看外界的景象，却不能够同时看见自己的眼睛，那你所说的能知能见明明了了的心，潜伏在眼神经的根里，与眼睛戴上玻璃眼镜的譬喻相比拟，根本是错误的。"（分析一般观念，认为心的作用，潜伏在生理神经根里，是错误的。）

阿难白佛言。世尊。我今又作如是思惟。是众生身。腑藏在中。窍穴①居外。有藏则暗。有窍则明。今我对佛。开眼见明。名为见外。闭眼见暗。名为见内。是义云何。

阿难说："再依我的思惟，人们的身体，腑脏在身体的内部。眼睛和耳朵等有窍穴的器官，在身体的外表。凡是腑脏所在的，自然暗昧。有窍穴洞开的，自然透明。例如我现在对佛，张开眼睛，就看到光明，

---

① 窍穴：眼耳口鼻之孔窍也。

所以名为见外。闭上眼睛，就只见到黑暗，所以名为见内。以此例来说明，或者比较明了。"（阿难第四次所答的观念，不是针对心在何处去辨别，只根据见明见暗来说明心在内在外的现象。）

佛告阿难。汝当闭眼见暗之时。此暗境界。为与眼对。为不对眼。若与眼对。暗在眼前。云何成内。若成内者。居暗室中。无日月灯。此室暗中。皆汝焦腑①。若不对者。云何成见。若离外见。内对所成。合眼见暗。名为身中。开眼见明。何不见面。若不见面。内对不成。见面若成。此了知心。及与眼根。乃在虚空。何成在内。若在虚空。自非汝体。即应如来。今见汝面。亦是汝身。汝眼已知。身合非觉。必汝执言身眼两觉。应有二知。即汝一身。应成两佛。是故应知。汝言见暗名见内者。无有是处。

认为心在见明见暗的作用上之辨别

佛对于这个问题，分举在外在内八点事实来辨别解释。佛对阿难说："第一，当你闭上眼睛，看见黑暗的现象，这个黑暗的现象，是不是与眼睛所看见的境界对立。如果黑暗现象，对立在眼睛前面，当然不能认为在眼睛以内。那么，所说暗昧境界，名为在内，事实与理论，不能成立。第二，如果看见黑暗现象，名为见内，那么处在完全黑暗的室内，室内的黑暗，都是你的内部了，能说这种黑暗现象，就是你的腑脏吗？第三，假若说，目前黑暗的现象，不与眼睛对立，须知不相对立的境界，眼睛根本就看不见。唯有离开互相对立的外境，只剩下绝对在里面的现象，才可以说是内在的境界。那你所说在内的实际理论，才可以成立。第四，闭上眼睛，认为就是看见身体的内部，那么，开眼看见外界的光明，这个心的作用，是由内到外，何以不能先

---

① 焦腑：上中下三焦，为六腑之一。

看见自己的面目呢？第五，假如由内到外，根本看不到自己的面目，你所认为内外界限对立的理论根据就不成立。假使心由内到外，可以见到自己的面目，这个明明了了，能知能觉的心，以及可以看见物象的眼，就悬挂在虚空之间，怎样可以名为在内呢？第六，如在虚空之间，自然不是你心的本能。那么，我现在坐在你的对面，可以看见你，是否我这个人也算是你自己的心与身呢？第七，我坐在你的面前，你的眼睛已经看到就知道了，你的心已经由你的眼到达我身上，同时你的身体仍然存在着有你自己的知觉。那么这个知觉作用，与你看见外界的知觉作用，是否同是你的心呢？第八，如果你坚执地说，身体与眼睛，各有独立的知觉，那么你便是有两个知觉了。那你的一身，应该有两个心性的体才是对的。综合上述理由，你说闭上眼睛，看见暗昧的景象，就叫做见内，根本是错误的。"（分析一般观念，认为心存在于开眼见明，闭眼见暗的作用是错误的。）

　　阿难言。我尝闻佛开示四众①。由心生故。种种法生。由法生故。种种心生。我今思惟。即思惟体。实我心性。随所合处。心则随有。亦非内外中间三处。

　　阿难说："我听佛说'心生种种法②生，法生种种心生③'，我现在再加思惟推测，这个思惟的作用，就是我心的体性。当这个心的思惟体性，与外面境界事物相连合，就是心之所在，并不一定在内，在外，或者在中间三处。"（阿难第五次所答的观念，认为思惟的作用，就是心的体性。）

---

① 四众：出家僧尼，及在家男女居士，合称四众。
② 法：一切事与理。
③ "心生种种法生，法生种种心生"：诸法本无，由心故有。心亦本无，因法故有。前一句"心生法生"，明法不自生，从心而起。后一句"法生心生"，明心不自生，由法而现。正显心本不生，法无自性，二俱无体，乃心法皆空之旨也。

佛告阿难。汝今说言。由法生故。种种心生。随所合处。心随有者。是心无体。则无所合。若无有体而能合者。则十九界因七尘①合。是义不然。若有体者。如汝以手自挃（音至，触也）其体。汝所知心。为复内出。为从外入。若复内出。还见身中。若从外来。先合见面。阿难言。见是其眼。心知非眼。为见非义。佛言。若眼能见。汝在室中。门能见不。则诸已死。尚有眼存。应皆见物。若见物者。云何名死。阿难。又汝觉了能知之心。若必有体。为复一体。为有多体。今在汝身。为复遍体。为不遍体。若一体者。则汝以手挃一支时。四支应觉。若咸觉者。挃应无在。若挃有所。则汝一体，自不能成。若多体者。则成多人。何体为汝。若遍体者。同前所挃。若不遍者。当汝触头。亦触其足。头有所觉。足应无知。今汝不然。是故应知。随所合处，心则随有，无有是处。

认为能思维的是心之辨别

佛说："依你所说'心生种种法生，法生种种心生'，思惟的意识作用，与现象界相合，就是心。那么，这个心根本就没有自己的体性，既然没有自体，就没有可以相合的。设使没有自体的东西可以相合，等于抽象与假设相合，只有名，并无事实，那还有什么道理呢！如果认为心是没有自体的，你用手扭痛自己身体某一部分，试问，你这个能够知觉疼痛的心，是你身体内部发出，还是由外界进来的呢？假若认为是从身内发出，同你第一次所讲的心在身内的观念一样，应该先能看见身内的一切。如果认为是从外界进来，同你第二次所讲的心在身外的观念一样，应该先能看见自己的面目。"阿难说："这个所谓能

---

① 十九界七尘：色声香味触法为六尘之定名，加六根六识，为十八界之定名，曰十九与七者，本无其实也。

看见的是眼睛,能知能觉的是心,并不是眼睛。若说必能先看见自己的面目,是不对的。"佛说:"假若认为眼睛是能见的,现在你在室内,试问这个室内所开的门窗,也能够看见东西吗?而且一般刚死的人,眼睛还在,他们的眼睛也应该看得见东西。倘使眼睛还能看见东西,就不是死人了。再说,你这个能知能觉,明明了了的心,必有一个自体。试问,它的自体是一个体呢?还是有很多个体呢?心在你的身上,是遍满的呢?还是部分的呢?假若认为只是一个体,那你用手扭痛某一部分,四肢应该同时感觉疼痛。如果扭痛在一部分,而四肢都感觉得疼痛,那么,开始被扭的那一部分的疼痛,就不局部存在了。如果扭痛的部分,必然有它固定的位置,那你认为全身只有一个心性之体,在经验上和理论上,都不能成立。倘若认为有很多的心性之体,那又成为一个有很多个心性的人了。而且究竟哪一部分的心性之体,才是你自己真实的心呢?同样的,如果认为身内存在的心性之体,是遍满全身的,那同上面所分析的一样,不必再说。假若认为身内的能知能觉的心性,并不遍满全身,那你碰头,同时也碰到足,既然头已经感觉疼痛,足就不会再感觉到疼痛。事实上,并不如此,全身碰痛,全身都有感觉。综合上述理由,你所说的,认为心性无体,因外界现象的反应,心就相合发生作用,根本是错误的。"(分析一般观念,认为心性思惟作用,并无自体。都因外界刺激,相合反应而生是错误的。)

阿难白佛言。世尊。我亦闻佛。与文殊等诸法王子。谈实相①时。世尊亦言。心不在内。亦不在外。如我思惟。内无所见。外不相知。内无知故。在内不成。身心相知。在外非义。今相知故。复内无见。当在中间。(《指掌疏》身心相知下,有不相离故)

阿难说:"我常听佛与文殊大士等讲自性的实相,您说:'心不在

---

① 实相:清净心体,无相可见之相,曰实相。

内,亦不在外。'我现在再加思惟研究,在内寻不到这个能知能觉的心,身外又没有一个精神知觉的东西。既然身内寻觅不到能知的心,所以不能认为心就存在身内。事实上身心又有互相知觉的关系,所以也不能认为心在身外。因为身心互相关系,才能互相感觉得到。但是向身内寻觅,又找不到心的形象。这样看来,它应该存在中间。"(阿难第六次所答的观念,认为心存在于身体中间。)

佛言。汝言中间。中必不迷。非无所在。今汝推中。中何为在。为复在处。为当在身。若在身者。在边非中。在中同内。若在处者。为有所表①。为无所表。无表同无。表则无定。何以故。如人以表。表为中时。东看则西。南观成北。表体既混。心应杂乱。阿难言。我所说中。非此二种。如世尊言。眼色为缘。生于眼识。眼有分别。色尘无知。识生其中。则为心在。佛言。汝心若在根尘之中。此之心体。为复兼二。为不兼二。若兼二者。物体杂乱。物非体知。成敌两立。云何为中。兼二不成。非知不知。即无体性。中何为相。是故应知。当在中间,无有是处。

认为心在中间之辨别

佛说:"你讲的中间,中间是独立性的,当然不能迷昧,而且一定有它固定的所在。你现在推测指定的中,这个中在什么所在?你认为在某一处,或某一点,还是就在身上?假若在身体上,无论在内部或表层,就都是相对待的一边,不能认为某一边就是中间,倘若认为在身体的当中,等于你的第一观念所讲的在身体内部。如果认为在某一处,或某一点,那么,这个处或点,是实际的有一所在,还是假设的无法表示?倘若它只是一个抽象的概念,那你所讲的中,等于没有,

---

① 所表:竖物以为标识也。

而且是假设的，不能绝对地固定。从理论的观点上来讲，一个人假定以某一处作为标记，称它为中，那么，从其他不同的角度来看，就没有绝对的标准了。譬如以东方为基点，这个表示标记就在它的西面，以南方为基点，这个表示标记就在它的北面。如此标示的准则，因方向而不同，观点跟着也混乱了。表示中间的观点既然混乱，这个心也就会跟着杂乱无章。"阿难说："我所讲的中，不是您所说的这两种。我的意思如您过去所讲，自身有肉体的眼神经等能看的因，就产生自己可以看见外界景象的缘，所以就形成眼睛能够看见东西的识别作用。眼睛自有分别，外界的物理现状是没有知觉的物体。因此知道这种识别的能力作用，发生在外界现象与眼睛接触的中间。这种作用现象，便是心的存在处，也就是心性的作用。"佛说："你说心在肉体物质的眼睛与外界现象发生反应的中间，那你认为这个心性之体，是兼带具备物质心识两种作用，还是不兼带两种作用呢？假若是兼带的，外界物质与心识就杂乱了。因为物质本身是没有知觉的，心识才具有知觉的功能。心物是两相对立的，如何能说心是在其中间呢？既然不能兼带具备这两种作用，肉体的物质是无知的，自然没有知觉，更谈不到有一知觉体性的存在，那你所说的中间是个什么状况？所以说心在中间，是绝对的错误。"（分析一般观念，认为心在物质与知觉，身体与外界现象的中间，是错误的。）

  阿难白佛言。世尊。我昔见佛。与大目连。须菩提。富楼那。舍利弗。四大弟子。共转法轮。常言觉知分别心性。既不在内。亦不在外。不在中间。俱无所在。一切无著。名之为心。则我无著。名为心不。

  阿难说："我从前常听佛说，这个能知能觉能分别的心性，'既不在内，亦不在外，亦不在中间'，一切都无所在，也不著于一切，这个作用，就叫做心。那么，我现在心里根本无著，这种现象，就是心吗？"（阿难第七次所答的观念，认为一切无著就是心。）

佛告阿难。汝言觉知分别心性。俱无在者。世间虚空。水陆飞行。诸所物象，名为一切。汝不著者。为在为无。无则同于龟毛兔角①。云何不著。有不著者。不可名无。无相则无。非无则相。相有则在。云何无著。是故应知。一切无著。名觉知心。无有是处。

认为无著即是心之辨别

佛说："你说能知觉能分别的心，无著于一切，现在必须先了解一切的含义。凡是水里游的、陆上爬的，空中飞的，这些种种世间生物，以及呈现在虚空中的物象，综合起来，叫做一切。心并不在这一切上，又无著个什么呢？其次，再说你所说的无著，究竟有一个无著的境界存在呢？还是没有无著的境界存在呢？如果没有无著境界的存在，根本就是没有。等于说，乌龟身上的毛，兔子头上的角，没有就没有，还有什么可以说无著！如果有一个无著境界的存在，那就不能认为没有，必定会有一种境界与现象。有了境界与现象，事实就有存在，怎么可以说是无著呢！所以你说一切无著，就名为能知能觉的心，是错误的。"（分析一般观念，认为一切无著就是心，是错误的。）（以上是有名的七处征心之论辨。）

尔时阿难。在大众中。即从座起。偏袒右肩。右膝著地。合掌恭敬。而白佛言。我是如来最小之弟。蒙佛慈爱。虽今出家。犹恃憍怜。所以多闻。未得无漏。不能折伏娑毗罗咒。为彼所转。溺于婬舍。当由不知真际所诣（音易，至也）。惟愿世尊。大慈哀愍。开示我等奢摩他路。令诸阐提②。隳（音挥，毁也）弥戾车③。作是语已。五体投地。及诸

---

① 龟毛兔角：龟本无毛，兔本无角，以喻事之有名无实。
② 阐提：此云断善根者。
③ 弥戾车：此云邪见。

大众。倾渴翘伫（音乔住，仰望也）。钦闻示诲。

尔时世尊。从其面门。放种种光。其光晃（煌上声）耀。如百千日。普佛世界。六种震动①。如是十方微尘国土。一时开现佛之威神。令诸世界合成一界。其世界中。所有一切诸大菩萨。皆住本国。合掌承听。佛告阿难。一切众生。从无始来。种种颠倒。业种自然。如恶叉聚②。诸修行人。不能得成无上菩提。乃至别成声闻缘觉③。及成外道④。诸天魔王。及魔眷属。皆由不知二种根本。错乱修习。犹如煮沙。欲成嘉馔。纵经尘劫⑤。终不能得。

云何二种。阿难。一者。无始生死根本。则汝今者。与诸众生。用攀缘心⑥。为自性者。二者。无始菩提涅槃⑦元清净体。则汝今者识精元明⑧。能生诸缘⑨。缘所遗者⑩。由诸众生。遗此本明。虽终日行。而不自觉。枉入诸趣。

真心与妄心体性的辨认

心，究竟在哪里？这个问题，阿难反复地提出七点见解，经过佛

---

① 六种震动：即动、踊、起、震、吼、击，按佛经中，凡佛降生、成道入定，说法涅槃，每遇非常时，乃有此相。
② 恶叉聚：恶叉，树名，聚其果也，一枝三果，其形如∴，喻惑业苦三者生必同聚也。
③ 声闻缘觉：声闻，由闻佛说苦集灭道，而修出世法者，缘觉，自观十二因缘，而成道者，皆非大乘也。
④ 外道：不入正理，但修邪因。
⑤ 尘劫：如尘沙多，不可数知之长时间也。
⑥ 攀缘心：由六尘缘影，所引起之第七转识也。
⑦ 无始菩提涅槃：菩提云觉，涅槃云无生灭，即自性清净心也。
⑧ 识精元明：乃八识之精元，即妙明心体也。
⑨ 能生诸缘：心境互生，随净缘则成佛果，随染缘则生九界。
⑩ 缘所遗者：诸缘既立，本明即失，缘所遗者，即元清净体。

的分析论辩，都被佛所否定。觉得平生所学，尽是虚妄，就非常惶惑，请求佛的指示，要求说明心性自体本来寂静的真理。

佛说："一切含有知觉灵性的众生，自无始时期以来，（时间无始无终，故名无始。）种种错误颠倒，都受自然的业力所支配，犹如连串的果实，从一个根本发生，愈长愈多。甚至一般学习佛法追求真理的人，虽然努力修行，亦往往走入歧途，不能得成无上菩提。（自性正知正觉。）都因为不知道两种基本原理，就胡乱修习佛法，'犹如煮沙，欲成嘉馔'，无论经过多久的时间，无论如何努力用功，终于不能得到至高无上的真实成就。"

佛又说："所谓两种原理：第一，自无始以来，作生死根本的，一切含有灵性众生的心理作用，凭借生理的本能活动，名为攀缘心。（普通心理现状，都在感想、联想、幻想、感觉、幻觉、错觉、思惟与部分知觉的圈子里打转，总名叫做妄想，或妄心。犹如钩锁连环，互相联带发生关系，由此到彼，心里必须缘着一事一物或一理，有攀取不舍的现象，所以叫做攀缘心。）第二，这种妄心状况，只是心理生理所产生的现象，不是心性自体功能的本来。自无始以来，心性功能的自体，是超越感觉知觉的范围的，元本清净正觉，光明寂然，为了界说分别于妄心，名为真心自性。（这个所谓真，只是在名词上为了有别于妄心而假设的。在人与一切含灵众生的本位上所产生的各种心理状况的妄想，与生理本能的活动，都是这自性功能所生的动态作用。）你现在的意识精神，原来自然具有自性灵明，能够产生心理生理各种因缘的作用。但是心理生理各种因缘现象的产生，推究其原因，各有其自己的所以然。如能将身心、物理、精神互相关系所产生的各种因缘，各自归返其所以生起攀缘的本位，这个本来清净正觉、光明寂然的自性，自会超然独立，外遗所有而得解脱。一切含灵的众生，都具有这个心性自体功能而发生种种作用。虽然终日应用，但是只能认识这个自性功能所产生的作用,而不能认识心性光明寂然的自体,所以才在生死之流当中旋转不已。"

阿难。汝今欲知奢摩他路①。愿出生死。今复问汝。即时如来举金色臂。屈五轮指②。语阿难言。汝今见不(否)。阿难言见。佛言。汝何所见。阿难言。我见如来举臂屈指。为光明拳。耀我心目。佛言。汝将谁见。阿难言。我与大众。同将眼见。佛告阿难。汝今答我。如来屈指为光明拳。耀汝心目。汝目可见。以何为心。当我拳耀。阿难言。如来现今徵心所在。而我以心推穷寻逐。即能推者③。我将为心。佛言。咄(音惰,呵叱也)。阿难。此非汝心。阿难矍(厥声,惊也)然。避座合掌起立白佛。此非我心。当名何等。佛告阿难。此是前尘虚妄相想。惑汝真性。由汝无始至于今生。认贼为子。失汝元常。故受轮转。

阿难白佛言。世尊。我佛宠弟。心爱佛故。令我出家。我心何独供养如来。乃至遍历恒沙国土。承事诸佛。及善知识。发大勇猛。行诸一切难行法事。皆用此心。纵令谤法。永退善根。亦因此心。若此发明不是心者。我乃无心同诸土木。离此觉知。更无所有。云何如来说此非心。我实惊怖。兼此大众。无不疑惑。惟垂大悲。开示未悟。

心性自体的指认

佛告阿难:"你现在想要了解心性寂然大定的正途,超越生死之流,必须先有正确的见解和认识。"佛于是举手成拳,再问阿难:"你

---

① 奢摩他路:奢摩他,为至静之法,即出生死到涅槃之路也。
② 五轮指:佛之一一指端,皆有十二轮相。
③ 能推者:推穷寻逐者识也,正以攀缘妄想为心,净性则不动也。

现在看得见吗？"阿难答："看见了。"佛问："你看见什么？"阿难答："我的眼睛看见您的拳，心里知道这是拳。"佛说："能看见的是谁呢？"阿难答："我同大众，用眼睛看见的。"佛又问："我的拳，当前照耀你的眼与心，你的眼睛既然可以看见，什么是你的心呢？"阿难答："您追问心在哪里，我现在便推测寻求。这个能够推测寻求的，大概就是我的心了。"佛说："咄！这个不是你的真心。"阿难听了，很惊诧地发问："这个不是我的心，该是什么呢？"佛说："这种作用，都是外界刺激的反应，产生变幻不实的意识思想，遮障惑乱你心性的自体。自无始以来，直到现在，一般人都认为这意识思想就是真心，犹如认贼为子，丧失本元常寂的心性自体，迷惑流浪在生死的漩涡里。"

阿难说："我是佛的宠弟，因心爱吾佛，所以出家专心学法。不但如此，对于其他善知识，我都恭敬受教，发大勇猛，凡一切求善求真的行为，不怕困难，都恳切地去实行。种种作为，事实上，都是运用这个心，才能做到。即使要反对真理，永退善根，也是这个心的运用。现在佛说这个不是心，那我等于无心，岂不等于无知的木石一样？离开这种知觉，还会有什么呢？何以佛说这个不是心？这样，不但是我，乃至在会的一般大众，恐怕都有同样的疑惑。希望佛发慈悲，再加开示我们一般未悟真心的人。"

尔时世尊。开示阿难。及诸大众。欲令心入无生法忍①。于师子座。摩阿难顶而告之言。如来常说诸法所生。唯心所现。一切因果。世界微尘。因心成体。阿难。若诸世界。一切所有。其中乃至草叶缕（吕平声）结。诘（音弃，责问也）其根元。咸有体性。纵令虚空。亦有名貌。何况清净妙净明心。性一切心。而自无体。若汝执悋（同吝）。分别觉观。所了知性。必为心者。此心即应离诸一切色香味触诸尘事业。别

---

① 无生法忍：无生法，即真如理，忍，即智也。

有全性。如汝今者承听我法。此则因声而有分别。纵灭一切见闻觉知。内守幽闲。犹为法尘分别影事。我非敕汝。执为非心。但汝于心。微细揣（吹上声）摩。若离前尘有分别性。即真汝心。若分别性。离尘无体。斯则前尘分别影事。尘非常住。若变灭时。此心则同龟毛兔角。则汝法身同于断灭。其谁修证。无生法忍。即时阿难。与诸大众。默然自失。佛告阿难。世间一切诸修学人。现前虽成九次第定①。不得漏尽成阿罗汉。皆由执此生死妄想。误为真实。是故汝今虽得多闻不成圣果。

内守幽闲是心理现状

　　这时，佛欲使阿难及一般大众，使心境进入"无生法忍"，（无生法忍，是佛法的专门名词，也就是上面所说的心性寂然正定的实际境象。现行的心理现状，不再起妄想作用，住于寂然不动。生理活动，亦因之进入极静的状态，住于心性寂然的自体实相，是见性入道的基本要点。因为这种妄想不生的实相，有动心忍性，切断身心习惯活动的现象，所以叫作法忍。）便用慈爱的手摩阿难头顶说："我常说，一切现象所生，都是心性自体功能所显现。一切世界的物质微尘，都因为从心性的本体功能而形成。世界上一切所有，一草一木，一点一滴，如果要研究它的根源，都有它自己的特性。即使是虚空，也有它的名称和现象。这个清净灵妙、光明圣洁的真心，为精神、物质、心理、生理的一切中心体性，哪里没有自体的呢？假若你坚执这个意识分别、感觉观看所了知的性能，认为就是真心，那么，这个心就应该离开现象界所有的色、香、味、感触等等事实作业，另外有一个完全独立的体性。例如你现在，听我说话，因为听到声音，你才产生了意识的分别。如果没有声音，能听的心性何在呢？即使你现在能够灭掉一切观

---

① 九次第定：四禅四空，及灭尽定，九种三昧，名俱解脱，而非无碍解脱也。

看、听闻、感觉、知觉的作用,'内守幽闲,犹为法尘分别影事。'其实,心内什么都没有,只守着一个幽幽闲闲、空空洞洞的境界,不过是意识分别现象暂时潜伏的影像,而不是心的真实自性之体。但是,我不是说这种现象,绝对不是你的真心所具有的一种作用。你可以从这种心理的现象上,仔细地去研究揣摩。假若离开精神物质,心理生理的现象以外,另有一个超然独立能够分别的自性,那才是你的真心自性。如果这个能够分别的性能,离开外界现象与经验,就没有自体,那就可以明白这些现象,都是外界与意识经验潜伏的影像。意识经验和外界现象,时时刻刻都在变动,不能永远长存。当意识变动了,现象消灭了,这个心不是等于零吗?那么,你的自性本体,等于绝对断灭无有,还有什么可以修行证明得到'无生法忍'呢?(换言之,假若守着一个幽闲空洞的境界,便认为是心性自体,若不守这个幽闲空洞,这种境界,也就立刻变去。这很明显地证明这样静止的境界,这是一种意识的现象而已,并不是真心自性的本体。)世间一切修行佛法的学人,即使现前可以成功九次第定,(九次第定,又名四禅八定。是佛法与外道等修行用功共通的境界。初禅,'心一境性',就是制心一处,心念专一的境象。二禅,'定生喜乐'。三禅,'离喜得乐'。四禅,'舍念清净'。并有四种定的境界,如:空无边处定,色无边处定,识无边处定,非想非非想处定。再加灭尽定,统名九次第定。)却不能得到圆满无漏的阿罗汉果,(所谓漏,就是烦恼的异名。无漏或漏尽,即是烦恼已尽。阿罗汉,是小乘修行人所达到的最高境界,断尽一切烦恼,完全没有了无明、欲和烦恼的渗漏,足为人天师表的果位。)都是因为执著这个生死妄想的妄心,把它当作了真心自性的本体。所以你虽然博闻强记,知识广博,记忆和听到的佛法也很多,仍然不能得到圣果,也由于这个原因。"

　　阿难闻已。重复悲泪。五体投地。长跪合掌。而白佛言。自我从佛发心出家。恃佛威神常自思惟。无劳我修。将谓如来惠我三昧①。不知身心本不相代②。失我本心。虽身出家。心不入道。譬如穷子。舍父逃逝。今日乃知虽有多闻。若不修行。与不闻等。如人说食。终不能饱。世尊。我等今者。二障③所缠。良由不知寂常心性。惟愿如来。哀愍穷露。发妙明心。开我道眼。

阿难听了佛的教诲，悲泣涕流地说："我常想仰仗佛的威神，不必自己劳苦修行，您会惠赏给我三昧。（心性寂然不动，照用同时的境界。）不知道各人的身心，本来不能代替，所以不能见到真心自性。我现在虽然身体出家，此心并未入道，譬如富家的骄子，违背慈父，自甘流浪在外，乞食他方。今天才知道虽然博闻强记，如果不用功修行求证，结果等于愚蠢无知，'如人说食，终不能饱'。人生现实境遇的烦恼，大体都被两种基本障碍所困惑：第一，被各种心理状态的情绪和妄想所烦恼，所谓我执，又名我障。第二，受一般世间现实的知识所障碍，所谓法执，又名所知障。都因为不能自知自见心性寂然常住的实相，希望佛哀怜我们，开发我们的妙明真心和道眼吧。"

即时如来。从胸卍字④。涌出宝光。其光晃昱（音育，光耀也）。有百千色。十方微尘。普佛世界。一时周遍。遍灌十方所有宝刹诸如来顶。旋至阿难。及诸大众。告阿难言。吾今为汝建大法幢。亦令十方一切众生。获妙微密。性净明心。得清净眼。阿难。汝先答我见光明拳。此拳光明。因何所有。云何成拳。汝将谁见。阿难言。由佛全体阎浮檀金⑤。皶（音吸，大赤色也）如宝山。清净所生。故有光明。我实眼

---

① 三昧：此云正受。
② 身心本不相代：出家是身，三昧为心，二事各行，无相替理。
③ 二障：一者理障，碍诸正见，二者事障，续诸生死。
④ 胸卍字：卍本非是字，佛胸前有此相，名吉祥海云，表无漏性德，武后权制此卍文，读之为万也。
⑤ 阎浮檀金：此金超过紫磨金色，百千万倍，用喻佛身光明。

观。五轮指端。屈握示人。故有拳相。佛告阿难。如来今日实言告汝。诸有智者。要以譬喻而得开悟。阿难。譬如我拳。若无我手。不成我拳。若无汝眼。不成汝见。以汝眼根。例我拳理。其义均不（否）。阿难言。唯然世尊。既无我眼。不成我见。以我眼根。例如来拳。事义相类。佛告阿难。汝言相类。是义不然。何以故。如无手人。拳毕竟灭。彼无眼者。非见全无。所以者何。汝试于途。询问盲人。汝何所见。彼诸盲人。必来答汝。我今眼前。唯见黑暗。更无他瞩。以是义观。前尘自暗。见何亏损。阿难言。诸盲眼前。唯睹黑暗。云何成见。佛告阿难。诸盲无眼。唯观黑暗。与有眼人。处于暗室。二黑有别。为无有别。如是世尊。此暗中人。与彼群盲。二黑校量。曾无有异。阿难。若无眼人全见前黑。忽得眼光。还于前尘见种种色。名眼见者。彼暗中人。全见前黑。忽获灯光。亦于前尘见种种色。应名灯见。若灯见者。灯能有见。自不名灯。又则灯观。何关汝事。是故当知。灯能显色。如是见者。是眼非灯。眼能显色。如是见性。是心非眼。

能见不是眼见

佛说："你先前答复我，看见了这个拳，何以有这个拳的色相？怎样变成这个拳？你又凭什么而看见？"阿难答："因为您身体自己具有色相的作用，所以才有这个拳的色相。看见的是我的眼，构成拳的是您的手。"佛说："老实告诉你，一切有智慧的人，要悟解真理，须要譬喻才能明白。譬如这个拳，假若没有我的手，根本就不能握成拳。假若没有你的眼，你也根本看不见。用你的眼睛，比我的拳，这个理由，是相同的吗？"阿难说："当然相同。如果没有我的眼，我哪里看得见？用我的眼，比您的拳，事实与理由都是相同的。"佛说："你说相同，其实不同。如果没有手的人，根本没有拳可握。但是瞎了眼睛的人，并不是绝对看不见。你试问路上盲人，你看得见吗？盲人必定答复你，我现在眼前，只看见黑暗，别的什么都看不见。可见一切盲目的人，只看见黑暗，他与一般眼睛不坏的人，在完全黑暗的房间里所看见的黑暗，有什么不同呢？假使瞎了眼睛的人，看见的完全是黑暗，忽然恢复了视觉，还是可以看见眼前的种种色相和现象的。你如果认为能看见的，是眼睛的功能。那么，眼睛不坏的人，在黑暗中看见前面完全是一片黑暗，等到有了灯光，仍然可以看见前面的种种色相，那么，应该说灯光才是能看见的本能了。假若灯光是能看见的本能，灯光自身具有看见的功能，那不叫做灯，灯应该就是你的眼才对。再说：灯自有能见的功能，和你又有什么相干？要知道灯只能发光照到一切色相，在光明中，你这个能看见的是眼睛，绝不是灯。由此你更须了解，眼睛只能照显色相，自身并不具有能见能分别的知觉功能。能见的是心性自体功能，并不是眼睛本质。"

阿难。虽复得闻是言。与诸大众。口已默然。心未开悟。犹冀（音记，希望也）如来慈音宣示。合掌清心。伫佛悲诲。尔时世尊。舒兜罗绵网相光手。开五轮指。诲敕阿难。及诸大众。我初成道。于鹿园①中。为阿若多五比丘②等。及汝四众言。一切众生。不成菩提。及阿罗汉。皆由客尘烦恼所误。汝等当时。因何开悟。今成圣果。时憍陈那。起立白佛。我今长老。于大众中。独得解名。因悟客尘二字成果。世尊。譬如行客。投寄旅亭。或宿或食。食宿事毕。俶（音促，整也）装前途。不遑安住。若实主人。自无攸（音悠，所也）往。如是思惟。不住名客。住名主人。以不住者。名为客义。又如新霁。清旸（音阳，日出也）升天。光入隙（音细，孔缝也）中。发明空中诸有尘相。尘质摇动。虚空

---

① 鹿园：即波罗奈国，鹿野苑也，五仙所居之修行处也。
② 五比丘：一为阿湿波，二跋提，三拘利，四憍陈那，五十力迦叶，前三为佛父族，后二为佛母族，侍佛雪山，后相继去鹿园，别修异道，佛成道后，为先说四谛法，憍陈那最先解悟，案憍陈那，即阿若多也。

寂然。如是思惟。澄寂名空。摇动名尘。以摇动者。名为尘义。

佛言如是。即时如来。于大众中。屈五轮指。屈已复开。开已又屈。谓阿难言。汝今何见。阿难言。我见如来百宝轮掌。众中开合。佛告阿难。汝见我手。众中开合。为是我手。有开有合。为复汝见。有开有合。阿难言。世尊宝手。众中开合。我见如来手自开合。非我见性有开有合。佛言。谁动谁静。阿难言。佛手不住。而我见性。尚无有静。谁为无住。佛言如是。如来于是从轮掌中。飞一宝光。在阿难右。即时阿难。回首右盼。又放一光在阿难左。阿难又则回首左盼。佛告阿难。汝头今日何因摇动。阿难言。我见如来出妙宝光。来我左右。故左右观。头自摇动。阿难。汝盼佛光。左右动头。为汝头动。为复见动。世尊。我头自动。而我见性尚无有止。谁为摇动。佛言如是。于是如来。普告大众。若复众生。以摇动者名之为尘。以不住者。名之为客。汝观阿难头自动摇。见无所动。又汝观我手自开合见无舒卷。云何汝今以动为身。以动为境从始洎（同及）终。念念生灭。遗失真性。颠倒行事。性心失真。认物为己。轮回是中。自取流转。（卷一终）

客尘为烦恼的成因

阿难与大众听了佛的解说，虽然口已默然，而心还没有开悟，仍然静待佛的教诲。佛就再向阿难和大众说："我初成道的时候，在鹿园中①，对憍陈那②等五人以及一般弟子们说：人们与一切众生，不能开悟自性，得成正觉，都是因为被客尘烦恼所误。现在要他们当时

---

① 鹿园：即鹿苑，在波罗奈国境，为古帝王苑囿，又为帝王养鹿之园。
② 憍陈那：译曰火器，以先世事火命族故。名阿若多，译曰解本际。因悟客尘二字之理，得成圣果。佛成道后首度五比丘，憍陈那为五比丘之一，在佛弟子中见解第一。

解悟的人，亲自提出说明。于是憍陈那就说：我在佛弟子当中，身为长老，大众推为见解第一，就因为我领悟到客尘二字，所以有此成就。譬如行客，投寄旅店，暂时寄居，不会安住。如果真是主人，自然安居不动，不会往来不定。我自己思惟，变动不住的名为客，安居不动的是主人。又如晴天，灿烂的阳光照耀天空，阳光射入门户的空隙里，在门隙光线当中，可以看到虚空中尘埃飞扬的景象。这些尘埃，在虚空中飞扬飘动，而虚空自体，依旧寂然不动。我由此思惟体会，澄清寂然，是虚空的境界。飞扬飘动，是空中尘埃的状态。"

于是佛在大众中，把手掌一开一合，问阿难说："你现在看到什么？"阿难答："我现在看到您的手掌，一开一合。"佛说："你看见我的手一开一合，是我的手有开有合呢？还是你的能见之性有开有合呢？"阿难答："佛的手在大众前一开一合，我看见您的手有开有合，并不是我能见之性有开有合。"佛说："那么谁动谁静呢？"阿难答："佛的手不停地在动，我的能见之性，跟着没有静过，谁又是不动的呢？"佛说："如是。"佛于是从掌中放一道光明到阿难的右方，阿难跟着转头向右方看去。佛又放一道光明到阿难的左方，阿难又跟着转头向左方看去。佛问："你的头现在为什么动摇？"阿难答："我看见您放光到我的左右两方，我的视线跟着光也向左右方追踪，头就跟着动摇了。"佛问："你左右转动顾盼的，是头动，还是能见之性在动呢？"阿难答："我的头当然在动，我的能见之性，正在追踪左右闪动的光，未曾停止，这中间实在不明白还有谁在动摇。"佛说："如是。"于是佛又向大众说："人们都以动摇的名之为尘，以不停止的名之为客。你们看阿难，头自动摇，能见之性并无动摇。再者，你们看我的手当然有开有合，可是你们的能见之性，并无卷舒开合。这个道理极其明显，何以你们反认为变动的是自身，动摇的现象是自己的实境呢？自始至终,时时刻刻,认定念念变动无住的意念,生起灭了,灭了生起的作用,当作自己的心性,遗失真心自性的自体,颠倒行事。致使性心失真。反认为物理变动的现象就是自己,在心理生理的范围内打转,自入迷误。"

(以上《楞严经》第一卷竟)

第二章　宇宙心物认识论

尔时阿难。及诸大众。闻佛示诲。身心泰然。念无始来。失却本心。妄认缘尘。分别影事。今日开悟。如失乳儿。忽遇慈母。合掌礼佛。愿闻如来。显出身心。真妄虚实。现前生灭与不生灭。二发明性。时波斯匿王。起立白佛。我昔未承诸佛诲敕。见迦旃延毗罗胝（音支）子①。咸言此身死后断灭。名为涅槃。我虽值佛。今犹狐疑。云何发挥证知此心。不生灭地。今此大众。诸有漏者。咸皆愿闻。

佛告大王。汝身现在。今复问汝。汝此肉身。为同金刚常住不朽。为复变坏。世尊。我今此身。终从变灭。佛言大王。汝未曾灭。云何知灭。世尊。我此无常变坏之身虽未曾灭。我观现前。念念迁谢。新新不住。如火成灰。渐渐销殒（音允，灭也）。殒亡不息。决知此身。当从灭尽。佛言。如是。大王。汝今生龄。已从衰老。颜貌何如童子之时。世尊。我昔孩孺。肤腠（音甫皮，凑肉也）润泽。年至长成。血气充满。而今颓（音推，衰也）龄。迫于衰耄（音帽，惛也）。形色枯悴。精神昏昧。发白面皱（音绞奏，叠也）。逮将不久。如何见比充盛之时。佛言大王。汝之形容。应不顿朽。王言世尊。变化密移。我诚不觉。寒暑迁流。渐至于此。何以故。我年二十。虽号年少。颜貌已老初十岁时。三十之年。又衰二十。于今六十。又过于二。观五十时。宛然强壮。

---

① 迦旃延毗罗胝子：此二人即印度当时之九十六种外道中断见外道也，涅槃本意为无生灭，彼人邪计，谓死后断灭，无苦无乐为涅槃。

世尊。我见密移。虽此殂（音诸，迁也）落。其间流易。且限十年。若复令我微细思惟。其变宁唯一纪①二纪。实为年变。岂唯年变。亦兼月化。何直月化。兼又日迁。沈思谛观。刹那②（音挪）刹那。念念之间。不得停住。故知我身。终从变灭。佛告大王。汝见变化。迁改不停。悟知汝灭。亦于灭时。汝知身中有不灭耶。波斯匿王。合掌白佛我实不知。佛言。我今示汝不生灭性。大王。汝年几时。见恒河水。王言。我生三岁。慈母携我。谒耆婆天③。经过此流。尔时即知是恒河水。佛言大王。如汝所说。二十之时。衰于十岁。乃至六十。日月岁时。念念迁变。则汝三岁见此河时。至年十三。其水云何。王言。如三岁时。宛然无异。乃至于今。年六十二。亦无有异。佛言。汝今自伤发白面皱。其面必定皱于童年。则汝今时。观此恒河。与昔童时。观河之见。有童耄不。王言。不也。世尊。佛言大王。汝面虽皱。而此见精。性未曾皱。皱者为变。不皱非变。变者受灭。彼不变者。元无生灭。云何于中受汝生死。而犹引彼末伽黎④等。都言此身死后全灭。王闻是言。信知身后舍生趣生⑤。与诸大众。踊跃欢喜。得未曾有。

　　阿难即从座起。礼佛合掌。长跪白佛。世尊。若此见闻。必不生灭。云何世尊。名我等辈。遗失真性。颠倒行事。愿兴慈悲。洗我尘垢。即时如来垂金色臂。轮手下指。示阿难言。汝今见我母陀罗⑥手。为正为倒。阿难言。世间众生。以此为倒。而我不知谁正谁倒。佛告阿难。若世间人。以此为倒。即世间人。将何为正。阿难言。如来竖臂。兜罗绵手。上指于空。则名为正。佛即竖臂。告阿难言。若此颠

---

① 一纪：十二年为一纪。
② 刹那：一念具有九十刹那，言最短之时限也。
③ 耆婆天：耆婆，此云命，即长命天神，西竺风俗，子生三岁，即谒此庙。
④ 末伽黎：此云不见道，亦断见之外道也。
⑤ 舍生趣生：犹言死此而生彼也。
⑥ 母陀罗：此云印，即佛结印之手也。

倒。首尾相换。诸世间人。一倍瞻视。则知汝身。与诸如来清净法身。比类发明。如来之身。名正遍知。汝等之身。号性颠倒。随汝谛观。汝身佛身。称颠倒者。名字何处。号为颠倒。于时阿难与诸大众。瞪瞢（音邓蒙，直视也）瞻佛。目睛不瞬（音舜，目转也）。不知身心颠倒所在。

佛兴慈悲。哀愍阿难及诸大众。发海潮音①。遍告同会。诸善男子。我常说言。色心诸缘②。及心所使诸所缘法。唯心所现。汝身汝心。皆是妙明真精妙心中所现物。云何汝等。遗失本妙。圆妙明心。宝明妙性。认悟中迷。晦昧为空。空晦暗中。结暗为色。色杂妄想。想相为身。聚缘内摇。趣外奔逸。昏扰扰相以为心性。一迷为心。决定惑为色身之内。不知色身。外洎（同及）山河虚空大地。咸是妙明真心中物。譬如澄清百千大海弃之。唯认一浮沤体。目为全潮。穷尽瀛渤。汝等即是迷中倍人（加倍之人）。如我垂手。等无差别。如来说为可怜愍者。

宇宙万有自性本体的认识

这时，波斯匿王起立问佛："我以前听迦旃延③、毗罗胝④子们说：这个物质的身体，死后就灭亡断绝了，这样就叫做不生不灭的涅槃⑤。我现在听佛所讲，感觉非常困惑，希望佛再说明其中道理，如何证明

---

① 海潮音：海潮无念，至不失时，喻佛应机说法，不待请也。
② 色心诸缘：色，指五根六尘，心，指六识八识，诸缘，即六根六识所缘诸法，心所使，即五十一心所法也，诸所缘法，即山河大地，明暗空塞，真妄邪正因果等，皆由现前一念真心所现，如镜中影，影实非镜也。
③ 迦旃延：译曰剪发，即外道六师之一。邪计一切众生，都是自在天所造作。
④ 毗罗胝：译曰不作，母名也。自名删奢夜，译曰圆胜。今从母立称，曰毗罗胝子，亦外道六师之一。邪计苦乐等报，现在无因，未来无果。
以上两种外道，皆以断见为主，故咸言此身死后断灭，无有后世，名为涅槃。
⑤ 涅槃：译曰不生不灭。

这个真心自性，确是不生不灭的。我想在会一般初学的人，一定也都很希望知道这个道理。"

佛说："你现在的身体，是不是渐渐地变坏了呢？"王答："我这个身体，现在虽然还没有坏，将来一定要变坏的。"佛问："你现在还没有衰坏灭亡，何以知道将来一定会衰坏灭亡的呢？"王答："我这个身体，现在虽然还没有衰坏，但是当我观察现在的情形，时时刻刻都在变迁，新陈代谢，永不停留，如火成灰，渐渐地消灭，当然将来会衰坏灭尽的。"佛问："你现在年龄已经衰老，颜貌和儿时相较，又怎样呢？"王答："我在童年时期，皮肤组织细嫩光润。后来年龄长大，血气充满。现在年老衰退，形容憔悴，精神昏聩，头发白了，面皮皱了，距离死期，恐怕不远了，怎样可以与壮年时代相比较呢？"佛问："你的形体与容貌，应该不是在短时期内就衰坏的罢！"王答："变化实在是逐渐的在暗中推移，不知不觉的随着寒暑的交流和时间的变迁，慢慢地形成今天的状态。当我在二十岁的时候，虽然还算少年，实际颜貌已比十岁的时候衰老了。三十岁的时候，比二十岁又衰老得多了。现在六十二岁，回忆起来，觉得五十岁的时候，也比现在强壮得多。我看这种变化，暗中在推移，不是十年，也不是一年一月一天的迁易。实在是每分每秒，刹那刹那，念念之间，不会停止地随时变化，所以断定将来一定会衰坏灭尽的。"佛问："你看到变化，迁改不停，领悟到身体生命一定会衰坏灭亡。但在变灭的过程当中，你还知道有一个不灭的自性存在吗？"王答："我不知道有这个永不坏灭的自性存在。"佛说："我现在指示你这个不生不灭的自性。让我问你，你在几岁开始见过恒河的水？"王答："我在三岁的时候，跟着母亲去祭天①，经过恒河，那个时候就知道是恒河，看见了河里的水。"佛问："你刚才说，

---

① 祭天：参拜耆婆天，译曰长寿天，印度古俗，谒此天神以求长寿也。

你的年龄随着岁月在变迁衰坏,你在三岁的时候,看见恒河,到十三岁的时候,再看见恒河,它的水又怎样了呢?"王答:"河水还同我三岁的时候一样,现在已经六十二岁,河水还是没有变样。"佛问:"你现在自悲老大,发白面皱,形貌身体,比童年的时候衰老,等于换过了一个人身。但是你观看河水的见精自性,和从前童年时代观看河水的见精自性相较,是否变动衰老了呢?"王答:"这个见精自性,并未变动。"佛说:"你的身体面貌虽然衰坏,但这个能见的见精自性,并未衰坏。会变迁,有生灭的,当然会变坏,那个不变坏的,自然不生灭、不变迁、也没有生死了。你何以引用一般断灭的观念,认为此身死后便一切完全消灭了呢?"

阿难跟着就问:"如果说:这个见闻的自性,一定是不生不灭的,何以您说我们遗失了真心自性,颠倒行事呢?"于是佛就把手垂下来,问阿难说:"现在我的手,是正的还是倒的?"阿难答:"依照一般世间习惯,都认为这样下垂的手,是倒的。而我实在不知道哪样是正,哪样是倒。"佛问:"世间一般习惯,以为这样是倒的,究竟哪样是正的呢?"阿难答:"您的手若是指向上空,就是正的了。"佛说:"同样的手,上下头尾一掉换,世间一般习惯,就发生不同的观念。你与我的身体,也同这种情形一样。佛的身体,叫做正遍知之身。你们未成道之身,就叫做颠倒自性。依你仔细的观察,你与我的身体,所谓正倒不同原因在哪里?"阿难与大众,听了佛的问话,大家都茫然,不知所答。

心物一元的自性本体之说明

佛说:"我常说:'汝身汝心,皆是妙明真精妙心中所现物。'物理世间的各种现象,与精神世界的各种作用,所发生心理生理的事实,都是真心自性本体所显现出来的。你的物质的身体生理与精神的心理现象，也都是心性自体功能所显现的东西。自性本体的真心实相，灵妙光明而清虚，是万有的根元。何以你们遗失了圆满的、灵妙的真心，舍弃了宝贵的、光明的自性，在灵明妙悟中，自取迷昧。迷昧中唯一所感觉的境象，是空空洞洞的。空洞暗昧是物理现象界的最初本位。由此空沿暗昧形成物质和生理的本能，于是生理的本能活动与情绪妄想相混杂，形成心理状态，而显出精神的作用。精神作用与意识妄想，又产生生理活动的情状。精神作用与生理本能，聚在一身内活动而使生命存在，因此互相发生作用，奔流向外，成为世间各种业力。在休息静止的时候，所剩余的，只有昏昏扰扰、空空洞洞的感觉。一般人就认为这种空洞昏扰的情形，就是自己心性的根本现象。'一迷为心，决定惑为色身之内。不知色身，外洎山河虚空大地，咸是妙明真心中物。譬如澄清百千大海，弃之。唯认一浮沤体，目为全潮，穷尽瀛渤。'既然迷惑这种现象，认为是自己的心性，就坚决误认心性自体是存在于生理色身之内。殊不知身心内外，以及山河大地，乃至无边无际的虚空，都是这万有本源灵妙光明的真心自性本体功能所产生的东西。只是一般人见不到这个事理的实际，认为自己一身是我，困于这个小天地之中。譬如要见海的全貌，却抛弃了海洋不肯信任，只去看大海中所起的一点浮沤，认为已经看到了无边的大海。所以我说，你们都是愚昧当中的迷人。画地为牢，自甘舍大而取小，迷心认物，不能游心于方之外者。例如我的手，上下交互掉换，你就不知道哪样是正的，哪样是倒的，实在太可怜悯了！"（其实上指下指都是手，由于世间的观念认识，确定它的状态有所差异，而有正和倒的不同。心、佛、众生，性相平等，人人具足，个个现成。不是心，不是佛，也不是物，只在目前人不识。）

阿难承佛悲救深诲。垂泣叉手。而白佛言。我虽承佛如是妙音。悟妙明心。元所圆满。常住心地。而我悟佛现说法音。现以缘心。允所瞻仰。徒获此心。未敢认为本元心地。愿佛哀愍。宣示圆音①。拔我疑根。归无上道。佛告阿难。汝等尚以缘心②听法。此法亦缘。非得法性。如人以手。指月示人。彼人因指。当应看月。若复观指以为月体。此人岂唯亡失月轮。亦亡其指。何以故。以所标指为明月故。岂唯亡指。亦复不识明之与暗。何以故。即以指体。为月明性。明暗二性。无所了故。汝亦如是。若以分别我说法音。为汝心者。此心自应离分别音有分别性。譬如有客。寄宿旅亭。暂止便去。终不常住。而掌亭人。都无所去。名为亭主。此亦如是。若真汝心。则无所去。云何离声。无分别性。斯则岂唯声分别心。分别我容。离诸色相。无分别性。如是乃至分别都无。非色非空。拘舍离③等。昧为冥谛。离诸法缘。无分别性。则汝心性。各有所还。云何为主。

阿难言。若我心性。各有所还。则如来说。妙明元心。云何无还。惟垂哀愍。为我宣说。佛告阿难。且汝见我。见精明元。此见虽非妙精明心。如第二月④。非是月影。汝应谛听。今当示汝无所还地。阿难。此大讲堂。洞开东方。日轮升天。则有明耀。中夜黑月。云雾晦暝。则复昏暗。户牖之隙。则复见通。墙宇之间。则复观壅。分别之处。则复见缘。顽虚之中。遍是空性。昏塺（音勃，尘起貌）之象。则纡（音迂，萦绕也）鬱塺。澄霁（音呈济，晴明也）敛氛（音分，敛氛气净也）。又观清净。阿难。汝咸看此诸变化相。吾今各还本所因处。云何本因。阿难。此诸变化。明还日轮。何以故。无日不明。明因属日。是故还日。暗还黑月。通还户牖。壅还墙宇。缘还分别。顽虚还空。鬱塺还尘。清明

---

① 圆音：谓一切音即是一音，一音即是一切音也。
② 缘心：即六尘缘影之妄心。如镜中影。若认此缘心为能听法。则失法性矣。
③ 拘舍离：拘舍离即前之末伽黎断见外道，谓以宿命通，知八万劫事，八万劫外则冥然不知，谓为〔冥谛〕也。
④ 第二月：以指捏目望月，则月成二轮，其第二月则非真有。

还霁。则诸世间一切所有。不出斯类。汝见八种见精明性。当欲谁还。何以故。若还于明。则不明时。无复见暗。虽明暗等。种种差别。见无差别。诸可还者。自然非汝。不汝还者。非汝而谁。则知汝心。本妙明净。汝自迷闷。丧本受轮。于生死中。常被漂溺。是故如来。名可怜悯。

自性和物理现象界的八种分析

阿难听了上面的解说，就向佛说："我听了佛的指示，虽然解悟到心地灵妙光明的真心自性本体，本来是圆满而且常住不变的。但是，我用以解悟佛所说的心性道理的心，仍然是这个攀缘不停的现在思想之心。我不敢认为这个心，就是本元的真心自性。还希望切实指示，拔除我的疑根，使我还归自性，见到无上的正道。"佛说："你们如果以妄想攀缘的心听法，那所了解的真理，仍然是一种思想妄心，并未真实证到实际的自性。如人用手，指示月亮给人看，那要看月亮的人，应该从所指的方向去看到月亮。假若只看着这个指头当作月亮，这个看的人，岂但迷失月亮的真相，同时亦失去了这个所指的指头的作用。既不能认识月亮也错认了指头，更加失掉光明与黑暗的辨别能力。如果以现在你在听话的、用以分别理解我说道理的妄心现状，认为就是自己的真心。那么，这个心的自性，应该离开声音的分别作用以外，自己还有一个能分别独立存在的性能。譬如有客，寄住旅舍，暂时停留，就会离开，他是不会常住的。若是主人，自然不会离去。自性真心，也同这个道理一样。如果你的自性本体，本来不会变动，何以离了声音以外，你就找不到能够听声音、能够分别的自性本体呢？不但听声音的是这样，你这个能看见我的容貌的分别色相作用，离开色相影像，也没有一个能看、能分别的自性本体独立存在。由此你切实观察反省这个意识分别的妄心，既无能分别的东西，也无形状。说它是绝对的空，可是绝对的空，根本就是没有，但是事实上又确实能够发生作用，所以拘舍离（古印度十大外道师之一，译义为牛舍，氏族姓也）等人，认为八万劫以前的宇宙本体的现象，是渺冥不可知的，于是就建立一个抽象的冥谛观念，说它是宇宙万有的本元。你假若认为知觉分别的作用，是外界现象的反应，才产生意识思想，那么，离开外缘与意识，自己真心就不存在了。那你现在心性所生的各种作用，都可以归纳返还到最初的来处和动机所在。那么，你自性的主宰又是什么呢？又在哪里呢？"

阿难问："如果说：人们心性所生的各种作用，都可以把它归还到最初的来处和动机所在，何以您说灵妙光明的心性本元，没有可以归还的本位呢？"佛说："例如你现在能看见我的这个作用，是由于能见的精明本元而来。这种能见的功能，虽然不是灵妙精明的真心自性，犹如第二个月亮所放射的光明，是假有的作用，并不是来自真月的光影。你要我现在指出你的心地自性无可归还的实相，可以用这个讲堂来做譬喻。这个讲堂因为有洞开的窗户，所以日出东方，阳光明耀，就可以看见光明（光明的来源）。夜是没有光明的，夜里的现象是黑暗，所以就看见黑暗（黑暗的来源）。门户与孔穴之间当然有空隙，所以就看见内外通达的空间（通达的来源）。因为墙壁与实物的阻挡，所以就看见障碍（障碍的来源）。能够观察环境的，是思想分别的作用，所以能够明白各种现象（分别观察的来源）。渺茫虚无的是虚空（空间的来源）。尘雾消散，视线又为之清明（晴朗的来源）。你所看到目前的现象，所有各种变化，大体归纳起来，不出这几类。我现在使它各归本位。光明归还于阳光，因为没有阳光，自然没有光明，所以光明来自阳光。黑暗归还于夜色。通达归还于门户。障碍归还于墙壁。观察归还于意识思想。空间归还于虚空。昏暗归还于尘雾。清明归还于晴朗。眼前宇宙各种现象，一切所有，不出这八种范围。你的能知能见这八种现象的自性本能，试问：应当归还给谁？假若认为应该属于光明，那么，没有光明的时候，黑暗到来，何以又可以看见黑暗呢？其他各种现象，依此类推，能见的自性本能，不属于任何一种现象。因此，你要了解，明暗等种种现象，各有不同的差别。但是这个能知能见的自性本能，并不跟着一切差别的现象而有所改变。'诸可还者，自然非汝。不汝还者，非汝而谁？'一切现象，自然都可以归还其所以然的本位，那当然不是属于你自性的功能。而这个能见能知的本元，却无可归还之处。既然没有可以归还之处，不是你的自性又是什么呢？所以说：只要你不随现象的生灭变化，生起意识的差别作用，你自己的心性自体，就可以恢复到本来灵妙光明清净的本元了。但是你自己执迷不悟，丧失了心性自体的本元，在生死大海中，浮沉不已，自受沦溺，不知反照自拔，所以我说你们是最可怜悯的。"（以上是有名的八还辨见的论辩。）

　　阿难言。我虽识此见性无还。云何得知是我真性。佛告阿难。吾今问汝。今汝未得无漏清净。承佛神力。见于初禅①。得无障碍。而阿那律②。见娑婆界③。如观掌中庵摩罗果④。诸菩萨等。见百千界。十方如来。穷尽微尘。清净国土。无所不瞩。众生洞视。不过分寸。阿难。且吾与汝。观四天王所住宫殿⑤。中间遍览水陆空行。虽有昏明。种种形像。无非前尘。分别留碍。汝应于此。分别自他。今吾将汝。择于

---

① 初禅：为色界梵众，梵辅，大梵，三天也，阿难但证初果，超六欲天，得见色界初禅，乃承佛力也。
② 阿那律：此云无灭，乃佛之从弟，初出家时，其性好睡，为佛所诃，因是不寝，遂失目，佛教修天眼通，得证阿罗汉果。
③ 娑婆界：此云堪忍，三毒烦恼众生所居，即吾人现居之世界也。
④ 庵摩罗果：庵摩罗树名所结之果，形似槟榔。
⑤ 四天王宫殿：须弥山半腹，高四万二千由旬，有四天王所居宫殿。

见中。谁是我体。谁为物象。阿难。极汝见源。从日月宫①。是物非汝。至七金山。周遍谛观。虽种种光。亦物非汝。渐渐更观。云腾鸟飞。风动尘起。树木山川。草芥人畜。咸物非汝。阿难。是诸近远诸有物性。虽复差殊。同汝见精。清净所瞩。则诸物类。自有差别。见性无殊。此精妙明。诚汝见性。若见是物。则汝亦可见吾之见。若同见者。名为见吾。吾不见时。何不见吾不见之处。若见不见。自然非彼不见之相。若不见吾不见之地。自然非物。云何非汝。又则汝今见物之时。汝既见物。物亦见汝。体性纷杂。则汝与我。并诸世间。不成安立。阿难。若汝见时。是汝非我。见性周遍。非汝而谁。云何自疑汝之真性。性汝不真。取我求实。

阿难白佛言。世尊。若此见性。必我非余。我与如来。观四天王胜藏宝殿。居日月宫。此见周圆。遍阎浮提②。退归精舍。祇见伽蓝③。清心户堂。但瞻檐庑（音武，廊也）。世尊。此见如是。其体本来周遍一界。今在室中。唯满一室。为复此见缩大为小。为当墙宇夹令断绝。我今不知斯义所在。愿垂弘慈为我敷演。佛告阿难。一切世间大小内外。诸所事业。各属前尘。不应说言见有舒缩。譬如方器。中见方空。吾复问汝。此方器中所见方空。为复定方。为不定方。若定方者。别安圆器。空应不圆。若不定者。在器中。应无方空。汝言不知斯义所在。义性如是。云何为在。阿难。若复欲令入无方圆。但除器方。空体无方。不应说言。更除虚空方相所在。若如汝问。入室之时。缩见令小。仰观日时。汝岂挽见齐于日面。若筑墙宇。能夹见断。穿为小窦。宁无续迹。是义不然。一切众生。从无始来。迷己为物。失于

---

① 日月宫七金山：总言至高极极远也。
② 阎浮提：即南瞻部洲，阎浮本树名，以南赡部洲多此树，故名，即指今印度也。
③ 伽蓝：具云僧伽蓝摩，译云众园，僧伽为同居之众，蓝摩为所住之园，即今之寺庙也。

本心。为物所转。故于是中。观大观小。若能转物。则同如来。身心圆明。不动道场。于一毛端。遍能含受十方国土。

阿难白佛言。世尊。若此见精。必我妙性。今此妙性。现在我前。见必我真。我今身心。复是何物。而今身心分别有实。彼见无别分辨我身。若实我心。令我今见。见性实我。而身非我。何殊如来先所难言。物能见我。惟垂大慈。开发未悟。佛告阿难。今汝所言。见在汝前。是义非实。若实汝前。汝实见者。则此见精。既有方所。非无指示。且今与汝坐祇陀林。遍观林渠。及与殿堂。上至日月。前对恒河。汝今于我师子座前。举手指陈。是种种相。阴者是林。明者是日。碍者是壁。通者是空。如是乃至草树纤毫。大小虽殊。但可有形。无不指著。若必其见。现在汝前。汝应以手确实指陈。何者是见。阿难当知。若空是见。既已成见。何者是空。若物是见。既已是见。何者为物。汝可微细披剥万象。析出精明净妙见元。指陈示我。同彼诸物。分明无惑。阿难言。我今于此重阁讲堂。远洎（同及）恒河。上观日月。举手所指。纵目所观。指皆是物。无是见者。世尊。如佛所说。况我有漏初学声闻。乃至菩萨。亦不能于万物象前。剖出精见。离一切物。别有自性。佛言。如是如是。佛复告阿难。如汝所言。无有见精。离一切物。别有自性。则汝所指是物之中。无是见者。今复告汝。汝与如来。坐祇陀林。更观林苑。乃至日月。种种象殊。必无见精。受汝所指。汝又发明此诸物中。何者非见。阿难言。我实遍见此祇陀林。不知是中何者非见。何以故。若树非见。云何见树。若树即见。复云何树。如是乃至若空非见。云何见空。若空即见。复云何空。我又思惟。是万象中。微细发明。无非见者。佛言。如是如是。于是大众。非无学者。闻佛此言。茫然不知是义终始。一时惶悚（音耸,惊也）。失其所守。

如来知其魂虑变慴（音摺,惧也）。心生怜悯。安慰阿难。及诸大众。诸善男子。无上法王。是真实语。如所如说。不诳不妄。非末伽黎。四种不死①矫乱论议。汝谛思惟。无忝哀慕。是时文殊师利法王子。愍诸四众。在大众中。即从座起。顶礼佛足。合掌恭敬。而白佛言。世尊。此诸大众。不悟如来发明二种精见色空。是非是义。世尊。若此前缘色空等象。若是见者。应有所指。若非见者。应无所瞩。而今不知是义所归。故有惊怖。非是畴昔善根轻鲜。惟愿如来大慈发明。此诸物象。与此见精。元是何物。于其中间。无是非是。佛告文殊。及诸大众。十方如来。及大菩萨。于其自住三摩地中。见与见缘。并所想相。如虚空华。本无所有。此见及缘。元是菩提妙净明体。云何于中有是非是。文殊。吾今问汝。如汝文殊。更有文殊是文殊者。为无文殊。如是世尊。我真文殊。无是文殊。何以故。若有是者。则二文殊。然我今日。非无文殊。于中实无是非二相。佛言。此见妙明。与诸空尘。亦复如是。本是妙明无上菩提净圆真心。妄为色空。及与闻见。如第二月。谁为是月。又谁非月。文殊。但一月真。中间自无是月非月。是以汝今观见与尘。种种发明。名为妄想。不能于中出是非是由是真精妙觉明性。故能令汝出指非指。

客观的物理世界与自性能见的主观无二无别

阿难说:"从这种分析,我虽然认识了这个能见的本能无所可还,但是又怎能证明它就是我自己的真性呢?"佛说:"你现在虽然没有得到清净无漏的地位,却可以靠佛的神通力量,见到初禅中、欲界天天

---

① 四种不死:即《楞严经》第十卷中四遍常论,皆非真如随缘不变不变随缘也。

人的境界而无障碍。阿那律①看这个娑婆世界②，犹如在手中看一个小果子。其他一般菩萨们③，大至可以看见虚空间无穷数的世界，小至微尘最初的本元，也无所不见。可是一般人们与众生，视线所能及的程度，近不过分寸，远也只是有限的距离。现在我与你，上下观察日月所照到的空间，其中显示着水陆空中的万物现象，虽然有昏暗光明种种形象，无非都是自然界物理的影像，反映留存在分别意识的作用以内。现在要这许多所见到的现象中间，哪样是我们自己的能见自性之体，哪样又是物理的现象呢？现在尽你的目力所及，上见太阳月亮星星，自然是物质，当然不是你心性的自体。平看到世界的边缘，乃至空间种种的光，也是物质，不是你的自性。再看到云在飘，鸟在飞，风吹草动，尘埃飘扬，树木、山川、草芥、人畜，这些种种，都是外物，不是你的自性。这些远近万物，虽然各有差别不同的现象，但在你能见的自性中都清楚地看见。可是一切万物，虽各有差别不同的性质，你能看见的自性功能，却并没有差别不同。这个能见的自性，至精至妙，明明白白，实在就是你的本能自性。假若这个能见的自性，也是物质的，那应该可以看见我这个能见自性的形状了。倘若认为这个能见的自性，同万物现象一样，可以用眼看得到，那就可以说看到我了。但是当我不起看的作用之时，何以又见不到我这个看不见的自性在哪里呢？如果可以见到我这个看不见的能见自性，那你所看见的，并不是那个真实看不见的能见自性。假若那个能见的功能，根本看不见，那自然不是物质或现象，何以不是你的自性呢？再说：你现

---

① 阿那律：是佛从弟，随佛出家。因听法之时，常好睡眠，被佛所呵。遂生惭愧，发大精进，七日不寐，双目失明。佛悯而教之，授以乐见照明金刚三昧，遂得天眼通，而证圆通。

② 娑婆世界：娑婆译曰堪忍。其土众生安于十恶，不肯出离。

③ 菩萨：具云菩提萨埵，译曰觉有情。是上求佛道，下化众生之意。

在看见物质现象的时候，你既然已经看见物象，相反地说，物象也应该看见你了。那么，人性与物理性能，体性杂乱，见解认识就错乱不定，你和我与一切世间万物，根本就没有秩序和标准了。如果你看见万物现象的时候，是你自己能见的功能在看，当然不是我释迦牟尼在看。那你的能见功能的自性，自然是周遍一切所在，那不是你自己是谁呢？何以你对于自己的真心自性，始终疑惑。不能认识现实的自性，反来向我口头寻求你自己实在的真性呢？"

阿难问："假若这个能见的就是我自己的真心自性，现在我和佛放眼看到整个天地日月。回到室内，又只能看见窗前檐头。这个能见的自性，本来是周遍虚空，但是如今在一室之内，充其量，只能看见这一个室内的空间。是这个能见的功能缩小了呢？还是墙壁房屋截断了这个能见的功能呢？我实在不知道这个道理在哪里，希望佛再加以分析。"佛说："一切世界大小，内外，所有种种事业，都是现象界反应的存留。不应该说这个自性能见的功能有收缩或放大的作用。譬如一个四方形的器具，形成方形以内的空间。你说这个四方形内的空间，是定型的呢？还是不定型的呢？假若认为是定型的，在这个四方形空间的当中，另外放一个圆形的器具进去，这当中的空间不应该又变成圆形了？倘若认为是不定型的，那在四方形器具当中的空间，何以会一定是方形的呢？你说不知道这个道理在哪里，其实这个道理是很明白的，何以还要问在哪里呢？假若你要想空的形象没有方圆，只需要除去方圆的外形。虚空的自体，本来就无所谓一定的方，或一定的圆。当然你不应该再说：除开虚空以外，四方或圆的空间又在哪里了！你问，我们退到室内以后，能见的功能是缩小了。当你仰头看到太阳的时候，难道是你把能见的功能拉长了，到达太阳边缘吗？假若认为筑了墙壁，把能见的功能或空间截断了。那么，再把墙壁打开一个洞，何以能见的功能和空间，并没有截断和接连起来的形状呢？你问这个道理，显然不通。一切含有灵性的众生，从无始以来，迷昧了自己的心性自体。认自性为物理的，所以失掉心性真实的本体妙用，因此被外物所引诱转变，受物象的迷惑。所以在万物当中，见大见小，观念上就有大有小。'如能转物，则同如来。身心圆明，不动道场。'如果自心能够转变万物，不被万物现象所迷惑而去造业，就和佛相同了。身心自然可以进入圆满光明、寂然不动的境界，'于一毛端，遍能含受十方国土'。"

阿难说："假若这个能见的精灵，一定就是我的灵妙自性。现在我眼前已经显出看见的作用，若是这个能看见的就是我的自性，那么，我的身心，又是什么呢？现在把我的身心分别加以研究，的确各有其实体。但是这个能见的自性，并没有一个自体，离开身心单独存在。如果说：是我的自心，使我现在能够看见，这个能见的功能，就是我的自性，而这个身体并非是我。那么，等于您上面所说的问题，岂不是外面的物象，也可以看见我了吗？"佛说："现在你说：能见的功能自性，就在你的前面，这是不对的。假若就在你的前面，而且你又实在可以看得见它，那么，这个能见的精灵，自然可以指得出来在什么地方。我现在同你坐在园林里，观察外面的树木、河流、殿堂，上至日月，前对恒河。你在我的座位前面，可以一一举手指点种种现象，阴暗的是树林，光明的是太阳，阻碍的是墙壁，通达的是虚空，乃至一草一木，以及微细的尘埃毫末，大小虽然各有不同，只要有形象的，都可以指点出来。如果你的能见的自性，现在就在你的前面，你也应该用手可以确实地指出来，什么是那个能见的自性。你要知道，假若虚空就是你能见的自性，虚空既已变成了见，什么又是虚空的自性呢？如果物象就是你能见的自性，物象即已变成了见，什么又是物象的自性呢？你既然可以精细的剖解目前的万象，那么，你也可以分析出精灵光明清净虚妙能见的本元，和普通物象一样，明明白白地指出给我看了。"阿难说:"我现在坐在讲堂里面,远及恒河,上观日月,手可以指出,眼可以看见,可指的都是万物的现象,却没有能见的自性存在。假若如佛所说,不但像我这个初学的人,即使智慧如菩萨们,也不能在万物现象的前面,剖解出精灵能见的自性。那么离开一切万物与现象,那个自性又在哪里呢?"佛说:"是的是的。如你所讲,这个能见的功能,不可能离开一切物象,另有一个自性存在。你所指出的各种物象当中,又没有那个能见功能的自性。再说:你与我坐在园林里面,观看外面的林苑,上及日月,种种现象虽然不同,可是决不能特别指出一个能见的精明。但是你又怎样能证明在一切的物象当中,哪样不是能见的自性所显现的呢?"阿难说:"我遍观这个园林与一切物象,实在没有一样不是能见的功能所显现。假若树不是所见的,怎么能够看得见树?如果树就是能见的自性,那又何以是树?由此可知,假若虚空不是所见,怎么能够看得见虚空?如果虚空就是能见的自性,那又何以是虚空?因此我又思惟,在这些万有现象当中,仔细研究,明白发挥,无一不是能见功能自性所显现的。"佛又说:"是的是的。"这时,在会大众与一般初学的人,听佛反复答说"是的",不知这个道理要点究竟在哪里,感觉茫然惶悚。

这时,佛知道他们都在怀疑恐惧,于是又说:"我说的都是真实话,不是故意作狂言妄语。更不同于一般外道学者们的理论,认为宇宙间另有一个主宰,或自我不死的存在,希望你们仔细研究思惟。"于是文殊大士就起立向佛说:"大家不懂这个道理的原因,是因为不了解这个能见的功能,与物理世界的万象,是否同一体性。假若现实世界中,所见到的一切现象,无论是物质或是虚空,都是能见的自性,那么,这个能见的功能,应该可以指得出来。如果这些现象,不是能见的功能所显现,就应该根本看不见这些现象。他们现在不知道这个道理的关键在哪里,所以怀疑惊异。望佛加以说明,指出物理世界的万有现象，和这个能见的精明，元来是什么东西？在物理现象与心性的中间，如何可以互相统一？"佛说："凡是佛与一般有道的大士们，在自性寂静、微密观照的三昧境界当中，对于这个能见的自性与客观的物理世界所见的各种现象，以及心理思想的主观作用，都如同幻觉中所见的空花，本来并无实质的存在。这个能见的，以及所见的现象，其实都是灵明妙觉，光明清净的心性本体所产生的功能作用（说明心物二元本是一体的作用）。在自性本体上讲，无所谓哪个是的，哪个不是的（客观与主观，都是自己所建立的偏见执著作用）。我现在问你：你的名字叫文殊，除了你这个文殊本人以外，这个文殊的名字，还代表别的文殊吗？"文殊大士答："文殊就是我，并不代表别人。假若这个名字还代表另外一个人，就有两个文殊了。但是文殊现在只代表我个人，这个真实的我，和名字所代表的我，就是一个。中间并不能分出哪个是真的，哪个是假的。"佛说："这个心性能见的灵妙光明的功能，与物理自然界的虚空和物质现象，也同你刚才所说的一样。客观的物理世界，与心性自体所产生的功能，本来就是一体。都是灵妙光明，圆满的真心正觉自性，同时也具备幻有与妄想的作用。可以生出物质色相与虚空的现象，表现在人们能闻能见的作用里。譬如有第二个月亮，便有谁是真月，谁是假月的问题。但是若只有一个月亮，其间便没有真月假月的问题了（由'千江有水千江月，万里无云万里天'的意境去体会，可以明了这个道理）。你现在观看的能见功能，与自然界的许多物理现象接触，能够感觉它的种种作用，就叫做妄想。在外界现象与感觉妄想的中间，实在不能够指出哪个才是本体的功能作用，哪个又不是。所以你若能了解客观物理世界的自然现象，和知道妄想分别的作用，都是真心至精的灵妙光明正觉自性的功能，然后才能指出这是什么，那是什么。"

　　阿难白佛言。世尊。诚如法王所说。觉缘遍十方界。湛然常住。

性非生灭。与先梵志①娑毗迦罗。所谈冥谛。及投灰②等诸外道种。说有真我遍满十方。有何差别。世尊亦曾于楞伽山③。为大慧等敷演斯义。彼外道等。常说自然。我说因缘。非彼境界。我今观此觉性自然非生非灭。远离一切虚妄颠倒。似非因缘。与彼自然。云何开示。不入群邪。获真实心妙觉明性。佛告阿难。我今如是开示方便。真实告汝。汝犹未悟。惑为自然。阿难。若必自然。自须甄（音真，鉴别也）明有自然体。汝且观此妙明见中。以何为自。此见为复以明为自。以暗为自。以空为自。以塞为自。阿难。若明为自。应不见暗。若复以空为自体者。应不见塞。如是乃至诸暗等相以为自者。则于明时。见性断灭。云何见明。阿难言。必此妙见。性非自然。我今发明。是因缘生。心犹未明。咨询如来。是义云何。合因缘性。佛言。汝言因缘。吾复问汝。汝今因见见性现前。此见为复因明有见。因暗有见。因空有见。因塞有见。阿难。若因明有。应不见暗。如因暗有。应不见明。如是乃至因空因塞。同于明暗。复次阿难。此见又复缘明有见。缘暗有见。缘空有见。缘塞有见。阿难。若缘空有。应不见塞。若缘塞有。应不见空。如是乃至缘明缘暗。同于空塞。当知如是精觉妙明。非因非缘。亦非自然。非不自然。无非不非。无是非是。离一切相。即一切法。汝今云何于中措心。以诸世间戏论名相。而得分别。如以手掌撮摩虚空。祇益自劳。虚空云何随汝执捉。阿难白佛言。世尊。必妙觉性。非因非缘。世尊云。何常与比丘。宣说见性具四种缘。所谓因空因明。因心因眼。是义云何。佛言。阿难。我说世间诸因缘相。非第

---

① 先梵志：名劫毗罗，为外道六师之元祖，自谓其种从梵天生，自然四德，造十万偈，主张真性，冥谛，体非生灭。
② 投灰：即苦行外道也，不知阿赖耶识，惑润轮转，妄谓身中有一神我，常在不灭，处处受生，遍十方界。
③ 楞伽山：此云不可往，山在大海中，佛为大慧菩萨在此说《楞伽经》，明诸因缘，破彼外道。

一义①。阿难。吾复问汝。诸世间人。说我能见。云何名见。云何不见。阿难言。世人因于日月灯光。见种种相。名之为见。若复无此三种光明。则不能见。阿难若无明时。名不见者应不见暗。若必见暗。此但无明。云何无见。阿难。若在暗时。不见明故。名为不见。今在明时。不见暗相。还名不见。如是二相。俱名不见。若复二相自相陵夺。非汝见性于中暂无。如是则知二俱名见。云何不见。是故阿难。汝今当知。见明之时。见非是明。见暗之时。见非是暗。见空之时。见非是空。见塞之时。见非是塞。四义成就。汝复应知。见见之时。见非是见。见犹离见。见不能及。云何复说因缘自然。及和合相。汝等声闻。狭劣无识。不能通达清净实相。吾今诲汝。当善思惟。无得疲怠妙菩提路。

自性本体超越自然与因缘和合

阿难问："诚如佛说这个真心正觉自性，遍满十方虚空界，湛然清净，常住本位，没有生灭变化。那么，外道学者，如娑毗迦罗等②论师们的理论，认为宇宙的本体，是本无所有的冥谛。又如瑜伽学派③，投灰外道等④的理论，认为有一个大梵天⑤为万有的主宰。或说有一个真我遍满一切处，和佛现在说的，又有什么不同？并且佛曾经在楞伽山⑥与大慧大士们说：外道学者们说宇宙万有是自然界的本能。我说

---

① 第一义：谓诸法一相义也，虽分别诸法，而不乖一相，即圆成实性。
② 娑毗迦罗：又曰劫毗罗，外道名，即数论师也。
③ 瑜伽：与物相应也。显宗多取"理相应"之义，瑜伽唯识之瑜伽是也。密教取"行相应"之义，瑜伽三密之瑜伽是也。
④ 投灰外道：有时以身投灰，有时以灰涂身，而修无益之苦行。
⑤ 大梵天：梵者清净之义，初禅天之王为大梵天。
⑥ 楞伽山：译曰不可住。非有神通者不能到故。佛依此而说《楞伽经》，表法殊胜，非二乘所能及。又说此山即在锡兰国境内。

是因缘所生,不是外道学者们所说的境界。现在我看这个真心正觉的自性,自然存在,根本就不生不灭,在本体上并无一切虚幻颠倒。好像既不是因缘,又不是自然。这个道理究竟如何?希望明白地指示,使我们得见真心自性的真理。"佛说:"我现在已经说得很明白,你还未领悟,误认自性本体是自然的本能。如果一定是自然的本能,当然有一个自然的固定体性。你现在观察这个灵妙光明能见所及的各种现象中间,如光明、黑暗、虚空和障碍等等,究竟什么才是自然的本体呢?假若认为光明就是自然之体,应该不能看见黑暗。如果认为虚空就是自然之体,应该不能看见障碍。这些种种,究竟以什么为自然的本体呢?如果认为黑暗就是自体,光明来了,应该没有自然之体,何以又能看见光明?"阿难说:"自性本体,既非自然的本能,我现在认为是因缘所生,但是内心仍然不明白如何它是合于因缘的道理?"佛说:"你说因缘,我再问你,你现在因为能见,所以见性显现。这个见性,是因为光明而有?还是因为黑暗而有?是因为虚空而有?还是因为障碍而有?如果因为光明而有,必不能看见黑暗。如果因为虚空而有,必不能看见障碍。所以应当知道这个真精正觉,灵妙光明的自性,既不属于因,也不属于缘。离不开自然,也不是自然。'离一切相,即一切法。'你何以在这中间乱用心思,用世间普通的知识和一般戏论的名词,强作辨别!譬如用手撮摩虚空,终是徒劳无益,哪里可以捉得住虚空呢?"

阿难问:"佛说这个灵妙正觉自性,非因非缘。何以过去说能见的见性作用,必须要具备有四种缘:所谓因虚空,因光明,因心,因眼,这又是什么道理呢?"佛说:"我说一切是因缘所生的道理,并不是指自性本体形而上的第一义(是说后天宇宙间的万有现象,都是因缘和合所生)。人们都说我能看见,何以才叫做看见?何以叫做看不见?"阿难答:"人们因为有太阳、月亮、灯光等,才能看见种种现象和色相，所以叫做看见。假若没有这三种光明，就不能看见。"佛说："如果说没有光明，就叫做看不见，那么光明去了，应该看不见黑暗的到来，事实上，黑暗来了，又可以看见黑暗。这只能说是没有看见光明，何以能称之为看不见呢？假若在黑暗中，看不见光明，称之为不见，那么，在光明中，看不见黑暗，也可以叫做看不见了。如果这个理论是对的，人们面对光明或黑暗的时候，都可以称为看不见。其实只是光明与黑暗两种现象互相变更交替，并不是你能见的自性在其中消失。由此可知自性能见的功能，面对光明与黑暗时，都是看见，怎样可以说是不见呢？所以你应当知道，看见光明的时候，能见的自性，并不就是光明。看见黑暗的时候，能见的自性，也并不就是黑暗。看见虚空的时候，能见的自性，也并不就是虚空。看见障碍的时候，能见的自性，也并不就是障碍。由这四种现象相对中间，可以说明能见的道理。你更应该知道，如果在眼见的作用中间，想要见到能见的自性，这个自性，并不是眼前所见的作用能够看见的。若要见到能见的自性，必须绝对离开所见与能见。因为能见自性的本体，不是所见的作用与能见的功能所能见到的。'见见之时，见非是见，见犹离见，见不能及。'怎样可以用因缘、自然，或者两种和合的作用，来说明自性本体的道理呢？你们因为智慧狭劣，不能明了自性的清净实相。我希望你们善自思惟，不要懒惰懈怠，才能证得灵妙正觉自性的大道。"

阿难白佛言。世尊。如佛世尊为我等辈。宣说因缘。及与自然。诸和合相。与不和合。心犹未开。而今更闻见见非见。重（去声）增迷闷。伏愿弘慈。施大慧目。开示我等觉心明净。作是语已。悲泪顶礼。承受圣旨。尔时世尊。怜悯阿难。及诸大众。将欲敷演大陀罗尼①。诸

---

① 大陀罗尼：经言陀罗尼，有无字，有字，多字三种，译云总持，总一切法，持一切义，此经神咒，即多字陀罗尼也，大陀罗尼者，所谓法界大总相法门体，后文之五阴，六入，十二处，十八界，七大，等是也。

三摩提。妙修行路。告阿难言。汝虽强记。但益多闻。于奢摩他微密观照。心犹未了。汝今谛听。吾当为汝分别开示。亦令将来。诸有漏者。获菩提果。阿难。一切众生。轮回世间。由二颠倒分别见妄。当处发生。当业轮转。云何二见。一者。众生别业妄见。二者。众生同分妄见。

云何名为别业妄见。阿难。如世间人。目有赤眚（音省，目瞖病也）。夜见灯光别有圆影。五色重叠。于意云何。此夜灯明所现圆光。为是灯色。为当见色。阿难。此若灯色。则非眚人何不同见。而此圆影。唯眚之观。若是见色。见已成色。则彼眚人见圆影者。名为何等。复次阿难。若此圆影离灯别有。则合傍观屏帐几筵。有圆影出。离见别有。应非眼瞩。云何眚人目见圆影是故当知。色实在灯。见病为影。影见俱眚。见眚非病。终不应言是灯是见。于是中有非灯非见。如第二月。非体非影。何以故。第二之观。捏所成故。诸有智者不应说言。此捏根元。是形非形。离见非见。此亦如是。目眚所成今欲名谁是灯是见。何况分别是非灯非见。

云何名为同分妄见。阿难。此阎浮提。除大海水。中间平陆。有三千洲。正中大洲东西括量。大国凡有二千三百。其馀小洲在诸海中。其间或有三两百国。或一或二至于三十四十五十。阿难。若复此中。有一小洲。祇有两国。唯一国人。同感恶缘。则彼小洲。当土众生。睹诸一切不祥境界。或见二日。或见两月。其中乃至晕适珮玦①。彗孛飞流②。负耳虹蜺③。种种恶相但此国见彼国众生。本所不见。亦复不闻。

---

① 晕适珮玦：晕适，皆日傍气象，日将蚀，先有黑气之变也，珮玦本玉器，妖气近日月，形如)○(为珮，形如(○)为玦。
② 彗孛飞流：皆星变也，彗帚星，光芒遍指，形如⩔。孛星则光芒四射形如※。飞流即陨星也。
③ 负耳虹蜺：亦气象映日之变也，负耳形如◎，虹蜺即螮蝀也，或曰雄曰虹，雌曰蜺。

阿难。吾今为汝。以此二事。进退合明。阿难。如彼众生。别业妄见。瞩灯光中所现圆影。虽现似境。终彼见者。目眚所成。眚即见劳。非色所造。然见眚者。终无见咎。例汝今日。以目观见山河国土。及诸众生。皆是无始见病所成。见与见缘。虽似前境。元我觉明见所缘眚。觉见即眚。本觉明心。觉缘非眚。觉所觉眚。觉非眚中。此实见见。云何复名觉闻知见。是故汝今见我及汝。并诸世间十类众生。皆即见眚。非见眚者。彼见真精。性非眚者。故不名见。阿难。如彼众生同分妄见。例彼妄见别业一人。一病目人。同彼一国。彼见圆影。眚妄所生。此众同分所见不祥。同见业中。瘴恶所起。俱是无始见妄所生。例阎浮提三千洲中。兼四大海。娑婆世界。并洎（同及）十方诸有漏国。及诸众生。同是觉明无漏妙心。见闻觉知虚妄病缘。和合妄生。和合妄死。若能远离诸和合缘。及不和合。则复灭除诸生死因。圆满菩提。不生灭性。清净本心。本觉常住。

个别际遇与共同遭遇的原因

阿难听了佛的指示，知道自性本体，既不是因缘，又不是自然，更不是和合与不和合的道理，内心尚未开悟。现在再听到"见见非见"的理论，越发增加迷惑，请求佛再加说明。于是佛又向阿难说："你虽然博闻强记，只是知识增加，但缺乏心性正定中微密观照的实证工夫，所以此心始终不能明了。我现在为你分别开示，也使后世未来的人们，知道如何进入正觉三昧的道路，希望你仔细静听。一切含有灵性的众生，犹如旋轮，任随世间现实环境所播弄。被两种颠倒分别妄见的幻有感觉业力所支配，在现实的世间里，随环境业力的轮子旋转。什么是两种幻有感觉的妄见呢？第一是众生个别业力所形成的幻有感觉的妄见（包括个人的主观观念），第二是众生共同业力所形成的幻有感觉的妄见（包括大众的思想）。

什么是个别业力所形成的幻有感觉的妄见呢？犹如世间有人，眼睛患发炎或内外障的病症，夜里看见灯光的照耀，可能就会觉得另外有一个五色重叠的圆圈影子。这种现象，是灯光自身所现的形色，还是自性能见的作用所生出来的形色呢？假若认为是灯光的形色，何以没有眼病的人，不能看见同样的景象，只有患眼病的人，才能看见？如果它是能见的功能所生的形色，这个能见的作用，已经变成形色了。患眼病的人所看见的圆影颜色病象，又叫做什么呢？再说：假若这个病眼看见的圆影与颜色，离开了灯光，仍旧单独存在，那么看别的东西，也应该有圆影与颜色的出现了。如果圆影与颜色，离开了看见的作用，依然单独存在，应该不是眼睛所能见到的，何以病眼的人又能够看见呢？所以应当知道光色的显现，确实由于灯的存在。光外色影，却是眼睛有病才发生的。事实上，光色的圆影与所见的作用，都是自性变态的病象。能够了解那是变态病象的见性，却不是病。所以不应该说这种现象，是灯光的作用，还是眼睛所见的作用。也不能说不是灯光，也不是眼睛所见的作用（因为离开了灯光，即使有病眼，也看不见这种现象，如果没有病眼，也看不见这种幻影）。犹如第二个月亮，既不是原有月亮的本身，也不是凭空的影子。为什么呢？例如用手捏住眼睛去看月亮，可以看见两个月亮。这是眼睛受障碍，视线发生分裂的作用，既不是月亮有两个，也不是月亮有影子，这完全是因为用手捏住眼睛，视线分裂所造成的。凡是有知识的人，当然不会认为这种捏住眼睛，造成视线分裂的作用，便是第二个月亮的来源。但是也不能说捏的作用，不是造成第二个月亮出现的原因。这个病眼所看见的幻影，怎能说它是灯的作用，或是见的作用呢？更何况再去分别它不是灯的作用，也不是见的作用呢？（人们见到各种不同的现象，产生各种不同的感觉，形成各种不同的主观观念，都是清净自性功能所生的变态病象。

自性变态病象所见的一切，当然不正确，自然更不知道哪个是自然界的幻影，哪个是能见的自性了。人们对于现实世界的一切，完全受到个别业力所形成的幻觉妄见支使，包括个人的主观观念。在物理世界的现象当中，所看见的光景和色素以及万物形态，它的原本形状，并不一定和我们肉眼所看见的情形一样。我们所看见的情形，都是受光波振动的不同影响，而发生视线感觉的幻觉作用。并不一定是绝对的真实，也不能说所看见的并不真实。在意识思想上，人们的主观观念，都受个别认识观点的支配，经常落在错误的漩涡里，就各是其所是，非其所非了。）

　　第二，什么是众生共同业力所形成的幻有感觉的妄见呢？这个世界除了大海洋，中间的陆地，大约有三千洲。正中央的大洲，有大国二千三百。其余小洲在各海洋中，各有国三两百，或一、或二、或至三十、四十、五十不等。如果在某一个小洲中，只有两个国家，其中一个国家遭遇到恶缘厄运，这个国家的人便会看见种种不祥的景象。例如看到两个太阳，或是两个月亮，或是彗星，以及天体种种不平常的现象。但是只有这一个国家的人方能看见，另一个国家的人，都看不见这些景象，而且也毫无所闻。（古代天象学的观念，认为天体日月行星的运行变化，与地球人类都有息息相关之处。所以当天象有不平常的出现或变化时，必然影响到地球上人事的大变动。因此由文学而形成一种占星术。现代天文学否认这种学说。天人关系，究竟是否如此？且待科学再进一步的证明，大可不必基于这一时代的学说去争论。）

　　佛又说："现在我把上面所举出的这两种道理，归纳的，演绎的，作一比较说明：例如个别业力所形成的幻有感觉妄见，像那个眼睛有病的人，看见灯光中所现的圆光影像，虽然也同前面的现象相似，实际是看的人眼睛有病所形成。眼睛的病，就是所见影像的来源。这种影像，并非光色本身所造成。但是必须了解这个病眼人的能见自性，却并没有病态。例如人们现在眼前看见的山河国土，与形形色色自然界众生界的各种现象,也都是无始以来自性功能习惯性的变态病象作用(因为自然界各种形形色色的光色现象,本身实相,并不一定和人们眼睛所看见的情形相同)。能见的作用,与现象界接触,才有眼前的现象发生。这种作用和意识,实际上都是自性正觉光明所起的变态病象。当你感觉能见时,便是病象。但是那个正觉光明的能生感觉所缘的本元,并没有病态。因为自性能觉的功能,既然可以感觉所见的是变态病象,这能觉的自性,并不在变态病象的各种现象当中,这实在就是能见功能见到了自己的本性。诸凡感觉、闻听、知觉、所见的作用,都由这个自性出发,哪里还另外有见闻觉知的存在呢?所以你现在可以看见我同你自己,以及世间各类众生,都是自性能见功能所生的变态病象。没有这些变态病象,便是能见的真精自性,它是没有病态的,所以不称之为妄见。其次,又如共同业力所形成的幻有感觉妄见,也同于上例。只是将一个眼病人的个别病态,扩充为一国人的共有病态。个人所见的圆光影像,是眼病所形成。一国人共同所见的灾异恶象,所遭遇的天灾人祸,都是共同业力的恶缘所发生,也都是无始以来能见作用所生的变态病象。再如这个世界上的三千洲,和四大海洋,乃至日月所照到的太阳系中各个星球国土,以及这些土地上所有含灵的众生,一切见、闻、觉、知,都是自性本体功能,受业力形成的幻有感觉妄见所生的变态病象,互相和合妄生,互相和合妄死。如果能够超越远离一切互相和合的因缘,及不和合的因缘,就可以灭除一切生死的本因,归还到圆满正觉,不生不灭的自性本体。自然得入清净本心,自性常住的本位。"

第三章　心理与生理现状为自性功能发生的互变

　　阿难。汝虽先悟本觉妙明。性非因缘。非自然性。而犹未明如是觉元。非和合生。及不和合。阿难。吾今复以前尘问汝。汝今犹以一切世间妄想和合。诸因缘性。而自疑惑。证菩提心和合起者。则汝今者妙净见精。为与明和。为与暗和。为与通和。为与塞和。若明和者。且汝观明。当明现前。何处杂见。见相可辨。杂何形像。若非见者。云何见明。若即见者。云何见见。必见圆满。何处和明。若明圆满。不合见和。见必异明。杂则失彼性明名字。杂失明性。和明非义。彼暗与通。及诸群塞。亦复如是。复次阿难。又汝今者妙净见精。为与明合。为与暗合。为与通合。为与塞合。若明合者。至于暗时。明相已灭。此见即不与诸暗合。云何见暗。若见暗时。不与暗合。与明合者。应非见明。既不见明。云何明合。了明非暗。彼暗与通。及诸群塞。亦复如是。

　　阿难白佛言。世尊。如我思惟。此妙觉元。与诸缘尘。及心念虑。非和合耶。佛言。汝今又言觉非和合。吾复问汝。此妙见精非和合者。为非明和。为非暗和。为非通和。为非塞和。若非明和。则见与明。必有边畔。汝且谛观。何处是明。何处是见。在见在明。自何为畔。阿难。若明际中必无见者。则不相及。自不知其明相所在。畔云何成。彼暗与通。及诸群塞。亦复如是。又妙见精。非和合者。为非明合。为非暗合。为非通合。为非塞合。若非明合。则见与明。性相乖角。如耳与明。了不相触。见且不知明相所在。云何甄明合非合理。彼暗与通。及诸群塞。亦复如是。

阿难。汝犹未明一切浮尘。诸幻化相。当处出生。随处灭尽。幻妄称相。其性真为妙觉明体。如是乃至五阴六入。从十二处。至十八界。因缘和合。虚妄有生。因缘别离虚妄名灭。殊不能知生灭去来本如来藏。常住妙明。不动周圆妙真如性。性真常中。求于去来迷悟生死。了无所得。

佛说:"你先前虽然解悟到本觉灵妙光明的自性,既不属于因缘所生,又不是自然的本能。但是你还没有明白这个本觉根元,既不是和合自然界的各种现象所生,但又是和合自然界各种现象才能表现其作用。自然界的现象,不外明暗通塞四种境界。在这四种互相对待互为消长的现象当中,你能见的自性,究竟与哪一作用相和呢?如果与光明相和,当你看见光明在你眼前的时候,其间何处掺杂你能见的自性?倘若能见的自性有形相可以辨别,掺杂以后又变成哪种形相呢?若是没有能见的自性作用,怎样又可以看见光明呢?如果认为看见光明的就是自性,如何又可以见到这个能见的自性呢?倘若能见的自性本来圆满,那么,何处方与光明相和呢?如果说光明本自圆满,就不需要与能见的自性相和。若能见的自性与光明有别,认为掺杂起来才发生看见光明的作用,在理论上,就失去自性与光明的意义。假若掺杂起来,便失去了光明与自性的意义,那么,所谓能见的自性与光明相和,当然也不合理了。其他如黑暗,以及通塞,都是同样的道理。倘若认为自然界的和合才产生自性功能的作用,都是错误的。从和的观点来说是这样,从合的观点去研究,也同上面所讲的道理一样,不须辨别即知。"(自然界的一切现象,都是互相对待的。能见能知各种对待现象的自性,却是超然独立的。)

阿难说:"既然这样。如我思惟:这个灵妙正觉的本元,与一切外界现象,以及心思念虑的作用,不是和合的了?"佛说:"你现在又说能知能见的自性功能,与自然界现象不相和合,便又落于偏差。假若不相和合,看见光明的时候,这个能见的自性与光明,必然各有它的边际。你仔细研究,哪里是光明?哪里是能见自性的精灵?当能见的自性与光明接触的时候,哪里是这两种边际的界限呢?如果光明的边际里,绝对没有能见自性的作用,当然各不相干,自然也不知道光明的现象在哪里,更不知道光明的边际。其他如黑暗,以及通塞,都同这个道理一样。从不和的观点来说是这样,从不合的观点去研究,假如能见的自性与光明根本不能相合,那么,能见的自性与光明就互相违背,各不相干,犹如耳朵与光明根本就各不相关一样。如果能见的自性尚且不知光明的现象在哪里,怎样可以辨别它与光明相合或不相合呢?所以也同上面所讲不和的道理是一样,不须辨别即知。"(自然界的万有物象,以及虚空,本能都有放射的功能。人们自身的精神,也具有放射的作用。自性能见能知和感觉的作用,与万象接触,自然发生感觉知觉的作用。如果二者不相和合,即不起作用。)

佛又说:"总之,你还不明了一切现象,都是自性本体上的浮尘光影。自然界一切现象的变幻形相,随时随地出现,也随时随地灭了(能量的互相变动,才有物理现状的形成。心理精神和能量互变,所以一切不定)。所有现象有形成与灭尽,都如幻变。这种幻妄变化的现象,形成自然界的形形色色。可是真心自性本体,仍然是灵妙光明,不随变幻而变化。人们心理生理的各种作用,如五阴(色、受、想、行、识)、六入(眼、耳、鼻、舌、身、意)、十二处(上面所讲的六入与外界的色、声、香、味、触、法)、十八界(上面所讲的十二处和眼、耳、鼻、舌、身、意等六识。)都是因缘和合,而生起的心理生理的虚妄现状。因缘分离,虚妄的现状就跟着消灭。殊不知生灭去来的作用，都是自性本体功能的现象显变。这个称为如来藏，或者真如的自性却永远住于灵妙光明、如如不动的本位。周遍圆满十方，在自性本体的真常当中，求其去来生死与迷悟，也都是时间空间里的变幻现象，其实在自性本体上，根本了无所得。"

阿难。云何五阴①。本如来藏妙真如性。

阿难。譬如有人。以清净目。观晴明空。唯一晴虚。迥（音炯，旷也）无所有。其人无故。不动目睛。瞪以发劳。则于虚空。别见狂华。复有一切狂乱非相。色阴②当知亦复如是。阿难。是诸狂华。非从空来。非从目出。如是阿难。若空来者。既从空来。还从空入。若有出入。即非虚空。空若非空。自不容其华相起灭。如阿难体。不容阿难。若目出者。既从目出。还从目入。即此华性从目出故。当合有见。若有见者。去既华空。旋合见眼。若无见者。出既翳（音壹，障也）空。旋当翳眼。又见华时。目应无翳。云何晴空。号清明眼。是故当知色阴虚妄。本非因缘。非自然性。

阿难。譬如有人。手足宴安。百骸调适。忽如忘生。性无违顺。其人无故。以二手掌。于空相摩。于二手中。妄生涩滑冷热诸相。受阴③当知亦复如是。阿难。是诸幻触。不从空来。不从掌出。如是阿难。若空来者。既能触掌。何不触身。不应虚空。选择来触。若从掌出。应非待合。又掌出故。合则掌知。离则触入。臂腕骨髓。应亦觉知入时踪迹。必有觉心。知出知入。自有一物身中往来。何待合知。要名为触。是故当知。受阴虚妄。本非因缘。非自然性。

阿难。譬如有人。谈说酢（同醋）梅。口中水出。思蹋（音榻，足践

---

① 五阴：阴读为荫，梵语塞犍陀，此翻为蕴，古译为阴，意谓积聚覆盖之义，积聚有为，盖覆真性，不出色心二法，阴言五者，即后之色、受、想、行、识也。
② 色阴：色指形质而言，盖谓一切色质，盖覆真性也。
③ 受阴：受谓领纳之义，冷暖涩滑之触于身者，能生苦乐诸感，盖覆真性也。

也）悬崖。足心酸涩。想阴①当知。亦复如是。阿难。如是酢说。不从梅生。非从口入。如是阿难。若梅生者。梅合自谈。何待人说。若从口入。自合口闻。何须待耳。若独耳闻。此水何不耳中而出。想蹋悬崖。与说相类。是故当知。想阴虚妄。本非因缘。非自然性。

阿难。譬如瀑（音仆，悬水也）流。波浪相续。前际后际。不相逾越。行阴②当知。亦复如是。阿难。如是流性。不因空生。不因水有。亦非水性。非离空水。如是阿难。若因空生。则诸十方无尽虚空。成无尽流。世界自然俱受沦溺。若因水有。则此瀑流性应非水。有所有相。今应现在。若即水性。则澄清时。应非水体。若离空水。空非有外。水外无流。是故当知。行阴虚妄。本非因缘。非自然性。

阿难。譬如有人。取频伽瓶③。塞其两孔。满中擎空。千里远行。用饷他国。识阴④当知亦复如是。阿难。如是虚空。非彼方来。非此方入。如是阿难。若彼方来。则本瓶中既贮空去。于本瓶地。应少虚空。若此方入。开孔倒瓶。应见空出。是故当知。识阴虚妄。本非因缘。非自然性。（卷二终）

心理与生理的五阴作用经验的分析

佛说："何以见得五阴⑤（又名五蕴），即心理与生理的本能，都是

---

① 想阴：想谓结念之义，于境取像，起贪瞋痴，成十恶业，盖覆真性，要知想亦本空也。
② 行阴：行谓妄心迁流之意，前后中间，念念相续，依虚妄缘，造有漏业，法身流转，遂成众生，若知流质无性，生机宛然，则九法界，皆佛境界也。
③ 频伽瓶：频伽或云共命之鸟，一身两头，频伽瓶者，一瓶两孔，盖形似此鸟也。
④ 识阴：识以了别为义，此识阴盖指第八阿赖耶识也，藏诸业种，随有情身，舍生受生，成于命浊，要知性色真空，性空真色，则坚穷横遍，寂光现前矣。
⑤ 五阴：又曰五蕴，即色阴、受阴、想阴、行阴、识阴。阴者盖覆之义，盖覆真性故，蕴者积聚之义，积聚有为故。

真如①自性的本体功能？"

"（一）色阴②：譬如有人，用清净的眼睛，去观看明朗的天空，自然晴空一片，渺无一物。假如这个人，始终不动的向空瞪视，眼神经便发生疲劳的变态，便会看见虚空中幻影的光华，或者其他种种不平常的景象。你要知道眼前身心所生与自然界色阴的现象，也同样是自性本体功能的变态。这种虚空中的幻象光华，既不是来自虚空，也不是出自眼睛。假若是来自虚空，当然应该还入于虚空。可是虚空若有了出入，就不成为虚空了。虚空既不成其为虚空，自然不容许有幻觉光华的起灭。犹如你的身体，不能再容纳另一个阿难一样。如果幻象的光华，是从眼睛而出，当然也应该还入于眼睛。既然光华出自眼睛，自己当然可以看见光华的出处。假若光华是可以见到的，光华出去，眼内自然清清净净，应该也可以转而见到自己眼睛的肉质形状。如果光华的存在，是不可见的，出去既然遮蔽虚空，回来应当也遮蔽眼目。再说：当眼睛看得见光华的时候，它当然是没有受到遮蔽。何以又必须要晴朗的虚空，才能现出眼睛的清净与不清净呢？所以应当知道身心交感发生的色阴，都是时间空间里的虚妄暂有现象。既不属于因缘所生，也不是自然界的性能。"

"（二）受阴③：譬如有人，手足没有病，四肢百骸都很舒适，并不记得身体的存在，根本没有违顺的感觉。假若这个人用两只手掌，自己互相摩擦，心里便会发生涩滑或冷热的感觉。生理交感的受阴作用，也同是这个道理。这种感受现象，既不来自虚空，也不出自手掌。假

---

① 真如：一真一切真，五阴皆真。一如一切如，五阴皆如。全相皆性，故曰真如自性。
② 色阴：色即五根（眼耳鼻舌身）、六尘（色声香味触法）。有形质可缘曰色，变碍为义。刹那无常，终归变灭。现前形能可为障碍。
③ 受阴：受即遍行五心所中受心所，以领纳为义。领纳违（苦境）顺（乐境）俱非（不苦不乐）境相，而生苦受、乐受、舍受（苦乐双舍，即不苦不乐也）三受。

若是来自虚空，它既能使手掌有所感触，身上其他部分又何以不能同时感触呢？难道虚空会选择感觉的处所？如果这种感触出自手掌，应该不靠摩擦便已具有。再说感觉如从手掌心里发生，两手合拢摩擦，掌心才知道有感受，那两手离开摩擦作用，感觉应该钻回身内。那么，臂、腕、骨髓等部分，应该也同时知道感受钻回的情形。如果另外还有一个知觉的心，可以知道感受作用的出入，这个知觉，自然是另外一个东西，在身中往来。更何须等到两手合拢摩擦以后，才会知道这一个感触呢？所以应当知道生理感觉的受阴，都是时间空间里的虚妄暂有现象。既不属于因缘所生，也不是自然界的性能。"

"（三）想阴①：譬如有人，谈说酸梅的味道，嘴里就会流出口涎。想到脚踏悬崖，足心就会发生酸涩的感觉。想阴的思想变化作用，也同是这个道理。例如说到酸梅，嘴里就流涎。这种酸涎，既不从酸梅流出，也不是无故从嘴里流出。假若是从酸梅生出，梅子应该自会说酸，何必要人来说。如果嘴里听到酸梅便会流出酸性的津液，嘴巴应该自听，何必要等到耳朵发生听觉，嘴里才流出涎来呢？如果是耳朵听到，酸涎就会流出，那么这种酸涎，为什么不从耳朵内流出来呢？又如想到脚踏悬崖，足心就会酸涩，也和嘴流酸涎的道理一样。所以应当知道想阴的知觉、感觉、幻觉、错觉等等心理思想，都是时间空间里的虚妄暂有现象。既不属于因缘所生，也不是自然界的性能。"

"（四）行阴②：譬如一股暴流的水，波浪一个一个互相连续。前面的波浪与后面波浪，连续不断，并不超越。从表面看去，确是一股强

---

① 想阴：想亦五遍行中想心所，以缘虑为义，能安立自境分齐。诸识虽皆能安立自境，而意识偏强，以能缘虑三世境故，即以意识为想阴。
② 行阴：即五遍行中思心所，能驱役自心，造作善不善等业，即是业行。于百法中，摄法最多。以造作迁流为义。虽八识皆有迁流，而第七末那识，恒审思量，念念相续不断，迁流最胜。即以七识为行阴。喻如暴流，波浪相继。

有力的暴流。身心本能活动的行阴作用，也同是这个道理。水的动力流性，不从虚空而生，也不是水自身具有，更不是水性一定要流。但是又离不开空间与流水作用。假若水流从虚空而生，那么，十方无尽的虚空，都成为无尽的流水，世界自然都会受到沉沦。如果这个流性是水自身所具有的，那么，它应该另有一种性能，不属于水而单独存在，别有形相，清楚地在那里。如果这个流性就是水性，那么，静止不动的时候，应该不是水的自体了。假若暴流的形成，是离开虚空与水的自性，另外别有一种动能，可是事实上，虚空以外，更没有虚空可得，水流以外，更没有水流存在。所以当知身心本能活动的行阴，都是时间空间里的虚妄暂有现象。既不属于因缘所生，也不是自然界的性能。"

"（五）识阴①：譬如有人，拿一个宝贵的瓶子，塞住两头的孔穴，里面装满了空气，带去千里以外的国土。精神生命的识阴活动作用，也同是这个道理。瓶子里的虚空，既不是从那一处空间而来，也不是从这一处空间而入。假若是从那一处的空间装进了虚空，那么，这个原有的瓶子，既然带着这一处的虚空离去，在原有的地点，应该少了一瓶虚空。如果瓶子里的虚空，在到达目的地时，倾入空间，那么，打开瓶孔，倾倒的一刹那，应该可以看见瓶里的虚空倒出。（人生精神生命活动的作用，犹如空瓶状况。身体中间，除了生理的各种机能以外，并无一个精神的实质。只是自性真空功能所生的识阴，在支使身心内外的活动。）所以当知识阴所生精神意识的生命活动，都是时间空间里的虚妄暂有现象。既不属于因缘所生，也不是自然界的性能。"

（以上《楞严经》第二卷竟）

---

① 识阴：即阿赖耶识，以了别为义，能了别自分境故。以受想行三阴，已分配前七识，此当独指第八阿赖耶识。经文以瓶外空喻藏性，以瓶内空喻识性，只因迷执成二。

复次阿难。云何六入①。本如来藏妙真如性。

阿难。即彼目睛瞪发劳者。兼目与劳。同是菩提瞪发劳相②。因于明暗二种妄尘。发见居中。吸此尘象。名为见性。此见离彼明暗二尘。毕竟无体。如是阿难。当知是见。非明暗来。非于根出。不于空生。何以故。若从明来。暗即随灭。应非见暗。若从暗来。明即随灭。应无见明。若从根生。必无明暗。如是见精。本无自性。若于空出。前瞩尘象。归当见根。又空自观。何关汝入。是故当知眼入虚妄。本非因缘。非自然性。

阿难。譬如有人。以两手指急塞其耳。耳根劳故。头中作声。兼耳与劳。同是菩提瞪发劳相。因于动静二种妄尘。发闻居中。吸此尘象。名听闻性。此闻离彼动静二尘。毕竟无体。如是阿难。当知是闻。非动静来。非于根出。不于空生。何以故。若从静来。动即随灭。应非闻动。若从动来。静即随灭。应无觉静。若从根生。必无动静。如是闻体。本无自性。若于空出。有闻成性。即非虚空。又空自闻。何关汝入。是故当知。耳入虚妄。本非因缘。非自然性。

阿难。譬如有人。急畜（音旭，缩气也）其鼻。畜久成劳。则于鼻中。闻有冷触。因触分别。通塞虚实。如是乃至诸香臭气。兼鼻与劳。同是菩提瞪发劳相。因于通塞二种妄尘。发闻居中。吸此尘象。名齅（同嗅，吸气也）闻性。此闻离彼通塞二尘。毕竟无体。当知是闻。非通塞来。非于根出。不于空生。何以故。若从通来。塞则闻灭。云何知塞。如因塞有。通则无闻。云何发明香臭等触。若从根生。必无通塞。如是闻机。本无自性。若从空出。是闻自当回齅汝鼻。空自有闻。何

---

① 六入：梵语波罗吠奢，此译云入，亦云处，有涉入吸入二义，谓眼耳鼻舌身意六根，各能吸纳所对之尘境也。
② 瞪发劳相：目喻真智，瞪喻一念无明，劳相喻见相二分，瞪与劳相，皆依菩提净性所起，了妄即真，妄无自体，故为如来藏妙真如性也。

关汝入。是故当知鼻入虚妄。本非因缘。非自然性。

阿难。譬如有人。以舌舐（音士，舌触也）吻（音稳，口角也），熟舐令劳。其人若病。则有苦味。无病之人。微有甜触。由甜与苦。显此舌根。不动之时。淡性常在。兼舌与劳。同是菩提瞪发劳相。因甜苦淡二种妄尘。发知居中。吸此尘象。名知味性。此知味性。离彼甜苦及淡二尘。毕竟无体。如是阿难。当知如是尝苦淡知。非甜苦来。非因淡有。又非根出。不于空生。何以故。若甜苦来。淡则知灭。云何知淡。若从淡出。甜即知亡。复云何知甜苦二相。若从舌生。必无甜淡及与苦尘。斯知味根。本无自性。若于空出。虚空自味。非汝口知。又空自知。何关汝入。是故当知。舌入虚妄。本非因缘。非自然性。

阿难。譬如有人。以一冷手。触于热手。若冷势多。热者从冷。若热功胜。冷者成热。如是以此合觉之触。显于离知。涉势若成。因于劳触。兼身与劳。同是菩提瞪发劳相。因于离合二种妄尘。发觉居中。吸此尘象。名知觉性。此知觉体。离彼离合违顺二尘。毕竟无体。如是阿难。当知是觉。非离合来。非违顺有。不于根出。又非空生。何以故。若合时来。离当已灭。云何觉离。违顺二相。亦复如是。若从根出。必无离合违顺四相。则汝身知。元无自性。必于空出。空自知觉。何关汝入。是故当知身入虚妄。本非因缘。非自然性。

阿难。譬如有人。劳倦则眠。睡熟便寤（音悟）。览尘斯忆①。失忆为忘。是其颠倒生住异灭②。吸习中归。不相逾越。称意知根。兼意与劳。同是菩提瞪发劳相。因于生灭二种妄尘。集知居中。吸撮（音辍，

---

① 览尘斯忆：谓当醒时，眼见外像，心中即因此像，而起联想观念也。
② 颠倒生住异灭：生即是忆，灭即是忘，住异居中，四相迁流，无或停息，迷妄为有，故曰颠倒也。

取也）内尘①。见闻逆流。流不及地。名觉知性。此觉知性。离彼寤寐生灭二尘。毕竟无体。如是阿难。当知如是觉知之根。非寤寐来。非生灭有。不于根出。亦非空生。何以故。若从寤来。寐即随灭。将何为寐。必生时有。灭即同无。令谁受灭。若从灭有。生即灭无。谁知生者。若从根出寤寐二相。随身开合。离斯二体。此觉知者。同于空华。毕竟无性。若从空生。自是空知。何关汝入。是故当知。意入虚妄。本非因缘。非自然性。

心理与生理的六根作用（五官与意识）经验的分析

佛说："其次，何以见得六入（即六根，包括五官与意识）的作用，都是真如自性的本体功能呢？"

"（一）眼。例如上面所说的，眼睛瞪视虚空，发生疲劳，看见虚空里幻变的光华现象。须知眼睛和疲劳所生的幻变作用，二者都是正觉自性所发生的变态。因为自然界有光明与黑暗两种现象，人们在其中发生看见的作用，吸收这种种现象，就称之为见的性能。这个看见的作用，离开明暗两种现象，毕竟没有一个固定的自体。因此当知这个看见的性能，不从明暗而来，也不由眼睛而出，更不是虚空自然所生，假若是从光明而来，遇到黑暗的时候，看见的性能，应该跟着光明消灭，何以又可以看见黑暗呢？如果是从黑暗而来，遇到光明的时候，看见的性能，应该跟着黑暗消灭。何以又可以看见光明呢？假若是从眼睛而出，眼睛并没有储备明暗两种现象。那么，这个能见的精

---

① 内尘：即法尘也，意根内缘，常取生灭，于中分别，非同前五，对境方生，故曰内尘也。

灵，本来就无自性了。如果是从虚空所生，面前可以看到自然界的现象，反转回来，也应该可以看见眼睛。再说：如果是虚空所生，乃是虚空自己在看，与眼睛又有什么相干呢？所以当知眼睛吸收外界现象的'眼入'，都是时间空间里的虚妄暂有现象。既不属于因缘所生，也不是自然界的性能。"

"（二）耳。譬如有人，用手指很快地塞住两个耳朵，塞久了，耳朵与听觉，就发生疲劳的变态，听到头脑里有嗡嗡声音。须知耳朵与疲劳作用，二者都是正觉自性所发生的变态。因为虚空有动静两种境界，人们在其中发生闻听的作用，感受这种有声无声的动静现象，我们称之为听的性能。这个闻听的作用，离开动静两种境界毕竟没有一个固定的自体。因此当知闻听的性能，既不从动静的声音而来，也不由耳朵而出，更不是虚空自然所生，假若是从无声的静境而来，听到有声时，闻性应该随着静境而消灭，何以又可以听到有声的响动呢？如果是从有声的响动而来，当无声时，闻性应该跟着响动而消灭，何以又可以听到无声的静境呢？假若是从耳朵而出，耳朵并没有储备动静两种境界。那么，这个闻听的作用，本来就没有自性了。如果是虚空所生，虚空既然自有闻听的性能，就不是虚空了。再说：虚空自然能闻，与耳朵听闻又有什么相干呢？所以当知耳朵闻听感受外界有声无声动静等的'耳入'，都是时间空间里的虚妄暂有现象。既不属于因缘所生，也不是自然界的性能。"

"（三）鼻。譬如有人，用力急搐鼻子，鼻子搐久了，发生疲劳的变态，就有冷气吸入感触。因为有这种感触，便分别出鼻子的通塞与虚实，以及香臭等气味。须知鼻子与疲劳作用，二者都是正觉自性所发生的变态。因为有通塞两种现象，人们在其中发生嗅觉的作用，感受这种通塞现象的，我们称之为嗅觉的性能。这个感受，离开通塞两种现象，毕竟没有一个固定的自体。因此应当知道这个感受的性能，既不是从通塞而来，也不是由鼻子而出，更不是虚空自然所生，假若是因畅通而来，鼻子塞住的时候，感受的性能，应该也跟着畅通而消灭，何以又可以感受堵塞呢？如果是从堵塞而来，当畅通时，应该又跟着堵塞而消灭，何以又可以了解香臭等等感触呢？假若是从鼻子而出，鼻子里并没有储备通塞等现象。那么，这个嗅觉的性能本来就无自性了。如果是由虚空所生，虚空里的嗅觉应当可以嗅到你的鼻子，并且虚空自然有嗅觉的作用，与鼻子感受又有什么相干呢？所以当知鼻子内外感受的'鼻入'，都是时间空间里的虚妄暂有现象。既不属于因缘所生，也不是自然界的性能。"

"（四）舌。譬如有人，用舌舐自己的嘴唇，舐久以后，嘴唇发生疲劳的变态。这个人如果有病，就感觉到有苦味。如果无病，就有甜的感觉。因为有甜与苦的不同，才显出舌头的感觉作用。当嘴唇与舌头不动的时候，应该是淡然无味的。须知口舌与味道作用，都是正觉自性所发生的变态。因为有甜苦淡等味性的变化，人们在其中发生感觉的作用，吸收各种变化的味性，我们称之为知味的性能。这个知味感觉的作用，离开甜苦淡等变化，毕竟没有一个固定的自体。因此应当知道这个会尝甜苦淡的味性，既不是从甜苦淡而来，也不是由舌头而出，更不是从虚空所生。假若是从甜苦而来，尝到无味时，这个知味感觉的作用，应该也跟着甜苦而消灭了，何以又可以感觉到淡呢？如果是由淡而出，尝到甜味时，知性就应该消灭了，何以又会感觉到甜苦二味呢？如果是从舌头而出，舌头没有储备甜淡苦的味素。那么，这个知味的感觉，本来就无自性了。如果是从虚空所生，虚空自有味性的感觉，不必经由你的口舌才知味性的变化。再说：是虚空自知尝味，与舌头知味的感觉，又有什么相干呢？所以当知舌头分别知味感觉的'舌入'，都是时间空间里的虚妄暂有变化。既不属于因缘所生，也不是自然界的性能。"

"（五）身。譬如有人，一只手是冷的，一只手是热的，用冷的手，去接触热的手，如果冷手温度很低，热手的温度便跟着下降。如果热手温度高，冷手的温度便跟着升高。这样冷热接触与分开的作用，就发生了感触，显出知觉的作用。冷热相交流，发生感触疲劳的变化。须知身体与感触疲劳的现象，都是正觉自性所发生的变态。因为有接触与分开两种感受作用，人们在其中发生感觉的反应，吸收冷热等各种现象，我们称之为知觉的性能。这个知觉的体性，离开接触与分开的两种感觉作用，毕竟没有一个固定的自体。因此当知这个知觉的作用，既不从接触与分开的感觉而来，也不从你合意与不合意才有。既不是由身体而生，也不从虚空所出。假若从接触的时候才有感觉，当分开的时候，感觉就跟着接触离开而消灭，何以又能够知道感觉分开了呢？合意与不合意两种作用，也是这个道理。如果是从身体而生，身体上没有储备接触分开合意与不合意的四种固定现象。那么，你身体上的这个知觉，原来就无自性了。如果是从虚空所出，虚空自有知觉，与身体的感觉又有什么相干呢？所以当知身体感觉外界冷热等的'身入'，都是时间空间里的虚妄暂有现象。既不属于因缘所生，也不是自然界的性能。"

"（六）意。譬如有人，劳苦疲倦就要睡眠，睡够了便觉醒，看见过的事情就会记忆，失去记忆就是忘记。生命过程的各种事实与思想，生起、保存、变易、消灭的种种颠倒经验，习惯的吸收存留在心里，似乎很有次序地潜伏着。这种情形，就叫做意识知觉作用。须知意识与知觉疲劳现象，二者都是正觉自性所发生的变态。因为有生起灭了两种作用，人们自性有收集知觉的功能，在生灭两种作用中间，吸收保留，形成内在知觉思想的境界，发生能知能闻等作用。如果回转见闻功能之流，流不及地，空空洞洞，了了明明的境界。这种现象，我们称之为知觉的性能。这个知觉的性能，如果离开睡眠清醒与生灭等相对的作用，毕竟没有一个固定的自体。因此当知这个知觉的根元，不从睡眠清醒生灭作用而有，也不从身体上而出，更不是虚空所生。假若是从清醒来的，到了睡眠的时候，这个知觉的作用，已经跟着清醒的现象而消灭，何以又会睡眠呢？如果一定在思想生起的时候，才有知觉的作用，思想灭掉的时候，就不应该知道思想已经灭了，还有谁可以知觉到思想的消灭呢？如果知觉是从思想灭了而有，那么，思想再生起时，知觉已经跟着灭了而消灭，这中间谁又知觉得思想的再生起呢？如果知道的作用，是从身体内部而出，睡眠与清醒两种现象，都凭借身体才发生作用。假若离开睡眠与清醒两种行为，这个知觉的作用，等于虚空中的花朵，毕竟没有固定的自性。如果是从虚空所生，虚空自有知觉，与人身的知觉又有什么相干呢？所以当知意识知觉思想的'意入'，都是时间空间里的虚妄暂有现象。既不属于因缘所生，也不是自然界的性能。"

复次阿难。云何十二处①。本如来藏妙真如性。

阿难。汝且观此祇陀树林。及诸泉池。于意云何。此等为是色生眼见。眼生色相。阿难。若复眼根。生色相者。见空非色。色性应销。销则显发一切都无。色相既无。谁明空质。空亦如是。若复色尘。生眼见者。观空非色。见即销亡。亡则都无。谁明空色。是故当知见与色空。俱无处所。即色与见。二处虚妄。本非因缘。非自然性。

阿难。汝更听此祇陀园中。食办击鼓。众集撞钟。钟鼓音声。前后相续。于意云何。此等为是声来耳边。耳往声处。阿难。若复此声。来于耳边。如我乞食室罗筏城。在祇陀林。则无有我。此声必来阿难

---

① 十二处：处者方所之义，六根六尘，对成十二，总为心识起灭出入之方所，故曰十二处也。

耳处。目连迦叶①。应不俱闻。何况其中一千二百五十沙门②。一闻钟声。同来食处。若复汝耳。往彼声边。如我归住祇陀林中。在室罗城。则无有我。汝闻鼓声。其耳已往击鼓之处。钟声齐出。应不俱闻。何况其中象马牛羊。种种音响。若无来往。亦复无闻。是故当知听与音声。俱无处所。即听与声。二处虚妄。本非因缘。非自然性。

阿难。汝又齅此鑪（同炉）中栴檀③。此香若复然于一铢（音朱）④。室罗筏城四十里内。同时闻气。于意云何。此香为复生栴檀木。生于汝鼻。为生于空。阿难。若复此香。生于汝鼻。称鼻所生。当从鼻出。鼻非栴檀。云何鼻中有栴檀气。称汝闻香。当于鼻入。鼻中出香。说闻非义。若生于空。空性常恒。香应常在。何藉鑪中。爇（读热，烧也）此枯木。若生于木。则此香质。因爇成烟。若鼻得闻。合蒙烟气。其烟腾空。未及遥远。四十里内。云何已闻。是故当知。香鼻与闻。俱无处所。即齅与香。二处虚妄。本非因缘。非自然性。

阿难。汝常二时⑤。众中持钵⑥。其间或遇酥（苏）酪（洛）醍（提）醐（胡）⑦名为上味。于意云何。此味为复生于空中。生于舌中。为生食中。阿难。若复此味。生于汝舌。在汝口中。祇有一舌。其舌尔时已成酥味。遇黑石蜜⑧。应不推移。若不变移。不名知味。若变移者。舌

---

① 目连迦叶：即目犍连迦叶波，二人同为佛之大弟子，已见前注。
② 沙门：此云勤息，勤修戒定慧，息灭贪嗔痴，为出家之总称也，一千二百五十人，乃佛之常随弟子。
③ 栴檀：经言牛首栴檀，生臭木业中，中秋月满之时，从地猝生，初如竹笋，成栴檀树，其味上妙，为香木中第一。
④ 一铢：铢音朱，重量名，二十四铢重为一两，言其至少也。
⑤ 二时：日初日中，二饭之时也。
⑥ 钵：梵云钵多罗，此云应器，僧人之食具也。
⑦ 酥酪醍醐：案《涅槃经》云，从乳出酪，从酪出生酥，从生酥出熟酥，从熟酥出醍醐，皆言上味也。
⑧ 黑石蜜：甘蔗之糖，其坚如石，故曰石蜜也。

非多体。云何多味一舌之知。若生于食。食非有识。云何自知。又食自知。即同他食。何预于汝。名味之知。若生于空。汝啖（音淡，食也）虚空。当作何味。必其虚空。若作咸味。既咸汝舌。亦咸汝面。则此界人。同于海鱼。既常受咸。了不知淡。若不识淡。亦不觉咸。必无所知。云何名味。是故当知。味舌与尝。俱无处所。即尝与味。二俱虚妄。本非因缘。非自然性。

阿难。汝常晨朝以手摩头。于意云何。此摩所知。谁为能触。能为在手。为复在头。若在于手。头则无知。云何成触。若在于头。手则无用。云何名触。若各各有。则汝阿难。应有二身。若头与手一触所生。则手与头。当为一体。若一体者。触则无成。若二体者。触谁为在。在能非所。在所非能。不应虚空与汝成触。是故当知。觉触与身。俱无处所。即身与触。二俱虚妄。本非因缘。非自然性。

阿难。汝常意中。所缘善恶无记三性①。生成法则。此法为复即心所生。为当离心。别有方所。阿难。若即心者。法则非尘。非心所缘。云何成处。若离于心。别有方所。则法自性。为知非知。知则名心。异汝非尘。同他心量。即汝即心。云何汝心。更二于汝。若非知者。此尘既非色声香味。离合冷暖。及虚空相。当于何在。今于色空。都无表示。不应人间。更有空外。心非所缘。处从谁立。是故当知。法则与心。俱无处所。则意与法。二俱虚妄。本非因缘。非自然性。

---

① 善恶无记三性：《会解》曰，善、恶，缘虑心也。无记，昏住心也。案：善性，即百法所谓信、精进、惭愧、无贪、无嗔、无痴、轻安、不放逸、行舍、不害，十一善心所有法也。恶性，即贪、嗔、慢、无明、疑、不正见，六位烦恼所摄也。无记性，即睡眠、恶作、寻、伺，四不定法所摄也。

身心与外界作用（十二处）经验的分析

佛又说："何以见得十二处（身心与外界）本能，都是真如自性的本体功能呢？"

"（一）眼与色相。你现在举眼去看外面的树林，以及园中的泉池。这些色相，是因为有色相才生出眼睛看见的性能？还是因为有眼睛才生出色相的现象呢？假若是眼睛生出色相的现象，那么，当眼睛看虚空时，虚空并没有色相。色相的性能消灭，应该显出一切俱无。既然一切色相俱无，谁又明白那便是虚空呢？同样的，辨析虚空，也是这个道理。（如果虚空根本是什么色相都没有，又拿什么叫做虚空呢？）假若是外界色相生出眼睛看见的性能，那么，观看虚空没有色相，这个可以看见的性能也应该消灭。见能既然消灭，其他一切也就没有了，谁又能明白何者是虚空，何者是色相呢？所以当知，可以看见的性能，与外界色相和虚空，都没有固定的所在。也就是说见能和色相，二者都是虚妄的暂有现象。既不属于因缘所生，也不是自然界的本能。"

"（二）耳与声音。你再听这个园林里面，通知大众吃饭时，就打鼓。集合大众时，就撞钟。钟鼓声音，前后连续。试问，这是声音来到耳边？还是耳朵去到声音那里？假若是声音来到耳边，就如同我到城里去乞食，此地就没有我了。同样的，假如这个声音已经到了你的耳边，其他的人，应该都不再听到。但是何以很多的人，可以同时听到钟声，同时都来集会呢？如果是你的耳朵到达声音那边，如同我从城里回来此地，城里就没有我了。同样的，当你听到打鼓的声音，你的耳朵已经去鼓的所在，若同时钟声发出，应该不能同时听到。更何况在同一时间，另外还有象、马、牛、羊种种动物及其他混杂声音。如果听能与声音，不是来往接触的，那么，一切声音便应该听不到了。

（声音是音波振动，发出声浪，普遍传达，发生耳膜听觉的反应。音波杂乱，听觉亦可同时听到杂乱的声音。既不是耳朵去声边，也不是声音来耳际。音波达不到，耳膜就没有听觉的反应。以上所说，只是说明听觉与声音的偶然作用，并不常存。换一个例来说：例如心中有事，沉思很深。虽然有音波声浪到达耳膜。因为心不在焉，也不起听觉的反应。并且音波声浪，亦受时间空间的限制，暂有还无。听觉的作用，亦受心理与时空的限制，忽起忽灭，都没实际长存的。）所以当知，听觉与声音，都没有固定的所在。也就是说听觉与声音，二者都是虚妄的暂有现象。既不属于因缘所生，也不是自然界的本能。"

"（三）鼻与嗅觉。你现在再嗅这个炉中所燃的栴檀香气。这种香，假使燃烧很多，整个城内，都会嗅到香气。试问，这种香气，是生于栴檀木？还是出在鼻子里？抑或发生在虚空中？假若这种香气出在你的鼻子里，既然从鼻所出，那香气应当从鼻子里喷出来。鼻子不是栴檀木，何以鼻子里会有栴檀香气？再说，你嗅闻到香气，应当是从鼻子吸入，若说香气从鼻子里出来，却说是嗅闻到的，便不合理了。如果是香气生于虚空，虚空的本性是永远一样的，香气也应该永远存在，何以必须靠炉中燃烧枯木，才会有香气呢？如果香气是发生在栴檀木上，那么，这种香质，因为燃烧而变成烟，鼻子嗅到香气时，应该先受到烟气笼罩，才会闻到香味。何以烟气腾空，散布还不太远，而数十里内，都已嗅闻到了呢？（香嗅都是放射性的作用，使鼻管嗅觉发生反应。栴檀木发出的烟，并不是香，只是木质燃烧以后，质量转变，成为烟雾，以上所讲，只是说明嗅觉与气味的偶然感应作用而已。）所以当知，鼻和嗅觉与香味，都没有固定的所在。也就是说嗅觉与香味，二者都是虚妄的暂有现象。既不属于因缘所生，也不是自然界的性能。"

"（四）舌与味觉。你要吃饭时，去托钵乞化。其中遇有酥酪醍醐，称之为上等滋味。这种滋味，是虚空中自性？还是从舌头发生？抑或是存在于食物里面呢？假若这种滋味，是从舌头发出，在你的嘴里只有一个舌头，这个舌头，已经成为酥酪味，再遇到蜜糖，应该不会再变移。如果真的不变，就不能称为知道滋味，如果变移，舌头只有一条，何以一个舌头，尝出很多种滋味呢？如果滋味存在于食物里面，食物并没有知觉分别，怎能自知滋味？再说：食物自知滋味，等于是别人在饮食，于你有何相干，又怎能称为知味呢？如果滋味是虚空中自生，那么，你啖虚空，虚空却是什么滋味？假使虚空是咸味，既然咸了你的舌头，也应该同时咸了你的脸。如果这样，这个世界的人，都和海鱼一样了，而且既然常常受到咸味，便不会知道淡味，可是若真不知道淡味，当然也就不会觉得咸味了。咸淡都不知道，怎么称之为味呢？（舌头有感觉滋味的味觉神经，因为食物本身的味素不同，吃到嘴里，舌头的味觉反应就不同，所以知道味别。上面所说的舌头只有一条，何以同时尝到很多种滋味，只是说明舌与滋味的反应作用并不常在。）所以当知，滋味和舌头与味觉，都没有固定的所在。也就是说尝性与味觉，二者都是虚妄的暂有现象。既不属于因缘所生，也不是自然界的本能。"

"（五）身体与感触。你在早晨，用手摸头，这个摸触的知觉，是谁能够感触呢？试问，能感触的是手？还是头？假若是手，头就不会有知觉，何以头也会知觉呢？如果知觉在头，手就没有用，又怎能叫做感触呢？如果手与头，各自都有感触的知觉，那你一个人，应该有两个身体。如果头与手是一个知觉所生的感触，那么，手与头，就是一体了，真的是一体，感触究竟在哪里呢？如果是在本能内，本能没有固定所在。假定有固定所在，就不是本能了。离开本能与固定所在，虚空当然不可能与你发生感触的。所以你应当知道，身体感觉的作用和身体，都没有一个固定的处所。也就是说身体作用与感觉，二者都是虚妄的暂有现象。既不属于因缘所生，也不是自然界的本能。"

"（六）意识与思想。人们意识所生的思想，不外善的、恶的、无记的三种性能，产生种种法则。这个思想法则，是由心所生，或是离心以外，别有一个所在？若思想的就是心，那么，思想所生的法则，就不是自心抽象的影像。如果不是自心所起，那么，思想根源究竟在哪里呢？如果离开自心，另有所在，那么思想法则的性质，是有知的呢？还是无知的呢？如果是有知的，那就可以称之为心了。既是自心，这与你抽象的印象是不同的。因为那个有知的思想，同样等于你自心的能量。如果这也就是你的心，何以你的心所产生的思想，有时候又不同于你的个性呢？如果思想本自无知的，那么，这个思想作用，事实上，并不就是色、声、香、味、离合、冷暖、虚空形象等等任何哪一样物象。那么，它究竟是在哪里呢？现在的色相与虚空，实际上都没有思想的表示。不应该说，现实人间以外，还有另一个虚空存在。既然心不是可以把捉的东西，心所生的意识处所，又从何去建立呢？所以应当知道，思想与心，都没有一个固定的所在。那么，心所生的意识与思想法则，两种都是虚妄的暂有现象。既不属于因缘所生，也不是自然界的本能。"

复次阿难。云何十八界①。本如来藏妙真如性。

阿难。如汝所明。眼色为缘。生于眼识。此识为复因眼所生。以眼为界。因色所生。以色为界。阿难。若因眼生。既无色空。无可分别。纵有汝识。欲将何用。汝见又非青黄赤白。无所表示。从何立界。若因色生。空无色时。汝识应灭。云何识知是虚空性。若色变时。汝亦识其色相迁变。汝识不迁。界从何立。从变则变。界相自无。不变

---

① 十八界：梵云驮都，此云界，有二种义，一者因义，谓根尘识三，和合造业，为生死因，二者限义，谓根尘识三，各有界限，不相紊乱也。

则恒。既从色生。应不识知虚空所在。若兼二种。眼色共生。合则中离。离则两合。体性杂乱。云何成界。是故当知眼色为缘。生眼识界。三处都无。则眼与色。及色界三。本非因缘。非自然性。

阿难。又汝所明。耳声为缘。生于耳识。此识为复因耳所生。以耳为界。因声所生。以声为界。阿难。若因耳生。动静二相。既不现前。根不成知。必无所知。知尚无成。识何形貌。若取耳闻。无动静故。闻无所成。云何耳形。杂色触尘。名为识界。则耳识界。复从谁立。若生于声。识因声有。则不关闻。无闻则亡声相所在。识从声生。许声因闻而有声相。闻应闻识。不闻非界。闻则同声。识已被闻。谁知闻识。若无知者。终如草木。不应声闻杂成中界。界无中位。则内外相。复从何成。是故当知。耳声为缘。生耳识界。三处都无。则耳与声。及声界三。本非因缘。非自然性。

阿难。又汝所明。鼻香为缘。生于鼻识。此识为复因鼻所生。以鼻为界。因香所生。以香为界。阿难。若因鼻生。则汝心中。以何为鼻。为取肉形双爪之相①。为取齅知动摇之性。若取肉形。肉质乃身。身知即触。名身非鼻。名触即尘。鼻尚无名。云何立界。若取齅知。又汝心中以何为知。以肉为知。则肉之知。元触非鼻。以空为知。空则自知。肉应非觉。如是则应虚空是汝。汝身非知。今日阿难。应无所在。以香为知。知自属香。何预于汝。若香臭气。必生汝鼻。则彼香臭二种流气。不生伊兰②及栴檀木。二物不来。汝自齅鼻。为香为臭。臭则非香。香则非臭。若香臭二俱能闻者。则汝一人。应有两鼻。

---

① 双爪之相：双爪之相指鼻形状而言，即浮尘根也，取似鼻体下垂，有如两指爪甲之对叩形状。案：双爪之喻，有明诸大师多谓为胜义根，清溥畹大师疏《楞严宝镜》，及杨仁山居士注《佛教初学课本》，皆指为浮尘根，姑依后说。

② 伊兰：臭木名，其味恶如腐尸薰四十由旬，花红艳可爱，误食之，发狂而死，栴檀香木，生此林中。

对我问道。有二阿难。谁为汝体。若鼻是一。香臭无二。臭既为香。香复成臭。二性不有。界从谁立。若因香生。识因香有。如眼有见。不能观眼。因香有故。应不知香。知即非生。不知非识。香非知有。香界不成。识不知香。因界则非从香建立。既无中间。不成内外。彼诸闻性。毕竟虚妄。是故当知。鼻香为缘。生鼻识界。三处都无。则鼻与香。及香界三。本非因缘。非自然性。

阿难。又汝所明。舌味为缘。生于舌识。此识为复因舌所生。以舌为界。因味所生。以味为界。阿难。若因舌生。则诸世间甘蔗。乌梅。黄连。石盐。细辛。姜。桂。都无有味。汝自尝舌。为甜为苦。若舌性苦。谁来尝舌。舌不自尝。孰为知觉。舌性非苦。味自不生。云何立界。若因味生。识自为味。同于舌根。应不自尝。云何识知是味非味。又一切味。非一物生。味既多生。识应多体。识体若一。体必味生。咸淡甘辛。和合俱生。诸变异相。同为一味。应无分别。分别既无。则不名识。云何复名舌味识界。不应虚空。生汝心识。舌味和合。即于是中元无自性。云何界生。是故当知。舌味为缘。生舌识界。三处都无。则舌与味。及舌界三。本非因缘。非自然性。

阿难。又汝所明。身触为缘。生于身识。此识为复因身所生。以身为界。因触所生。以触为界。阿难。若因身生。必无合离二觉观缘。身何所识。若因触生。必无汝身。谁有非身知合离者。阿难。物不触知。身知有触。知身即触。知触。即身。即触非身。即身非触。身触二相。元无处所。合身即为身自体性。离身即是虚空等相。内外不成。中云何立。中不复立。内外性空则汝识生。从谁立界。是故当知。身触为缘。生身识界。三处都无。则身与触。及身界三。本非因缘。非自然性。

阿难。又汝所明。意法为缘。生于意识。此识为复因意所生。以意为界。因法所生。以法为界。阿难。若因意生。于汝意中。必有所思。发明汝意。若无前法。意无所生。离缘无形。识将何用。又汝识心。与诸思量。兼了别性。为同为异。同意即意。云何所生。异意不同。应无所识。若无所识。云何意生。若有所识。云何识意。唯同与异。二性无成。界云何立。若因法生世间诸法。不离五尘。汝观色法。及诸声法。香法味法。及与触法。相状分明。以对五根。非意所摄。汝识决定依于法生。今汝谛观。法法①何状。若离色空。动静通塞。合离生灭。越此诸相。终无所得。生则色空诸法等生。灭则色空诸法等灭。所因既无。因生有识。作何形相。相状不有。界云何生。是故当知。意法为缘。生意识界。三处都无。则意与法。及意界三。本非因缘。非自然性。

身心与外界之间（十八界）经验的分析

佛又说："何以见得十八界本能（身心与外界中间的边际性）都是真如自性的本体功能呢？"

"（一）眼与色相之间。如你所了解的，眼睛和色相是产生眼识的基本原因，生出眼睛识别的本能。这个识别的作用，是因眼睛而生，以眼睛为界限呢？还是因色相而生，以色相为界限呢？假若是因眼睛而生，倘若外界没有色相与虚空，便没有什么可以分别的。即使你有识别本能，又有什么用呢？并且你能见的本能，根本不是青黄赤白的色相。它既然无从表示，又从哪里去立界呢？如果认为由于外界色相而生，当虚空没有色相时，你的眼睛识别作用，就应该消灭了。又何以能够识别知道这就是虚空呢？而且当外界的色相变迁时，你也能识别色相在变迁。假如你的识别本能，不跟着变迁，那么，色相所生的

---

① 法法：谓一切法尘之法也。

界限，又怎么去建立呢？如果随同色相的变动而变迁，所谓界限的情形，自然就没有了。如果是不变的，便应该是永恒的。既然因色相而生起作用，就不应该又能识别虚空所在。如果认为眼识同时能兼有这两种作用，是由眼睛与色相相对，共同产生的，那么，当眼睛色相二者相合时，中间识性就分离了而不起作用。识性若是可以分离的，那么，识性与眼睛和色相也都能相合了。这样体性便发生杂乱，又怎么去成立界限呢？所以应当知道，眼睛是接触外界色相的基本原因，产生眼睛的识别作用，以及眼识与色相之间的界限，三处都没有固定的自性。所以眼睛与色相，以及色相之间的边际，三者既不属于因缘所生，也不是自然界的本能。"

"（二）耳与声音之间。又如你所了解的，耳朵和声音是产生耳识的基本原因，生出耳朵的识别本能。这个识别的作用，是因耳膜而生，以耳膜为界限呢？还是因声音而生，以声音为界限呢？假若是因耳而生，既然动静两种现象并不现在面前，耳膜就不会知道了。如果耳膜一无所知，知觉尚且不成立，这个识别的作用，又是什么形状呢？如果你认为是耳膜听见了声音，因为没有外界的动静，就不形成听闻的作用，怎样可以把肉质形状的耳朵，杂在色相之中，名之为识界？所谓耳识的界限，又从何建立呢？如果耳识生于声音，因为有声音，才有识别的作用，那就与能闻的听觉无关。但是没有能闻的听觉，又会亡失声音所在。如果识别的作用，从声音产生，承认声音是因能闻的听觉才有声音的现象，那么，能闻的听觉，应该也同时能闻听识别的作用。如果不能闻听识别的作用，就是没有界限。能够闻听识别的作用，这个识别，也等于是声音。而且识别的作用，既已被闻的听觉所闻，那个知道能闻的本能，已在闻听的，又是谁呢？如果根本是无知的，犹如草木土块，就不应该有声音与能闻的听觉混杂而成中间的界限了。界限既然没有中间性的固定本位，哪里再有内外现象可以成立呢？所以应当知道，耳膜是听觉声音的基本原因，产生耳膜听觉的识别作用，以及听觉与声音之间的界限，三处都没有固定的自性。所以耳膜听觉与声音，以及听觉与声音之间的边际，三者既不属于因缘所生，也不是自然界的本能。"

"（三）鼻与嗅味之间。又如你所了解的，鼻和香味是产生嗅觉的基本原因，生出鼻的嗅觉识别本能。这个识别的作用，是因为鼻而生，以鼻腔为界限的呢？还是因香味而生，以香味为界限呢？假若是因鼻子而生，那么你心里把什么当作鼻子？是那个肉质的如同两爪形状的鼻子呢？还是那个具有嗅觉作用的鼻子呢？如果认为肉质的是鼻子，肉质的只是身体一部分。那么，身体的知觉乃是感触的一种，应该称之为身体而不能称之为鼻。这样只能说是身体的感触作用，不能认为是鼻子的单独本能。如果认为是感触作用，感触是生理本能的反应，更不应该认为一定是鼻子的作用。鼻子的名词形相，尚没有确定，所谓鼻子嗅觉与香味的界限，又从何处去建立呢？如果认为嗅觉就是鼻子的知觉，那你心里认为什么才是知觉呢？如以肉体神经的反应为知觉，那么，肉体的知觉，乃是生理神经的触觉反应，不能说是鼻子的作用。如果以虚空为知觉，既然虚空自己有知觉，肉体应该没有自己的知觉，这样，虚空应该就是你自己了。你的身体既没有知觉，那你这个也就不存在了。如果以香味为知觉，知觉既然属于香味，与你又有什么相关。假使香气和臭味是由鼻子生出，那么，香臭两种气流并不生于伊兰花和檀香，当二者没有时，你嗅自己的鼻是香的呢？是臭的呢？臭的就不是香，香的就不应该臭，如果香臭两种气味都能够同时嗅到，你一个人应该有两个鼻子了，等于有两个同时能嗅的自性。那么，目前同我问答的，也应该有两个阿难，哪个才是你自己的真体呢？如果鼻子只是一个，香臭本来没有什么两样，臭就是香，香也就是臭，香臭两种并没有个别的体性，界限又从哪里去建立呢？如果是因香味才产生识别的作用，识别作用既然因香自有，那么，同眼睛能够看东西一样，眼睛能够看东西，却不能同时看自己的眼睛。如果香味本身自有识别性能，就不应该知道自己有香味。能够知道有香味，就不可能生出香味了。不知道香味的当然不能识别香味。香味既然不是知觉自己所具备的，香味的界限也不能成立了。识别的作用自己不知道有香，气味界限也不是由香味而建立，既然没中间性存在，自然也不能形成内外。那么，鼻的嗅觉作用，毕竟是虚妄的暂有现象。所以应当知道，鼻子是闻到香味的基本原因，产生鼻子嗅觉的识别作用，以及鼻与香味之间的界限，三处都没有固定的自性。所以鼻与香味，以及嗅觉与香味之间的边际，三者既不属于因缘所生，也不是自然界的本能。"

"（四）舌与味性之间。又如你所了解的，舌和味性是产生辨味的基本原因，生出舌的辨味识别本能。这个识别的作用，是因舌而产生，以舌为界限呢？还是因滋味而生，以滋味为界限呢？假若是舌自产生，那么，世间的甘蔗、乌梅、黄连、食盐、细辛、姜桂，都没有自己的滋味了。当你自己尝舌时，是甜的，还是苦的呢？如果舌是苦的，那个尝舌的苦味的又是谁呢？舌若是不能自尝本身的滋味，那么，能知觉辨味的又是谁呢？舌的本身自性若不是苦的，便没有滋味发生，又如何去成立界限呢？如果识别的作用因味而生，它自己能成为滋味，也就等于舌头一样，应该不能自尝是什么滋味。又何以能识别，分辨这是滋味，那不是滋味呢？再说，一切不同的滋味，并不是一物所生。滋味既然从多方面产生，识别的作用，亦应该有很多的体性。识别的作用的体性如果只有一个，而滋味是从识体而生，那么，咸、淡、甘、辛混合同生，无论形相如何变异，味性却只有一个，应该没有分别不同的作用。如果没有不同的分别，就不叫做识别的本能，什么又是舌与辨味的识别之间的界限呢？当然不应该说虚空生出你的心性识别本能。如果是舌与滋味和合产生辨味的识别作用，在这和合的中间，原来就没有识别的自性，又怎样能生出界限呢？所以应当知道，舌是味性的基本原因，生出舌的辨味识别作用，以及舌与滋味之间的界限。三处都没有固定的自性。所以舌与滋味，以及舌的辨味作用与滋味之间的边际，三者既不属于因缘所生，也不是自然界的本能。"

"（五）身体与感触之间。又如你所了解的，身体和感触是产生感觉的基本原因，生出身体识别感觉的本能。这个识别感觉的作用，是身体所产生，以身体为界限呢？还是因感触而生，以感触为界限呢？假若是因身体产生的，如果身体不与其他物体接触分离，便不会有接触与分离两种感觉，身体哪里有识别作用存在呢？如果是由于和物体接触而生，是两种物体自己接触，根本没有你的身体。事实上，哪里有没有身体的感觉，也能够知道和物体接触与离开呢？你要知道，物质是没有感触知觉的东西，身体是有知觉感触的作用的。知道身体的感觉是因为接触所生，知道接触的作用，是因为有身体。但是感触的作用，并不就是身体，身体也并不就是感触。身体的形相与感触的现象，两种本来没有一定的所在。联合所有的机能，便是身体的自己体性，身体的所有机能以及感觉离散了，形相就等于虚空。因此可知身的内外的界限，尚没有固定性可成立，所谓中间性，又如何成立呢？中间性既不成立，内外性根本是空的。那么，你识别感觉的产生，又从谁去立定界限呢？所以应当知道，身体是感触的基本原因，产生身体识别的感觉作用，以及身体与感觉之间的界限。三处都没有固定的自性。所以身体与感触，以及身体识别与感触之间的边际，三者既不属于因缘所生，也不是自然界的本能。"

"（六）意识与思想之间。又如你所了解的，意念为思想产生意识的基本原因，生起分别意识思惟法则的本能。这个分别意识思惟的作用，是由意念所生，以意念为界限呢？还是因为思惟法则而生，以思惟法则为界限呢？假若是由意念而生，在你的意念中，必有思惟的作用，才能发现表明你的意念。如果没有思惟法则，意念也就无由而生了。离开外缘与思惟法则，意念就没有形态，分别的意识又有什么用呢？再说你的分别意识心与一切思想较量的作用，以及了解辨别的性能等，和意念是同一的作用呢？还是不同的作用呢？假如是同一个作用，那也是意念，怎样又生个什么所思想的呢？若不同是一个意念，应该没有所分别的意识，如果没有所分别的意识，何以是意念所生呢？如果有所分别的意识，又何以识别这意念呢？意念与分别意识，无论是同，或是异，两个性质都没有确定成立（只是为理论名词上区别的方便），界限又如何可以绝对地定立呢？如果识别作用是因思惟法则而生，世界一切思惟法则的产生，离不开色、声、香、味、触的作用。那么，你现在观察色法：（光、色、时、空与物质等）一切声音、香气、滋味，以及身体的感触，现象形状都很分明，都直接与五根（眼、耳、鼻、舌、身）对待，并非完全由意念所包括。你的分别意识决定要依于思惟法则所生，现在你仔细观察，各种法则是何形状？如果离开色、空、动、静、通、塞、合、离、生、灭等，超越了这一切现象，终结便没有什么可得的了。分别意识产生，色、空等等现象法则也跟着发生。分别意识消灭，色、空等等现象法则跟着消灭。所以然的根本原因既然不存在，那个因它而生的分别意识作用，是什么形相呢？假如那个形相没有，分别意识的思惟法则的界限又怎么去产生呢？所以应当知道，意念是思想的基本原因，发生分别意识思惟的法则，以及意念思想与分别意识思惟法则等之间的界限。三处都没有绝对固定的自性。所以意念与思惟法则，以及分别意识之间的边际，三者既不属于因缘所生，也不是自然界的本能。"

第四章　物理世界与精神世界同为自性功能的显现

阿难白佛言。世尊。如来常说和合因缘。一切世间种种变化。皆因四大①和合发明。云何如来。因缘自然。二俱排摈（音鬓，除弃也）。我今不知。斯义所属。惟垂哀愍。开示众生。中道了义。无戏论法。

尔时世尊。告阿难言。汝先厌离声闻缘觉诸小乘法。发心勤求无上菩提。故我今时。为汝开示第一义谛。如何复将世间戏论。妄想因缘。而自缠绕。汝虽多闻。如说药人。真药现前。不能分别。如来说为真可怜愍。汝今谛听。吾当为汝。分别开示。亦令当来修大乘者。通达实相。阿难默然。承佛圣旨。阿难。如汝所言四大和合。发明世间种种变化。阿难。若彼大性。体非和合。则不能与诸大杂和。犹如虚空。不和诸色。若和合者同于变化。始终相成。生灭相续。生死死生。生生死死。如旋火轮。未有休息。阿难。如水成冰。冰还成水。

汝观地性。麤（同粗）为大地。细为微尘。至邻虚尘②。析彼极微色边际相③。七分所成。更析邻虚。即实空性。阿难。若此邻虚。析成虚空。当知虚空。出生色相。汝今问言。由和合故。出生世间诸变化相。

---

① 四大：谓地、水、火、风。世间万法之生成，皆不外此，故曰四大也。
② 邻虚尘：尘之细者为微尘，微之微者为极微，极微而再微者，为邻虚尘，谓尘质之微近于空无也。
③ 色边际相：邻虚之尘，虽有色相，而近于空之边际也。

汝且观此一邻虚尘。用几虚空。和合而有。不应邻虚。合成邻虚。又邻虚尘。析入空者。用几色相。合成虚空。若色合时。合色非空。若空合时。合空非色。色犹可析。空云何合。汝元不知如来藏中。性色真空。性空真色。清净本然。周遍法界。随众生心。应所知量。循业发现。世间无知。惑为因缘。及自然性皆是识心。分别计度。但有言说。都无实义。

阿难。火性无我。寄于诸缘。汝观城中未食之家。欲炊爨（音吹，串煮食也）时。手执阳燧①。日前求火。阿难。名和合者。如我与汝。一千二百五十比丘。今为一众。众虽为一。诘（音企）其根本。各各有身。皆有所生氏族名字②。如舍利弗。婆罗门种。优楼频螺。迦叶波种。乃至阿难。瞿昙种姓。阿难。若此火性。因和合有。彼手执镜于日求火。此火为从镜中而出。为从艾出。为于日来。阿难。若日来者。自能烧汝手中之艾。来处林木。皆应受焚。若镜中出。自能于镜。出然于艾。镜何不镕（音容，销也）。纡汝手执。尚无热相。云何融泮。若生于艾。何藉日镜光明相接。然后火生。汝又谛观。镜因手执。日从天来。艾本地生。火从何方游历于此。日镜相远。非和非合。不应火光。无从自有。汝犹不知如来藏中。性火真空。性空真火。清净本然。周遍法界。随众生心。应所知量。阿难。当知世人。一处执镜。一处火生。遍法界执。满世间起。起遍世间。宁有方所。循业发现。世间无知。惑为因缘。及自然性。皆是识心。分别计度。但有言说。都无实义。

---

① 阳燧：古之取火具也，或云以铜为之，圆如镜，向日则火出，案今之凸面镜映日，焦点火生，盖其遗例也。
② 氏族名字：舍利弗、优楼频螺、阿难，皆佛之弟子，婆罗门、梵志族也。迦叶波，译云龟氏，瞿昙此云日种，相传佛之始祖，日炙甘蔗而生，亦曰甘蔗族，后改姓释迦氏。

阿难。水性不定。流息无恒。如室罗城。迦毗罗仙。斫（音昨）迦罗仙。及钵头摩。诃萨多等。诸大幻师①。求太阴精②用和幻药③。是诸师等。于白月昼④。手执方诸⑤。承月中水。此水为复从珠中出。空中自有。为从月来。阿难。若从月来。尚能远方令珠出水。所经林木。皆应吐流。流则何待方诸所出。不流。明水非从月降。若从珠出。则此珠中。常应流水。何待中宵承白月昼。若从空生。空性无边。水当无际。从人洎天。皆同滔溺。云何复有水陆空行。汝更谛观。月从天陟（音至，升也）。珠因手持。承珠水盘。本人敷设。水从何方。流注于此。月珠相远。非和非合。不应水精。无从自有。汝尚不知。如来藏中。性水真空。性空真水。清净本然。周遍法界。随众生心。应所知量。一处执珠。一处水出。遍法界执。满法界生。生满世间。宁有方所。循业发现。世间无知。惑为因缘。及自然性。皆是识心。分别计度。但有言说。都无实义。

阿难。风性无体。动静不常。汝常整衣入于大众。僧伽梨⑥角动及傍人。则有微风拂彼人面。此风为复出袈裟⑦角。发于虚空。生彼人面。阿难。此风若复出袈裟角。汝乃披风。其衣飞摇。应离汝体。我今说法会中垂衣。汝看我衣。风何所在。不应衣中。有藏风地。若生

---

① 诸大幻师：迦毗罗，此云黄色，斫迦罗，此云轮山，钵头摩，此云赤莲花，诃萨多，此云海水，四人皆事水之外道也，以其专修幻术，故曰大幻师也。
② 太阴精：谓月中水也，外道自谓用以和药，服之可以长生，空说无验。
③ 幻药：谓依此药，能幻出种种境界，眩人心目也。
④ 白月昼：十五日为望，西竺望前之月，曰白月，望后之月曰黑月，月当夜午，光皎如昼，故曰白月昼也。
⑤ 方诸：诸，珠也，方，石也，方诸或云水精珠也，向月则水生，或言铜鉴，或云大蛤，要为古之取净水仪器，一说即古之承露盘，盖本水气遇冷，则凝结成露之原理也。
⑥ 僧伽黎：义云和合，亦云重复衣，以其条数多故，从用为名，为三衣中之第一衣也，僧侣入王宫聚落时著之，故亦曰大衣。
⑦ 袈裟：此云坏色，三衣之通名也，亦曰离尘服，取断六尘坏正色也。

虚空。汝衣不动。何因无拂。空性常住。风应常生。若无风时。虚空当灭。灭风可见。灭空何状。若有生灭。不名虚空。名为虚空。云何风出。若风自生被拂之面。从彼面生。当应拂汝。自汝整衣。云何倒拂。汝审谛观。整衣在汝。面属彼人。虚空寂然。不参流动。风自谁方鼓动来此。风空性隔。非和非合。不应风性。无从自有。汝宛不知如来藏中。性风真空。性空真风。清净本然。周遍法界。随众生心。应所知量。阿难。如汝一人微动服衣。有微风出。遍法界拂。满国土生。周遍世间。宁有方所。循业发现。世间无知。惑为因缘。及自然性。皆是识心。分别计度。但有言说。都无实义。

阿难。空性无形。因色显发。如室罗城。去河遥处。诸刹利种①。及婆罗门。毗舍。首陀。兼颇罗堕。旃陀罗等。新立安居。凿（音酢,穿也）井求水。出土一尺。于中则有一尺虚空。如是乃至出土一丈。中间还得一丈虚空。虚空浅深。随出多少。此空为当因土所出。因凿所有。无因自生。阿难。若复此空。无因自生。未凿土前。何不无碍。唯见大地迥无通达。若因土出。则土出时。应见空入。若土先出无空入者。云何虚空因土而出。若无出入。则应空土元无异因。无异则同。则土出时。空何不出。若因凿出。则凿出空。应非出土。不因凿出。凿自出土。云何见空。汝更审谛。谛审谛观。凿从人手。随方运转。土因地移。如是虚空。因何所出。凿空虚实。不相为用。非和非合。不应虚空。无从自出。若此虚空。性圆周遍。本不动摇。当知现前地水火风。均名五大。性真圆融。皆如来藏。本无生灭。阿难。汝心昏迷。不悟四大元如来藏。当观虚空。为出为入。为非出入。汝全不知如来藏中。性觉真空。性空真觉。清净本然。周遍法界。随众生心。

---

① 诸刹利种：刹利一云田主，即王族，波罗门此云净行，毗舍此云商贾，首陀此云农夫，颇罗堕此云利根，盖犹六艺之流也，约举四姓，犹此方言士农工商之四民耳。

应所知量。阿难。如一井空。空生一井。十方虚空。亦复如是。圆满十方。宁有方所。循业发现。世间无知。惑为因缘及自然性。皆是识心。分别计度。但有言说。都无实义。

地水火风空五大种性的剖视

阿难起立问佛："您常说一切事物是和合与因缘所生，宇宙间种种变化，都由于物质原素四大种（地、水、火、风）的和合发生作用。何以现在又对因缘所生，以及自然而有，两种理论都加排除，我实在不知道这个理由在哪里。希望怜悯我们的愚顽，指示中道了义的真理，以免大家受世间戏论学理所迷惑。"

佛说："你先前不愿意学习小乘道业，要求无上正觉的大道，所以我便指示你自性本体的真理第一义谛（形而上的体性）。何以又搅在世间学理的戏论圈子内，被妄想支使，认为因缘所生才是究竟的法则，而自行缠绕？你虽然博学多闻，有如一个只会谈说药性的人，真药摆在眼前时，反而不能辨别了，我说你真是个可怜悯的人。你现在仔细地听，我将为你分别指示，也好使将来修学大乘的人们，能够通达自性本体的实相。如你所说：物理世界，由于四大种的物质和合，而发生宇宙间万有的种种变化。假如物质的本能不是和合性的，就不能与其他物质相和合，犹如虚空，并不和合一切色相。如果物质的本能是和合性的，同样都是变化的作用，自始至终，都是因为互相形成而存在，互相变化而灭亡。这样生灭不常，生死死生，生生死死，犹如火炬在迅速转动，形成一个幻有的圆轮形状，永远没有休息停止的时候。譬如水结成冰，冰又化成水一样。"

"（一）固体的'地大'种性。你观察这个地大种性，粗重的变成大地，细小的成为微尘，微尘还可以分析为邻虚尘。（邻虚尘相同于现代自然物理学所说的物质最基本的单位,佛学中指为色法中的极少分,谓其是物理的最基本元素,几乎等于虚空,所以叫做邻虚。古印度外道学者们的学说,认为邻虚没有十方分,圆而常住。整个世界到末劫毁坏的时候,邻虚尘不坏,分散于虚空而常住,相同于物质不灭的理论。小乘佛法则说邻虚亦是因缘所作,业力尽时亦要坏的。此所以不同于一般学说,而相同于现代自然物理学说的能量互变的理论。毗昙明说邻虚,无十方分,但云具二缘生,所以也是无常的。第一,是因缘。第二,是增上缘。现代的理论科学与这一说相近。再分析到极微的元素边际,又是七分所构成。有部的佛学指七分为构成物质最基本的元素,又说与八事俱生。所谓八事,就是物理最基本的能,具备有地、水、火、风四大种的性能,本身是时具有色、香、味、触的四境,互相和融而成一极微,又叫做微聚。这种极微有六方分,等于说有六位空间,仍然以自性本体功能所生众生业力的心力为中心,所以叫做七分。只有得天眼通境界的人,才能看见,所以也叫做极微色,也可说是不可知数的物色。再把物质的邻虚尘加以分析,最后就为空性。)这个物质的邻虚尘分析到最后,便成为绝对的虚空。你应当知道就是这个绝对的虚空,才生起各种物理的色相。我现在问你,既然你认为宇宙间一切的变化现象之生起,是由于物质的和合,你且观察一下这个邻虚尘,是用几个虚空和合而成的呢?不应该是邻虚合成邻虚的罢?再说,把邻虚尘分析到最后,变成虚空,这个虚空,又是用几个不可知的光色形相和合而成的呢?如果是由色相合成,那么色相和合就不是虚空了。若是虚空合成,虚空和合就不是色相了。光色形相还可以分析,虚空怎样去分析开,知道它是和合的呢?你还不知自性本体的功能中,具备产生色相最基本元素的本能,其本体原来是空的。换言之:自性本体的真空功能,才能产生色相。自性本体,本然清净,充满周遍在宇宙间,随一切众生心力作用,依照知识学问的所知量,依循众生身心个性的业力而发生作用。世间人缺乏智慧去认识体会，误认它是因缘所生，或者是物理自然的性能。其实，这都是用意识思想的心，去分别计算忖度，去推求其究竟真理。只是一种言语抽象的理论，却没有真实的义理。"

"（二）热能的'火大'种性。火大种性也并没有自我固定的性能，乃是寄于其他一切因缘而生。现在你看城中没有举食之家，准备炊饭的时候，手里拿着火镜阳燧（古代用以向太阳引火的镜子）和艾草，向太阳引火。如果火性是和合而有，那个相和合的是什么呢？例如我们大众，现在和合在一起，但是各人都有各人自己的身体，和各人单独的姓名。现在这个火性假如因为和合而有，当他们手里拿镜子向太阳引起火时，这个火是从镜中出来？还是从艾草生出？还是从太阳而来呢？如果是从太阳来的，既然能够烧燃到你手中的艾草，那么，日光所经过的林木，也都应该被燃烧了。如果是从镜中出来，火既然能够出来燃烧艾草，何以镜子自己不会燃烧熔化？而且你拿着镜子的手，一些不曾受到热力的烧灼，当然不会去熔化镜子了。如果火性出生于艾草，何必一定要借太阳与镜子的光能互相接触，然后火性才发生呢？你再仔细观察，镜子拿在手里，太阳光从天上而来，艾草本来自地上产生，可是这个火性究竟从哪里来的呢？太阳与镜子，距离这样遥远，不是本来和合在一起的东西，何以能够发生燃烧的火性？但是太阳镜子如果不相和合，火光就不会无中生有。（现在电能等所发生的火性，以及火柴等发生的火性，都是依赖互相摩擦的动力才产生。如要加以分析，也同上面所讲的道理一样，说是和合而有，却都各自独立，说是自能产生火光，又必须和其他因素互相发动才能产生。）你还不知自性本体的功能中，具备产生火性光热的本能，其本体原来是空的。换言之，自性本体的真空功能，才能产生火性的光热。自性本体，是本然清净，充满周遍在宇宙间，随一切众生心力的作用，依照知识学问的所知量，这一处手拿镜子向太阳引火，此一处火便燃起。这种情形，周遍世间，都是一样火性的存在，并没有一定的处所，只是依循身心个性的业力而发生作用。世间人缺乏智慧去认识体会，误认火性是物理作用，乃是因缘共有所生，或认为是自然界的性能。其实，都是用意识思想的心，去分别忖度，去推求其究竟真理。只是一种言语抽象的理论，却没有真实的义理。"

"（三）液体的'水大'种性。水大种性是不定的，流动与停息，都没有固定的形态。例如一般大魔术师们，要求得太阴（月亮）的精华，拿来制药，他们在月圆之夜，手里拿着方诸（古时在月夜求水用的器具，如珠子一样，即如古代承露盘），对月光照着，自然可以流出水来。这个水是从方诸的珠子里流出？还是虚空中自有的？或是从月光那里来的呢？假若从月光而来，月亮距离我们这样远，它既然可以使珠子出水，那么，它所经过的林木，也都应该自然地流出水来。如果它是自然而流，又何必需要方诸去照才能流水？如果不是自然而流，那么，就可以明白流水不是从月亮降下的。如果水是从珠子里出来，这个珠子就应该经常流水了，又何必要等到半夜里向月光去照，才能得到水呢？假若从虚空而生，虚空没有边际，流水也应当没有边际。那么，由人间直到天上，都会受到水淹，怎样还有水里陆上和空中万物的存在呢？你再仔细观察，月亮在天空上经过，珠子是拿在手里，承接流水的盘子，本来也是人摆在那里的，水究竟从哪里流进去的呢？月光与珠子，距离这样遥远，本来不和合在一起，不应该说流水是莫明其妙地自己产生的。（如果说世界上的水，是地球上江湖河海的水蒸气发生变化，便知蒸气没有水，根本不能产生，最初的水，究竟又从哪里来的呢？）你还不知自性本体的功能中，具备产生水性流动的本能，其本体原来是空的。换言之，自性本体的真空功能，才能产生水性的流动。自性本体，本然清净，充满周遍在宇宙间，随一切众生心力的作用，依照知识学问的所知量，犹如魔术师们，此一处拿珠，彼一处就流出水来。宇宙间的人，如果各自都拿着一颗珠，遍满宇宙间就会有流水产生。各人的意识思想也犹如珠子的流水，人人流出他所知所见，都自各别发展，生满在世间，岂有固定的方所，只是依循身心个性的业力而发生作用。世间人缺乏智慧去认识体会，误认水性的物理作用，乃是因缘共有所生。或者认为是自然界的性能。其实，都是用意识思想的心，去分别忖度，去推求其究竟真理。只是一种言语的抽象理论，却没有真实的义理。"

"（四）气体的'风大'种性。风大种性没有固定的自体，动静不常。你平常在大众中整理衣裳，衣角振动，影响到旁人，旁人就感觉有微风拂到脸上。这个风是从衣角所发出？还是发生于虚空？抑或是发生于人面呢？假若这个风是从衣角发出，你等于浑身穿的是风，那么，你的衣裳就自会飞扬，应该离开了你的身体。我现在正在说话，衣裳穿在身上，你看我衣裳里的风是在哪里？不应该说衣裳当中另外有一个藏风的地方罢？如果是生在虚空，你的衣裳不动的时候，何以又没有风在拂动呢？而且虚空永远常住在它的本位，风也应该经常发生。如没有风的时候，虚空也应当消灭，风灭的时候，倒可以看得见。虚空灭的时候，却是一种什么形状呢？虚空如果有生有灭，就不叫做虚空。既然叫做虚空，何以会有风从里面出来呢？如果风是由被拂者的脸上自己发出，那么，从他的脸上生出后，也应当吹拂到你。其实，是你整动衣服，才有风出，何以会倒拂到自己的面上？你现在仔细观察，整动衣裳的是你自己，受到风拂的是别人的脸。虚空本自寂然不动，并未参加流动。风又从哪个方向鼓动到此呢？风与虚空的性能，两种不同，各自隔开，本来并不和合在一起。不应该说风的流动，莫明其妙地自然而有。你实在不知自性本体的功能中，具备产生风性流动的本能，其本体原来是空的。换言之，自性本体的真空功能，才能产生风性的流动。自性本体,是本然清净,充满周遍在宇宙间,随一切众生心力的作用,引发知识学问的所知量,犹如你一个人整动衣裳,就有微风出来。遍满宇宙间大家都在整动,于是整个国土也就生起了风。风性充满整个的世间,岂有固定的方所,只是依循身心个性的业力而发生作用。世间人缺乏智慧去认识体会,误认风性是物理作用,乃是因缘共有所生,或者认为它是自然界的性能。其实都是用意识思想的心,去分别忖度,去推求其究竟真理。只是一种言语的抽象理论,却没有真实的义理。"(以上讲物理部分,须与本章物理世界物质的形成节参看,更加清楚。)

"(五)虚空的'空大'种性。虚空的空大种性是没有形相的,因为虚空间存在的光色,显出空相。假定有一个人,凿井求水,凿出一尺的土,中间就有一尺的虚空。如果凿出一丈的土,中间就有一丈的虚空。随着凿出来的泥土多少,中间就会显出等量的虚空。这个虚空是因为土所生出来的?还是因为打凿所开出来的?抑或是无因自生的呢?假若这个虚空是无因自生的,土未打凿以前,何以虚空便有阻碍,只看得见大块的土地,虚空却无法通达。如果虚空是因为土被凿而有,那么,当土凿出时,就应该看见虚空进入了。若是土凿出来,根本没有虚空进入,何以能说虚空因土所出呢?若是本来就没有出入,虚空与大地,应该原来没有不同的。虚空与大地,如果没有什么不同,那么,二者就是相同的了。可是当土出来时,虚空何以不同时出来?如果说因为打凿才出现虚空,那么,凿土的时候,应该是打出空来,并不是凿出土来。如果不是因为凿的关系而生出虚空,打凿只是打出土,何以却见到空?你再仔细审查观察,打凿由于人手,随着方位在运转,土只是在转移地位。这样,虚空究竟从哪里出来?凿与虚空,一个是实质,一个是虚无,二者不能互相为用,两种是不能和合的。难道虚空,根本是莫明其妙,无中生有的吗?如果认识了虚空的空性,周遍圆满，本来没有动摇，就应当知道虚空和现在眼前的地、水、火、风相合，统名叫作五大种，其体本来圆满，都是自性本体的功能所生起的作用，元本是没有生灭的。只因你自性昏迷，不能领悟四大都是自性本体的功能。你应当观察虚空是出？是入？或是没有出入？你完全不知道自性本体的功能中，其本性是虚空的，具有真觉灵知。这个自性的真觉灵知之体，才生出虚空的空性。自性本体，本然清净，充满周遍宇宙间，随一切众生心力的作用，依照知识学问的所知量，犹如打开了一个井的空洞，便只知有一个井等量的虚空。十方虚空，亦是这个道理，遍满十方俱是如此，岂有固定的方所？只是依循身心个性的业力而发生作用。世间人缺乏智慧去认识体会，误认空性是物理作用，乃因缘共有所生。或者认为虚空就是物理的自然性能。其实，都是用意识思想的心，去分别忖度，去推求其究竟真理。只是一种言语的抽象理论，却没有真实的义理。"

阿难。见觉无知。因色空有。如汝今者在祇陀林。朝明夕昏。设居中宵。白月则光黑月便暗。则明暗等。因见分析。此见为复与明暗相。并太虚空。为同一体。为非一体。或同非同。或异非异。阿难。此见若复与明与暗。及与虚空。元一体者。则明与暗。二体相亡。暗时无明。明时无暗。若与暗一。明则见亡。必一于明。暗时当灭。灭则云何。见明见暗。若明暗殊。见无生灭。一云何成。若此见精。与暗与明。非一体者。汝离明暗。及与虚空。分析见元。作何形相。离明离暗。及离虚空。是见元同。龟毛兔角。明暗虚空。三事俱异。从何立见明暗相背。云何或同。离三元无。云何或异。分空分见。本无边畔。云何非同。见暗见明。性非迁改。云何非异。汝更细审微细审详。审谛审观。明从太阳。暗随黑月。通属虚空。壅归大地。如是见精。因何所出见觉空顽。非和非合。不应见精。无从自出。若见闻知。性圆周遍。本不动摇。当知无边不动虚空。并其动摇地水火风。均名六大。性真圆融。皆如来藏。本无生灭。阿难。汝性沉沦（犹沉迷也）。不悟汝之见闻觉知。本如来藏。汝当观此见闻觉知。为生为灭。为同为异。为非生灭。为非同异。汝曾不知如来藏中。性见觉明。觉精明见。清净本然。周遍法界。随众生心。应所知量如一见根。见周法界。听嗅尝触觉触觉知。妙德莹然。遍周法界。圆满十虚①。宁有方所。循业发现。世间无知。惑为因缘。及自然性。皆是识心。分别计度。但有言说。都无实义。

阿难。识性无源。因于六种根尘妄出。汝今遍观此会圣众。用目循历。其目周视。但如镜中。无别分析。汝识于中次第标指。此是文殊。此富楼那。此目犍连。此须菩提。此舍利弗。此识了知。为生于见。为生于相。为生虚空。为无所因。突然而出。阿难。若汝识性。生于见中。如无明暗及与色空。四种必无。元无汝见。见性尚无。从何发识。若汝识性。生于相中。不从见生。既不见明。亦不见暗。明暗不瞩。即无色空。彼相尚无。识从何发。若生于空。非相非见。非见无辨。自不能知。明暗色空。非相灭缘。见闻觉知。无处安立。处此二非。空则同无。有非同物。纵发汝识。欲何分别。若无所因。突然而出。何不日中。别识明月。汝更细详。微细详审。见托汝睛。相推前境。可状成有。不相成无。如是识缘。因何所出。识动见澄。非和非合。闻听觉知。亦复如是。不应识缘。无从自出。若此识心。本无所从。当知了别见闻觉知。圆满湛然。性非从所。兼彼虚空地水火风。均名七大。性真圆融。皆如来藏。本无生灭。阿难。汝心粗浮。不悟见闻。发明了知。本如来藏。汝应观此六处识心。为同为异。为空为有。为非同异。为非空有。汝元不知。如来藏中。性识明知。觉明真识。妙觉湛然。遍周法界。含吐十虚。宁有方所。循业发现。世间

---

① 十虚：即四正四隅上下十方之虚空也。

无知。惑为因缘。及自然性。皆是识心。分别计度。但有言说。都无实义。

心意识精神领域的透视

"（六）见觉的作用。佛又向阿难说：能见能觉的作用，并无独立的知性，都因为万有色相与虚空各种现象所引发。例如你在日常的生活中，早晨光明，傍晚昏暗。在黑夜里，有月亮就有光明，没有月亮便会昏黑。这些明暗等等，都因为有现象可看见，才知道分析。这个能见的作用，与光明黑暗的现象，以及虚空，是否同是一个体性？或者在同中存有不同？不同中又有同的存在呢？这个能见的作用，假若认为与光明、黑暗、虚空，原来都是一个体性，可是光明与黑暗二者原来是互相交代的，黑暗时就没有光明，光明时没有黑暗。如果见性与黑暗是一体，光明来了，见性应该跟黑暗丧失，同样的，黑暗来了，见性应该跟光明消失。见性既然会丧失灭亡，何以能够见明见暗呢？如果说明暗自己虽有不同，能见的作用，本来没有生灭，所谓一体又怎样能成立呢？假若认为能见的精明，与光明黑暗等现象，不是同一个体性，那么，你离去了明暗，以及虚空，去分析这个能见作用的本元，又是个什么形相？离开光明与黑暗，以及虚空，这个能见作用的本元，也就等于没有了。如果明暗与虚空，三种现象都不相同，能见的自性，却从哪里去建立？而且光明与黑暗，根本是相违背的，它又怎样能和它们是同一个体性呢？可是见性离开明暗与虚空三种现象，本来就没有，它又怎样不是和它们同一个体性呢？再说分析虚空与能见的作用，本来都没有边际，何以二者不是同一个体性呢？同时看见光明又可以看见黑暗，可知能见的自性，并没有改变，何以同明暗是一个体性呢？你再仔细观察，特别仔细去研究，光明发于太阳。黑暗是从夜色。通达属虚空。障碍属大地。这个能见的作用,究竟从哪里而出呢?能见的作用是有灵灵明明的知觉性,虚空却是冥顽的,两种本来不能和合。难道这个能见的精明,根本是莫明其妙,无中生有的吗?如果认为能见、能闻、能知、能觉的自性,是圆满周遍的,本来没有动摇,就应当知道它和无边无际的虚空,与变动性的地、水、火、风,统名叫做六大种性。虽然种性作用,各有差别的性质,其体本来圆满。都由自性本体的功能而起用,元本是没有生灭的(物质与精神,显见不同,而都互相有关系,互相影响变化)。只因你自心沉迷,不能领悟你的见闻觉知的作用,本来都是自性本体的功能。你应当观察这个见闻觉知的功能,是有生有灭?是相同或相异?或是不生不灭?不同不异呢?你全不知自性本体的功能中,具有能见能觉的精明。这个能见能觉的精明,发起灵明见物的作用。自性本体,仍然是清净本然,充满周遍宇宙间,随一切众生心力的作用,依照知识学问的所知量,用之在眼,就能遍见虚空宇宙间的物象。在耳,就能听。在鼻,就能嗅。在舌,就能尝。在身,就能触。综合名之为心灵,又能感觉各种身心内外的作用,而能了然觉知。它是虚灵朗然,充满周遍在宇宙虚空间,岂有固定的所在?只是依循身心个性的业力而发生作用。世间人缺乏智慧去认识体会,误认是因缘所生,或认为是自然的性能。其实,都是用意识思想的心,去分别忖度,去推求其究竟真理。只是一种言语的抽象理论,却没有真实的义理。"

"(七)意识的作用。意识的性能并没有根源,都从六种根尘妄出而生(眼、耳、鼻、舌、身、意,色、声、香、味、触、法)。你现在遍观在座的大众,眼睛随便地巡转一遍。这个眼睛,犹如镜子照东西一样,没有分析辨别的作用。但是你的意识在其间,次第指出,这个是某某,那个是某某。这个明明了了的意识,是从所见而生?还是从外界的色相现象而生?是生于虚空?抑或是无因自生,突然而出的呢？假若这个意识的性能，是从所见而生，如果没有明暗与虚空色相四种现象，根本没有你的所见。所见的性能尚且没有，从哪里去发生意识呢？假若这个意识的性能，不是因所见而生，是从外界的现象中产生。你的意识，既不能见明，又不能见暗，明暗都不能看见，就没有色相与虚空。色相现象尚且没有，意识从哪里发生呢？如果是生于虚空，便不是色相，也不是所见之性了。不因所见，就不能辨别虚空，自然不能知道明暗与色空的现象。不是色相，便没有攀缘，那个能见闻觉知的作用，就没有地方可以安立。离开见性与色相两种，绝对的虚空，等于没有。如此即使有物存在，也就不是物相了，纵然再用意识去思惟，又可以分别得到什么呢？如果认为无因自生，突然而出，何以在白天，不能看见月亮的光明？你更仔细审查观察，能见的功能，寄托你的眼睛才发生作用。凡是色相，都是目前的现象。可以指出状况的才是有，没有现象的就是无。这样你审查这个意识作用，因为什么所产生？意识的作用是活动的，能见的功能是澄清湛然的，两种本来不能和合。闻听与感觉知觉的作用，也同是这个道理。都各自有独立的性质，不能和合。难道这个意识的作用，根本是莫明其妙，无中生有的吗？假如认为意识心本来没有所从来的。就应当了解能见闻觉知的自性功能，也本来圆满湛然，它的性能并不从其他事物所生。那么，识心连同地、水、火、风、空、见的作用，统名叫做七大种性。其体本来圆融自在。都由自性本体的功能生起作用，元本是没有生灭的。只因你自心粗浮，不能领悟你的见闻自性，发明明了灵知的作用，本来都是自性本体的功能。你应当观察这（眼、耳、鼻、舌、身、意）六处的意识心，是同是异？是空是有？或不同不异？也不是空有呢？你元不知自性本体的功能中，自性具有识别虚明灵知的本能。由这个灵知虚明发起真识的作用。自性本来的虚妙灵觉，仍然湛然不变，充满周遍在宇宙虚空间。含吐十方虚空，岂有固定的所在？只是依循身心个性的业力而发生作用。世间人缺乏智慧去认识体会，误认是因缘所生，或认为是自然的性能。其实，都是用意识思想的心，去分别忖度，去推求其究竟真理。只是一种言语的抽象理论，却没有真实的义理。"

尔时阿难。及诸大众。蒙佛如来。微妙开示。身心荡然。得无罣碍。是诸大众。各各自知。心遍十方。见十方空。如观手中所持叶物。一切世间诸所有物。皆即菩提妙明元心。心精遍圆。含裹十方。反观父母所生之身。犹彼十方。虚空之中。吹一微尘。若存若亡。如湛巨海。流一浮沤。起灭无从。了然自知。获本妙心。常住不灭。礼佛合掌。得未曾有。于如来前。说偈赞佛。

妙湛总持不动尊（赞佛三德）。

首楞严王世希有（显示大定）。

销我亿劫① 颠倒想（顿破前迷）。

不历僧祇② 获法身（彻见自性）。

愿今得果③ 成宝王（上求佛果）。

还度如是恒沙众（下化众生）。

将此深心奉尘刹④（迴向法界）。

是则名为报佛恩（报佛深恩）。

伏请世尊为证明（请佛加庇）。

五浊恶世⑤ 誓先入（成就大愿）。

如一众生未成佛（众生不尽）。

---

① 亿劫：梵语劫波，此云时分，亿劫总谓时分之久也。
② 僧祇：此云无数，不历僧祇，谓不须经无数之久时也。
③ 得果：得证妙觉佛果，亦云无上法王。
④ 尘刹：谓如微尘多，不可数知之刹土也。
⑤ 五浊恶世：五浊即劫浊、见浊、烦恼浊、众生浊、命浊，恶世即今之众生世界也。

终不于此取泥洹①（誓不成佛）。

大雄大力大慈悲（仰求慈悲）。

希更审除微细惑（更加详审）。

令我早登无上觉（早成正觉）。

于十方界坐道场（遍坐道场）。

舜若多②性可销亡（虚空可陨）。

烁迦罗③心无动转（信愿无移）。**（卷三终）**

这时，阿难与大众，听了佛的微妙开示，身心空荡荡的，一点都无罣无碍。各人都自觉知，了解真心自性的本体，遍满虚空宇宙间。看见十方虚空，犹如手中所拿的树叶子一样。凡一切世间所有的物象，都是正觉灵妙光明的真心自体所变现。自性真心的精灵，含裹十方世界里的一切。于是反观父母所生的这个身体，犹如虚空当中，吹起一点微尘，若存若亡。如在澄澄湛湛无边无际大海的无尽流中，存着一点浮沤，浮沉起灭不定。都了然自知获得了本自具足的灵妙真心，才是常存不灭的。大众恭敬礼拜本师释迦牟尼佛，得未曾有。所以共同说偈，赞叹佛的崇高伟大。（偈语是古印度的歌颂体韵文。以简洁文字，包括要义。因翻译不易，变成这种体裁，有音节而无韵言。但可以歌唱，俗名叫做梵唱。）

"妙湛总持不动尊。"

（首先说佛同一切众生，共同的身心自性本体。灵妙的，澄澄湛湛的，为宇宙虚空万有的总体。寂然不动的为万象所归尊。也就是赞叹已得无上正觉的本师释迦牟尼佛，已经证入自性的法身。所谓法身，就是指自性本体。）

---

① 泥洹：即涅槃之转音，此云灭度，灭烦恼，度生死，即证法身妙性也。
② 舜若多：此云空，空性无坏，言可销亡者，假使之词也。
③ 烁迦罗：此云坚固，谓空性无体，尚可销亡，我心坚固，终无退转。

"首楞严王世稀有。"

（首楞严，就是指佛所讲这本经的经名。首楞严是寂然不动，坚固坚定，确然不拔，颠扑不破的意义。就是说：这《楞严经》所讲自性本体的体用真理，是颠扑不破的至理。为万法万理之王，是世间所没有的。）

"销我亿劫颠倒想。"

（既领悟到这个至理的真义了，使我们无数时劫以来，寻求宇宙与人生，心灵与物理的种种颠倒思想，都为之消灭。现在已经理得心安了。）

"不历僧祇获法身。"

（僧祇是数学上第五十二位的数名，也就是代表无量数时间劫数的意义。一个众生，由初发心而至成佛，要经三大阿僧祇劫，才能得成无上正觉。这里说：自佛说出楞严至理，使大众现在顿悟到自性本体的体用。不必经过久远时间劫数的摸索修行去求证，便获得自性本体的法身了。）

"愿今得果成宝王。"

（自说现在已获得法身，得成正果，好像得到宝中之王。因此亦同时发愿如下……）

"还度如是恒沙众。"

（回转来，还要使十方虚空中所有世间，一切仍在沉迷浊世中的苦恼众生，使其得到解脱。恒沙，是无量数的形容词，犹如恒河里的沙子一样多。）

"将此身心奉尘刹。"

（这是承接上句立志发愿的引申。说要把这种恳切坚定愿力的深心，也同时表明自性无相，深远的真心功能。点滴无存，毫不保留地贡献给尘尘刹刹的一切众生。尘刹，也就是毫末点滴，细入无间有形有相存在的形容词。）

"是则名为报佛恩。"

（唯有这样做，才可以报答佛今天给我们的开示，使我们领悟得度的慈恩。）

"伏请世尊为证明。"

（上面说明听佛说法，而得到顿悟以后，立志发大愿的深心愿望。现在并请佛证明这个愿心，并不是冒昧偶发的。）

"五浊恶世誓先入。"

（发愿教化众生，广度众生使解脱苦恼，令登寂静的圣境。不分时间，不论区域，秉此誓愿，入世度人。凡是末劫时代，五浊恶世，自己必先入世教化。五浊恶世，是指我们的世间。所谓五浊：（一）劫浊。到了末劫之世，人寿减至最低限度。（二）见浊。充满五种"利使"的思想：（1）身见：切实为自己，为自身。（2）边见：对人对事对物，思想都有限度，不能运心广被。（3）戒取见：各自坚执定立自我的主张等。（4）见取见：以自己主观概于一切。（5）邪见：善恶是非颠倒等。（三）烦恼浊。充满五种愚钝的思想。贪心、嗔心、愚痴、我慢、多疑。（四）众生浊。肉质生命具备有五阴所生的各种痛苦与烦恼。（五）命浊。生命多苦恼，生活遭遇多恶缘等。处浊恶末世，行这种愿力，须具牺牲自我精神，不畏难，不苟安，含辛忍辱，以无限心力和血泪，写出无比慈悲的心情。语重心长，细心体会读之，使有心人，具同感者，为之泫然泪下。）

"如一众生未成佛，终不于此取泥洹。"

（一切众生，自性本来是佛境界。灵明自在。都因为心理业力与后天教育见解，迷失本性。悟则同佛，迷则终沉物欲世网。所以说不但要先入五浊恶世度人，而且如有一众生未得开悟成佛，自己始终不敢住在常乐我净的寂静安乐的果地。旧译泥洹，又译涅槃。就是寂然不动,灭尽烦恼,常乐我净的果位。)

"大雄大力大慈悲,希更审除微细惑。"

(上句是赞叹佛的颂词。唯有佛的慈悲怀抱、济世胸襟,才真是大英雄、大丈夫、大能力、大慈悲。我们大众虽然领悟自性清净的体用原则,还有很多细微枝节的疑惑未除。希望佛加以开示,以除我们的疑惑。)

"令我早登无上觉,于十方界坐道场。"

(使我们除去微细的疑惑,可以早登无上正觉,顿悟自性清净圆满的体用。于无尽虚空十方世界内,建立正知正觉的道场,坐此教化,济度未来。)

"舜若多性可销亡,烁迦罗心无动转。"

(舜若多,译为虚空性。烁迦罗,译为坚固心。这两句是说:即使虚空可以销灭,而我们这种立志发愿的真心,决不会动摇退转的。)

(以上《楞严经》第三卷竟)

尔时富楼那弥多罗尼子。在大众中。即从座起。偏袒右肩。右膝著地。合掌恭敬而白佛言。大威德世尊。善为众生敷演如来第一义谛。世尊常推说法人中。我为第一。今闻如来微妙法音。犹如聋人。逾百步外。聆(音零,听也)于蚊蚋(音锐)①。本所不见。何况得闻。佛虽宣明。令我除惑。今犹未详斯义究竟无疑惑地。世尊。如阿难辈。虽则开悟。习漏未除。我等会中登无漏者。虽尽诸漏。今闻如来所说法音。尚纡疑悔。世尊。若复世间一切根尘阴处界等。皆如来藏②清净本然。云何忽生山河大地诸有为相。次第迁流。终而复始。又如来说。地水

---

① 蚊蚋:蚊蚋,至小之虫也,百步之外,闻其鸣声,聪者弗能,况聋人乎,正喻声闻弟子,初未解于大乘第一义谛也。
② 如来藏:如来藏性,不空不有,即性即相,名第一义,是佛所证也。

火风。本性圆融。周遍法界。湛然常住。世尊。若地性遍。云何容水。水性周遍。火则不生。复云何明水火二性俱遍虚空。不相陵灭。世尊。地性障碍。空性虚通。云何二俱周遍法界。而我不知是义攸往。惟愿如来。宣流大慈。开我迷云。及诸大众。作是语已。五体投地①。钦渴如来无上慈诲。

尔时世尊告富楼那。及诸会中漏尽无学诸阿罗汉。如来今日普为此会。宣胜义中真胜义性②。令汝会中定性声闻③。及诸一切未得二空④回向上乘阿罗汉等。皆获一乘寂灭场地。真阿练若⑤。正修行处。汝今谛听。当为汝说。富楼那等。钦佛法音。默然承听。

佛言。富楼那。如汝所言。清净本然。云何忽生山河大地。汝常不闻如来宣说。性觉妙明。本觉明妙⑥。富楼那言。唯然。世尊。我常闻佛宣说斯义。佛言。汝(所)称觉明(者)。为复性(有所)明。(而)称名为觉。为觉(乃)不明。(者而)称为明觉(乎)。富楼那言。若此不明。名为觉者。则(此觉者乃)无所明(乎)。佛言。(汝谓)若无所明。则无明觉。(者,不知)有所(便)非觉。(性矣。若)无所(又复)非明。(而)无明又非觉湛明性(也)。性觉必(具真)明。(而念起)妄为明觉。(是故)觉(性元)非所明。因(此妄)明(遂)立(妄)所。所既妄立。(随即)生汝妄能。(于

---

① 五体投地：左右两手两膝为四肢，外兼一头为五体，投地，谓俯就至地也。
② 胜义中真胜义性：如来常依二谛说法，一世俗谛，即小乘人天因果是，二胜义谛，即前文之阴入处界是，今之胜义中真胜义性云者，即一真法界中道实相义也。
③ 定性声闻：谓二乘小果，未知回向大乘之人。
④ 未得二空：谓但证人空，未证法空，然肯回心向大，故亦非前定性比也。
⑤ 真阿练若：亦云阿兰若，此云无喧杂，自性真如，本来寂净，依此为本修因地，方是真正无喧杂处，乃全性起修之正行也。
⑥ 性觉妙明，本觉明妙：此一段文，为最难理会，文句云，此先指出本来觉性，不属迷悟，以为迷悟之所依也，性觉本觉，只有二名，终无二体，不改名性，固有曰本，妙明明妙，不过交互言之，显其寂而常照，照而常寂，迷之所不能减，悟之所不能增也，富楼那虽曰常闻，实未达其旨趣，故世尊以明与不明两关勘之也。

是此本）无同异（法性之）中。炽然（遂）成（能所二法之）异。（矣。）异（于）彼（之）所（谓）异。因异（复）立（妄）同。同异发明。因此复立无同无异。如是扰乱。相待生劳。劳久发尘。自相浑浊。由是引起尘劳烦恼。起为世界。

静成虚空。（当知十方）虚空（只）为（妄想心中之）同（相所成）。世界（只）为（妄想心中）异（相所成）。彼（所谓）无同（无）异（之法者乃）真有（作有）为（之）法①。（实非无同异之觉性也。）觉明空昧。相待成摇②。故有风轮③执持世界。因空生摇。坚明立碍。彼金宝者明觉立坚。故有金轮保持国土。坚觉宝成。摇明风出。风金相摩。故有火光为变化性。宝明生润。火光上蒸。故有水轮含十方界。火腾水降。交发立坚。湿为巨海。乾为洲滩（音但，水边平地也）。以是义故。彼大海中火光常起。彼洲滩中江河常注。水势劣火。结为高山。是故山石。击则成焰。融则成水。土势劣水。抽为草木。是故林薮（音叟，丛聚也）遇烧成土。因绞成水。交妄发生。递相为种。以是因缘。世界相续。

物理世间物质的形成

这时，富楼那弥多罗尼子（满慈子）在大众中，起来敬礼释迦牟尼佛，向佛问说："吾佛最善于为众生开示自性形而上第一义谛的至理。佛常说在说法人中，我是第一。但是我听了上面的微妙讲解后，

---

① 真有为法：彼前之无异同相，结成有情含识，此之识体，无分别性，而能变起一切之相，故曰真有为法。
② 觉明空昧，相待成摇：《指掌疏》云，性觉加明，真空便暗，明暗相待，故曰成摇。
③ 风轮：一切世界，皆依无明妄心而得住持，《智度论》曰，三千大千世界，在虚空中，风上水，水上地，地上天，自须弥以至诸天，皆在风上，所谓轮者，取其重重环包旋动不息之义也。

犹如一个聋子，在百步之外，去听一个蚊虫的声音。根本都看不见，哪里能够听得到呢！佛虽然说得很明白，使我们除去疑惑，而我现在，还是不能详细领悟这个道理，所以不能到达绝对没有疑惑的地步。不要说阿难等人，只是从理解上有所领悟。即使在会的人，虽已得到烦恼已尽的无漏境界，现在听佛所说的道理，还是有很多纠缠不清的疑点。如果世间一切根尘阴处界等（生理、物理、心理等），都是自性本体清净本然的功能；本体既是本然清净，何以忽然生出山河大地等万有的世界物象？而且有时间空间性的次第迁流，终而复始呢？又如上面佛所说的地、水、火、风四大种性，也都是自性本体的功能，圆融无碍。充满整个虚空宇宙间，湛然常住。假若地（固体）的性能遍满虚空间，何以容纳水的存在？如果水的性能遍满虚空间，火的性能就根本生不起来。怎样可以说明水火两种性能都遍满在虚空，而且并不冲突呢？再者，地的性能是障碍的。空的性能是通达的。两种性能绝对相反，怎样都充满在宇宙间呢？我实在不知道这原理的中心在哪里？但愿我佛施予大慈大悲，开示明白。以除去我心中的迷云，同时也是大众所渴仰祈求的。"

佛说："今天我要为在座的大众，明白开示，宇宙万有根元的原因，及如何发生万有性能的真理（佛经原称为胜义有，指自性本体能生万有的功能，又称为胜义性）。并且也使一般已定性向小乘声闻果的人们，与一般未曾得到我法二空的人们，以及虽得小乘果而又回心向上乘的阿罗汉们，能获得只有一乘的寂灭场地，（不生不灭的心地）得达真正寂静的正修行处。希望你们仔细地听，现在将为你们讲解。"

佛要详细解释这个问题，又问满慈子说："如你所问，自性本体，既然清净本然，何以忽然生出山河大地等万有的世界物象？你平常不是常听我讲：当你开始觉到自性的妙明时，方知自性元来是本觉不昧，具有灵明的功能吗？"满慈子答："对的，我常听佛宣讲这个道理。"佛说:"你说,当你觉悟自性的灵明时,为是自性本来具足灵明,故名为觉性呢?还是本觉自性元来没有灵明,因为我现在觉了,才始名为得到灵明的正觉呢?"满慈子答:"如果这个称为觉性的,本来没有具足灵明的,那也就没有什么所以然可以明白的了。"佛说:"倘使没什么所以然可以明白的,就根本没有可明与可觉。如果是有所以然可以明白的,却不是原来自性的本觉。并且没有所以然可以明白的,却又不能说有所可明的了。那个无明昏浊的,又不是澄澄湛湛的本觉灵明自性。须知自性本觉,元自灵明。因为明极而生妄动,才发生照明感觉的作用。但觉照并不就是本来觉性的性明。这个后天妄动的感觉照明,就形成有所为的功用。这个有所为的妄动功用成立以后,就生出各种妄性的本能。(此处所讲,是说明形而上的体性发生形而下物理器世界的本能。必须要以最深静灵明的智慧去理解体会,文字极难说明。如借用先天与后天两个名词,又使人意识上,显然分出两半截。姑且借用来说:就是先天的自性本能,是寂然不动,灵明清虚的。灵明清虚的功能,自然妄生变动,就产生后天的性能,发出各种作用,形成物质世界的本能。)在元来自性的本体上,本觉灵明与所发出的妄动照明作用,本来是一体所生,没有同异的。但有妄动功能发生以后,就产生不同的功用,故有不同的变化。再从各别互异的性能内,于不同中具有相同之点。同异又互相变化,因之复立无同无异。(在理则上说,互相对待的,但是又可以归纳于绝对。绝对中又有互相对待的存在。矛盾可以统一,统一又有矛盾。)在这些妄动相反相成的同异对待变化当中,互相扰乱,所以相对地产生物理的变态现象(这种变态的力量,又互相反对,互相相成)。物理的变态经过久远的时间,就发生物质本能尘劳的运动,自然互相混沌,形成昏沌混浊的状态。因此引起物理本能的变态作用,同时也引起心理知觉感觉上的尘劳烦恼,而形成了世界。"(佛所讲的自性本体,湛然明觉。因为湛然明觉的动性,发生相反相成的两种功能。互相混扰,为物理世界形成的本能。但仍不离其自性功能,所以其根本是同一体性。因为相反相成的动能,互相排荡久了。两种力量爆发,又产生对待的本能。向心力收紧到极点,就发生相反的离心力。离心力放射到极点,又产生向心力。但两种能力的分化收缩作用,都以自性功能为其中心点。这个中心点是真空无形的真性功能,是绝对的灵明独立。所以说无同异中又有同异,同异中又有无同无异的存在。此处经中常提尘劳二字。尘劳就是宇宙间物质运动的现象,物理本能将要发生尚未发生的力量,要尽未尽的有形变化现象。形容至为绝妙,实在不能以其他字句替代。现在姑且作以上妄说,试为说明,但仍依原经为确要。又佛所说的,与《易经》原理,完全一样。东方圣人,西方圣人,此心同,此理同,实不相欺。《易经》以太极为本体之表示。太极寂然不动,感而遂通。太极自具阴阳两种相生相克的功能。阴阳亦就是动能的一种代表名词。生与克,就是相反相成的作用。而太极又浑然为一体。阴阳既动以后,就生万物万汇。一事一物,又各具一太极。太极又分阴阳。如此重重叠叠,发展至于无穷无尽的万类,而总体只是一个。其中真理机趣,都是相通。但略引其理则,以作佛说的道理的参考。自性本体既然引发妄动变化的功能,就产生物理本能的作用,而形成世界。)

佛说:"所以静态的就形成虚空现象。虚空的体性都是相同的。世界万有形相,就各有不同了。这个自性本体却没有同异的差别。这个本体的功能,才是真正生起各种万类万象有为的法则。因为自性本体本来具足觉性与光明空虚的功能,相对地形成动摇现状。所以就产生风轮性的大气层的本能,执持这个世界。因为虚空形成动摇的现状,由自性本体功能的光明,坚固凝结成立固体的物质,故有金属性能的物质宝藏成为大地中心。所以大地中心与地壳,有金轮性的固体保持国土。觉性空能凝结,既变成了固体的大地物质宝藏,又在虚空光明中动摇不息，因之产生风性的空气。风性空气与固体的地质互相摩擦，所以有火性的光热发生一切变化的本能。大地中心的物质宝藏，与光热相成产生润湿的本能。因此火性的光热上蒸，故形成水轮包围于十方世界中。火性光热上腾，水性润湿下降，交互发生作用，成立坚固性的物质世间。湿的成为大海，干的变为洲陆土地。就是因为这个道理，所以大海当中经常爆发火光。洲陆土地中间，又有江河流注。水势撞击的力大。火性的热力弱，地壳就渐渐凝成，结为高山。所以当山石尽力打击时，就发出火焰。岩石融化了就成为水。土地的凝力大，水性的湿力弱，就生长草木。所以树林草木，烧掉就变成土质。尽力绞扭就成为水浆。这些物质种性的本能妄动，交互发生作用。能量递相变易，互为种因。以此因缘，物质世界便相续不断地存在。"

复次富楼那。明妄非他。觉明为咎①。所妄既立。明理不逾（音俞）②。以是因缘。听不出声。见不超色。色香味触。六妄成就。由是分开见觉闻知。同业相缠。合离成化。见明色发③。明见想成。异见④成憎。同想成爱。流爱为种。纳想为胎。交构发生。吸引同业。故有因缘生羯罗蓝遏蒲昙等⑤。胎卵湿化。随其所应。卵唯想生。胎因情有。湿以合感。化以离应。情想合离更相变易。所有受业。逐其飞沈。以

---

① 明妄非他，觉明为咎：言欲明知此真有为法，所以展转成妄者，非有他故，乃本觉加明之过咎也，按觉明为咎，亦犹瞪发劳相之义。
② 所妄既立，明理不逾：所妄谓真妄合和而成所依之妄识，即业相也，业相既已成立，则妙明本觉之理，为识所障，不能逾越而知，故有后文之六妄成就。
③ 见明色发：中阴身投胎时，其无缘处大地如墨，唯于父母有缘处，见有一点明色发现，即寻之受生，此业根身遂由妄想而成。
④ 同见一异见：男子投胎，见父是男，异见故憎，见母是女，同想故爱，女子则反是。
⑤ 羯罗蓝遏蒲昙等：《俱舍》云，胎中凡有五位，一七，名羯罗蓝，此云凝滑，亦翻杂秽，精血相合曰杂，自体不净曰秽，二七，曰遏蒲昙，此云疱，状如疮疱，三七，曰闭户，此云软肉，四七，曰竭南，此云坚肉，五七，曰钵罗奢佉，此云形位，谓生诸身形，骨节分位，乃至十月而出胎也。

是因缘。众生相续①。富楼那。想爱同结。爱不能离。则诸世间父母子孙。相生不断。是等则以欲贪为本。贪爱同滋。贪不能止。则诸世间卵化湿胎。随力强弱。递相吞食。是等则以杀贪为本。以人食羊。羊死为人。人死为羊。如是乃至十生之类。死死生生。互来相啖。恶业俱生。穷未来际。是等则以盗贪为本。汝负我命。我还汝债。以是因缘。经百千劫。常在生死。汝爱我心。我怜汝色。以是因缘。经百千劫。常在缠缚。唯杀盗淫三为根本。以是因缘。业果相续。富楼那。如是三种颠倒相续。皆是觉明。明了知性。因了发相。从妄见生。山河大地诸有为相。次第迁流。因此虚妄终而复始。

众生世界生命的成因

佛说："其次，身心照明妄动的不是别的东西，实际上就是自性本觉灵明发生的变态。变态妄动就形成有所为的作用。但是仍没有超过灵明自性的本体实际。因为这个因缘，所以一切含灵的众生们，听到的不外是声音。见到的不外是色相。而有色、声、香、味、触、法的物理现象，与眼、耳、鼻、舌、身、意相对相成，就形成六种妄动的本能。由本能分开为见、闻、觉（感觉）知的作用。业力相同的就互相缠缚。相对的结合，与相反的分离，就形成种种的变化。见性灵明遇见色相就发起作用。这个灵明的见性，看见色相就构成想念。所见不同，就互相憎恨。想念相同，就互为情爱。爱情交合，产生流质，就能做种。同时吸收想念，就成为胞胎。彼此互相交媾，吸引相同的业力，所以才有因缘的作用，生出胞胎的人类与动物。（胎生的人类与

---

① 众生相续：众生由无始来，情想交变，离合互易，种种不同，无不随业受报，逐其善业则四生皆有飞举之乐，循其恶业，则六道皆有沉沦之苦，以是因缘，众生相续，明其但是明觉为咎，更无他因也。

一部分动物的生长,必须具备四种因缘,以相同的业力感召为主因。①自性妄动业力所生的识心种性,是入胎的亲因缘。②交媾的精虫卵子是增上缘。③胎胞须待母体的种种营养生长,以及出生后的教育等等,是所缘缘。④由生命存在的善恶作为等,又产生增加新的善恶业力,生死死生,是等无间缘。)父母与自己识心种性的中阴身,三缘和合,才能生人。入胎初期名为羯罗蓝(译为凝滑,即精血初凝之意)。其他部分动物,也有胎生——如牛马狗羊等。也有卵生——禽鸟类。湿生——微生虫类。化生——昆虫类。各自随其业力的感应,互相吸引变化而后产生。卵生则想念的成分最多——如鸡孵卵等,多用精神想念而生。胎生则爱情的成分最重——如人们的感情作用。湿生则互相感觉的成分最多——如鱼介类眼目的相视,就可感应成孕。化生则须要分离变化的作用——如孑孓蚊虫之类。无论爱情的生命,或变化作用的生命,都能互相变易,互相发生关系。所有生命的存在,都是受业力的支使,各自追逐着,飞潜浮沉在世间。由于这种因缘,所以众生世界相续不断地存在。因为想念爱情的力量,犹如胶结不能开解,所以相爱便不能分离。因为人类世间,父母子孙,相生不断,这些都是以欲望贪心为业力的根本。贪心与爱的力量,互相共同滋长,贪心永远不能止息。所以世间一切卵化湿胎等生物,随力量的强弱,互相吞食,用以滋养自己的生命,这些都是以杀戮贪心为业力的根本(弱肉强食,是自然业力所使然)。所以人食羊,羊死为人,人死为羊。同样的十类众生(①胎,②卵,③湿,④化,⑤有色的,⑥有想的,⑦非有色——如空幻中的物体,⑧非有想——如细微的微生物,⑨又如空散销沉的无色类,⑩精神化为土木金石的无想类)。死死生生,互相啖食。都是由于与生命俱来的恶业所生,犹如轮回旋转。穷极于未来无尽的时际,始终不断。这些都以盗取与贪心为业力的根本。(人身肉体生命的成分中,都借动植物矿物质等生存。但是动植物矿物质等,有时也需要人的物体，同时也具有人的一切。彼此互相滋养，这是一种现实世间的轮回。）于是在众生间，你欠了我的命，我再还你的债。因为有这种因缘的作用，经历百千劫的时间，经常都在生死流中旋转。人们与众生界，你爱我的心，我怜你的色。因为有这种作用，经百千劫的时间，经常都在情爱中缠绵。总之，都因为杀盗淫三种业力作为根本，所以世界上有业果相续的事实。这三种业力的作用，互相颠倒的继续，都是正觉灵明的自性本体中，所具有的明明了了知性的变态。因为了知自性发生了变态，产生妄见的动能；这些山河大地一切万有的现象，次第循环变迁流动，都是因为这个虚妄动能的作用。所以终而复始，犹如连环不断。"

第五章　修习佛法实验的原理

富楼那言。若此妙觉本妙觉明。与如来心不增不减。无状忽生山河大地诸有为相。如来今得妙空明觉。山河大地有为习漏何当复生。佛告富楼那。譬如迷人。于一聚落。惑南为北。此迷为复因迷而有。因悟所出。富楼那言。如是迷人。亦不因迷。又不因悟。何以故。迷本无根。云何因迷。悟非生迷。云何因悟。佛言。彼之迷人。正在迷时。倏（音叔）有悟人指示令悟。富楼那。于意云何。此人纵迷。于此聚落。更生迷不。不也世尊。富楼那。十方如来亦复如是。此迷无本。性毕竟空。昔本无迷。似有迷觉。觉迷迷灭。觉不生迷。亦如翳人见空中华。翳病若除。华于空灭。忽有愚人。于彼空华所灭空地。待华更生。汝观是人为愚为慧。富楼那言。空元无华。妄见生灭。见华灭空。已是颠倒。敕令更出。斯实狂痴。云何更名如是狂人为愚为慧。佛言。如汝所解。云何问言诸佛如来妙觉明空。何当更出山河大地。又如金矿（音拱，混金也）。杂于精金。其金一纯。更不成杂。如木成灰。不重为木。诸佛如来菩提涅槃。亦复如是。富楼那。又汝问言。地水火风。本性圆融。周遍法界。疑水火性不相陵灭。又征虚空及诸大地。俱遍法界。不合相容。富楼那。譬如虚空。体非群相。而不拒彼诸相发挥。所以者何。富楼那。彼太虚空。日照则明。云屯则暗。风摇则动。霁澄则清。气凝则浊。土积成霾（音埋，晦也）。水澄成映。于意云何。如是殊方诸有为相。为因彼生。为复空有。若彼所生。富楼那。且日照时。既是日明。十方世界同为日色。云何空中更见圆日。

若是空明。空应自照。云何中宵云雾之时。不生光耀。当知是明。非日非空。不异空日。观相元妄。无可指陈。犹邀空华。结为空果。云何诘其相陵灭义。观性元真。唯妙觉明。妙觉明心。先非水火。云何复问不相容者。真妙觉明亦复如是。汝以空明。则有空现。地水火风。各各发明。则各各现。若俱发明。则有俱现。云何俱现。富楼那。如一水中现于日影。两人同观水中之日。东西各行。则各有日随二人去。一东一西。先无准的①。不应难言。此日是一。云何各行。各日既双。云何现一。宛转虚妄。无可凭据。富楼那。汝以色空②相倾相夺于如来藏。而如来藏随为色空。周遍法界。是故于中。风动空澄。日明云暗。众生迷闷。背觉合尘。故发尘劳。有世间相。我以妙明③不灭不生合如来藏。而如来藏唯妙觉明圆照法界。是故于中。一为无量④。无量为一。小中现大。大中现小。不动道场。遍十方界。身含十方无尽虚空。于一毛端现宝王刹⑤。坐微尘里转大法轮。灭尘合觉。故发真如妙觉明性。而如来藏本妙圆心。非心非空。非地非水。非风非火（以上七大）。非眼非耳鼻舌身意（以上六入）。非色非声香味触法（上十二处）。非眼识界。如是乃至非意识界（上十八界）。非明无明。明无明尽。如是乃至非老非死。非老死尽（上十二因缘）。非苦非集非灭非道（上四谛）。非智非得。非檀那⑥。非尸罗。非毗梨耶。非羼提。非禅那。非般剌若。非波

---

① 准的：目标也，案二皆物名，匠人之法，平物以水，其盛水具曰水准，习射之法，预悬丹面白的之标于前，名之曰的。
② 色空：即世间之妄相也。
③ 妙明：即真如妙性也。
④ 一为无量：即华严经中一多相容之义，喻如一虚空中有无量微尘，无量微尘为一虚空也。
⑤ 宝王刹：即诸佛国土，大法轮，即说法道场，此喻小中现大。
⑥ 檀那等：一檀那，此云布施，有财、法、无畏三种，二尸罗，此云戒，包括在家出家大小乘等一切律仪，三毗黎耶，此云精进，精励身心，进修三学，四羼提，此云忍辱，忍受一切有情无情之触逆而不生怨报心，五禅那，此云静虑，思惟真理，定止散乱之心，六般剌若，此云智慧，此菩萨自利利他，行诣涅槃彼岸之六法也。

罗密多①（上六度）。如是乃至非怛闼阿竭。非阿罗诃。三耶三菩②（上十号）。非大涅槃。非常非乐非我非净③（上四断德）。以是俱非世出世故（上明真如藏性泯一切法，即天台之真谛理也）。即如来藏元明心妙。即心即空。即地即水。即风即火。即眼即耳鼻舌身意。即色即声香味触法。即眼识界。如是乃至即意识界。即明无明。明无明尽。如是乃至即老即死。即老死尽。即苦即集即灭即道。即智即得。即檀那。即尸罗。即毗梨耶。即羼提。即禅那。即般剌若即波罗密多。如是乃至即怛闼阿竭。即阿罗诃。三耶三菩。即大涅槃。即常即乐即我即净。以是俱即世出世故（此明真如藏性具一切法，即台家之俗谛理也）。即如来藏妙明心元。离即离非。是即非即（此约举中道义）。如何世间三有④众生。及出世间声闻缘觉。以所知心测度如来无上菩提。用世语言入佛知见。譬如琴瑟箜篌（音空侯）琵琶。虽有妙音⑤。若无妙指终不能发汝与众生。亦复如是。宝觉真心各各圆满。如我按指。海印⑥发光。汝暂举心。尘劳先起。由不勤求无上觉道。爱念小乘。得少为足。

个人解脱成佛与群体的关系

满慈子问："如果这个灵妙本觉的自性，本来就是正觉妙明的，现

---

① 波罗密多：此云度，亦云到彼岸，彼岸之义，以吾人在生死海中，从生死之此岸，到涅槃不死之彼岸也。
② 怛闼阿竭……阿罗诃，……三耶三菩：怛闼阿竭，此云如来，阿罗诃，此云应供，三耶三菩此云正遍知，以上佛之十号约举其三号也。
③ 常……乐……我……净：此涅槃断德之四无量心，二死永亡曰常，解脱受用曰乐，证真法身曰我，绝无染障曰净，乃诸佛所证也。
④ 三有：三界有情，各随所作善恶，因果不亡，故名为有，一欲有，约六道凡夫，二色有，约四禅天，三无色有，约四空天。
⑤ 妙音：琴瑟等喻众生身，妙音喻所具如来藏性，妙指喻般若智。
⑥ 海印：海印为三昧之名，证此三昧，照见世出世间一切诸法，犹如大海湛然，色象悉印其中也。

在佛已经证得元来的真心自性之体的正觉妙明,故名为如来。如来既已返还于不增不减的自性灵明的本体了,那么现在这些无缘无故忽然所生出的山河大地等一切万有现象,在如今佛已证得的灵妙性空光明正觉的成就中,应该一切都随着佛力而返本还原;何以山河大地万有的各种有为习惯烦恼,还是不断地生生不已呢?"佛问:"譬如一个人,在某一个地方,迷失了方向,误认南方为北方。这种迷惑,是因为迷了才有呢?还是因为觉悟而生呢?"满慈子答:"这个人的迷惑,既不是因为迷了才有,更不是因为觉悟而生。迷惑本来没有根源,怎样可以说是因为迷惑才有呢?觉悟就不会生迷惑,怎样又可以说是因为觉悟而生呢?"佛问:"当这个人正在迷惑中,忽然有一个觉悟的人,指示他方向,使他明白了。你说这个迷人,在这个地方,还生迷惑吗?"满慈子答:"当然不会再迷惑了。"佛说:"十方世界已成正觉的佛,证得了正觉的自性,也同这个人一样。这种迷惑原来没有根本,所谓迷的性能,本来是毕竟空的。从前并没有迷惑,他忽然好似有被迷惑的感觉。当他觉悟后,迷惑就消灭了,觉悟就不会再生出迷惑来。又如眼睛有翳病的人,看见虚空中有花朵。翳病如果除了,空中花朵的错觉也就没有了。假若一个愚人,眼的翳病好了以后,还要在以前那个感觉有花朵的地方,仍然等待空花出现,你看这个人,是愚蠢呢?是智慧呢?"满慈子答:"虚空中本来没有花,因为有病眼的妄见,才看见空中有花朵的生灭。看见虚空花朵消灭,便已经是迷惑颠倒。再希望空花在虚空出现,这实在是狂而且痴的人。何以还问这种狂人,是愚是慧呢?"佛说:"照你的见解,何以又问一切佛已经证悟自性妙觉灵明的空性中,怎么还生出山河大地来呢?又如金矿里的金,夹杂在泥沙当中,把它取出锻炼成纯金以后,当然不会再杂有泥沙。又如木已成灰,当然不再是原木。已经证悟自性的佛,在其正觉寂灭圆明的境界里,也同这个道理一样。"(又自性本体,如一澄清的大海,万有物象与众生,根本都是这个海水上所变起的浮泡。证悟了自性的人,如水泡还归于大海水。海水本是海水。其他浮泡自己不肯返本还原,做他原来的大海水,佛也没有办法令其消灭。只好随它始终浮沉在海面上妄动,随波逐浪的地迁流。满慈子所问的问题,从这个譬喻,可以理解得到。)佛说:"你又问:地、水、火、风的物理性能,本性都是圆融无碍,充满在宇宙间。何以水火两种反对的性能不会互相凌灭?虚空与大地的性能,若都是充满在宇宙间,应当不会彼此相容。你要知道,譬如虚空的自体,不属于任何一种现象,但又能包容万象。所以万物在虚空中,尽量发挥它的性能。例如:日照虚空,就有光明。云雾遮障,就生昏暗。风吹就有摇动的现象。天霁就可以看到晴明。气层凝结则变昏浊。尘土积聚则成阴霾。经过雨水的澄清,又反映出晴明。你说,这一切现象,是因为现象自身所生?或是虚空所有呢?假若是现象自身所生,当太阳照耀的时候,既然是日光的光明,那么,十方世界的虚空,应该都同太阳本身的颜色才对。何以虚空中,还可以看见有一个太阳呢?如果虚空自有光明,虚空应该自己能照。何以到了夜半或云雾昏蔽的时候,又不发出光明来呢?所以当知:这种光明,既不是太阳所生,也不是虚空自出,但又离不开虚空与太阳。人们观看所得的现象,原来都是虚妄的,没有可以绝对指陈的根本。如果必定从那一种现象寻求其根本所在,犹如要求虚空中的幻花,去结空果。何以你还要诘问物理现象互相凌灭的道理呢?(物理世界现象,都是相对的相反相成。空性本能,是绝对的超然独立。)至于能观察各种现象的性能,元本是真心的妙用。它是具有妙觉灵明的。这个灵明妙觉的真心,它并不是水火等任何物理所生。怎样又问他在宇宙间能否相容呢?自性真心的虚妙正觉灵明,也和这个道理一样。你从空与光明去看,就有空与光明的现象产生。若从地、水、火、风各种现象去观察,就另有各种现象产生。如果同时从各种现象去观察,就同时现出各种功能。何以同时都现出作用呢？譬如一潭清水，中间有太阳的影子。两个人同时都看潭中日影，然后两人又分向东西而去。于是就会各有一个太阳，分别跟随着向自己的方向移动。一个向东，一个向西，标准目的各不相同。当然不可以强辩地说，太阳是一个，何以能够分向东西同时移动呢？如果说太阳已经分成两个，何以水中所现的只有一个？这都是物理现象宛转虚妄的互相变化所生，实在并没有可以凭据的。你要知道，物质色相与虚空，互相变化生克。虽然现出千变万化，但超越不出自性本体的功能。而自性本体功能，则随同变化所生的物质色相与虚空，充满周遍于宇宙间。所以在自性本体功能的空性中，有风的吹动，虚空的晴朗，太阳的光明，云雾的昏暗等等各种现象。一切众生自己迷闷，'背觉合尘'违背了正觉的自性，自己随合物理的变化，所以才发生种种尘劳，而形成世间相。我因为证悟得妙明不起生灭的自性，合于自性本体。这个自性本体，是妙觉圆明，圆满地普照于宇宙间。所以在自性功能中，'一'即具足无量作用，无量也只是'一'。小中可以现大，大中可以现小，这个自性是如如不动的，遍满十方虚空世界。'身含十方无尽虚空，于一毛端，现宝王刹。坐微尘里，转大法轮。'如果'灭尘合觉'，灭除了一切物理作用的束缚，使其返合于正觉自性之体，就能够发起自性本体妙觉灵明的功能了。但是这个自性本体原本是具足万有功能，而且是虚妙圆满的真心。却不是普通的心理作用，也不是物理作用，也不是知识道理的作用，也不是如佛法所说的那些崇高超越的理解可以了知。同样的，也就是能产生普通的心理作用，物理作用，知识道理的作用，也就是如佛所说的那些崇高超越的真善美的名词作用，也就是世间的一切现象与知识，以及出世超越的理解所能了知的。所以说：自性本体虚妙灵明的真心本元，要离开一切现象作用才能够觉得。也要不离开这一切现象作用，才可见到它的功能。这个自性本体功能就是这一切现象作用所表现。这一切现象作用却不是自性本体。这个道理，只有自己亲证方知。无奈在有欲与无明和烦恼中的世间众生，以及出离世间的声闻缘觉们，用有限的知识，来测度佛无上正觉的大道。用一般世间的言语，想透入佛的所知所见呢？这譬如琴、瑟、箜篌、琵琶等乐器。虽然具备发生微妙声音的作用，如果没有妙手去弹，始终不能发出美妙的声音。你与一般众生，也同样如此。这个自性宝藏的本觉真心，各自圆满的。如果因得我指示，便风平浪静，性海心波都了然不起，心境便能稍发澄清的光明。你们只要暂起心念，便先自发生尘劳烦恼。这都是因为不努力勤求无上正觉的大道，贪爱小乘的果实，少有所得，便自满足。"

富楼那言。我与如来宝觉圆明。真妙净心。无二圆满。而我昔遭无始妄想。久在轮回。今得圣乘。犹未究竟。世尊。诸妄一切圆灭。独妙真常。敢问如来。一切众生何因有妄。自蔽妙明。受此沦溺。

佛告富楼那。汝虽除疑。余惑未尽。吾以世间现前诸事。今复问汝。汝岂不闻室罗城中。演若达多①。忽于晨朝以镜照面。爱镜中头眉目可见。瞋责己头不见面目。以为魑魅（音痴妹，山泽中鬼也）。无状狂走。于意云何。此人何因无故狂走。富楼那言。是人心狂。更无他故。佛言。妙觉明圆。本圆明妙。既称为妄。云何有因。若有所因。云何名妄。自诸妄想展转相因。从迷积迷以历尘劫。虽佛发明。犹不能返。如是迷因。因迷自有。识迷无因。妄无所依。尚无有生。欲何为灭。得菩提者。如寤时人说梦中事。心纵精明。欲何因缘取梦中物。况复无因本无所有。如彼城中演若达多。岂有因缘自怖头走。忽然狂歇。头非外得。纵未歇狂。亦何遗失。富楼那。妄性如是。因何为在。汝

---

① 演若达多：此云祠受，其母从邪神祈祷而生者，乃城中之狂人，此喻一切众生，依真成迷，不见本性也。

但不随分别世间业果众生三种相续。三缘断故。三因不生。则汝心中演若达多狂性自歇。歇即菩提。胜净明心。本周法界。不从人得。何藉劬（音区）劳肯綮（音磬，肯綮用力之貌）修证。譬如有人于自衣中系如意珠。不自觉知。穷露他方。乞食驰走。虽实贫穷。珠不曾失。忽有智者指示其珠。所愿从心。致大饶富。方悟神珠非从外得。

即时阿难在大众中。顶礼佛足。起立白佛。世尊现说杀盗淫业。三缘断故。三因不生。心中达多狂性自歇。歇即菩提。不从人得。斯则因缘皎然明白。云何如来顿弃因缘。我从因缘心得开悟。世尊。此义何独我等年少有学声闻。今此会中大目犍连及舍利弗须菩提等。从老梵志闻佛因缘。发心开悟得成无漏。今说菩提不从因缘。则王舍城拘舍梨等。所说自然成第一义。惟垂大悲。开发迷闷。佛告阿难。即如城中演若达多。狂性因缘。若得灭除。则不狂性自然而出。因缘自然。理穷于是。阿难。演若达多。头本自然。本自其然。无然非自。何因缘故。怖头狂走。若自然头因缘故狂。何不自然因缘故失。本头不失。狂怖妄出。曾无变易。何藉因缘。本狂自然。本有狂怖。未狂之际。狂何所潜（音千，伏也）。不狂自然。头本无妄。何为狂走。若悟本头。识知狂走。因缘自然。俱为戏论。是故我言三缘断故即菩提心。菩提心生。生灭心灭。此但生灭。灭生俱尽。无功用道。若有自然。如是则明。自然心生。生灭心灭。此亦生灭。无生灭者。名为自然。犹如世间诸相杂和。成一体者。名和合性。非和合者。称本然性。本然非然。和合非合。合（合和）然（自然）俱离。离合俱非。此句方名无戏论法。菩提涅槃尚在遥远。非汝历劫辛勤修证。虽复忆持十方如来十二部经①。清净妙理如恒河沙。只益戏论。汝虽谈说因缘自然决

---

① 十二部经：一长行，二重颂，三授记，四孤起，五无问自说，六因缘，七譬喻，八本事，九本生，十方广，十一未曾有，十二随分别说，十二部别，各有类从，即泛举一切经言也。

定明了。人间称汝多闻第一。以此积劫多闻熏习。不能免离摩登伽难。何须待我佛顶神咒。摩登伽心淫火顿歇。得阿那含。于我法中。成精进林。爱河干枯。令汝解脱。是故阿难。汝虽历劫忆持如来秘密妙严。不如一日修无漏业。远离世间憎爱二苦。如摩登伽宿为淫女。由神咒力销其爱欲。法中今名性比丘尼。与罗睺母耶输陀罗① 同悟宿因。知历世因贪爱为苦。一念熏修无漏善故。或得出缠。或蒙授记。如何自欺。尚留观听。

自性真心证悟的法则与原理

满慈子问:"自性宝藏,正觉圆满灵明的真心,原来是灵妙清净的,我与佛本来都是一样圆满。但是因为我自无始以来即被妄想牵缠,长久在世间轮回中流转不停。现在虽少有所得,列入圣道,但是还未得到究竟的地位。佛已除灭一切妄心,圆满正觉。自性真常,朗然独妙。现在我请问:一切众生,自性本来,既然清净圆满;何以又有妄心思想的作用,自己来遮蔽虚妙灵明的真心,遭受沉沦呢?"

佛说:"你虽然相信我所讲的至理,但是还有很多疑惑没有去掉。我现在就用世间的事情问你:在我们这个城中,有一个发了狂的人,名叫演若达多(译义名叫祠接)。有一天,早晨起来,自己照镜子,忽然认为镜中的人头眉目相貌非常的可爱。痛恨自己的头,不能看见面目。越想越不对,以为受魔鬼的作祟,自己的头已经失掉。因此莫名其妙地发了狂,到处乱跑。你说,这个人为什么莫名其妙地发狂乱跑呢?"满慈子答:"这个人心里自己发狂,并没有其他的原因。"佛说:

---

① 罗睺母耶输陀罗:罗睺罗母耶输陀罗者,以子标母,此云华色,即世尊未出家时之夫人也,《法华经》中授记为具足千万光明如来。

"妙觉灵明圆满的真心,本来是圆明灵妙的。现在既然称之为妄心,怎么会有原因呢?如果有个什么原因,就不叫做妄心了。自己有这许多妄想,自己互相辗转,互为因果。从痴迷当中累积迷痴,所以经历无数时劫。虽然有佛的发明指示,还是不能够迷途知返。这个痴迷的原因,是因为迷惑而有的。如果认识了痴迷本来没有什么原因,妄心还有什么可以依据呢?既然妄心本来就没有生处可得,又从哪里去灭呢?得到正觉的人,犹如醒了的人,讲述梦中的事。假使心里是明白的,有什么理由还肯去把捉梦里的东西呢?更何况妄心原来就没有原因,根本就无所谓有真实的存在了。犹如城中的演若达多,原来并没有为什么原因,使他恐怖自己的头失掉,因而狂走。当他突然间狂心停止了,才知道自己的头原来仍在这里,哪里另外可以看到一个头呢!即使他狂心还没有休歇,他的头也从来没有遗失过啊!你要知道,妄心的性质也是如此,哪里有个固定的所在。你只要不随分别思想作用。不坚执物理的形器世界相。不再造做业果。不随狂妄的众生相去追逐不舍。这三种因缘,自然断除。世间所有的妄心作用,归纳起来,不外这三种原因。这三种原因不生起时,你心里的狂性自然便休歇。狂心一旦自歇,'歇即菩提'了。殊胜清净灵明的真心,本来充满周遍在宇宙间,并不从别人那里得到。何必要借劳苦身心去修持,才能证得呢?又譬如有一个人,本来在自己的衣服里,系带着如意宝珠。可是自己并不知觉,反到处做乞丐,乞食奔走。当时虽然实在是贫穷,可是衣里的宝珠并没有遗失。忽然有一个明白的人,指出他自己身上的如意宝珠,他立刻就成为大富人。才明白这个神珠,并不是从外面得来的。"

这时阿难又起立请问:"刚才佛说杀盗淫三种业力不生起,三缘也就断除,心中的狂性自歇。狂性休歇就是菩提正觉。正觉自性不是从别人那里得到的。这样说来,一切由于因缘的道理,是显然明白的。何以佛在前面又忽然驳斥因缘呢？因为因缘的道理，我的心才得开悟领解。就是现在与会的前辈同学，像目犍连①、舍利弗②、须菩提③、老梵志④等，也都是因为听到佛所说的因缘道理，开发心地，有所领悟，才能达到无漏的境界。现在佛说正觉自性不从因缘所生。不但像我们年轻人，还在求学佛法的阶段，心里感到疑惑。我相信其余的人也都有同感。而且如此说来，外道学者们所说，认为宇宙一切，都是自然所生的理论，应该就是至高无上的真理了。希望佛垂大悲心，再开导我们的迷闷。"佛说："譬如狂人演若达多的狂性因缘，如果消灭，不狂的本性，就自然而出。因缘与自然的相对理论，就只尽于此。演若达多的头本来自然在那里。这个自然乃是自然其然的，没有任何自然不是自然的。他因为什么因缘才自己恐怖遗失了自己的头，而发狂乱走呢？如果头是自然的在那里，只是因为照镜子的因缘而发狂。何以他不自然发狂，却要等到照镜子的因缘才恐怖真头遗失呢？其实他的头并没有遗失，只是因为发狂恐怖才生出妄想。可见本来的头曾无变易，又何须等因缘显出狂性呢？如果说发狂是自然的，那么他本来就有狂怖的心了。当他没有发狂的时候，这个狂性又潜伏在哪里？若说不发狂是自然的，此头本来无恙，何以又会发狂乱跑呢？如果一旦明白了头还是本来的头，也就知道是自己无故发狂乱跑了。所谓因缘与自然，都成了儿戏的理论。所以我说三缘断除了，就是正觉的真心。正觉心生，生灭的妄心就灭了。但虽然灭了生灭，也只已经灭了生灭不停所生的妄心。如果把能灭能生的功能都彻底净尽了，才是无功用道的自性妙用。假若有一个自然，那就要等待自然的真心生起，生灭的妄心才会灭掉。这样还是属于生灭作用。要绝对

---

① 目犍连：又名目连，译曰采菽氏，佛十大弟子中神通第一。
② 舍利弗：译曰鹙子，佛十大弟子中智慧第一。
③ 须菩提：译曰空生，或善现，佛十大弟子中解空第一。
④ 梵志：一切外道之出家者名梵志。

没有生灭作用，才叫做自然。犹如世间的事物，各种因素混杂和合，构成一个整体的才叫做和合性。不属于和合性的，才叫做本来自然。本来自然的，就没有一个另外所以然的性质存在，那才叫做自然。可以和合的，便不是能和合的本能。和合与自然是相对性的，都要离开。能离与和合的都不是自性。这样才叫做不是儿戏的理论法则。但是这还只是一种理论，要证得正觉寂灭圆明的自性，距离还很遥远。你虽然历劫辛勤修证，能够记忆诵持十方佛的十二部经典①，懂得数不清的清净妙理，只是有益于你的戏论。所以你虽然谈说因缘与自然的理论，明白最高的决定真理，别人都说你是第一位博学多闻的人。像你这样累积历劫博学所得的知识，还不能免除摩登伽女的困辱。仍是要靠佛的神咒力量，才使摩登伽女淫念顿歇，得到阿那含果②。她现在在我法中，努力精进，爱河彻底枯竭。同时也使你得到解脱。所以说：你虽然历劫记忆诵持佛的秘典，还不如用一天功夫去勤修无漏③法门，可以远离世间憎或爱的两种苦恼。即如摩登伽女，原为淫女。因为神咒力量，消灭她的爱与欲念。现在我法中，号性比丘尼。与罗睺罗母④，耶输陀罗⑤，都领悟到过去的因缘，知道历世生死的原因。所以要知道，只因此一念贪爱，即是一切痛苦的根本。他们能够在一念之间，熏修无漏善业，便能够超越世缘的缠缚，或者蒙受佛的授记。你现在何以还是自欺的，只在理论上观

---

① 十二部经典：一、契经。二、重颂。三、讽颂。四、因缘。五、本事。六、本生。七、未曾有。八、譬喻。九、论议。十、自说。十一、方广。十二、授记。此十二部中契经、重颂、讽颂三者为经文上之体裁。余九部从其经文所载之别事而立名。
② 阿那含：译曰不来，断尽欲界烦恼之圣者，为小乘四果中之第三果。
③ 无漏：漏者烦恼之异名。漏泄之义。贪瞋等烦恼日夜由眼耳等六根门头漏泄流注而不止，谓之漏。又漏为漏落之义，烦恼能令人漏落于三恶道，谓之漏。因之谓有烦恼之法云有漏，离烦恼之法云无漏。
④ 罗睺罗：译曰执月，或障蔽，为释迦佛之嫡子。十五岁出家，佛十大弟子中密行第一。
⑤ 耶输陀罗：译曰持誉，罗睺罗之母，后随摩诃波阇婆提出家。

望呢?"

　　阿难及诸大众。闻佛示诲。疑惑销除。心悟实相。身意轻安。得未曾有。重复悲泪。顶礼佛足。长跪合掌而白佛言。无上大悲清净宝王。善开我心。能以如是种种因缘。方便提奖。引诸沈冥出于苦海。世尊。我今虽承如是法音。知如来藏妙觉明心遍十方界。含育如来十方国土。清净宝严妙觉王刹。如来复责多闻无功。不逮修习。我今犹如旅泊之人。忽蒙天王赐与华屋。虽获大宅。要因门入。惟愿如来不舍大悲。示我在会诸蒙暗者。捐舍小乘。毕获如来无余涅槃本发心路。令有学者。从何摄伏畴昔攀缘。得陀罗尼。入佛知见。作是语已。五体投地。在会一心。伫佛慈旨。尔时世尊。哀愍会中缘觉声闻。于菩提心未自在者。及为当来佛灭度后。末法众生发菩提心。开无上乘妙修行路。宣示阿难及诸大众。汝等决定发菩提心。于佛如来妙三摩提。不生疲倦。应当先明发觉初心二决定义。云何初心二义决定。

　　阿难。第一义者。汝等若欲捐舍声闻。修菩萨乘入佛知见。应当审观因地发心。与果地觉为同为异。阿难。若于因地以生灭心为本修因。而求佛乘不生不灭。无有是处。以是义故。汝当照明诸器世间① 可作之法。皆从变灭。阿难。汝观世间可作之法。谁为不坏。然终不闻烂坏虚空。何以故。空非可作。由是始终无坏灭故。则汝身中。坚相为地。润湿为水。暖触为火。动摇为风。由此四缠。分汝湛圆妙觉明心。为视为听为觉为察。从始入终。五叠浑浊。云何为浊。阿难。譬如清水清洁本然。即彼尘土灰沙之伦。本质留碍。二体法尔。性不相循。有世间人。取彼土尘。投于净水。土失留碍。水亡清洁。容貌汩（音骨）然。名之为浊。汝浊五重。亦复如是。

　　阿难。汝见虚空遍十方界。空见不分。有空无体。有见无觉。相

---

① 器世间：案华严三种世间，一器世间，即山河大地一切众生，所依止之国土世界。

织妄成。是第一重。名为劫浊。汝身现抟（音团，取也）四大为体。见闻觉知。壅令留碍。水火风土。旋令觉知。相织妄成。是第二重。名为见浊。又汝心中忆识诵习。性发知见。容现六尘。离尘无相。离觉无性。相织妄成。是第三重。名烦恼浊。又汝朝夕生灭不停。知见每欲留于世间。业运每常迁于国土。相织妄成。是第四重。名众生浊。汝等见闻元无异性。众尘隔越。无状异生。性中相知。用中相背。同异失准。相织妄成。是第五重。名为命浊。

阿难。汝今欲令见闻觉知。远契如来常乐我净。应当先择死生根本。依不生灭圆湛性成。以湛旋其虚妄灭生。伏还元觉。得元明觉无生灭性为因地心。然后圆成果地修证。如澄浊水。贮于静器。静深不动。沙土自沉。清水现前。名为初伏客尘烦恼。去泥纯水。名为永断根本无明。明相精纯。一切变现。不为烦恼。皆合涅槃清净妙德。

第二义者。汝等必欲发菩提心。于菩萨乘生大勇猛。决定弃捐诸有为相。应当审详烦恼根本。此无始来发业润生谁作谁受。阿难。汝修菩提。若不审观烦恼根本。则不能知虚妄根尘何处颠倒。处尚不知。云何降伏取如来位。阿难。汝观世间解结之人。不见所结。云何知解。不闻虚空被汝隳（音恢）裂。何以故。空无形相。无结解故。则汝现前眼耳鼻舌。及与身心。六为贼媒。自劫家宝。由此无始众生世界。生缠缚故。于器世间不能超越。

阿难。云何名为众生世界。世为迁流。界为方位。汝今当知东。西。南。北。东南。西南。东北。西北。上。下。为界。过去。未来。现在。为世。方位有十。流数有三。一切众生织妄相成。身中贸（音茂，变也）迁。世界相涉①。而此界性设虽十方。定位可明。世间只目东

---

① 身中贸迁，世界相涉：众生无始以来，织妄相成于一身中，贸易迁流，遂令世互相涉入。

西南北。上下无位。中无定方。四数必明。与世相涉。三四四三。宛转十二。流变三叠。一十百千①。总括始终。六根之中。各各功德②有千二百。阿难。汝复于中。克（能也）定优劣。如眼观见。后暗前明。前方全明。后方全暗。左右旁观三分之二。统论所作。功德不全。三分言功。一分无德。当知眼唯八百功德。如耳周听。十方无遗。动若迩遥。静无边际。当知耳根圆满一千二百功德。如鼻嗅闻。通出入息。有出有入。而阙（缺也）中交。验于鼻根。三分阙一。当知鼻唯八百功德。如舌宣扬。尽诸世间出世间智。言有方分。理无穷尽。当知舌根圆满一千二百功德。如身觉触。识于违顺。合时能觉。离中不知。离一合双。验于身根。三分阙一。当知身唯八百功德。如意默容。十方三世一切世间出世间法。唯圣与凡。无不包容。尽其涯际。当知意根圆满一千二百功德。

阿难。汝今欲逆生死欲流。返穷流根。至不生灭。当验此等六受用根。谁合谁离。谁深谁浅。谁为圆通。谁不圆满。若能于此悟圆通根。逆彼无始织妄业流。得循圆通。与不圆根。日劫相倍③。我今备显六湛圆明。本所功德。数量如是。随汝详择其可入者。吾当发明。令汝增进。十方如来。于十八界一一修行。皆得圆满无上菩提。于其中间。亦无优劣。但汝下劣。未能于中圆自在慧。故我宣扬。令汝但于一门深入。入一无妄④。彼六知根。一时清净。阿难白佛言。世尊。云

---

① 流变三叠，一十百千：三叠之说，古今多解，往往反易为难，令人益晦，文句云，一身成十二，即是流变一叠而为十二，十二之中，必各具十，即是流变二叠，为百二十，百二十中，又各具十，即是流变三叠为千二百，言一十百千者，举大数耳。
② 六根之中，各各功德：一身之前后左右为四方，过去现在未来为三世，三世四方，互成十二，迁流变易，共成三叠，一十百千，次而增之，六根功德，各千二百，总为七千二百之数，除眼鼻身三根各亏四百，六根功德，实为六千也。
③ 日劫相倍：倍与背同，谓由圆通根修如一日之速，由不圆通根修如长劫之迟，迟速相背，莫可较量矣。
④ 入一无妄：即一根返源。六根清净，详见后二十五圆通章。

何逆流深入一门。能令六根一时清净。佛告阿难。汝今已得须陀洹果①。已灭三界众生世间见所断惑。然犹未知根中积生无始虚习。彼习要因修所断得。何况此中生住异灭。分剂（音济，配也）头数。今汝且观现前六根。为一为六。阿难。若言一者。耳何不见。目何不闻。头奚不履。足奚无语。若此六根决定成六。如我今会。与汝宣扬微妙法门。汝之六根。谁来领受。阿难言。我用耳闻。佛言。汝耳自闻。何关身口。口来问义。身起钦承。是故应知非一终六。非六终一。终不汝根元一元六。阿难当知。是根非一非六。由无始来颠倒沦替。故于圆湛一六义生。汝须陀洹。虽得六销②犹未亡一③。如太虚空参合群器④。由器形异。名之异空。除器观空。说空为一。彼太虚空。云何为汝成同不同。何况更名是一非一。则汝了知六受用根。亦复如是。由明暗等二种相形。于妙圆中粘湛发见。见精映色。结色成根。根元目为清净四大。因名眼体。如蒲萄朵⑤。浮根四尘。流逸奔（外向也）色。由动静等二种相击。于妙圆中粘湛发听。听精映声。卷声成根。根元目为清净四大。因名耳体。如新卷叶⑥。浮根四尘。流逸奔声。由通塞等二种相发。于妙圆中粘湛发嗅。嗅精映香。纳香成根。根元目为清净四大。因名鼻体。如双垂爪⑦。浮根四尘。流逸奔香。由恬（音甜，静也）变等二种相参于妙圆中粘湛发尝。尝精映味。绞味成根。根元目为清净四

---

① 须陀洹果：此云逆流，言已逆生死之流，而为初见道位，乃声闻四果之初果也。
② 六销：言阿难虽证初果，能销色声香味触法之六外缘尘，而不随之造业。
③ 亡一：然犹未能蠲除一念涅槃佛果之我执，一念我执未空，故未能信及一门深入六根同净之理也。
④ 群器：即宇宙间山林城郭群品森罗是也。
⑤ 蒲萄朵：朵，花苞也，蒲萄朵盖初胎之葡萄宝也，眼浮尘根，取像乎此，虽非胜义眼根，实为胜义所依之体。
⑥ 新卷叶：新卷叶，新出水之莲叶也，耳浮尘根，取像乎此。
⑦ 双垂爪：《俱舍》云，鼻根极微，居鼻颃内，背上面下，如双爪甲，已见前解。

大。因名舌体。如初偃月①。浮根四尘。流逸奔味。由离合等二种相摩。于妙圆中粘湛发觉。觉精映触。抟（音团）触成根根元目为清净四大。因名身体。如腰鼓颡②（音赏）。浮根四尘。流逸奔触。由生灭等二种相续。于妙圆中粘湛发知。知精映法。揽法成根。根元目为清净四大。因名意思。如幽室见③。浮根四尘。流逸奔法。

解脱宇宙时空与物理世间束缚的法则与原理

阿难同大众，听了佛的开示教诲，心中的疑惑便都消除，明白了自性的实相。身意顿时感觉轻安，觉得从来所未有。他又继续问："自性本体虚妙正觉灵明的真心，充满周遍于宇宙间。虽然能够包含孕育十方国土的佛世界中的万有，但自性还是清净庄严，依然灵妙正觉。可是佛又斥责我多学博闻是无益的，不如努力修习佛法。我今天犹如飘泊在旅途当中的人，忽蒙大王赐我富丽堂皇的大宅，但是还不知道入门的门径。希望佛的慈悲，指示我们一般在黑暗中的人，如何舍弃修学小乘，证得自性寂静的本际，开发我们明白自性真心的大道。使一般求学佛法的人，知道怎样降伏素来的攀缘心，得到总持法门，而进入佛的知见。"这时，佛哀悯在会得到小乘果，或者对于正觉真心还不能自在的人。也为了将来在佛过世以后，末法时代想要发明真心自性正觉的人。去开示一条上乘的微妙修行的道路。就向阿难说："你们既然决定发正觉的心，对于佛境界的灵明大定，立志勤求不生疲倦，

---

① 初偃月：偃仰卧也，初旬之月其形如⌒。《俱舍》云，舌根极微，形如半月，当舌形中，舌浮尘根取像乎此。
② 腰鼓颡：《正脉》云"腰鼓俗名杖鼓，颡腔也，细腰而以革瞒其两头，状似人身，"未知确否。
③ 幽室见：意根无体，不可说形，居肉团内，外缘法尘，引发意思，如处幽室而能见外也。

永不退转。应该首先明白,要发明正觉自性的基本初心,开始就要认清两点决定性的义理。什么是那两点基本初心决定性的义理呢?"

第一,"你们若要舍弃小乘的声闻果①。修学大乘的菩提②道。进入佛的知见境界。应该仔细观察,发心的动机,与证果时候得到正觉的真心是相同的?还是不相同的?假若最初发心修证自性的时候,是用生灭的心,作为基本修行的因素,而想要用它证得佛乘不生不灭的果位,那是绝对错误的。因为这个道理,你应该透彻观察一切物理世间,可以造做的事物,都会变化消灭。你再观察世间可以造做的事物,哪一样是不坏的?但从来不曾听说虚空会烂坏,为什么呢?因为虚空不是可以造做的,所以始终不能变坏与消灭。你的身中坚固的(如骨骼等)是地的种性。润湿的(血液等)是水的种性。暖触的(温度暖力)是火的种性。动摇的(呼吸循环等)是风的种性。综合起来叫做四缠,构成一个人身。因为有此四大种性的四缠作用,分化了你澄澄湛湛圆妙正觉灵明的真心自性的功能,发展而成为身体各部分的作用。所以能看、能听、能感觉、能思惟观察,从始至终,受时间空间的五叠混浊所牵缠。何以叫做浊呢?譬如清水,本来是清洁的,因为含有尘土灰沙等的物质,所以本来的清洁受了障碍。清浊两种体性,是不相同的。例如一个人,拿尘土投在清洁的水里。那么,土质就失去固定留碍的作用,同时净水也失去清洁的本相,而形成混浊的状态。所以名之为浊。你的浊,共有五种。它之所以成为浊,也同是这个道理。"

精神与物理世界所缠缚的苦恼

五浊恶世的说明:"你见到虚空遍满十方界。虚空与所见的作用,

---

① 声闻果:梵语舍罗婆迦,为佛之小乘法中弟子。闻佛之声教,悟四谛(苦、集、灭、道)之理,断见思二惑,而入于涅槃者也,是为佛道中之最下根。
② 菩提:旧译为道,新译为觉。道者通义,觉者觉悟之义,觉法性故。

不能分别。虽有虚空现象，而没有虚空自体。虽有所见的作用，而所见的性能不能知觉。虚空与诸现象，互相交织，妄成世间相，这是第一重，叫做劫浊。你的身体，组合地、水、火、风四大种而成，见、闻、觉、知的功能，受到生理的限制，被身体上有限度的本能所留碍，而地、水、火、风的变化性能，又使你有知觉，这种心理与生理的互相变化交织，妄成精神作用，这是第二重，叫做见浊。你心里有记忆、知识、诵持、习惯等作用发生所知所见的性能，包容显现外界的色、声、香、味、触、法（事物）等影像。离开外界，就没有现象可寻。离开知觉，就没有自性可得。心里变化互相交织，妄成身心现状，这是第三重，叫做烦恼浊。你随时随地心思生灭不停，'知见每欲留于世间，业运每常迁于国土。'意识知见，希望现实景象，永远存留于世间。但是业力自然地运行，却使一切景象，经常随时间空间而变迁。矛盾互相交织，妄成人间世事的痛苦，这是第四重，叫做众生浊。你们能见与能闻的，与本来的觉性原是没有两样。因为外界的现象不同，所以生理上的觉性作用也就互异了。而实际在心灵上又都能互相知觉，只是在应用上不一样而已。这种体用上的同异，失去准则。二者互相交织，妄成生命的历程，这是第五重，叫做命浊。"

修证的法则："你现在要想从见闻觉知的功能上，契合自性本来常乐我净的佛境地，应当先自抉择死生的根本原因。然后依据本来不生不灭，圆满澄湛自性本能的原理。以澄澄湛湛的境界，旋转虚妄生灭的妄想作用。渐使还归于原来的本觉自性，得到元本灵明正觉没有生灭的自性本体。你应当这样来决定修学佛法的'因地发心'。然后再精进修证，圆成佛的果地妙用。例如要想澄清浊水。初步必须先把浊水贮放在静止的器皿里面，使它要静静地深沉不动，沙土自然会沉下，清水就显出来了。这样名叫初伏客尘烦恼。由此再加精进去掉泥滓，保持水的纯清。这样名叫永断根本无明。最后复加精进，使清洁灵明的性相益发精纯，对于一切变现不再生烦恼心。而能起一切变现妙用，都能自然而然地使之合于自性本体寂灭的清净妙德。"（以上说明，如果只依据物理生理来求自性正觉，是不究竟的。）

第二，"你们如果决定抛弃一切小乘。发起勤求自性正觉的真心，对于大乘的菩萨道，以大勇猛的精神去求证。便应当详细审查烦恼的根本。这个使你在无始以来，发生业力生命的作用，究竟是谁作谁受呢？你要修证自性正觉，假若不详细观察烦恼的根本，就不能知道心理生理的虚妄颠倒作用，是从哪里发生的。如果颠倒在哪里还不知道，却怎样去降伏它，证取佛的果位呢？你且看世上解开绳结的人，如果他看不见结的所在，却怎样知道去解开呢？谁也没有听到虚空可以被你解开的。为什么呢？因为虚空没有形象，根本没有结需要你去解。你要知道，现在的眼、耳、鼻、舌以及身、意，这六个就是你的贼媒，自己劫去自己的家宝。因此从无始以来，众生世界，就生出互相缠缚的纠结，所以不能够超脱物质世间。"

时间与空间

众生世间与时空："怎样名叫众生世间呢？所谓世，就是时间的迁流。所谓界，就是空间的方位。你应该知道，东西南北，加上东南西南，东北西北，以及上下，都是空间的界位。过去、现在、未来，就是时间的世相。空间的方位有十位。时间迁流的数目有三个。一切众生，始终受时空的交织，构成万有的各种现象。身中的变化，与时空世界的关系，互相牵涉干扰。空间方位，虽然设立十个。它的方位，各有确定的范围，看来是很明白的。但是平常只注意东南西北四方。因为上下不能有固定的位置，中间也没有固定的地方。空间只要取四个位数，就可以明白应用了。空间四位，同时间的三位，互相配合。三四四三，宛转相乘就得十二的数字。（物理作用，只有六位。生理的六根,也只有六个。与时空世界相对,分做十二位。所以身心也只取十二根尘为基数。)这些数字用时间空间的三四数再重叠相乘,就可以得到十百千的无穷数目。因此总括始终,六根当中,各各有一千两百功德。你又当在这些作用中间,决定其本能的优劣。例如眼睛观看的本能,只可以看见前面,不能见到后方。前方完全明白,后方完全暗昧。视线旁观左右,也只能看到三分之一。综合眼睛所做的功德并不完全,只能算得三分的功能,一分却没有德业。所以当知眼睛只有八百功德。例如耳听声的本能,可以周遍一切处所。十方所发的声音,完全没有遗漏。声音一动,无论远近,都可以听得到。静止的时候,又没有边际可穷。所以当知,耳的功能,圆满了一千两百功德。例如鼻子嗅闻的本能,可以使出入的气息流通。虽然有出有入,但缺了中间的交互作用,实际鼻子的作用三分缺一。所以当知鼻子也只有八百功德。例如舌的本能,可以发出言语,宣扬表达所有世间或超越世间的智慧和理论。言语虽然有区域分别的不同,能说各种道理的功能,却无穷尽。所以当知,舌的功能,圆满了一千两百功德。譬如身体感觉知觉的本能,知道舒适与不舒适,不能有中性的知觉。离开了外物便知道离开的作用,接触外物就有身和物的作用。因此验证身体的本能,也是三分缺一。所以当知,身体的功能,只有八百功德。例如意识的本能,能够包含十方三世,一切世间出世间的各种事物思惟的法则。无论圣人与凡夫,没有哪样不被包容,而且都可以尽其边际。所以当知,意识的功能,圆满一千两百功德。"

身心超脱的原理:"你现在想逆转生死欲海的巨流,要返还穷究生死流力的根元,达到不生不灭的自性的实际。应当体验生理的六种机能,哪个是相合的?哪个是相离的?哪个深?哪个浅?哪个圆通?哪个不圆满?如果能够在这些作用上,领悟到圆通的根本,用它来逆转无始以来互相交织的业力之流,就须要知道用哪一个修证,容易得达圆通,哪一个不容易得到圆满。如此选择比较它的优劣,对于修行证果的时间来说,等于一日与一劫数的出入。我现在完全说明了生理六根的澄湛圆明的功能,本来所具的功德数量。随你自己去详细选择一个可以入门的,我将为你再加阐发明白,使你能够增加进步的速度。十方世间的已成佛者,在十八界的身心作用上,随便用哪一门都能修行,也都能得圆满无上正觉。在这些生理机能中间,对于他们并无优劣之分。但是你的智慧低劣,不能够在这许多作用当中,可以自在运用,自使智慧圆满。所以我才这样明白宣扬,使你只选定一门深入。只要深入一门,到达真心无妄的程度,身心的六根知觉性能,也就都能一时清净了。"阿难又问:"如何逆转生死之流,一门深入,能使六根都得清净呢?"佛说:"你现在已得到须陀洹果。已经灭除欲界、色界、无色界,三界中众生世间的见解上所断的疑惑。但是你还不知道生理六根的机能当中,累积有多少生世以来的虚妄习气,这些习气,还要修证才能断得。更何况这些根境作用中间,还有生起、存在、变异、灭亡四大过程中,多少不同的数量和纷繁的头绪。现在你且观察显现在前的六根功能,究竟是一个还是六个呢?假若是一个,耳何以不能见?眼何以不能听?头何以不能走路?足何以不能说话?如果六根功能决定是六个,例如我现在为你们阐扬微妙的法门,你的六根功能,是哪个来接受?"阿难答:"我用耳来听。"佛说:"是你的耳在听,和你的身体与口,又有什么关系?何以又用口来问道理,同时身体又起来表示恭敬呢?因此你应该知道:它不是一个就是六个,不是六个就是一个。总不能随便就说你的六根也是一个,也是六个。一定要弄清楚,六根究竟只是一个功能,还是有六个功能呢?你应该要知道:六根的功能,既不是一个,也不是六个。因为无始以来,自性圆明,妄起颠倒交互变化,才有一个或六个的作用发生。你得到须陀洹果,虽然六根的外驰习气已经消除,内在还是有一清净的境界存在。犹如一个大虚空，包含各类物质的东西。因为物质的东西形状各有不同，所现的空间就不同了。如果除去了物质东西以外去看虚空，就说虚空是完整的一个。其实，大虚空，哪里可能随你去说成同的或是不同的呢？因此，当然更不能说虚空就是一个，或者不是一个了。所以你的那个能够了然明白六根根本的功能，也同是这样的道理。因为有光明与黑暗等两种相对的现状，在圆妙的自性中，胶着澄澄湛湛的灵明，发生能见的功能。能见的精灵与色相反映，生起变化，就凝结成生理机能。这个机能，就是眼睛。它具备地、水、火、风四大种性能的微妙成分，构成如葡萄形状的眼球。四大种微妙性能生起放射飘浮的作用，追逐着外界的色相。又因为声音响动与安静，两种现象互相激发，在妙圆的自性中，胶着澄澄湛湛的灵明，发生能闻听的功能。闻听的精灵与声音动静的反映，含藏声波的作用，就凝结成生理机能。这个机能，就是耳朵。也具备有四大种性能的微妙成分，构成耳朵犹如卷曲的树叶形状。四大种微妙性能生起放射飘动的作用，追逐着外界动静的音声，生起本能的奔流作用。又因为畅通与闭塞等两种不同的现象互相激发，在妙圆的自性中，胶着澄澄湛湛的灵明，发生能嗅的功能。嗅觉的精灵与香臭等气味的反映，吸收香臭的放射作用，就凝结成生理的机能。这个机能，就是鼻子。也具备有四大种性的微妙成分，如一双垂爪似的鼻子形状。四大种微妙生起放射飘动的作用，追逐着外界香臭等气味而起本能的奔流作用。又因为淡味与各种变味的两种现象互相参合，在妙圆的自性中，胶着澄澄湛湛的灵明，发生能尝味的功能。能尝的精灵与各种变性滋味的反映，产生能尝滋味变化性的功能就凝结成生命的机能。这个机能，就是舌头。也具备有四大种性能的微妙成分，犹如偃月形状的舌头。四大种微妙性能生起放射变化的作用，追逐着滋味的变化性而起本能的奔流作用。又因为分离与接触两种相反的现象互相摩擦，在妙圆的自性中，胶着澄澄湛湛的灵明，发生能感觉接触的功能。能感觉的精灵与接触反映，生起变化，就凝结成生理感触神经的全部机能。这个机能，就是整个身体。也具备有四大种性能的微妙成分，犹如充满空气的皮囊形状。四大种微妙性能生起放射感受作用，追逐着外界的感触而起本能的运动作用。又因为生起和变灭两种现象互相连续不断，在妙圆的自性中，胶着澄澄湛湛的灵明，发生能知觉的功能。知觉的精灵与事物的法则反映，集揽累积事物的法则，就形成身心知觉的机能。这个机能，也具备有四大种性能的微妙成分，形成意识思想，犹如阴暗室内看影像的现状。四大种微妙性能生起放射思想作用，追逐着外界事物的法则。"

阿难。如是六根。由彼觉明。有明明觉。失彼精了。黏妄发光。是以汝今离暗离明。无有见体。离动离静。元无听质。无通无塞。嗅性不生。非变非恬。尝无所出。不离不合。觉触本无。无灭无生。了知安寄。汝但不循动静。合离恬变。通塞。生灭。明暗。如是十二诸有为相。随拔（选也）一根。脱黏内伏（潜也）伏归元真。发本明耀。耀性发明。诸余五黏①。应拔圆脱。不由前尘所起知见。明不循根。寄根明发。由是六根互相为用。阿难。汝岂不知今此会中。阿那律陀。无目而见（释见卷二）。跋难陀龙②。无耳而听。殑（音睛）伽神女③。非鼻闻香。骄梵钵提④。异舌知味。舜若多神⑤。无身觉触。如来光中。映令暂现。既为风质。其体元无。诸灭尽定⑥得寂声闻。如此会中摩诃迦

---

① 五黏：五黏者，即六根黏尘，已证一根圆通所余之五黏尘根也。
② 跋难陀龙：此云善欢喜，摩竭陀国之龙无耳能听，按聋字从龙从耳，故知龙非无耳，但不能闻声，如无耳也。
③ 殑伽神女：殑伽此云天堂来，按即恒河也，源出雪山，神女为主河之神。
④ 骄梵钵提：此云牛呞，食后虚呞如牛，佛恐世人生谤，敕令久住天上，异舌知味者，离于舌而知味也。
⑤ 舜若多神：舜若多此云空，舜若多神，即主空之神，其质如风，无形有觉。
⑥ 灭尽定：又名灭受想定，言虽灭尽意根，而了知不亡，以上皆不依根而能发觉也。

叶。久灭意根。圆明了知不因心念。阿难。今汝诸根若圆拔已。内莹发光。如是浮尘及器世间诸变化相。如汤销冰。应念化成无上知觉。阿难。如彼世人聚见于眼。若令急合。暗相现前。六根黯然。头足相类。彼人以手循体外绕。彼虽不见。头足一辨。知觉是同。缘见因明。暗成无见。不明自发。则诸暗相永不能昏。根尘既销。云何觉明不成圆妙。

阿难白佛言。世尊。如佛说言。因地觉心。欲求常住。要与果位名目相应。世尊。如果位中。菩提。涅槃。真如。佛性。庵摩罗识①。空如来藏②。大圆镜智③。是七种名。称谓虽别。清净圆满。体性坚凝。如金刚王。常住不坏④。若此见听。离于明暗动静通塞。毕竟无体。犹如念心。离于前尘。本无所有。云何将此毕竟断灭以为修因。欲获如来七常住果。世尊。若离明暗。见毕竟空。如无前尘。念自性灭。进退循环。微细推求。本无我心及我心所。将谁立因求无上觉。如来先说湛精圆常。违越诚言。终成戏论。云何如来真实语者。惟垂大慈。开我蒙悋。

佛告阿难。汝学多闻。未尽诸漏。心中徒知颠倒所因。真倒现前。实未能识。恐汝诚心犹未信伏。吾今试将尘俗诸事。当除汝疑。即时如来敕罗睺罗击钟一声。问阿难言。汝今闻不。阿难大众俱言我闻。钟歇无声。佛又问言。汝今闻不。阿难大众俱言不闻。时罗睺罗又击一声。佛又问言。汝今闻不。阿难大众。又言俱闻。佛问阿难。汝云何闻。云何不闻。阿难大众俱白佛言。钟声若击。则我得闻。击久声

---

① 庵摩罗识：此云无垢，虽能分别一切，而无染著，乃佛性纯净之相。
② 空如来藏：意显离染，乃真如纯净，惟一真心更非他物，故曰空如来藏也。
③ 大圆镜智：乃转第八识相应心品、与无垢识同时而发，普照十方，圆现尘刹，为果位之胜用，以上为如来七常住果。
④ 金刚王，常住不坏：金刚王即首楞严王，常住不坏，即究竟坚固常住真心也。

销。音响变绝。则名无闻。如来又敕罗睺击钟。问阿难言。汝今声不。阿难大众俱言有声。少选（历也）声销。佛又问言。尔今声不。阿难大众。答言无声。有顷罗睺更来撞钟。佛又问言尔今声不。阿难大众俱言有声。佛问阿难。汝云何声。云何无声。阿难大众俱白佛言。钟声若击。则名有声。击久声销。音响双绝。则名无声。佛语阿难及诸大众。汝今云何自语矫乱。大众阿难。俱时问佛。我今云何名为矫乱。佛言。我问汝闻。汝则言闻。又问汝声。汝则言声。唯闻与声。报答无定。如是云何不名矫乱。阿难。声销无响。汝说无闻。若实无闻。闻性已灭。同于枯木。钟声更击。汝云何知。知有知无。自是声尘或无或有。岂彼闻性为汝有无。闻实云无。谁知无者。是故阿难。声于闻中自有生灭。非为汝闻声生声灭。令汝闻性为有为无。汝尚颠倒。惑声为闻。何怪昏迷以常为断。终不应言。离诸动静闭塞开通。说闻无性。如重睡人。眠熟床枕。其家有人。于彼睡时。捣（音导）练舂（音冲）米。其人梦中闻舂捣声。别作他物。或为击鼓。或为撞钟。即于梦时自怪其钟为木石响。于时忽寤。遄知杵（音促）音。自告家人。我正梦时。惑此舂音将为鼓响。阿难。是人梦中。岂忆静摇开闭通塞。其形虽寐。闻性不昏。纵汝形销。命光迁谢。此性云何为汝销灭。以诸众生从无始来。循诸色声。逐念流转。曾不开悟性净妙常。不循所常。逐诸生灭。由是生生杂染流转。若弃生灭。守于真常。常光现前。根尘识心应时销落。想相为尘。识情为垢。二俱远离。则汝法眼应时清明。云何不成无上知觉。（卷四终）

修证自性的法则与原理

佛说："如上面所说六根的身心作用，都是由正觉灵明功能所发生。人们不能证悟自性本自具足的灵明，反而只认识现行的有为意识的明了作用，还想用它来明白这个本来灵明正觉的本性。所以才失掉精灵了然的自性功能，胶着妄想动能发生有形有相的光辉。你现在如果离开黑暗与光明，就没有可见的自体。离开有声无声的动静，根本就没有能听的实质。没有畅通与闭塞作用，嗅闻的性能就不能发生。没有变味与淡味，能尝的性能就无从发出。不离也不触，感觉的本能就没有。不灭也不生，意识的了知，便无处安寄。你只要不依循动静、合离、淡变、通塞、生灭、明暗等十二种有为的现象。'随拔一根，脱黏内伏。伏归元真，发本明耀。耀性发明，诸余五黏，应拔圆脱。不由前尘所起知见。明不循根，寄根明发，由是六根互相为用。'任随你在哪一机能上，自己拔除它的执著习惯，脱开胶着性的黏固作用，使它内在潜伏。（此处所说的内，不是确指身体以内。内是对外说，就是无内外的内。但亦不离于身内的内，这里全在智慧的明决。）沉潜内伏久久，静定到极点，反归到自性根元的真心，就能发明本性的灵明朗耀。灵明朗耀的本性发明以后，其余五根执著习气的胶固性，也会随着拔脱，自然全体圆明自在。然后就可以不由外界影响，发起自性的知见功能。这时候的灵明，不必一定要依附于生理的机能，但也可以寄托于六根而发出灵明的作用，因此六根就可互相为用了（到这样才可谓神而通之，就是俗名叫做有神通）。你难道不知道在这个法会里的阿那律陀（译名无贫，得半头天眼），虽然盲目而能看见。跋难陀龙（佛经所称龙神之名，译名善欢喜），虽然无耳而能听声音。殑伽神女（佛经所称女河神之名，殑伽是印度的河名），虽然无鼻而能闻香臭。憍梵钵提，不需用舌头而能知味。舜若多神（佛经称虚空神），虽无身体亦能感触。虚空神本来就没有身体与接触的感觉作用，佛施予神力，在自性光明中，照映他暂时具有身体，使他领略感触的情形。因为他的性质本来和风一样，根本就没有如同人类的身体。还有如一切得到灭尽定功力的人，到了寂灭果位境界的声闻们，例如现在在座的摩诃迦叶（金色头陀，传佛心印，又名大迦叶），很久以前，已经灭除意识的作用。不必如通常人，用思想心念，即能凭自性功能，圆满灵明，了知一切事物。你要知道，你现在的六根，如果拔除了执著的胶固性，而能够圆满归伏到自性功能。静定久久，心性内在，譬如璧玉无瑕，晶莹发光。但能如此，所有四大种性能的微妙放射作用，以及物质世间等一切变化现象，都犹如热汤销化冰雪。就可以随时随地，将一切妄念妄想化为自性无上知觉。例如一个平常的人，把注意力集中在眼睛上。如果很快地闭上眼睛，眼前就只有一片暗昧现象，六根也就看不清楚。那里，头与足，也都一样是看不明白了。但是这个人用手遍绕身体来摸，虽然看不见六根的形相，头足却有不同的区别。这个能够知觉的功能，还是依旧存在。所以应当知道能看见的自心能够发挥功用，那就不会被黑暗现象所蒙蔽了。所以你若能使生理的六根与外界的现象都销融无碍时，自然自性的本觉灵明，就发生圆融灵妙的功能了。"

阿难问："如佛所说：最初要求证得正觉的因地之心，如果想要常住不变，必须和证得自性正觉的果地名目相应。那么，如证得自性果地中的所称的：菩提（正觉）、涅槃（寂灭）、庵摩罗识（白净识）、真如①、佛性②、空如来藏③、大圆镜智④等七种名称。名称虽然不同，其所表示的含义，都是称颂自性本体功能的清净圆满。体性坚凝，犹如金刚宝王颠扑不破的长住不坏。但是现在这个看见的，与听闻的，离开

---

① 真如：真者真实之义，如者如常之义。诸法之体性，离虚妄而真实，故云真。常住而不改，故云如。
② 佛性：佛者觉悟也。一切众生皆有觉悟之性，名为佛性。性者不改之义也，通因果而不改自体是云性。如麦之因、麦之果、麦之性不改。
③ 空如来藏：如来藏者，真如之德名，真如之体性，毕竟空寂。不止一切染净之法，如明镜内，无一实质，故谓为空，非谓真如之体是无也。
④ 大圆镜智：大圆镜者，喻也。其智体清净，离有漏杂染之法，自众生善恶之业报，显现万德之境界，如大圆镜，故名大圆镜智。凡夫之第八识（阿赖耶识）至成佛时转为大圆镜智。

光明与黑暗，动与静，通与塞等等现象的反映，就毕竟没有一个自体。犹如意识心念，离开面前外境的作用，本来就无所有。何以用这些终将断灭的性能，做修证的基本因地，而能获得上面所说的长住的果位呢？如果离开光明与黑暗，所看的就是绝对的虚空。如果没有面前的外景，意念的自性就自然消灭。这样进退循环去研究，加以微细的去推寻，本来就没有一个是我真心的自体，也没有一个是我真心的所在处。这样一来，用什么做修证的因地，去求得无上正觉呢？佛在前面所说的自性本体，澄澄湛湛的精明，是圆满长住的。我们既然把握不住，好像并不是真诚的实话，结果犹如儿戏的理论。究竟怎样才是佛的真实道理，希望再赐慈悲，开发我们的愚昧！"

佛说："你虽然博学多闻，还未灭尽一切习漏，你心里只是知道有一个颠倒的原因。但是真实颠倒摆在你的前面时，你实在并不认识。我恐怕你虽然有诚心，还是没有信我的话。我现在姑且拿尘俗的事实，来解除你的疑惑。"这时，佛叫罗睺罗（佛之子，译名覆障）打钟一声。佛问阿难道："你现在听到了吗？"阿难与大众都答说："我听到了。"过了一会，钟声停止了，佛又问道："你现在听到了吗？"阿难与大众都答说："现在听不到了。"这时，罗睺罗又打钟一声，佛又问道："你现在听到了吗？"阿难与大众又答道："都听到了。"佛又问阿难："你怎样能听到？怎样听不到的？"阿难与大众都答道："如果打钟发声，我们就听得到。打过了很久，声音消灭了，声音与响动都没有了，就叫做听不到。"这时，佛又叫罗睺罗打钟一声，问阿难道："你现在有声音吗？"阿难与大众都答说："有声。"过了一会，声音消灭了，佛又问道："你现在有声音吗？"阿难与大众都答说："没有声。"再过一会，罗睺罗又来打钟，佛又问道："你现在有声音吗？"阿难与大众都答说："有声。"佛问阿难："你怎样才叫它是有声？怎样才是无声？"阿难与大众都答说："如果打钟发声，就叫做有声。钟打过了很久,声音消灭了,声音与响动都没有了,就叫做无声。"佛说:"你们现在何以这样胡乱说话,毫无标准?"大众与阿难,听佛这样说,就问道:"我们怎样是胡乱说话,毫无标准呢?"佛说:"我问你们听到吗?你们就说听到了。又问你们有声吗?你们就说有声。一忽儿答的是听到了,一忽儿答的是有声,这样如何不是胡乱说话呢?声音消灭了,没有响动,你就说听不到。如果实在听不到,能听闻的自性已经消灭,等于是枯木。那么,钟声再打的时候,你何以又知道有声音或没有声音呢?有声音或没有声音,自然是声响的作用。能听闻声响的自性,与有声无声又有什么关系呢?难道那个能闻的自性为你的需要而有无吗?能听闻的自性,如果实在绝对没有,知道绝对没有的又是谁呢?所以你要知道,声在能听闻的自性功能中,只是声音自己生起灭了。并不是因为你听见声生声灭而使你那个能听能闻的自性功能,随着而有而无。你既然还不清楚哪个是声响,哪个是能闻的自性。难怪你昏迷不悟,认为真常的自性将会断灭了。你更不应说:离开动与静,闭塞与开通,就没有能听闻的自性。为什么呢?譬如一个睡熟了的人,在他睡眠的时候,家里有一个人,就在那时,捶布或者舂米。这个睡熟了的人,在梦中听到这种舂米的声音,幻觉成为其他东西的响声。或者以为是打鼓,或者以为是在撞钟。他在做梦当中,就自奇怪这个钟的声音不够响亮,很像木石的声响。等到醒来一看,才知道是槌杵的舂捣声音。他告诉家人说:我刚才在做梦,把这个舂臼的声音,当做鼓响了。这个人在做梦当中,难道不记得动与静,开闭或通塞吗?由此可见他的身体虽然睡眠了,他能听闻的自性,并没有昏迷。再进一步来说:即使你的形体完全消灭,生命光辉的本能变迁了。这个能闻的自性,怎样能说会随你的形体而消灭呢?都因为一切众生,从无始以来,追逐一切声色,跟着意识心念的变迁而流转不停。从来就不能自己开悟自性是清净的,灵妙的,常住不变的。他们不去依循常住自性，只随外缘的变迁，追逐一切生灭的作用与现实。所以生生不已，习染杂乱，因而流转不息了。'若弃生灭，守于真常。常光现前，根尘识心，应时销落。'如果舍弃生灭的作用，守住真常不变的自性。定止久了，自性真常的光明便会现前。生理机能的六根本能，与相对的外境六尘现象，以及意识心念的作用，就会顿时消除。思想的现状，就是清净自性的渣尘。意识情念的作用，就是清净自性的污垢。如果这两种都远离了，你的法眼（具见佛法所指自性的心眼）就会顿时了然清明，岂有不成无上正觉的道理。"

（以上《楞严经》第四卷竟）

阿难白佛言。世尊。如来虽说第二义门①。今观世间解结之人。若不知其所结之元。我信是人终不能解。世尊。我及会中有学声闻。亦复如是。从无始际与诸无明。俱灭俱生。虽得如是多闻善根。名为出家。犹隔日疟②。惟愿大慈。哀愍沦溺。今日身心。云何是结。从何名解。亦令未来苦难众生。得免轮回。不落三有。作是语已。普及大众五体投地。雨泪翘诚。伫佛如来无上开示。

尔时世尊怜愍阿难。及诸会中诸有学者。亦为未来一切众生。为出世因作将来眼。以阎浮檀紫金光手。摩阿难顶。即时十方普佛世界。六种震动。微尘如来住世界者。各有宝光从其顶出。其光同时于彼世界。来祇陀林。灌如来顶③。是诸大众。得未曾有。于是阿难及诸大众。俱闻十方微尘如来。异口同音。告阿难言。善哉阿难。汝欲识知俱生

---

① 第二义门：即前二决定义中之第二义。
② 隔日疟：疟病隔日一发，此喻初果有学之人，见惑已断，思惑未除，说时似悟，对境还迷，故云犹隔日疟也。
③ 灌如来顶：《文句》云，摩阿难顶者，欲就阿难现在身中，显出无上大佛顶法也，十方如来放顶光同灌佛顶者，显阿难所具大佛顶法，即一切佛所证顶法，更无差别也。

无明。使汝轮转生死结根。唯汝六根。更无他物。汝复欲知无上菩提。令汝速证安乐解脱寂静妙常。亦汝六根。更非他物。

阿难虽闻如是法音。心犹未明。稽首白佛。云何令我生死轮回。安乐妙常。同是六根。更非他物。

佛告阿难。根尘同源。缚脱无二。识性虚妄。犹如空华。阿难。由尘发知。因根有相。相见无性。同于交芦①。是故汝今知见立知②。即无明本。知见无见。斯即涅槃无漏真净。云何是中更容他物。尔时世尊。欲重宣此义。而说偈言。

真性有为空（空观）	缘生故如幻（假观）
无为无起灭	不实如空华（中观）
言妄显诸真	妄真同二妄（真妄双绝）
犹非真非真	云何见所见（根境两忘）
中间无实性	是故若交芦（无明体空）
结解同所因（迷悟同源）	圣凡无二路（归源无二）
汝观交中性	空有二俱非（真观中道）
迷晦即无明	发明便解脱（直指所以）
解结因次第	六解一亦亡
根选择圆通	入流成正觉
陀那③微细识	习气成瀑流
真非真恐迷	我常不开演
自心取自心	非幻成幻法（真妄互立）

---

① 交芦：憨山曰，见相二分，原是无明所成无明既是本空，则此见相，亦了无自性，故喻若交芦，盖芦体本空，而交节处亦空，此明妄原无体也。

② 知见立知：知见，指性觉妙明，立知，即妄为明觉，此世尊直示阿难返妄归真，但于知见不起妄见，即是涅槃无漏真净矣。

③ 陀那：此云执持，谓执持种子，发起现行，即第八识含藏种子，发为习气，乃真妄同依之本。

不取无非幻（真妄互泯）　　非幻尚不生
幻法云何立（真穷或尽）　　是名妙莲华
金刚王宝觉　　　　　　　　如幻三摩提
弹指超无学　　　　　　　　此阿毗达磨①
十方薄伽梵②　　　　　　　一路涅槃门

修证自性解脱的总纲

这时，阿难又说："佛虽然讲了第二义门（修证的法则与原理），但是世间的人，如想解开此结，而不知道所结的中心在哪里，我相信这个结始终不能解开。就是我与在会一般还在求学的声闻，也是这样。由无始际以来，随同这些无明，俱生俱灭。虽然得到博学多闻的善根，出了家，专门来修学佛法，犹如患隔日疟病的人，有时好些，有时又病了。希望佛发大慈，怜悯我们这般陷溺太深的人，指示我们的身心所结在哪里，如何才可以解开？并且亦使将来的苦难众生，免得在生死海中旋转轮回，始终堕落于无明与欲和烦恼的三有中。"

佛听了阿难的请求，就说："你要想认识明白与生命俱来的无明，须知那个使你轮转在生死之流中的结根，并不是其他东西，就是你的六根。你现在想知道无上正觉，想从速证得解脱的安乐法门，要求得到寂静灵妙真常的果地，也不靠其他的东西，依然还是你的六根。"

阿难听了佛的开示，心里还是不明白。又问："佛说我们在生死海中轮回的，以及得到安乐妙常的，并不是其他的东西，都是这六根的作用，那是什么道理呢？"

---

① 阿毗达磨：此云无比法，谓偈中所示之如幻三昧法门也。
② 薄伽梵：薄伽梵者，义云破烦恼，乃佛字之本音，具含六义，密部诸经，多存原音，十方薄伽梵，犹言十方一切佛也。

佛说:"生理机能的六根,与自然界的各种物理性能,从同一根源所发生。所以结缚与解脱,在根本体性上,并没有两样。这个分别意识的性能,只是虚妄暂时的现象,犹如虚空中的华文,幻出幻灭。你要知道,因为物理的作用,引发知觉的性能。因为生理的机能,才有六根的形相。六根形相与所知所见的这个作用,都没有自性,就像交芦一样。(交芦是一种植物,不同于普通的芦苇。生长的时候,必须二茎交相并立,根处盘结相连。单独就会扑地,不能自立。外形实而中心虚。譬如心物与身心,都是相依为用,却又是一个体性所生。同时虽有而中间实空,因中空而能显有的作用。)所以你现在应该知道,若把这个所知所见的作用,认定是一个可以能知的东西,那就是无明的根本。如果明了这个所知所见的作用,它的自性功能,本来是不可见的,无形相的。那便是无烦恼的寂灭清净真心。你何以在这中间,误认为再有其他东西存在?"这时,佛要把这种至理,以扼要简捷的词句说出,综合起来,作一个偈语与阿难说:

"真性有为空,缘生故如幻。"

(真心自性的自体是空无形相的,没有任何一点东西存在。但却有生起一切万有(有为)的作用。万有之能生起作用,都是因缘的会聚。因缘聚合则生,因缘离散则灭。万有的存在,只是时间空间里的暂有现象,暂有的存在是如幻的。须知自性以空为体,以一切相为相,以一切用为用。)

"无为无起灭,不实如空华。"

(自性以空为体。体性的空,是澄澄湛湛,寂灭无为的。既无一物存在,又是不生不灭。虽然因缘聚合,生起万有的作用,可是这一切万有,并不能实在固定地存在着。犹如虚空里的华文,倏起倏灭。)

"言妄显诸真,妄真同二妄。"

(提出一个妄心的名词,只是为了显出真心的理性。其实不但妄心是妄有的；如果你执著认为有一个真心的存在，那么，这个真心的观念，也等于是一个妄心。）

"犹非真非真，云何见所见。"

（真心自性，并不是真的另有一个真心单独存在。但也不可以执著真心就没有一个自性存在。要离妄心意识的作用，才能悟证得到。所以在这个理性中间，你如何可以坚执地认为有一个能见的功能，或者把捉一个所见的作用呢？）

"中间无实性，是故若交芦。"

（在本能与所发的作用中间，以及空与有的中间，真与妄的中间，体与用的中间，都没有一个固定的真实自性。所以说自性的体用之间，像交芦一样，都是一体的两面。空有同源，而又不著于空有。）

"结解同所因，圣凡无二路。"

（空有本来同源，只是一体的二用。万有一切都从因缘所生而起，它的体性本来是空的。所以缘生性空，性空缘生。有复归空，空能生有。凡夫众生被缘生的幻有所迷惑，六根所起的结缚，不能开解，所以追逐轮旋于生死的巨流里。若能超越幻有的缘生而证得真空自性，就是解脱，名为圣人。其实，以自性本体而言，在根本上，圣人与凡夫，都没有两样，本来是相同的。）

"汝观交中性，空有二俱非。"

（根据上面所引用的交芦譬喻，便知自性体用一体两面的原理。你观察这个交芦的中间性能，说它是两个支干吧，它又本来同根。说它是一个根本吧，又发生两支的现状。说它的形状是一根实根吧，它的中心又是空的。说它的中心是空的吧，它又能产生实质的支干形状。无论事实上与理论上，都不能坚执地将任何一面作为定论。如果坚执地说它是空，或是有，便是错误的偏见。）

"迷晦即无明，发明便解脱。"

（如果坚执著空有任何一面的道理即是究竟。或误认有与空的一边，就是自性的根本。这样就被昏晦所迷，就叫做无明。觉悟无明是空的，无明就会涣然消失。无明妄想，便一转而为灵明正觉，这样即达到解脱的境界。）

"解结因次第，六解一亦亡。"

（但是要达到圆满解脱的果地，能够解除无始以来，生死习气的六根缠缚，必须先从某一根源开始修证，然后六根缠缚，依次解除。六根既经解脱，连那一个清净的境界也随着消失，而返还于自性本来。）

"根选择圆通，入流成正觉。"

（所以要达到解脱圆通的境界，在开始着手修证的时候。对于六根门头的选择，就要审察注意。从哪一根着手修证，才能适合于自己，而能有所成就。选择确定以后，精进修持，得入本体功能之流，修成正觉的果位。）

"陀那微细识，习气成瀑流，真非真恐迷，我常不开演。"

（阿陀那识，又名阿赖耶识。佛法将身心见闻觉知的分别思惟意识作用，仔细剖析，说明它的现象，叫做法相，又称为唯识。大体区别识共有八种，所以也叫做八识。眼、耳、鼻、舌、身的个别作用，是前五识。第六是分别思惟的意识。第七是与生命俱来的我执，叫末那识。第八阿赖耶识，是身心一体，心物一元，含藏前七识和一切种子功能的总机枢。阿赖耶识的含藏一切种性功能，本来也是空有互相为体用的。它所以形成阿赖耶识的功能，并不是真有一个阿赖耶的存在。它是无始以来的无明习气的种子，刹那刹那，生灭不停的，所以显出作用。犹如一股暴流，生生不已，运行不息，绵绵密密，宛然形成它的现象。说它是自性真心的功能，可是它的自体却是空的；说它不是真心的功能，可是离开作用，真心的功能，又无从产生。一般人很难了解其中空有是一体二用的道理。说空就执著一个空，说有又执著一个有。佛说恐怕世人容易迷惑，所以平常不肯开示演说这个道理。）

"自心取自心，非幻成幻法。不取无非幻。非幻尚不生，幻法云何立。"

（所谓理性上的真与妄。事实上的空与有。现象上的实与幻等等。以及宇宙万有的一切现象，其实，都是自性真心的功能所发生的作用。它的真心体性，元本是空无形相的。现在想要明白真心的空性和一切现象的本元，都是以自心求取自心的体用。为了要辩驳幻有，因此说它是幻法，其实何曾有一个东西可以把捉。所以就真心空性的体上来说，根本无所谓幻有的存在。但是性空自体，遇因缘聚合，生起作用，就形成幻有的一切现象。不执著幻有的作用，虽然有幻有的现象，根本并不相干。但是如果执著以不取幻有才是究竟，这个不取的作用，还是幻的。自性真心的体性，无所谓非幻的现象。非幻尚且不存在，一切幻有的法则，不过都是为了剖析性空的本体所建立，哪里有个幻法可得呢？）

"是名妙莲华，金刚王宝觉。如幻三摩提①，弹指超无学②。"

（上面所说的直指自性真心的理性，是究竟的了义教，是无门的法门。犹如妙莲华出于污泥，而不沾染丝毫泥渣。犹如颠扑不破的金刚王宝，是无上的正觉。也就是达到如幻三昧境界的捷径，弹指之间，就可以超过无学的果位。）

"此阿毗达磨，十方薄伽梵③，一路涅槃门。"

（阿毗达磨，简译作论藏，就是真理的最究竟的理论。薄伽梵，也就是正觉成佛者的另一称呼。这三句是本偈语全篇的结论。说明上面所说的理性，就是最高深的理论。十方一切佛，都是从这一门而得入

---

① 三摩提：即三昧，译曰定、等持、心一境性。心念定止故云定，离掉举故云等，心不散乱故云持。
② 无学：声闻乘四果中，前三果为有学，第四阿罗汉果为无学。学道圆满，不更修学也。
③ 薄伽梵：又曰婆伽婆，译曰世尊，即佛之十种名号之一。

自性寂灭海（涅槃）的果地。通常认为理性的理论，与事实的实证是两回事。其实不知事与理本来合一。对理性真能透彻了解，也就可以达到实证的果地。如果只知道理性，事实证验不能到达，也就是对理性没有彻底地了解。须知最后解脱，乃是般若智慧的解脱。般若智慧，就是理性与实证泯然一体的究竟正觉。既不是有相，也不是无相。而历历不昧。所谓非生因之所生，实了因之所了。）

于是阿难及诸大众。闻佛如来无上慈诲。祇夜伽陀①。杂糅（音柔，杂合也）精莹。妙理清彻。心目开明。叹未曾有。阿难合掌顶礼白佛。我今闻佛无遮大悲②。性净妙常真实法句。心犹未达六解一亡。舒结伦次（次第也）。惟垂大慈。再悯斯会及与将来。施以法音。洗涤沈垢。即时如来于师子座。整涅槃僧③。敛僧伽梨。揽（音览，近也）七宝几。引（伸也）手于几。取劫波罗天④所奉华巾。于大众前绾（音宛，结系也）成一结。示阿难言。此名何等。阿难大众俱白佛言。此名为结。于是如来绾叠华巾。又成一结。重问阿难。此名何等。阿难大众。又白佛言。此亦名结。如是伦次绾叠华巾。总成六结。一一结成。皆取手中所成之结。持问阿难。此名何等。阿难大众亦复如是次第酬（答也）佛。此名为结。佛告阿难。我初绾巾。汝名为结。此叠华巾。先实一条。第二第三。云何汝曹复名为结。阿难白佛言。世尊。此宝叠华缉绩（二同音，绩犹纺织也）成巾。虽本一体。如我思惟。如来一绾。得一结名。若百绾成。终名百结。何况此巾只有六结。终不至七。亦不停五。云何

---

① 祇夜伽陀：祇夜此云重颂，伽陀此云孤起，通指前偈而言。
② 无遮：遮者隐障之义，言无遮大悲，则于人不择胜劣，普施上法，于法不恪秘妙，和盘托出。
③ 涅槃僧—僧伽黎：涅槃僧，此翻内衣，亦言裙，即下裳也。僧伽黎，此云大衣，解见前。
④ 劫波罗天：劫波此云时分，劫波罗天，或云即夜摩天，彼天之人，赠奉佛之华巾，适在几上，故佛伸手取之以作结也。

如来只许初时。第二第三不名为结。佛告阿难。此宝华巾。汝知此巾元止一条。我六绾时。名有六结。汝审观察。巾体是同。因结有异。于意云何。初绾结成。名为第一。如是乃至第六结生。吾今欲将第六结名。成第一不。不也。世尊。六结若存。斯第六名。终非第一。纵我历生尽其明辩。如何令是六结乱名。佛言。如是。六结不同。循顾本因。一巾所造。令其杂乱。终不得成。则汝六根。亦复如是。毕竟同中。生毕竟异。佛告阿难。汝必嫌（音闲，厌也）此六结①不成。愿乐一成。复云何得。阿难言。此结若存。是非锋起②。于中自生此结非彼。彼结非此。如来今日若总解除。结若不生。则无彼此。尚不名一。六云何成。佛言。六解一亡。亦复如是。由汝无始心性狂乱。知见妄发。发妄不息。劳见发尘。如劳目睛。则有狂华。于湛精明。无因乱起。一切世间山河大地生死涅槃。皆即狂劳颠倒华相。

阿难言。此劳同结。云何解除。如来以手将所结巾偏掣（音撤）其左。问阿难言。如是解不。不也。世尊。旋复以手偏牵右边。又问阿难。如是解不。不也。世尊。佛告阿难。吾今以手左右各牵。竟不能解。汝设方便。云何解成。阿难白佛言。世尊。当于结心解即分散。佛告阿难。如是如是。若欲除结。当于结心。阿难。我说佛法从因缘生。非取世间和合粗相。如来发明世出世法。知其本因随所缘出。如是乃至恒沙界外一滴之雨。亦知头数。现前种种。松直棘（音亟）曲。鹄（读斛）白乌玄（黑也）。皆了元由。是故阿难。随汝心中选择六根。根结若除。尘相自灭。诸妄销亡。不真何待。阿难。吾今问汝。此劫波罗巾六结现前。同时解萦（音荣，缠也）。得同除不。不也。世尊。是结本以次第绾生。今日当须次第而解。六结同体。结不同时。则结解时。云何同除。

---

① 六结不成，愿乐一成：六结不成者，嫌此六根妄隔，不欲其成也，愿乐一成者，乐成真净一体，如成一净巾也。
② 锋起：谓是非对待，如锋刃齐起，锐而难拒也。

佛言。六根解除。亦复如是。此根初解。先得人空。空性圆明。成法解脱。解脱法已。俱空不生。是名菩萨从三摩地。得无生忍。

阿难与大众，听了佛总结的开示偈语。对于自性灵明的妙理，已有所领悟。心目开明，焕然一新。但是对于开解六结，一亦不守的道理与次序，还不能彻底了解。请求佛再加说明。于是佛拿起一条华巾，打了一个结。问阿难说："这是什么？"阿难与大众答道："这个叫做结。"佛又连续在这条华巾上打了五个结。每次都问："这是什么？"阿难与大众都答说："这些也都叫做结。"佛说："这一条华巾，我最初打了一个结，你们就说是结。以后我连续每打一结，何以你们也都说是结？"阿难答："这一华巾，本来只是一体。佛打一个结，就叫做一结。如果打了一百个结，就叫做百个结。现在佛不多也不少，只打了六个结，就不能说是五个，也不能说它是七个。"佛说："这条华巾，只是一条整的，我打了六个结，就叫做六结。你看，华巾是一条整体，因为打成了结，就有不同的差别。最初一个结，就定名叫做第一个结。最后一个结，就定名叫做第六个结。第一与第六之间，可否随便变更它的次序？"阿难说："一条华巾，既然打成了六个结。它的先后次序，迥然不同，决不能把六结的首尾倒置。即使尽我一生的聪明来推理，也不能把这六结胡乱定名。"佛说："这六个结，虽然不同，但是它的根本来源，都由一条华巾做成。若要把六结的次序搅乱，却是不可能的。你的六根，也同这个道理一样。它的本体究竟原是同一体性的，产生了作用，构成六个形态，于是它就毕竟不同了。你如果认为六结是多余的，只想守一才对，那如何可能呢？"阿难说："有结的存在，是非才会发生，才会有这个结与那个结不同的争执。佛如果把所有的结都解除了，结的本身既然不生，自然就没有了彼此。一个结的名都没有，更何况六个呢？"佛说："六根解脱，一也不守的道理，正同这个一样。你要知道，你从无始以来，因为自性真心变态的妄动，发生了狂乱的知见。妄心狂见发动以后，就不止息。变态妄动的功能，产生了物理尘劳的作用。犹如眼睛极力注视虚空，因劳倦而发生变态的现象，便看到空中狂华乱舞。自性本来是澄湛精明的。一切世间山河大地等物质，以及众生的生死涅槃，也都是自性本体功能变态妄动的狂劳颠倒现象。犹如空华无因而生，自然而灭。"

阿难问："这种变态妄动的尘劳作用，既是结习难除，怎样才可以解脱呢？"佛就将手中所结的华巾，左右旋转牵动。问阿难说："我这样左右牵制手中的华巾，都不能解开这些结。究竟要怎样才可以解开结呢？"阿难答："要想解开这些结，必须从结的中心去着手。"佛说："一点也不错。要想解结，必须从中心下手。我所说的佛法，是讲一切万有现象，都从因缘所生。扩而充之，便可明白一切世间出世间的各种事物的法则，便能知道它的本来原因。甚至点点滴滴的雨水，也都可以知道它的数量。如目前的种种现象：松树如何是直长的？荆棘如何是弯曲的？鹄如何会长白的羽毛？乌鸦如何是玄黑的？这些现象，佛都能了解它的根源。所以你心里想选择六根门头，由此求得解脱。只要解除六根的结根，外界尘劳的现象，自然就消灭了。既然一切妄心妄想消亡了，余下的不是自性的真心，还是什么呢？我现在再问你这一条打了六个结的华巾，可不可能在同一时间里，一齐都解除了呢？"阿难答："这些个结，本来是依次绾结成功的，现在也应当次第解开。因为这六个结，虽然同是一条整体所成，但绾结的先后时间次序都不同，如何能够同时解除呢？"佛说："你想要解脱六根，也是同样的道理。生理上六根的本能活动，如果先得到解脱，就可以先得到人空①我空的境界。进一步，使空性圆明自在，就达到法解脱（智慧

---

① 人空：二空（人空、法空）之一，又名生空、我空。观人为五蕴（色、受、想、行、识）之假合，又为因缘所生，其中无常、一之我体，故云人空。

的解脱）。既达到法解脱的境界，所谓空的境界，也自然不生，这样才叫做菩萨从三摩地（定慧双融的三昧正定境界）得到无生法忍①。"

阿难及诸大众。蒙佛开示。慧觉圆通。得无疑惑。一时合掌。顶礼双足。而白佛言。我等今日身心皎然。快得无碍。虽复悟知一六亡义。然犹未达圆通本根。世尊。我辈飘零。积劫孤露②。何心何虑。预佛天伦。如失乳儿。忽遇慈母。若复因此际会道成。所得密言。还同本悟。则与未闻无有差别。惟垂大悲。惠我秘严③。成就如来最后开示。作是语已。五体投地。退藏密机冀佛冥授。

尔时世尊。普告众中诸大菩萨。及诸漏尽大阿罗汉。汝等菩萨及阿罗汉。生我法中。得成无学。吾今问汝。最初发心悟十八界。谁为圆通。从何方便入三摩地。

憍陈那五比丘。即从座起。顶礼佛足。而白佛言。我在鹿苑。及于鸡园④。观见如来最初成道。于佛音声。悟明四谛。佛问比丘。我初称解。如来印我名阿若多。妙音密圆。我于音声得阿罗汉。佛问圆通。如我所证。音声为上。

二十五位实地修持实验方法的自述

阿难与大众，蒙佛不厌其详的开示，慧性觉悟，忽然圆通，得到再无疑惑的地步。虽然领悟到一六解脱的道理，但是还没有达到圆通

---

① 无生法忍：略云无生忍。无生法者，远离生灭后之真如实相理体也。真智安住于此理而不动，谓之无生法忍，于初地或七八九地所得之悟也。
② 积劫孤露：犹言累世孤寒也，用喻一向背觉合尘，萍游六道，不意今生得预为佛眷属也。
③ 秘严：秘谓秘密深奥，严谓微妙庄严，即前示之首楞严定妙庄严路也。
④ 鸡园：鸡园精舍名，无忧王造以迎佛者，或云与鹿苑，皆为古王养畜之所，五比丘修苦行时，尝居此处，去佛成道甚近也。

的本根。于是又请求道:"我们历劫飘零在生死苦海里,犹如苦儿一样,孤零地飘泊他方。我自己何心何虑,与佛谊属天伦血统。好像失乳孤儿,忽然遇着慈母。如果因此际会而能够成道,今天所听到的妙密法语的开示,就应该等于本悟。否则,同没有听到是一样的。唯有希望佛再发慈悲,教导我妙密庄严修持的法门,以完成佛开示的最终愿望。"

这时,佛普告在会大众中的诸大菩萨,以及诸漏已尽的大阿罗汉们说:"你们菩萨及阿罗汉们,在我教导的佛法当中,已经得成无学的果位。我现在问你们,大家最初发心的动机,以及悟到十八界的功用,哪一样是最圆满通达的?怎样才是进入了三摩地的方便法门?"

(一)声。闻听妙理的修法:首先起立发言自述的,是憍陈那(译名了本际)等五位比丘。(比丘,是佛弟子出家男众的名称,具乞化破魔等意义。憍陈那等五人,是从佛最初出家的弟子,也就是佛成道后最先听佛说法得度的人。)他说:"我是最初见佛成道的人,佛成道后,也是对我五人最先说法得度的。佛为我们宣讲三转四谛法轮,我们就悟明四谛的道理。(四谛是苦、集、灭、道。说世界一切皆苦。苦是生死的果实,世间是纯苦无乐。世人所认为的乐,只是偶然暂时相对性的另一苦因而已。但是世人偏认苦为乐,并且还要去积极追逐苦果,自招种种烦恼。唯有自心灭除烦恼,不再造作苦果,才得寂灭的乐果。若能随时随地观察思惟,息灭自己的烦恼,就是修持正道。)佛问我们理解与否时,我首先说理解到了。佛就印证认可,说我是得最初解的人。我当时理解得到的,并没有别的方法,只是听到佛说微妙道理的声音。由这声音使我理解到微妙的道理,心领神会。息灭烦恼的苦果而得寂灭至乐的正道,证得阿罗汉①的果位。佛现在要问我们修什么方

---

① 阿罗汉:为小乘极悟之果位名,一译杀贼,杀烦恼贼之意。二译应供,当受人天供养之意。三译不生,永住涅槃不再受生死果报之意。

法，才能圆满通达佛的果位。如我所实验得到的，还是以多听妙理为最好。从听妙理的声音悟道，乃是最上乘的修法。"

优波尼沙陀①。即从座起。顶礼佛足。而白佛言。我亦观佛最初成道。观不净相。生大厌离。悟诸色性。以从不净白骨微尘。归于虚空。空色二无。成无学道。如来印我名尼沙陀。尘色既尽。妙色密圆。我从色相。得阿罗汉。佛问圆通。如我所证。色因为上。

（二）色。观察色相的修法：优波尼沙陀（译名色性空）起立自述说："我也是最初看见佛成道的人。佛教我观察身体内外的不净相，生起极大的厌离心。悟到一切色相的性能，都从不清净而来。身体的色质，终由白骨化为微尘。最后终归于虚空。推穷其究竟，虚空与色相，两种都没有自性，因此得成无学果位的道业。（不净观是一种修持的方法。对于烦恼障很重，贪欲心很盛的人，修之较为适当。观的入手方法，是运用思惟去观看，观察，观想的意义。不净观包括九种想：①胖胀想，②青瘀想，③坏想，④血涂想，⑤脓烂想，⑥虫啖想，⑦分散想，⑧白骨想，⑨烧想。人身是个臭皮囊，由死亡而到坏灭，自然地都会现出这九种现象。臭皮囊先发胖胀，跟着就起青瘀的颜色，开始一块一块地败坏。然后血化为脓，开始腐烂，生出蛆虫。皮肉毛血渐渐分散完了，只剩下白骨一具。渐渐久了，白骨也就随风化为飞尘。无论富贵贫贱，智愚贤不肖，男女老幼，美的丑的，到头来都是一样。所以修习这种方法，最容易生起离尘出俗的观念。同时也很容易解脱人我的执著，和身体生理的障碍。这种修法，最好先由禅坐去思量观察。他人与自己，都是一个臭皮囊包装着一身内外不洁净的东西。什么是美的与丑的，皮包骨头以内，都是肚肠屎尿，有什么值得

---

① 优波尼沙陀：亦云邬波尼沙昙，此翻近少，或言尘性，谓谛观微尘，近于虚空，余有少分色性，析则成无，以此悟道，故以为名。

贪恋可爱呢！渐渐观察清楚，构成了一个观念。就觉得此身不值得留恋，心境非常平静，妄想杂念渐渐冲淡，归于平静。到了这个程度，不净观即成就了。然后产生两种现象，但是有的人可能会有，有的人并不一定会有。第一种现象：举目观看人们，无论男女老幼，都是一具白骨骷髅架子。这种现象既已形成，就不必再继续做不净观或白骨观。只需要守住眉心中间一点白，制心一处，专精不乱。久而久之，就会发生第二种现象：并此一念亦自然而空，可以得入正定。由此精进不懈，逐步上进，即可以证果。）因此佛就印证认可，说我是得到了色性空的人。身体色质既已空尽，对于自性妙有功能，生起色质的作用，达到妙密圆通的果地。我从色相上证得阿罗汉的果位。佛现在要问我们修什么方法，才能圆满通达佛的果地。如我所实验得到的，从观想色相上起修，乃是最上乘的修法。"

　　香严童子①。即从座起。顶礼佛足。而白佛言。我闻如来教我谛观诸有为相。我时辞佛。宴晦清斋②。见诸比丘烧沈水香③。香气寂然来入鼻中。我观此气。非木非空。非烟非火。去无所著。来无所从。由是意销。发明无漏。如来印我得香严号。尘气倏灭。妙香密圆。我从香严。得阿罗汉。佛问圆通。如我所证。香严为上。

　　（三）香。嗅觉的修法：香严童子起立自述说："我最初听佛教我仔细观察一切有为法的现象。那时我就辞佛独居，宴息清心，寂然安处。扫除心理一切妄念。忽然看到比丘们燃烧沉水香，香气悠然进入我的鼻孔里。我就观察这香的气味，既不是沉水香木所发生，也不是虚空所发出。既不是烟，又不是火。它进了鼻孔，不知香味究竟是从哪里来的，它无影无踪地去了，又不知道香味归到哪里，因此发现这

---

① 香严童子：由悟香尘，严净心地，得童真行，故曰香严童子也。
② 宴晦清斋：晏安也，晦藏也，宴晦清斋，犹言安居净室之时。
③ 沈水香：灌顶曰，有等香树，斫著地久，外朽心坚，置水则沈，故曰沈水香。

个分别思惟的意识，也是如此。妄想意识消散，就归于空寂。由此证得无烦恼的无漏果位。（说明意识妄想，犹如烟雾，时生时灭，来去都没有踪迹可寻。自然不必追寻执著，也不必去扫除清理，因此可得安然休息的境地。）佛就印证认可，赐给我香严的名号。妄想意识的心理状态，与自然界物理现象的能量互变，都如尘氛气流一样，时起时灭。从燃烧香气的道理，可以证到万有现象的微妙作用，悟澈自性的密圆功能。我是从香气庄严证得阿罗汉的果位。佛现在问我们修什么方法，才能圆满通达佛的果地。如我实验得到的，以鼻观香气庄严，乃是最上乘的修法。（佛法中教人烧燃好香，不仅是庄严道场，同时也具有从鼻观而得清心的妙用。至于可以解秽驱虫，变更空气的洁净，还是其末节的作用而已。）

药王药上①二法王子。并在会中五百梵天。即从座起。顶礼佛足。而白佛言。我无始劫。为世良医。口中尝此娑婆世界草木金石。名数凡有十万八千。如是悉知苦酢咸淡甘辛等味。并诸和合俱生变异。是冷是热。有毒无毒。悉能遍知。承事如来。了知味性。非空非有。非即身心。非离身心。分别味因。从是开悟。蒙佛如来印我昆季（兄弟也）。药王药上二菩萨名。今于会中为法王子。因味觉明。位登菩萨。佛问圆通。如我所证。味因为上。

（四）味。舌观味性的修法：药王药上两位菩萨，及同行眷属五百天人们，起立自述说："我从无始劫数以来，便是世上的良医。口里亲尝这个娑婆世界各种药物，草本的、木本的、金石等矿物，名称数量约有十万八千之多。这些物理性能，完全知道。所有药物的咸、甜、

---

① 药王药上：《观药王经》云，过去有佛，号琉璃光，有比丘名日藏，宣布正法，有长者名星宿光，闻说法故，以诸药奉日藏大众，愿我未来，能治众生身心两病，举世欢喜，立名药王，其弟名电光明，以醍醐上妙之药供养，立名药上，经引二人，用显味尘圆通也。

苦、辣、酸、淡等味性，以及它的变化作用，冷热、有毒、无毒的性格，我也完全了解。我因为从佛修学佛法，了知这一切味性，它的根本自性，既不是绝对不存在的空，也不是永远固定的有。既不是依赖身心的关系，才显见它的功能。但是离开身心，又不能表达它的作用。因为分别药物味性的初因，而得开悟自性本体的功能。因此佛就印证认可，许我两弟兄是菩萨位中的人。现在佛的法会中，为传承佛法的法王子。（药王药上两昆仲，从久远劫数以来，遇琉璃光佛前身的教化，自己便发心历世为良医，做济世救人的功德事业，遍尝世间的药物性能。如以现代语来说，等于是个大医师，并且是研究物理化学的大药剂师。从真实的慈悲救济的动机出发，由尽知物理的性能，而悟得万物与人性的本体。）我因为由了解味性而觉悟，发明自性，跻登于大乘菩萨的果位。佛现在问我们修什么方法，才能圆满通达佛的果地。如我所实验得到的，以研究亲尝物理的味性去体会，乃是最上乘的修法。"

跋陀婆罗①。并其同伴十六开士②。即从座起。顶礼佛足。而白佛言。我等先于威音王佛③。闻法出家。于浴僧时④。随例入室。忽悟水因。既不洗尘。亦不洗体。中间安然。得无所有。宿习无忘。乃至今时从佛出家。令得无学。彼佛名我跋陀婆罗。妙触宣明。成佛子住。佛问圆通如我所证。触因为上。

（五）触。观察身体感触的修法：贤首菩萨及其同伴道侣等十六位开士，起立自述说："我们从前在威音王佛的时候，听闻到佛法，就发

---

① 跋陀婆罗：此云贤护，言自守护贤德，亦守护众生，按即法华经中于威音王时，毁常不轻菩萨之上慢者。
② 开士：开心悟理之大士也。
③ 威音王佛：过去之佛也，要解云，以大音声普遍世界，为诸法王，说法无畏故也。
④ 浴僧时：即佛制半月众僧用浴之时也。

心出家了。因为随例跟着僧众入浴，忽然悟到水的因缘。它既不能洗涤尘垢，也不能洗净身体，水始终是中性的。无论洁净与污垢，它都不沾滞，自性得无所有。这种过去世所了解的记忆，直到今生都不会忘记。从那个时候起，佛就称我为贤首。现在从佛出家，到达无学的果位。（水性永远是清净的，无论污秽或干净的东西，它都不容纳。轻微的使它漂流而去，粗重的使它沉埋下去，水性自己还是不垢不净。自性真心犹如水性。微细的，好的妄想，犹如水上的浮尘，轻轻地随时溜去。粗重的，恶的情欲，犹如水中的沉淀，深深地沉埋下来。但是能知能觉的自性，却始终不变。由此体会，可以领悟到自性的实相。再说：心上的妄念，犹如水上的浮尘与波纹。沤生沤灭，以及浮尘与波纹的变化，始终变不了水性。但能心如止水，静观心波浮尘的变化，皆如梦幻，自然可以领悟到自性的实际。贤首菩萨，过去世虽然从佛出家，但常以轻慢的心，傲视别人，因此堕落尘劫。后来转从常不轻菩萨的教化，对一切众生，决不轻视。对任何人，都很恭敬。所以得到贤首的名号。）我因为微妙的感触，明白了自性有如止水的道理，得到佛的法要，成为继承佛道统的法王子。佛现在问我们修什么方法，才能圆满通达佛的果地。如我所经验得到的，从微妙感触作用去体会，乃是最上乘的妙法。"

摩诃迦叶①。及紫金光比丘尼等。即从座起。顶礼佛足。而白佛言。我于往劫。于此界中。有佛出世。名日月灯。我得亲近。闻法修学。佛灭度后。供养舍利②。然灯续明。以紫光金涂佛形像。自尔已来。世世生生。身常圆满紫金光聚。此紫金光比丘尼等。即我眷属。同时发

---

① 摩诃迦叶——紫金光比丘尼：摩诃此云大，迦叶此云饮光，乃佛之大弟子，苦行第一，紫金光比丘尼，为迦叶在家时妇因昔为贫女，丐金饰塔像，匠师欢喜，立誓为夫妇，九十一劫，人间天上，身恒金色，今则出家为比丘尼也。

② 舍利：即佛之身骨也。

心。我观世间六尘变坏。唯以空寂修于灭尽。身心乃能度百千劫。犹如弹指。我以空法成阿罗汉。世尊说我头陀①为最。妙法开明。销灭诸漏。佛问圆通。如我所证。法因为上。

（六）法。心空意念的修法：摩诃迦叶（译名大饮光）与紫金光比丘尼（紫金光原来是迦叶尊者的夫人，出家后便称比丘尼。比丘尼是佛弟子中出家女众的名称）同时起立自述说："若干劫前，在这个娑婆世界上，有一位佛出世，名字叫做日月灯。我有机缘亲近他，得闻佛的法要，依法学习修持。等到日月灯佛灭度过世以后，我就供养他的舍利子②。在佛像与舍利子前面，常时燃灯供养，永远继续着这一点光明。并且用紫金色的光质，涂在佛的形象上面。从此世世生生，身体经常充满着紫金色的光华。这位紫金光比丘尼，就是我生生世世的眷属，与我同时发心。（过去在毗婆尸佛③灭度过世以后，佛的塔像金色毁坏了。有一位贫家的少女，对着佛像发生无限的伤感，心里很想为之修治完整。可是自己没有资财，便去乞讨。得到了金钱，就请来匠人为佛装金。这位装金的匠人，很欢喜地和她共同完成了这件功德。功德完成以后，两人结为夫妇，生生世世，永不分离。经过九十一劫，虽然生在人间天上，身体经常都得紫金光色。当释迦佛出世的时候，夫妇又同时发心出家。这个少女的前身，就是紫金光比丘尼。）我观察世间六尘（生理的五官与心理意识的各种现象），种种的作用，一切都似变幻中显现出的幻象，最后终归于坏灭。唯有心空一念，寂然不动，才可以修到身心寂灭的境地，这样始能在定中度过百千劫的时间，犹如一弹指的刹那。（心空一念，就是意根上解脱的无上妙法。天台宗

---

① 头陀：此云抖擞，以能抖擞法尘为号故。
② 舍利子：释迦既卒，弟子阿难等焚其身，得五色珠，光莹坚固，名曰舍利子，因造塔以藏之。
③ 毗婆尸佛：译曰胜观，过去七佛之第一佛，在释迦牟尼佛出世九十一大劫前。

与密宗的修止观等方法,就是依这个道理修持的。心意识是最难空寂的。迦叶尊者所述的方法,就是观心的一门。静坐观心,识知心意识各种现象,思惟分别妄念等相,都如空中鸟迹。又如浮光幻影掠过长空,倏起倏灭,随时变幻化去。若能不随变化,不去追逐不舍。只任其自生自灭,不排除,不执著,自然现出自心一段空相。然后即此心空一念,还要放去。到了空空的境界亦空时,就可悟明这一段妙用。)我因为修习心空一念的方法,与严守苦行头陀①的规范,得成阿罗汉的果位。佛就说我是头陀中最成功的人。因为从这个了解心意妙法而开悟明白,消灭一切有漏的烦恼。佛现在问我们修什么方法,才能圆满通达佛的果地。如我所经验得到的,从观察心意识的方法去体会修证,乃是最上乘的方法。"

阿那律陀(解见卷二)。即从座起。顶礼佛足。而白佛言。我初出家。常乐睡眠。如来诃我为畜生类。我闻佛诃。啼泣自责。七日不眠。失其双目。世尊示我乐见照明金刚三昧。我不因眼。观见十方。精真洞然。如观掌果。如来印我成阿罗汉。佛问圆通。如我所证。旋见循元。斯为第一。

(七)眼。眼的见精修法:阿那律陀(译名无贫)起立自述说:"我最初出家的时候,经常喜欢睡眠。佛责备我犹如畜生一样。我听了佛的申斥,惭愧反省。涕泪自责。自己发愤精进。七天当中,昼夜不眠不休。因此双目失明。佛就教我乐见照明金刚三昧的修法。我因此可以不需肉眼,只凭自性的真精洞然焕发,看十方世界中的一切,犹如看到手掌中的果子一样。佛印证我已经得到阿罗汉的果位。佛现在问我们修什么方法,才能圆满通达佛的果地。如我所经验得到的,旋

---

① 头陀:译曰抖擞、浣洗等,谓抖擞衣服饮食住处三种贪著之行法也。按俗称僧人之行脚乞食者为头陀,亦称行者。苦行之意。

转能见的根元，回光返照以至于无，就是第一妙法。"（乐见照明三昧，经教中但有其名，究竟不知道是如何修法，自阿难教授提婆达多修习天眼，得到眼通等神力以后，提婆达多反因神通狂妄自用而成魔障。以后显教经论，就没有修法的记述了。密教所授眼通及观光的修法，也是利害参半。而且没有得到正定的人习之，不但无益，反容易受害。所以对于这一修法，不需详细补充说明。本经所载阿那律陀的自述里，对于这个原理原则，也已很明显地说出。眼的见精，分为能见与所见的两种。眼见到外界的一切境象，都是所见的作用。即使双目失明，心里还是看得见眼前是一片昏暗。这种昏暗的境象，依然是所见的作用。它是从自性能见的功能上所发出。由此体会，返还所见的作用，追寻这个能见眼前现象的自性功能。久而久之，所见作用，就完全返还潜伏到能见的功能上。然后并此能见的功能，也涣然空寂。在道理上，就叫做能所双忘。在事相上，完全入于性空实相。旋见，就是返观返照的意义。循元，就是依止自性本元的意义。由自性空实相，泊然定住在常寂的无相光中，洞彻十方的天眼作用，就自然发起。但切须记得，如为求得天眼而修，不依性空而定。不但能所不能去，纵使能够得到部分天眼，都是浮光幻影，便为魔障。再说：所谓眼通，并不是有如肉眼的眼。到了那时，由自性定相所发生的功能，与虚空会为一体。无尽的虚空，和能观的作用，浑然合一。虚空与我，只是一双眼而已。）

  周利槃特迦①。即从座起。顶礼佛足。而白佛言。我阙诵持。无多闻性。最初值佛。闻法出家。忆持如来一句伽陀②。于一百日。得前遗

---

① 周利槃特迦：《纂注》谓即诵帚比丘，以其心多散乱，故佛教以调息也。
② 伽陀：此云孤起颂，文句引云，身语意业不造恶，不恼世间诸有情，正念观知诸境空，无益之苦当远离，槃特则诵前遗后，记后失前。

后。得后遗前。佛悯我愚。教我安居调①出入息。我时观息。微细穷尽。生住异灭。诸行刹那。其心豁然。得大无碍。乃至漏尽成阿罗汉。住佛座下。印成无学。佛问圆通。如我所证。反息循空。斯为第一。

（八）鼻。调伏气息的法门：周利槃特迦（译名道生）起立自述说："我缺乏诵持多闻记忆的能力。最初遇到佛的时候，听闻到佛法就出家了。佛教我记忆四句偈语。在一百天以内，记后忘前，始终不能背诵。（道生在过去迦叶佛②的时候，为经、律、论三藏都通的沙门③。有五百个弟子。但是道生非常吝惜经义，不肯尽心教导，所以得如此愚钝的果报。他的哥哥出家在先，因为他太愚钝，叫他还俗。道生就拿了一条绳子，到后园树下去自杀。佛以神力解救了他。指着扫帚，叫他专念扫帚二字。他忽然领悟到佛是教他把心地上的尘垢扫除干净，由此而悟道。）因此佛又怜悯我的愚钝，教我安居自修，调摄出入的气息。我那时观察气息，由微细而到穷尽。了解它的生起、存在、变易、消灭的一切经过，刹那之间，也不得固定常存。因此心境豁然开朗，得到大无碍的境界。再加进修，到达烦恼漏尽，完成阿罗汉的果位。现在佛的座下，印证我已经得无学的果位。佛现在问我们修什么方法，才能圆满通达佛的果地。如我所经验得到的，从调气到反息。息止心空，依空取证，就是第一妙法。"（修习调伏气息法门，有很多种方法。天台宗六妙门的止观修法，也是着重在调息的修法。生命存在的生理机能活动，就靠气机的往来。气息有四种现象：有声的叫做风，结滞的叫做气，出入有力的叫做喘，绵绵不绝、无声不滞的叫做息。妄心

---

① 调息：调出入息，亦云安般三昧，息出知出，息入知入，愚痴无智之人，守此鼻息，了了常知，可以破愚暗也。
② 迦叶佛：过去七佛之一，译曰饮光。
③ 沙门：译曰息、息心、静志、净志、乏道、贫道等，又译曰攻劳、勤息。劳劬修佛道之义也。又勤修息烦恼之义也。原不论外道佛徒，盖为出家者之总名也。

想念的心盛，气就粗浮。换言之：气息静止时，想念妄心就比较轻微。心息二者，是互相为用，互为因缘的。在各种调息的方法中，还有一种简捷修法。首先回转眼光，摄念合于气息。然后返用耳根听觉，听自己的出入气息。先只听到出入气粗重有声，这都属于风与气或喘的阶段。久而久之，心息合一相依，绵绵不绝，这才叫做止于息上。而且这时候的气息，若有若无，身心轻快无比。由此再加进修，气息不起呼吸的作用。听闻与感觉，也不能觉察。妄想杂念，就涣然冰消，心息都入于空寂大定的境界。再加向上精进，就得果无疑了。）

憍梵钵提。即从座起。顶礼佛足。而白佛言。我有口业。于过去劫轻弄沙门。世世生生有牛呞病。如来示我一味清净心地法门。我得灭心入三摩地。观味之知。非体非物。应念得超世间诸漏。内脱身心。外遗世界。远离三有。如鸟出笼。离垢销尘。法眼清净。成阿罗汉。如来亲印登无学道。佛问圆通。如我所证。还味旋知。斯为第一。

（九）舌。舌的味性修法：憍梵钵提（译名牛呞）起立自述说："我因为在过去世造有口业。看到一个老年比丘，没有牙齿，吃东西时像牛吃草一样，我就轻慢侮辱他。所以生生世世，得牛呞病的果报（犹如牛的反刍，是食管与胃部的病）。佛就教我一味清净心地的法门。我因此得断灭一切妄心，进入正定三昧的境界。观察滋味的知性功能，既不属于身上，也不属于物质。一念之间，就超越世间所有烦恼的习漏。从此内脱身心，外遗世界。远离欲、无明、烦恼的三有束缚。犹如飞鸟出笼，离开一切尘垢，妄心自然销灭，得以认识正道的法眼清净，成就阿罗汉的果位。佛就亲自印证认可我已经登无学的道果。（舌观的修法，比较不容易普遍，并且也很难修。通常人对于滋味的食欲都很深切。首先要能不贪浓厚的食物，渐使淡薄。再渐渐减少饮食，归到平淡无味，进而达到没有食欲的贪恋。由此生理发生转变，心境妄念也随之皆空，自然进入正定的三昧。所以佛法制度中的头陀行，教人日中一食，而且必须淡薄。禁绝浓甘的饮食，实在有很深的作用存在。道生尊者由舌根悟道，亦只在一念之间的转变。心不在焉，食而不知其味，可以了然于胸了。）佛现在问我们修什么方法，才能圆满通达佛的果地。如我所经验得到的，从返还追究能知味性的自性功能，就是第一妙法。"

毕陵伽婆蹉①。即从座起。顶礼佛足。而白佛言。我初发心从佛入道。数闻如来说诸世间不可乐事。乞食城中。心思法门。不觉路中毒刺伤足。举身疼痛。我念有知。知此深痛。虽觉觉痛。觉清净心。无痛痛觉。我又思惟。如是一身。宁有双觉。摄念未久。身心忽空。三七日中。诸漏虚尽。成阿罗汉。得亲印记。发明无学。佛问圆通。如我所证。纯觉遗身。斯为第一。

（十）身。身体感觉的修法：毕陵伽婆蹉（译名余习）起立自述说："我最初发心，跟佛学道。经常听佛说世间一切事物，是纯苦无乐。有一天，到城里去乞食，心里却在思惟佛法的精义。不知不觉间，脚上被毒刺刺伤，立刻觉得全身都发生疼痛。就在这个时候，我想到因为有一个知觉的作用，所以才能够知道这种疼痛的感觉。这个知觉虽然知道有了疼痛的感觉。返照追寻这个知道疼痛感觉的知觉自性功能，却本来清净无物，并不受疼痛的影响，也没有感觉的存在。于是我又再加思惟。我这个身体上，难道有两个觉性的存在吗？这样一寻根究底，所有妄想杂念，就都归摄到一念。再一追寻这一念的根本，身心忽然空寂。这样住在空寂当中，经过三七二十一日。一切烦恼习漏就都空尽，成就阿罗汉的果位。得到佛的亲自印证。认为已经发明了自性，登达无学的果地。佛现在问我们修什么方法，才能圆满通达

---

① 毕陵伽婆蹉：此云余习，五百世生婆罗门家，常自憍贵，最初，人道，闻佛说苦空无常不净，都不可乐，因行乞，食忽过苦缘，思入此观。

佛的果地。如我所经验得到的，返还止住在自性本觉上，遗忘了身心感觉知觉的作用，就是第一妙法。"

须菩提①。即从座起。顶礼佛足。而白佛言。我旷劫来。心得无碍。自忆受生如恒河沙。初在母胎。即知空寂。如是乃至十方成空。亦令众生证得空性。蒙如来发性觉真空。空性圆明。得阿罗汉。顿入如来宝明空海。同佛知见。印成无学。解脱性空。我为无上。佛问圆通。如我所证。诸相入非。非所非尽②。旋法归无。斯为第一。

（十一）意。意念空寂的修法：须菩提（译名空生）起立自述说："我从很久远世历劫以来，心已得到无碍的境界。自己能够回忆到过去的受生经过，和历劫中无数次的生生死死。当我初在母胎时，就知道空寂的境界。这样乃至使十方世界，都成空相。同时也可使一切众生，证得空性。现在蒙佛开示启发，了然自知自性正觉的真空无相。证得空性的圆满光明，得到阿罗汉的果位。顿时进入佛性宝明空海的境界，相同于佛的能知能见。佛就印证我已成无学的果地。认为解脱性空，以我为最上乘。佛现在问我们修什么方法，才能圆满通达佛的果地。如我所经验得到的，使身心世界一切心物和事理等所有现象，了然不留于心中。放下一切意念的染著，入于空寂无相的境界。最后将空寂无相的境界也一并空去，到了空无可空的实际。那时万缘都寂，万法皆空，归于无所得的大定，就是第一妙法。"

舍利弗③。即从座起。顶礼佛足。而白佛言。我旷劫来。心见清净。如是受生如恒河沙。世出世间种种变化。一见则通获无障碍。我于路

---

① 须菩提：此云空生，为佛弟子，观空悟道，得无诤三昧，与般若波罗密相应，故为解空第一。
② 诸相入非，非所非尽：非即空也，诸相入非，即人法双空也，非所非尽，谓能空之执与所空之相，二俱尽也。
③ 舍利弗：此云鹙鹭子、初与目连共事外道、佛成道后、归依于佛智慧第一。

中。逢迦叶波兄弟相逐。宣说因缘。悟心无际。从佛出家。见觉明圆。得大无畏。成阿罗汉。为佛长子。从佛口生。从法化生。佛问圆通。如我所证。心见发光。光极知见。斯为第一。

（十二）眼识界。心眼观照的修法：舍利弗（译名鹜子）起立自述说："我从久远世历劫以来，就观照自心的清净境相。这样历劫受生，所经历的生生死死的次数，已如恒河中的无量沙数。对于世间及出世间种种事物变化的道理，一见就通。获得无障碍的境界。有一天，我在路上遇到迦叶波三位弟兄①，听他们互相讲论佛说：'因缘所生法，我说即是空。亦名为假名，亦名中道义。'他们说就是佛法大乘的要义。我听了，就悟到心念本来是空无实际的道理，于是就从佛出家。见到自性正觉的光明圆满之体，得大自在大无畏的智慧，成就阿罗汉的果位。现在做佛法传统中的长子，乃从佛口说法开示所化生。佛现在问我们修什么方法，才能圆满通达佛的果地。如我所经验证得的，由观照自心。久而久之，照见自心本来的清净实相，心境发出自性的光明。待光明圆满到了极点，自然能知能见自性是佛的体用，才是第一妙法。"

普贤菩萨。即从座起。顶礼佛足。而白佛言。我已会与恒沙如来为法王子。十方如来。教其弟子菩萨根者。修普贤行②。从我立名。世尊。我用心闻③。分别众生所有知见。若于他方恒沙界外。有一众生。心中发明普贤行者。我于尔时乘六牙象。分身百千。皆至其处。纵彼障深。未得见我。我与其人暗中摩顶。拥让安慰。令其成就。佛问圆通。我说本因。心闻发明。分别自在。斯为第一。

（十三）耳识界。心声闻听的修法：普贤菩萨起立自述说："我已

---

① 迦叶波三位弟兄：长云优楼频螺迦叶，译曰木瓜林。次云伽耶迦叶，译曰城。次云那提迦叶，译曰河。皆为释迦佛之弟子。

② 普贤行：行弥法界曰普，位邻极圣曰贤，凡具大根修菩萨行，皆名普贤行也。

③ 心闻：耳识也。

经为过去无量数佛的法王子。一切十方世界的佛，教授他们的弟子修大乘菩萨道的根本时，都教他们修习普贤的行持。这种普贤的法门，乃由我而建立。（普贤菩萨，旧译又名普现。顾名思义，就是在一切处显现的意义。普贤菩萨的修法，是代表大乘菩萨道的大行。有显教、密教修法的异同。但都是根据《华严经》的《普贤行愿品》为基础。密教修法，如金刚萨埵大法等，以咒语配合瑜伽观想作行持。显教修法，以身体力行为主。但一般修习念诵者，大多都是口里念过去，没有深思力行他的功用。为了发心修习大乘道的人，有合法的修持。现在融会显密修法的道理，述说他简单的规范。凡是真实发心修习大乘佛道的人，首先要熟读《普贤行愿品》。当念习纯熟以后，要深思他的意义与意境。然后把他所述说的十大行愿，构成一种意境上的境界。例如以第一行愿礼敬十方诸佛的法门来说：当你起身礼佛，或者在禅静中，起意礼敬十方诸佛的时候。自己忘记身心的感觉，在意境上，构成一个没有时间空间的广大无边的境界。意想十方诸佛都一一显现在面前。每位佛前，都有一意境上化身的我，在佛前恭敬礼拜。依次如启请、供养，一一都有我在前面，发声赞叹，或者念诵，每一行愿，都要构成一种意境上实际的境像。这样久而久之，意境形成妙有的实相。即有如普贤菩萨的实相庄严，乘坐六牙白象，也宛然显现，如在目前。可以参看《法华经》上的记述。但是意境上一念收回，即如这些所有现象，也完全寂灭不生。身心都不执著，自然归于了无所有的寂灭性相之中。至于其中的真空妙有，缘起性空的至理，也就可以在这种修法上去体会印证了。）普贤菩萨又说："我用这种心闻修法的结果，能够分别一切众生的所有知见与意念。纵使在无量数的远方世界以外，有一个众生，他的心理能够发心修习此法，我就在那时，乘六牙白象，分出百千个化身，到他的前面。即使他们业障深重，一时不能够见到我，我也为他们暗中摩顶，爱护他，辅助他，使他渐渐的有所成就。佛现在要问我们修什么方法，方能圆满通达佛的果地。我现在说出从前开始学佛，是用这心声闻法的方法，发明悟了澄澈的自性，并且能够发生妙用，可以自在地运用分别心，才是第一妙法。"（心声等于是说心理电波的交感作用，可与现在心灵交感来参考研究。）

孙陀罗难陀①。即从座起。顶礼佛足。而白佛言。我初出家从佛入道。虽具戒律。于三摩地心常散动未获无漏。世尊教我。及拘絺罗②观鼻端白③。我初谛观。经三七日。见鼻中气出入如烟。身心内明。圆洞世界。遍成虚净。犹如琉璃。烟相渐销。鼻息成白。心开漏尽。诸出入息化为光明。照十方界。得阿罗汉。世尊记我当得菩提。佛问圆通。我以销息。息久发明。明圆灭漏。斯为第一。

（十四）鼻识界。鼻息调气的修法：孙陀罗难陀（译名艳喜）起立自述说："我从前出家，跟着佛学道。虽然受过形式上的戒律，但是始终不能够达到正定的三昧境界。心里经常散乱浮动，没有获得烦恼漏尽的无漏果地。因此佛就教我与拘絺罗（大膝氏）二人，先制心一处，专守一点。我制念在鼻端上，开始仔细观想注视。用这种修法，经过了三七二十一天。就看见了鼻子里呼吸的气息，一出一入，犹如烟雾一样（能到达这个程度，身心的感觉，就由轻安而渐至于空无感觉）。因此身心就由内在自然发出光明的境界。再扩而充之，光明渐渐地圆满，遍满所有的空间。整个世界，都普遍地成为净裸裸的清虚境界，好像一个整体的玻璃体。再进一步，烟雾的现象也渐渐消散。鼻子的出入气息，完全变成一片纯白的光相。由此心开意解，一切烦恼习漏

---

① 孙陀罗难陀：此云艳喜，兼妻得名，乃佛亲弟，出家之初，因心散动，佛教观鼻端白，所以住心不涉攀缘也。

② 拘絺罗：摩诃拘絺罗，此云大膝，乃舍利弗母舅，世呼长爪梵志，为佛弟子答问第一。

③ 观鼻端白：即屏息垂目，返观鼻头，住心凝视，久久若生白光，以离识故，照澈十方，此因鼻识而修也。

净尽。所有出入的气息，化作一片光明，可以照到十方世界，就得到阿罗汉的果位。佛就预记我将来会得证自性的正觉。佛现在问我们修什么方法，才能圆满通达佛的果地。我认为从消融气息，达到气住脉停。使气息止伏久住以后，发出心性的光明。最后使光明净裸圆满，灭尽一切烦恼的习漏，才是第一妙法。"

富楼那弥多罗尼子①。即从座起。顶礼佛足。而白佛言。我旷劫来。辩才无碍。宣说苦空。深达实相。如是乃至恒沙如来秘密法门。我于众中微妙开示。得无所畏。世尊知我有大辩才。以音声轮教我发扬。我于佛前助佛转轮。因师子吼。成阿罗汉。世尊印我说法无上。佛问圆通。我以法音降伏魔怨。销灭诸漏。斯为第一。

（十五）舌识界。说法的修法：富楼那弥多罗尼子（译名满慈子）起立自述说："我从很久远世历劫以来，就已得辩才，宣扬佛的苦空妙理（众生世界，只有苦境，没有绝对的乐事。世界一切，始终总归于空的）。因此深深通达自性的实相，毕竟是空的。并且对于十方三世无量数佛的秘密法门，我都能为他在众生界里，作微妙的开示和宣扬，得大无畏的功德能力。佛知道我有大辩才，就教我以言语声音来宣扬佛教。我所以就在佛前帮助佛旋转法轮。因为如狮子吼似的弘扬佛法，就在说法之中，自悟妙谛，得成阿罗汉的果位。佛就印证认可我，是善于说法的第一人。佛现在问我们修什么方法，才能圆满通达佛的果地。我认为用言语声音来说法，降伏一切魔怨，消灭一切烦恼习漏，才是第一妙法。"

优波离②。即从座起。顶礼佛足。而白佛言。我亲随佛逾城出家。亲观如来六年勤苦。亲见如来降伏诸魔。制诸外道。解脱世间贪欲诸

---

① 富楼那弥多罗尼子：富楼那，此云满，弥多罗，此云慈，尼子，称其母也，宣说四谛之法，辩才无碍。
② 优波离：或云译为近执，即如来为太子时，亲近执事之臣，随佛出家，严持戒律。

漏。承佛教戒。如是乃至三千威仪①。八万微细②。性业遮业。悉皆清净。身心寂灭。成阿罗汉。我是如来众中纲纪。亲印我心。持戒修身。众推为上。佛问圆通。我以执身。身得自在。次第执心。心得通达。然后身心一切通利。斯为第一。

（十六）身识界。执身持戒的修法：优婆离（译名上首，原名车匿）起立自述说："我亲自追随着佛，半夜里越城出家。又亲自看见佛修苦行六年，降伏一切的魔障。制服所有的外道。解脱世间的爱网。使烦恼和贪欲净尽，得到无漏的果位。蒙佛教我严守戒律。由这样执身持戒，乃至三千威仪，八万细行，性业（与生俱来先天性的贪嗔痴等）、遮业（因时因地制宜的戒律等）都完全清净。身心进入寂灭的境界，得成阿罗汉的果位。因此我就成为佛弟子中统领纲纪的上首。佛亲自印证我心，持戒修身，是佛全体弟子中的第一人。佛现在问我们修什么方法，才能圆满通达佛的果地。我是择善固执，严格修身，先使人格净化。得以身体力行都能净化以后，从外而内，再使心念净化。净化到了极点，心得通达无碍，然后身心就一切通利。我认为由这样圆满菩提正觉，才是第一妙法。"

大目犍连。即从座起。顶礼佛足。而白佛言。我初于路乞食。逢遇优楼频螺。伽耶。那提。三迦叶波。宣说如来因缘深义。我顿发心。得大通达。如来惠我袈裟着身。须发自落。我游十方。得无罣碍。神通发明。推为无上。成阿罗汉。宁唯世尊。十方如来叹我神力。圆明清净。自在无畏。佛问圆通。我以旋湛。心光发宣。如澄浊流。久成清莹。斯为第一。

---

① 三千威仪：有威可畏，有仪可象，约二百五十戒，各具行住坐卧四种威仪，合为一千，复摄善法，威仪，众生，三聚为三千。
② 八万微细：以上三千威仪，配身三口四七支，成二万一千，复配四分烦恼，成八万四千微细也。

（十七）意识界。意念观照的修法：大目犍连（译名大采菽氏）起立自述说："我当初在路上乞食化缘的时候，遇到迦叶波三兄弟，宣讲佛法因缘的道理。因此我顿时明白自心的实相，得到大通达。（意识所起的妄想心念，都从因缘所生。缘生缘灭，俱皆依他而起。由此在定静的境界中，仔细观察妄想心念的缘生缘灭，有如幻化，都是意识妄动的现象。如此去观察每一意念的根本，都了不可得。那个能生妄想的心意识自体，却是本来清净不变的。在此清净不变的净境上，愈定久愈好。等到定力坚强，一念起用，就可以得神通自在的妙用了。）因此佛就嘉惠我，命我做比丘。我就自动地袈裟着身。自动的剃落须发。能够无挂无碍远游十方世界，发明神通自在的大能力。在佛弟子众中，推许我是神通无上，得成阿罗汉的果位。不但吾佛释迦，就是十方一切佛，也都赞叹我的神通能力，已经达到圆明清净，可以自在无畏。佛现在问我们修什么方法，才能圆满通达佛的果地。我是从追寻妄想的起灭，得到妄念不生，返还到澄澄湛湛的心境实相。这样定力愈久，自性心光发生朗耀。一切妄想妄念，犹如一股混浊的流水，渐渐得到澄清。定力愈久，心境便愈达到清净无波，光明无瑕的状态，才是第一妙法。"

乌刍瑟摩①。于如来前。合掌顶礼佛之双足。而白佛言。我常先忆久远劫前。性多贪欲。有佛出世。名曰空王。说多淫人。成猛火聚。教我遍观百骸四肢诸冷暖气。神光内凝。化多淫心成智慧火。从是诸佛皆呼召我。名为火头。我以火光三昧力故。成阿罗汉。心发大愿。诸佛成道。我为力士。亲伏魔怨。佛问圆通。我以谛观身心暖触。无碍流通。诸漏既销。生大宝焰。登无上觉。斯为第一。

（十八）依火大种性修自身欲乐暖触的修法：乌刍瑟摩（译名火头

---

① 乌刍瑟摩：此云火头，即火头金刚也。

金刚）起立自述说："我记得在很久远世历劫以来，我的秉性贪爱淫欲。遇到空王佛出世，说喜欢贪淫的人，这淫欲的心念，会引发身体上的邪火。淫心越来越盛，欲火越来越旺。邪火积聚，犹如一团销魂蚀骨的烈焰，使心性昏迷堕落而不自觉。终将被欲火焚化身体，并使神识沉沦而不能自拔。空王佛就教我返观自身内在的动能，以及往来流行的冷暖气质等现象。我从内观返照的方法，着手修持。神光内凝，化去多生积习的淫心，转为大火炬似的智慧光焰。所以一切诸佛，都叫我是火头金刚。我从自性功能所具足，引起生理本能所生火光三昧的力量，得成阿罗汉的果位。从此我心发大愿力。如果一切诸佛成道的时候，我就做一大力勇士，亲自为诸佛护法，降伏一切魔怨。佛现在问我们修什么方法，才能圆满通达佛的果地。我是从内观返照身心的暖触，得到无碍流通的境地，消除一切烦恼习漏。生起智慧的大宝焰，得登无上大觉，才是第一妙法。"（这种修持的方法，分为多门。其他异宗外道，也有这种修法。可是有究竟与不究竟的差别。但都是专依身体上的生理本能着手，引发火力暖气本能的流行。西传西藏密宗有专门的修法。又有从配合欲界的欲乐定着手的。可是流弊也的确很大。因为修习这种方法，有迅速的大效力。但是形式容易，彻底了解它的道理与真实经验却很难。虽然速效的利益大，相反的，也会很容易发生弊窦。所以后世修持者，必须依有经验、有成就的良师，方可修习。这种暖触的产生，只是达到内触妙乐，化去欲念习气的第一步，并非究竟。如著于内乐，还是不离微细的欲界。在密宗与瑜伽术，把这暖触，名为拙火，或名灵热与灵力，道家叫做元炁。修习这种方法，有它的专门程序与阶层。如似是而非，稍有差错，就发生相反的害处。但要知道，我们生命的来源，是先从色欲爱乐所生。要了脱生死之流，证得菩提，必须也要从此而了。如经所说："生因识有，灭从色除。"如果不从这种根本无明着手解脱，徒使压制于一时。终归还会遇缘而爆发，难以得到最后的圆满成就。至于这种修法的原理，如火头金刚的自述中，已略具端倪。详细方法，可参访真有成就的明师而求之。）

持地菩萨①。即从座起。顶礼佛足。而白佛言。我念往昔。普光如来②出现于世。我为比丘。常于一切要路津口。田地险隘（倚爱切）。有不如法。妨损车马。我皆平填（音田）。或作桥梁。或负沙土。如是勤苦。经无量佛出现于世。或有众生于阛阓（音环绘，市井也）处。要人擎物。我先为擎。至其所诣。放物即行。不取其直。毗舍浮佛③现在世时。世多饥荒。我为负人。无问远近。唯取一钱。或有车牛被于泥溺。我有神力。为其推轮。拔其苦。恼时国大王延佛设斋。我于尔时平地待佛。毗舍如来。摩顶谓我。当平心地。则世界地一切皆平。我即心开。见身微尘。与造世界所有微尘等无差别。微尘自性。不相触摩。乃至刀兵亦无所触。我于法性。悟无生忍。成阿罗汉。回心今入菩萨位中。闻诸如来宣妙莲华佛知见地。我先证明而为上首。佛问圆通。我以谛观身界二尘。等无差别。本如来藏。虚妄发尘。尘销智圆。成无上道。斯为第一。

（十九）依地大种性悟到治平心地的修法：持地菩萨起立自述说："我记得过去世，历劫无数，曾有一位普光佛出世。我当时为普光佛座下的出家比丘。常在一切要津和路口，或者田地险隘的所在，若有不平或妨碍车马行走的地方。我都为它修补或架造桥梁，或负沙土来填补它。这样勤苦精进的行持，经过无数次的佛出世，我都依旧如此做去。或者有些人在热闹拥挤的地方，需要他人代劳负担物件。我就先去为他们挑负，送到他的目的地。放了东西就走，决不要他的代价。后来遇到毗舍浮佛（译名一切自在）出世。那时世上正患饥荒，我还

---

① 持地菩萨：盖取持心如地之意。
② 普光如来：谓身光智光，二俱周普，乃过去五十三佛之首佛也。
③ 毗舍浮佛：毗舍浮此云遍一切自在，乃过去庄严劫千佛之最后一佛也。

是做一个出卖劳力的人，替人帮忙。无论远近，只拿他们一个钱的报酬。如有车子与牛马，被困陷在泥淖里。我就尽我的神力，为他们推轮，救拔他们的苦恼。那时国里的大王，办设斋筵，请佛到宫廷来应供。我就在这个时候，预先整治佛所经过的地方，接待佛的降临。这时，毗舍浮佛①摩着我的头顶向我说：你应当平治自己的心地。如果你心地平了，世界上一切险巘的坎坷，也就平了。我听了佛的开示，自悟心开。照见身体上的体质极微的分子，与组成物质世界的微细分子，都是一样的没有什么差别。而且这种物质分子的微尘自性，推寻他的根本，都是空的，都没有感触的实体。因此乃至于刀兵水火，也没有什么实体的感触。所以我就从一切事物的法则与性能上，悟得无生法忍，得成阿罗汉的果位。现在又回心转求大乘之道，入于菩萨位中。自听了诸佛宣扬妙法，对于佛的知见和实际理论。我首先认为应从治平心地来证明它。佛现在问我们修什么方法，才能圆满通达佛的果地。我认为仔细观察身体与物质世界的两种微尘，其自性都是平等的，根本没有差别。其实，都是自性本体的功能，虚妄乱动，发生尘质。若使尘垢消除，智慧自得圆满，便成无上大道，才是第一妙法。"

月光童子。即从座起。顶礼佛足。而白佛言。我忆往昔恒河沙劫。有佛出世。名为水天。教诸菩萨修习水观。入三摩地。观于身中。水性无夺。初从涕唾（土卧切，口液也）。如是穷尽津液精血。大小便利。身中旋复。水性一同。见水身中与世界外浮幢王刹。诸香水海②。等无差别。我于是时。初成此观。但见其水未得无身。当为比丘。室中安禅。我有弟子。窥（同窥）窗观室。唯见清水遍在室中。了无所见。童稚（音至，幼也）无知。取一瓦砾（音历，小石也）投于水内。激水作声。

---

① 毗舍浮佛：译曰遍一切自在，为第三十劫中第二佛之名。
② 浮幢王刹诸香水海：案《华严经》华藏海中，有大莲花，其莲花中，有诸香水海，一一香水海，为诸佛刹世界之种，今观身水，与彼海同。

顾盼而去。我出定后。顿觉心痛。如舍利弗遭违害鬼①。我自思惟。今我已得阿罗汉道。久离病缘。云何今日忽生心痛。将无退失。尔时童子捷（急也）来我前。说如上事。我则告言。汝更见水。可即开门。入此水中。除去瓦砾。童子奉教。后入定时。还复见水。瓦砾宛然。开门除出。我后出定。身质如初。逢无量佛。如是至于山海自在通王如来②。方得亡身。与十方界诸香水海。性合真空。无二无别。今于如来得童真名。预菩萨会。佛问圆通。我以水性一味流通。得无生忍。圆满菩提。斯为第一。

（二十）依水大种性悟到自性清净的修法：月光童子起立自述说："我记得在过去无数劫以前，有一位佛出世，名为水天佛。他教授一切菩萨，修习水观的方法，进入正定三昧的境界。（有一类修行的方法，先须配合环境。或在山之巅，或在水之涯，专修禅定，妄念自然容易清净。因为水边林下，能使心境自然安静。修习水观的人，常在澄潭清水边去禅坐。摄念注视澄清冷寂的一潭清水，心境会很容易地寂静下去。渐渐地忘其所以，得到心空境寂，忽然犹如忘身。到了那时，只有水天一色，物我两忘，浑然成为一片。这是水观的初步。再进而忘其所忘，空其所空。水色清光，都了不可得。自然进入了水观的三昧。但与无上正觉，还了不相关。）我当时观照身内的水大种性，都是一样的。如涕泪唾液，大小便与精血等。推寻它的究竟，那不过是水大性能的变化。而且身体内部的水，与世界内外所有的水分和海水等，都是同一性能，没有什么差别。我在开始成功这种水观的时候，只能使心水融化为一。水即我身，我即是水。却不能忘去澄波止水的这一

---

① 违害鬼：舍利弗于耆阇崛山入金刚三昧，出定后，忽患头疼，佛告有伽罗鬼，手打汝头，彼鬼有大力，若手击须弥山，便应为二分，此金刚三昧力，正使须弥山打头无能损害其毛发也。

② 山海自在通王如来：为过去三十五佛中之第三十三佛。

境界。那时,当我做出家比丘的时候,有一次在室内安然坐禅。我有一个小弟子,从窗隙里偷看。他只见室内满是清水,其他什么都没有看见。就拿了一块瓦片,丁冬一声,投到水里去。看了一会儿,便自去了。我出定以后,顿时觉得心里很痛。好像舍利弗那一次在山中入定的时候,被鬼打了一样。我自己研究,我已经得到阿罗汉道,好久都没有疾病的事,何以今天忽然心痛?难道是道力退失了吗?这时我的那个小弟子来了,告诉我刚才的事。我就同他说:你再等我闭门入定之时,看到了室内的水,就立刻开门入内,拿出这块瓦片。这个孩子听了以后,当我再度入定之时,果然又看到了满室是水,那块瓦片清楚地在里面,他就开门把瓦片拿走。我出定以后,身体也就恢复如初。后来又跟着很多位佛学习。到了山海自在通王佛出世,才能够忘去身见(感觉)的作用。与十方世界所有的水分与大海水,完全合一,证入真空的自性。悟彻水大种性的自性功能,与人我自性真空妙有的功能,都是同样没有分别的。现在遇到吾佛,得到童真菩萨的名号,入于菩萨之林。佛现在问我们修什么方法,才能圆满通达佛的果地。我是从观察水性一味流通的自在功能,得入无生法忍的境界。我认为要求得圆满无上正觉,修谛观水性法门,才是第一妙法。"

　　琉璃光法王子①。即从座起。顶礼佛足。而白佛言。我忆往昔经恒沙劫。有佛出世。名无量声。开示菩萨本觉妙明。观此世界及众生身。皆是妄缘风力所转。我于尔时。观界安立。观世动时。观身动止。观心动念。诸动无二。等无差别。我时觉了此群动性。来无所从。去无所至。十方微尘颠倒众生。同一虚妄。如是乃至三千大千一世界内。所有众生。如一器中。贮(音住)百蚊蚋。啾啾(音鸠,细声也)乱鸣。于

---

①　琉璃光法王子:梵语吠琉璃,此云青色宝,由此菩萨,常放青色光明,同彼琉璃,故以为号也。

分寸中鼓发狂闹。逢佛未几。得无生忍。尔时心开。乃见东方不动佛国①。为法王子。事十方佛。身心发光。洞彻无碍。佛问圆通。我以观察风力无依。悟菩提心。入三摩地。合十方佛传一妙心。斯为第一。

（二十一）依风大种性悟明自性无碍的修法：琉璃光菩萨起立自述说："我记得在过去很久远劫以前，有一位无量声佛出世。开示菩萨本觉自性的妙明真心。观察这个形成世界种性，以及形成一切众生身体种性的，都是妄缘搅乱的风力所生。我就在这个时候，观察空间时间里的运动，以及身体与心念的活动，都同是这个风力的作用，其中并没有什么不同。那时，我就觉悟得，这一切动力功能的自性，来时既无固定的方所，去了也无固定的所在。尽十方世界所有的物质微尘的动力，以及众生颠倒妄动的本能，都是这种风力的虚妄作用。大而言之，由三千大千世界以外，而至于这个世界以内。所有一切众生，好像在一个瓶子里面，装了很多的蚊虫，啾啾乱叫。那都是身体以内的方寸之地，鼓动着一股风力气机，狂乱嘈闹。（世界与众生生命存在的动能，都是一股气的作用。天地在大气中运行不息，才有古往今来的存在。众生也依大气而生存。人身犹如一个小天地。生命的存在，全凭方寸之间一点气机的往来。一气不来，生命就告死亡。妄念之动，必与气息相依，念动之时气必动。换言之，气动念也跟着就动。修持的人，有时虽要求念静或念止。但因气息不得静止，所以妄心也不能止息。譬如树欲静而风不止。并非是树不能静，只因树是依风而动。风不止时，所以树也不能自静。因此西传密宗或他家的修持方法，有专依气息来修持。先使气脉开解。心息相依。然后到达气住脉停，心空境寂的境界。这一类的修持法门，都是依止风大种性而修的方法。）

---

① 不动佛国：梵语阿閦鞞，此云不动。案：不动佛国，即东方阿閦佛国，妙喜世界也。

我遇到无量声佛的教诲，不久就得到无生法忍。当时心开意解，就见到东方不动佛国（亲见自性本觉不动的真佛）国，就为不动佛座下的法王子。并且能够同时事奉十方一切诸佛。身心朗然洞澈，内外无碍而光明自发。佛现在问我们修什么方法，才能圆满通达佛的果地。我从观察风力气息无依的性能，悟到无上正觉自性的真心，证入正定的三昧境界，合于十方诸佛所传的微妙心法，才是第一妙法。"

虚空藏菩萨①。即从座起。顶礼佛足。而白佛言。我与如来。（同在）定光佛②所。得无边身。尔时手执四大宝珠。照明十方微尘佛刹。化成虚空。又于自心现大圆镜。内放十种微妙宝光。流灌十方尽虚空际。诸幢王刹。来入镜内。涉入我身。身同虚空。不相妨碍。身能善入微尘国土。广行佛事。得大随顺。此大神力。由我谛观四大无依。妄想生灭。虚空无二。佛国本同。于同发明。得无生忍。佛问圆通。我以观察虚空无边。入三摩地。妙力圆明。斯为第一。

（二十二）依虚空而悟到性空的修法：虚空藏菩萨起立自述说："我与释迦牟尼佛，同时在过去劫定光佛③前，证得无边无际的性空法身。那时手里拿着四个透体通明的大宝珠，照明了十方世界。所有微尘佛国，在这光中，化为虚空。并且又在自己心中，观想显现出一个大的圆镜。从这个大圆镜内，放出十种微妙的宝光，照耀于十方世界的虚空中。所有一切世界中的佛国刹土，同时也都反射到这个大圆镜中，参入我的身内。我的身体，与虚空合成一片，彼此不相妨碍。这个身体，就能够通过任何微尘国土，广做一切佛事，都可随意自在。（这是一种用

---

① 虚空藏菩萨：指掌云，因观四大无依，销碍入空，得无边身，故以虚空为名，依此出生无边神力，故名为藏。
② 定光佛：即然（燃）灯佛也，瑞应经翻为锭光，定应作锭，有足曰灯，无足曰锭，锭音定。
③ 定光佛：即燃灯佛。此佛出世之时，释迦牟尼买五茎之莲奉佛，因而得未来成佛之记别。

镜坛的修法。在西传密宗修法里，叫做幻观成就。效力最大，成就也很快。楞严咒坛的修法，也同此理。但有一点必须注意的。这种修法，很容易生出实际的解脱觉受。如果没有经验过来的人的指点，也很可能入魔。这点须要特别注意。）我修得这种大神力，是由于我仔细观察地、水、火、风的四大种性，并无固定的性能可资依止。妄想生灭的现象，也没有实体可得，等于虚空一样。一切佛国，也都是同一自性的本体。因此发明，悟得自性，得到无生法忍的境界。佛现在问我们修什么方法，才能圆满通达佛的果地。我从观察虚空自性的无边际，证入正定的三昧。若要求得神通妙力和圆满自性光明，这才是第一妙法。"

弥勒菩萨①。即从座起。顶礼佛足。而白佛言。我忆往昔经微尘劫。有佛出世。名日月灯明。我从彼佛而得出家。心重世名。好游族姓。尔时世尊。教我修习唯心识定②。入三摩地。历劫已来。以此三昧事恒沙佛。求世名心歇灭无有。至然灯佛出现于世。我乃得成无上妙圆识心三昧③。乃至尽空如来国土净秽有无。皆是我心变化所现。世尊。我了如是唯心识故。识性流出无量如来。今得授记。次补佛处④。佛问圆通。我以谛观十方唯识。识心圆明。入圆成实⑤。远离依他及遍计执。

---

① 弥勒菩萨：亦云迷帝隶，正云梅怛利曳那，此云慈氏，姓也，名阿逸多，此云无能胜，谓依唯识观，起同体慈，力最强故。
② 唯心识定：《蒙钞》引云，唯心识定者，唯遮境有，识简心空，唯有自心，心外无法也。
③ 识心三昧：蕅益云，即是初欢喜地通达之位，此则证道同圆，是故了知一切唯识，四土三身，皆是识心变化流出，所谓心、佛、众生，三无差别也。
④ 次补佛处：《教乘》云，补处者止此一生，次补佛位，即等觉菩萨也。案：即当来下生此土，罢华会上继释迦而成佛者。
⑤ 入圆成实：按唯识三性，一遍计所执性，二依他起性，三圆成实性。入圆成实者，盖由识心妙圆，不复迷识逐种种计著，故能远离依他及遍计执，而得无生忍也。依他，谓依他众缘，合和互起，如麻上见绳。遍计，谓遍于一切染净法上，计实我法，如认绳作蛇。依他起性，是唯识体，从依他起分别，即遍计执，从依他悟真空，即圆成实，唯一真空，圆满成实，则如麻独存也。

得无生忍。斯为第一。

（二十三）依心识见觉悟彻自性的修法：弥勒菩萨① 起立自述说："我记得在很久远的劫数以前，有一位日月灯明佛出世。我从他出家。但是我心里还重视世间名声，喜欢在贵族或士大夫中往来。那时日月灯明佛就教我修习唯心识定，证入正定的三昧。（唯识观法。先须理解三界唯心、万法唯识的原理。然后认识见觉心识的生起作用，都是依他而起的。心意识的作用，是因外界所引发的，又说是胜义法相的幻有。外界引起心意识以后，一般人就坚执我意，以为那是实在的。故简称这种作用，叫做遍计所执。如果不执著这种遍计所执，也不再依他而起，空无所有，就是法性的毕竟空。然后空有都不执著，就是心识自性寂然不动的圆成实相。这种方法，完全先利用思惟观察而修，不必再依止别的作用。）我就依这三种事理来思惟观察。历劫以来，事奉过无数的佛，渐使追求世间虚名的心，完全歇灭。这样修持，等到燃灯佛出世，我才得成无上妙圆的识心三昧。证得虚空无尽中的佛国刹土，所有的净与秽，有与无，种种现象，都是我的自心功能所变化显现的境像。由此了解万有功能，都是唯心识的变现。就是一切诸佛，也都是从心识的自性所产生。因此现在得到吾佛的认可证明，预记我递补下一次的劫初，在这个世界上成佛，住持教法。佛现在问我们修什么方法，才能圆满通达佛的果地。我从观察十方世界的万有现象，都是意识所变。证到识心自性，本来圆满光明，因而进入圆成实相的境界。远离依他而起的心意作用。灭除遍计所执的执著习惯，得到无生法忍，才是第一妙法。"

---

① 弥勒菩萨：译曰慈氏（姓也），名曰阿逸多，译曰无能胜，修得慈心三昧，故称为慈氏。生于南天竺婆罗门家，绍释迦如来之佛位，为补处之菩萨。先佛入灭，生于兜率天内院。

大势至①法王子，与其同伦五十二菩萨，即从座起，顶礼佛足，而白佛言。我忆往昔恒河沙劫，有佛出世，名无量光②。十二如来，相继一劫。其最后佛名超日月光。彼佛教我念佛三昧③。譬如有人，一（人则）专为忆，（想）一人（则）专忘，如是二人，若逢不逢，或见非见。二人相忆，二忆念深，如是乃至从生至生，同于形影，不相乖异。十方如来怜念众生，如母忆子。若子逃逝，虽忆何为。子若忆母。如母忆时，母子历生。不相违远。若众生心忆佛念佛，现前当来必定见佛。去佛不远，不假方便自得心开。如染香人，身有香气。此则名曰香光庄严。我本因地以念佛心，入无生忍。今于此界，摄念佛人归于净土。佛问圆通，我无选择，都摄六根。净念相继，得三摩地，斯为第一。（卷五终）

（二十四）念佛圆通的修法：大势至菩萨④，与他共修的同伴五十二位菩萨起立自述说："我记得过去无量数劫以前，有一位无量光佛出世。先后十二位佛，都用同一的名号，相继住世教化，达一大劫之久。最后的佛，名为超日月光。他教我修习念佛三昧。如何叫做念呢？譬如人们，有一个人专心忆念思想他；另一个人，却总是忘怀不想这个想念的人。这样两个人，虽然遇见了，也等于没有相逢。必须要这两个人，彼此都互相忆念，彼此都相思不忘。日久功深，忆念愈切。不但一生一世，就是经过无数次生死转世，也就同形影一般，不能分离。你要知道，十方一切佛，怜惜忆念一切众生，犹如慈母忆念子女一样。

---

① 大势至：梵语摩诃那钵，此云大势至，亦名无量光，观经云，以智慧光，普照一切，令离三途，得无上力，名大势至。
② 无量光：梵语阿弥陀，此云无量光，亦云无量寿。
③ 念佛三昧：念佛三昧，有事有理，事念则专注一佛，念念相续，念久成定，名曰三昧，理念则正念佛时，反观自心，观久心开，名曰三昧。
④ 大势至菩萨：以智慧光，普照一切，令离三涂，得无上力，是故号此菩萨名大势至。

如果儿子违背了慈母，自己逃避母爱，远走他方。慈母尽管在想念儿子，又有什么用处呢？如果这个儿子想念母亲，也同他的慈母想念他一样。如此母子二人，虽然历劫多生，也不会远离散失了。如果众生心里真切的在忆佛念佛。即生现在，或者将来，必定可以见佛。自性真心的自性佛，和我们众生，并无远近的距离，用不着假借其他方法。只要自心得到开悟，见到自性的真心，自然就心开见佛了。所以念佛法门，必须要随时随地念念不忘。犹如做染香工作的人，日积月累，自然就身有香气。所以这种方法，也叫做香光庄严。我开始修习的方法，便是从一心念佛，得入无生法忍的境界。现在转来在这个世界上，教化普摄一般念佛的人，归到清净光明的净土。佛现在问我们修什么方法，才能圆满通达佛的果地。我对于六根门头的修法，并无选择其利钝的分别心。只要将六根作用，都归摄在念佛的一念。不妄想散乱，也不昏沉迷昧，就是自性的净念。这样念念相继无间，自然就可得到念佛的三昧，才是第一妙法。"

（以上《楞严经》第五卷竟）

尔时观世音菩萨①。即从座起。顶礼佛足。而白佛言。世尊。忆念我昔无数恒河沙劫。于时有佛出现于世。名观世音。我于彼佛发菩提心。彼佛教我从闻思修②。入三摩地。初于闻中。入流亡所③。所入既寂。动静二相了然不生。如是渐增。闻所闻尽。尽闻不住。觉所觉空。

---

① 观世音菩萨：梵云阿那婆娄吉低输，此云观世音，从能所境智以立名也。万象流动，隔别不同，异言殊唱，俱蒙离苦，其宏慈威神，不可思议，于过去无量劫中，已成佛竟，为正法明如来，以大悲愿力，安乐众生，故现作菩萨也。
② 从闻思修：温陵曰，达耳之谓闻，著心之谓思，治习之谓修，无有一佛不以音声而化群品，无有一机不从耳根闻教解脱，此观音耳根圆通，所以殿于二十五圣也。
③ 入流亡所：入流亡所者，不随声尘，顿入法流，而亡所闻相，以入于寂灭本妙觉心地也。

空觉极圆。空所空灭。生灭既灭。寂灭现前。忽然超越世出世间。十方圆明。获二殊胜。一者。上合十方诸佛本妙觉心。与佛如来同一慈力。二者。下合十方一切六道众生。与诸众生同一悲仰。世尊。由我供养观音如来。蒙彼如来。授我如幻闻熏闻修金刚三昧。与佛如来同慈力故。令我身成三十二应①。入诸国土。

世尊。若诸菩萨。入三摩地。进修无漏。胜解现圆②。我现佛身而为说法。令其解脱。

若诸有学。寂静妙明。胜妙现圆。我于彼前现独觉③身。而为说法。令其解脱。

若诸有学。断十二缘④。缘断胜性。胜妙现圆。我于彼前现缘觉身。而为说法。令其解脱。

若诸有学。得四谛空⑤。修道入灭。胜性现圆。我于彼前现声闻身。而为说法。令其解脱。

若诸众生。欲心明悟。不犯欲尘。欲身清净。我于彼前现梵王⑥身。而为说法。令其解脱。

---

① 三十二应：现十法界身，圆应群机，开之有三十二，合之唯四圣六凡，摄尽群类矣。
② 胜解现圆：无明垂尽，种智将圆，曰胜解现圆，斯可以证佛果，故现佛身为说果法也。
③ 独觉：梵云毕勒支低劫，此云独觉，独觉者，出无佛世，观物变易自觉无生，故号独觉也。
④ 十二缘：十二缘，亦曰十二缘起，又曰十二支，十二者，1.无明，2.行，二者为过去因，3.识，4.名色，5.六入，6.触，7.受，此五者为现在果，8.爱，9.取，10.有，三者为现在因，11.生，12.老死，此二者为未来果，顺此则漂流六道，逆之则成辟支佛果，所谓断者，不再续流于生死也。
⑤ 四谛空：三果以前，贤位圣位皆为有学，四谛者，即苦集灭道，四声闻法也。苦，即生死苦果，集，是惑业苦因，此为世间因果，灭，即涅槃乐果，道，是道品乐因，此为出世间因果，声闻得闻空无我理，修道入灭，故曰四谛空也。
⑥ 梵王：即初禅天王，以上品十善根本禅定为因，持清净行，高超欲界，爱染不生，乃色界天主也。

若诸众生。欲为天主。统领诸天。我于彼前现帝释①身。而为说法。令其成就。

若诸众生。欲身自在游行十方。我于彼前现自在天②身。而为说法。令其成就。

若诸众生。欲身自在飞行虚空。我于彼前现大自在天③身。而为说法。令其成就。

若诸众生。爱统鬼神。救护国土。我于彼前现天大将军④身。而为说法。令其成就。

若诸众生。爱统世界。保护众生。我于彼前现四天王身。而为说法。令其成就。

若诸众生。爱生天宫。驱使鬼神。我于彼前现四天王国太子身。而为说法。令其成就。

若诸众生。乐为人王。我于彼前现人王⑤身。而为说法。令其成就。

若诸众生。爱主族姓。世间推让。我于彼前现长者⑥身。而为说法。令其成就。

若诸众生。爱谈名言。清净自居。我于彼前现居士⑦身。而为说

---

① 帝释:梵云释提桓因,即忉利天王也,以上品十善化他为因,统领诸天,说种种善论,应众生机,成就梵行,故现此身为说法也。
② 自在天:居欲界天顶,以十善及未到地定为因,受五欲乐,随意变化,得自在故。
③ 大自在天:居色界天顶,以四禅及四无量心为因,或云即摩醯首罗天王,三目八臂,骑白牛,执白拂尘,乘云御风,飞行自在。
④ 天大将军:天大将军,及后之四天王,天太子等,皆以五戒十善摧邪辅正为因,率领诸部,驱役鬼神,除妖孽,降福祥,巡游世间,保护国土。
⑤ 人王:即世间之诸侯王也,同以五戒十善化他为因,有德怀仁,不忍世乱,发为有道之君,以理邦国也。
⑥ 长者:西竺言长者,须具十德,一姓贵,二位高,三大富,四威猛,五智深,六年耆,七行净,八礼备,九上所称,十下所归。
⑦ 居士:居士者,隐居求志之士也。

法。令其成就。

若诸众生。爱治国土。剖断邦邑。我于彼前现宰官身。而为说法。令其成就。

若诸众生。爱诸数术①。摄卫自居。我于彼前现婆罗门②身。而为说法。令其成就。

若有男子。好学出家。持诸戒律。我于彼前现比丘身。而为说法。令其成就。

若有女人。好学出家。持诸禁戒。我于彼前现比丘尼身。而为说法。令其成就。

若有男子。乐持五戒③。我于彼前现优婆塞④身。而为说法。令其成就。

若有女子。五戒自居。我于彼前现优婆夷⑤身。而为说法。令其成就。

若有女人。内政立身。以修家国。我于彼前现女主身。及国夫人命妇大家（音姑）。而为说法。令其成就。

若有众生。不坏男根。我于彼前现童男身。而为说法。令其成就。

若有处女。爱乐处身。不求侵暴。我于彼前现童女身。而为说法。令其成就。

若有诸天⑥。乐出天伦。我现天身而为说法。令其成就。

---

① 数术：指掌云，天文地理，阴阳度算，曰数，巫医相卜，符水咒印曰术，炼神调气，爱好长生，曰摄卫自居。
② 婆罗门：此云净裔，亦云净行，其种自有经书，世世相承，以道学为业。
③ 五戒：五戒者，一不杀生，二不偷盗，三不邪淫，四不妄语，五不饮酒也，前四属性罪，性即是罪故，后一是遮罪，遮违成罪故。
④ 优婆塞：此云近事男，言亲近承事佛法之善男子也。
⑤ 优婆夷：此云近事女，亦云清信女，言堪近修佛法之在家女子也。
⑥ 诸天：诸天，天界之人也，天虽受乐，亦有二苦，一者为乐所醉，不得见佛闻法，二者虽受天身，而别业福微，尚有饥渴，故有乐脱出天类也。

若有诸龙①。乐出龙伦。我现龙身而为说法。令其成就。

若有药叉②。乐度本伦。我于彼前现药叉身。而为说法。令其成就。

若乾闼婆③。乐脱其伦。我于彼前现乾闼婆身。而为说法。令其成就。

若阿修罗④。乐脱其伦。我于彼前现阿修罗身。而为说法。令其成就。

若紧那罗⑤。乐脱其伦。我于彼前现紧那罗身。而为说法。令其成就。

若摩呼罗伽⑥。乐脱其伦。我于彼前现摩呼罗伽身。而为说法。令其成就。（《正脉疏》云：天龙八部，今但七部，阙迦楼罗即金翅鸟）

若诸众生。乐人修人。我现人身而为说法。令其成就。

若诸非人。有形无形。有想无想⑦。乐度其伦。我于彼前皆现其身。而为说法。令其成就。

是名妙净三十二应。入国土身。皆以三昧闻熏闻修。无作妙力。自在成就⑧。

---

① 诸龙：龙有三苦，一热沙炙身，二风坏宫衣，三金翅鸟啖，因有多苦，故乐出龙伦也。
② 药叉：亦名夜叉，此云轻捷，其行捷疾故，或翻暴恶，其形丑恶故，有地行、空行、飞行之不同。
③ 乾闼婆：此云寻香，以香为食，亦云香阴，其身出香，亦陵空之神，或云天帝俗乐之神。
④ 阿修罗：正言阿素洛，此云非天，以其类有天福，无天德，以憍慢心，乐胜他故，作下品十善，成修罗身。
⑤ 紧那罗：此云疑神，其形似人，头有一角，见者生疑，唐译歌神，谓帝释法乐之神也。
⑥ 摩呼罗伽：摩呼罗伽，亦云莫呼落伽，此云大腹行，即大蟒神之类。
⑦ 有形无形，有想无想：《文句》曰，有形者，休咎精明之类，无形者，空散消沉之类，有想者，神鬼精灵之类，无想者，精神化为土木金石之类，此皆八难中摄。
⑧ 闻熏闻修，无作妙力，自在成就：《指掌》曰，熏变执习，修治自性，唯用反闻也，六结既解，妙用现前，不假造作，故曰无作妙力，任运而应，故曰自在成就。

世尊。我复以此闻熏闻修。金刚三昧无作妙力。与诸十方三世六道一切众生。同悲仰故。令诸众生。于我身心。获十四种无畏功德。

一者。由我不自观音以观（去声）观①者。令彼十方苦恼众生。观其音声。即得解脱。

二者。知见旋复②。令诸众生。设入大火。火不能烧。

三者。观听旋复③。令诸众生。大水所漂。水不能溺。

四者。断灭妄想。心无杀害。令诸众生。入诸鬼国。鬼不能害。

五者。熏闻成闻④。六根销复。同于声听。能令众生。临当被害。刀段段坏。使其兵戈。犹如割水。亦如吹光。性无摇动。

六者。闻熏精明。明遍法界。则诸幽暗性不能全。能令众生。药叉。罗刹。鸠槃荼鬼。及毗舍遮。富单那⑤等。虽近其傍。目不能视。

七者。音性圆销。观听返入⑥。离诸尘妄。能令众生。禁系枷锁。所不能著。

八者。灭音圆闻⑦。遍生慈力。能令众生。经过险路。贼不能劫。

---

① 不自观音以观观者：不自观音者，不似众生一向循尘也，以观观者，谓就彼能观，反观自性也，自能如是修习，亦令彼苦恼众生，闻名感发，悉得解脱。
② 知见旋复：见根属火，与一切火性相通，知见旋复，心体内寂，是故果报大火，恶业大火，烦恼大火，悉不能烧也。
③ 观听旋复：闻根属水，与一切水性相通，观听旋复，虚明湛寂，是故果报水，恶业水，烦恼水，悉不能溺，灭除九界妄水，而登佛彼岸也。
④ 熏闻成闻：《正脉》曰，熏闻者，当反闻时，则本觉真闻，内熏妄闻，成纯真闻性也，一根反源，六根解脱，全身泯于无形，故业果刀兵，譬犹吹光割水，自无能伤矣。
⑤ 罗刹、鸠槃荼鬼、毗舍遮、富单那：罗刹，此云可畏，鸠槃荼，此云魔魅鬼，毗舍遮，此云啖精气鬼，富单那，此云热病鬼，性皆幽暗，闻熏精明，譬之烈日，幽暗繁霜，遇之自销也。
⑥ 音性圆销，观听返入：《纂注》云，音性圆销，则内无所系，观听返入，则外无所累，故枷锁自脱也。
⑦ 灭音圆闻：《正脉》曰，灭音即外脱声尘，圆闻即证极根性，遍融一切也，灭尘则无复外敌，圆性则咸使内融，故遍生慈力，能令惨心毒人，悉化慈悲眷属也。

九者。熏闻离尘。色所不劫。能令一切多淫众生。远离贪欲。

十者。纯音无尘。根境圆融。无对所对。能令一切忿恨众生。离诸瞋恚。

十一者。销尘旋明。法界身心。犹如琉璃。朗彻无碍。能令一切昏钝性障诸阿颠迦①。永离痴暗。

十二者。融形复闻。不动道场。涉入世间。不坏世界。能遍十方。供养微尘诸佛如来②。各各佛边为法王子。能令法界无子众生。欲求男者。诞（音旦）生福德智慧之男。

十三者。六根圆通。明照无二。含十方界。立大圆镜空如来藏。承顺十方微尘如来③。秘密法门。受领无失。能令法界无子众生。欲求女者。诞生端正福德柔顺。众人爱敬有相之女。

十四者。此三千大千世界。百亿日月。现住世间诸法王子。有六十二恒河沙数。修法垂范。教化众生。随顺众生。方便智慧。各各不同。由我所得圆通本根。发妙耳门。然后身心微妙含容。周遍法界。能令众生持我名号。与彼共持六十二恒河沙诸法王子。二人福德。正等无异。世尊。我一名号。与彼众多名号无异。由我修习得真圆通。

是名十四施无畏力。福备众生。

世尊。我又获是圆通。修证无上道故。又能善获四不思议无作妙德。

一者。由我初获妙妙闻心。心精遗闻。见闻觉知不能分隔。成一圆融清净宝觉。故我能现众多妙容。能说无边秘密神咒。其中或

---

① 昏钝性障诸阿颠迦：《正脉》曰，具足见惑为昏，具足思惑为钝，具足无明为性障，阿颠迦，此云无善心，又痴之最重者也。
② 供养—诸佛：供佛足福，禀法足慧，而能绍继法王，有男子之道，故能感而生男也。
③ 承顺—如来：承顺法门，受领无失，承顺即坤仪柔德，有女子之道，故能感而生女也。

现一首三首①五首七首九首十一首。如是乃至一百八首。千首万首。八万四千烁迦罗②首。二臂四臂六臂八臂十臂十二臂十四十六十八二十至二十四。如是乃至一百八臂。千臂万臂。八万四千母陀罗臂③。二目三目四目九目。如是乃至一百八目。千目万目。八万四千清净宝目。或慈或威。或定或慧。救护众生。得大自在。

二者。由我闻思。脱出六尘。如声度垣。不能为碍。故我妙能现一一形。诵一一咒。其形其咒。能以无畏施诸众生。是故十方微尘国土。皆名我为施无畏者。

三者。由我修习本妙圆通清净本根。所游世界。皆令众生舍身珍宝。求我哀悯。

四者。我得佛心。证于究竟。能以珍宝种种。供养十方如来。傍及法界六道众生。求妻得妻。求子得子。求三昧得三昧。求长寿得长寿。如是乃至求大涅槃得大涅槃。

佛问圆通。我从耳门圆照三昧。缘心自在。因入流相。得三摩提。成就菩提。斯为第一。世尊。彼佛如来。叹我善得圆通法门。于大会中。授记④我为观世音号。由我观听十方圆明。故观音名遍十方界。

（二十五）依音声而证耳根圆通的修法：观世音⑤菩萨起立自述说："我记得过去无量数劫以前，那时有一位观世音佛出现世间。我就在佛前，发起求证自性正觉的菩提心。观世音佛就教我，从闻、思、修

---

① 一首三首：一首三首，长水云，首出众圣，法身也，臂能提接，化身也，目照导明，智身也，此亦表法或少或多，总见六根圆通，随感而应，极之八万四千者，由众生有八万四千尘劳也。
② 烁迦罗：亦作拔折罗，此云具足，或云即金刚也。
③ 母陀罗臂：母陀罗，此云印，言手手各结妙印也。
④ 授记：佛对于发心之众生，授予将来必当作佛之记莂，曰授记。
⑤ 观世音：略称观音，新译观自在。观世音者，观世人称彼菩萨名之音而垂救，故云观世音。观自在者，观世界而自在拔苦与乐也。

（闻声、思惟、修证）三个阶段去修持，证入如来的正定三昧。我最初在耳根闻声的境界中，就入于能闻的自性之流，亡去所闻的声音之相。再由这了无所闻的寂灭中进修。有声与无声的动静两种境象，虽都了然无碍，而却一念不生。如此渐加精进，能闻与所闻的作用功能，都涣然冰释净尽。至于能所双忘，尽闻无相的境界也无所住。从此所觉与能觉也都空了，空与觉性就浑然一体，至极于圆明之境。由此空与所空都灭，自然就灭尽生灭的作用。于是绝对真空的寂灭自性，就当下现前。由此忽然超越世间与出世间所有的境界。十方世界，立即洞澈圆明，获得两种特殊妙胜的功能。一、上合十方一切诸佛，本元自性的妙觉真心。所以与一切诸佛，同样具有大慈的能力。二、下合十方一切六道（天、魔、人、畜生、饿鬼、地狱）中众生的心虑。故与一切众生，同样具有悲心的仰止。因为我诚心供养观世音佛，所以蒙佛教授我修如幻梦似的由耳根闻声熏习能闻性空的金刚三昧。我因为修得与佛具有同样的慈力。所以此身能够成为三十二类变化身。随时随地，为救度众生，应化显现于人间世。（观世音菩萨三十二应化身的妙用，具如原文不译。若用现世间有限的智识去忖度，也许觉得是宗教上神话的说法。其实，都是真实不虚的，自有他的至理存在。从理论上说，三十二应化身，都不外身口意三门所发生的神通妙用。一是身能得到神而通之的妙用，能对机设教，变现各种不同的身教法门。二是口能讲说无量不同的法门，都能契机契理，使人领悟受益。三是意得神而化之的妙用，能够观察一切众生的根机，设立各种不同的教法，使其都得利益。）又因为从耳根闻薰，得能闻性空的金刚三昧，得到无为而生起作用的妙力。与诸十方三世，六道一切众生，生起同一悲仰的心情。能令一切众生，于我身心中，获得十四种无畏功德。（具如原文不译。）又因为我获得这种耳根圆通法门，修证而得无上大道。所以又能获得四种不可思议的无为而作的妙法。（具如原文不译。）佛现在问我们修什么方法，才能圆满通达佛的果地。我从耳根圆通的圆照三昧，得到缘心自在。因此入于自性实相①的法性之流，得到正定的三昧。成就菩提正觉，这才是第一妙法。过去观世音佛也赞叹我善能得入耳根圆通的法门，就在大会中，授记我为观世音菩萨的名号。因为我成就观听的神妙法门，十方世界，都能圆明自在。所以观世音的名号，也就遍闻于十方世界。"

尔时世尊于师子座。从其五体同放宝光。远灌十方微尘如来。及法王子诸菩萨顶。彼诸如来亦于五体同放宝光。从微尘方来灌佛顶。并灌会中诸大菩萨及阿罗汉。林木池沼。皆演法音。交光相罗如宝丝网。是诸大众。得未曾有。一切普获金刚三昧。即时天雨百宝莲华。青黄赤白。间错纷糅。十方虚空。成七宝色。此娑婆界大地山河。俱时不现。唯见十方微尘国土。合成一界。梵呗（音拜）咏歌。自然敷奏。

于是如来。告文殊师利法王子。汝今观此二十五无学诸大菩萨。及阿罗汉。各说最初成道方便。皆言修习真实圆通。彼等修行。实无优劣前后差别。我今欲令阿难开悟。二十五行谁当其根。兼我灭后。此界众生。入菩萨乘求无上道。何方便门得易成就。文殊师利法王子。奉佛慈旨。即从座起。顶礼佛足。承佛威神说偈对佛。

  觉海性澄圆　　　　圆澄觉元妙（一心真源）

  元明照生所　　　　所立照性亡

  迷妄有虚空　　　　依空立世界

---

① 实相：实者，非虚妄之义。相者无相也。是指称万有本体之语。曰法性、曰真如、曰实相，其体一也。就其为万法体性之义言之。则为法性。就其体真实常住之义言之，则为真如。就此真实常住为万法实相之义言之，则为实相。又依名随德用之三谛言之，则空谛为真如。假谛为实相。中谛为法界。大乘以我法二空之涅槃为实相。《顿悟入道要门论》上曰："法性空者，即一切处无心是。若得一切处无心时，即无有一相可得。何以故，为自性空故，无一相可得。无一相可得者，即是实相。实相者，即是如来妙色身相也。"

想澄成国土	知觉乃众生（依真起妄）
空生大觉中	如海一沤发
有漏微尘国	皆依空所生
沤灭空本无	况复诸三有（返妄归真）
归元性无二	方便有多门（归源无二）
圣性无不通	顺逆皆方便
初心入三昧	迟速不同伦（拣选所因）
色想结成尘	精了不能彻
如何不明彻	于是获圆通（优波色尘）
音声杂语言	但伊名句味
一非含一切	云何获圆通（憍陈声尘）
香以合中知	离则元无有
不恒其所觉	云何获圆通（香严香尘）
味性非本然	要以味时有
其觉不恒一	云何获圆通（药王味尘）
触以所触明	无所不明触
合离性非定	云何获圆通（跋陀触尘）
法称为内尘	凭尘必有所
能所非遍涉	云何获圆通（迦叶法尘）
见性虽洞然	明前不明后
四维亏一半	云何获圆通（那律眼根）
鼻息出入通	现前无交气
支离匪涉入	云何获圆通（周利鼻根）
舌非入无端	因味生觉了
味亡了无有	云何获圆通（憍梵舌根）
身与所触同	各非圆觉观

涯量不冥会	云何获圆通（毕陵身根）
知根杂乱思	湛了终无见
想念不可脱	云何获圆通（空生意根）
识见杂三和	诘本称非相
自体先无定	云何获圆通（舍利眼识）
心闻洞十方	生于大因力
初心不能入	云何获圆通（普贤耳识）
鼻想本权机	只令摄心住
住成心所住	云何获圆通（孙陀鼻识）
说法弄音文	开悟先成者
名句非无漏	云何获圆通（富那舌识）
持犯但束身	非身无所束
元非遍一切	云何获圆通（波离身识）
神通本宿因	何关法分别
念缘非离物	云何获圆通（目连意识）
若以地性观	坚碍非通达
有为非圣性	云何获圆通（持地地大）
若以水性观	想念非真实
如如非觉观	云何获圆通（月光水大）
若以火性观	厌有非真离
非初心方便	云何获圆通（乌刍火大）
若以风性观	动寂非无对
对非无上觉	云何获圆通（琉璃风大）
若以空性观	昏钝先非觉
无觉异菩提	云何获圆通（空藏空大）
若以识性观	观识非常住

存心乃虚妄	云何获圆通（弥勒识大）
诸行是无常	念性元生灭
因果今殊感	云何获圆通（势至根大）
我今白世尊	佛出娑婆界
此方真教体	清净在音闻
欲取三摩提	实以闻中入（随方定门）
离苦得解脱	良哉观世音（叹人显法）
于恒沙劫中	入微尘佛国
得大自在力	无畏施众生（叹人殊胜）
妙音观世音	梵音海潮音
救世悉安宁	出世获常住（显法真实）
我今启如来	如观音所说
譬如人静居	十方俱击鼓
十处一时闻	此则圆真实（圆真实）
目非观障外	口鼻亦复然
身以合方知	心念纷无绪
隔垣听音响	遐迩俱可闻
五根所不齐	是则通真实（通真实）
音声性动静	闻中为有无
无声号无闻	非实闻无性
声无既无灭	声有亦非生
生灭二圆离	是则常真实（常真实）
纵令在梦想	不为不思无
觉观出思惟	身心不能及（余根不及）
今此娑婆国	声论得宣明
众生迷本闻	循声故流转

阿难纵强记	不免落邪思
岂非随所沦	旋流获无妄（迷悟因依）
阿难汝谛听	我承佛威力
宣说金刚王	如幻不思议
佛母真三昧（指定修门）	汝闻微尘佛
一切秘密门	欲漏不先除
畜闻成过误（多闻无益）	
将闻持佛佛	何不自闻闻
闻非自然生	因声有名字
旋闻与声脱	能脱欲谁名
一根既返源	六根成解脱（正劝真修）
见闻如幻翳	三界若空华
闻复翳根除	尘销觉圆净（从假入空）
净极光通达	寂照含虚空
却来观世间	犹如梦中事
摩登伽在梦	谁能留汝形（从空入假）
如世巧幻师	幻作诸男女
虽见诸根动	要以一机抽
息机归寂然	诸幻成无性
六根亦如是	元依一精明
分成六和合	一处成休复
六用皆不成	尘垢应念销
成圆明净妙（一心中道）	
余尘尚诸学（余尘则凡）	明极即如来（明极则圣）
大众及阿难	旋汝倒闻机
反闻闻自性	性成无上道

圆通实如是（解结之方）	
此是微尘佛	一路涅槃门
过去诸如来	斯门已成就
现在诸菩萨	今各入圆明
未来修学人	当依如是法
我亦从中证	非唯观世音（诸佛同证）
诚如佛世尊	询我诸方便
以救诸末劫	求出世间人
成就涅槃心	观世音为最
自余诸方便	皆是佛威神
即事舍尘劳	非是长修学
浅深同说法（独选耳根）	
顶礼如来藏	无漏不思议
愿加被未来	于此门无惑
方便易成就	堪以教阿难
及末劫沉沦	但以此根修
圆通超余者	真实心如是（请佛加被）

于是阿难及诸大众。身心了然。得大开示。观佛菩提及大涅槃。犹如有人因事远游。未得归还。明了其家所归道路。普会大众。天龙八部①。有学二乘。及诸一切新发心菩萨。其数凡有十恒河沙。皆得本心②。远尘离垢。获法眼净③。性比丘尼④闻说偈已。成阿罗汉。无量众

---

① 天龙八部：一天众，二龙众，三夜叉，四乾闼婆，五阿修罗，六迦楼罗，七紧那罗，八摩睺罗伽。
② 得本心：得本心者，达此现前一念之本体也。
③ 法眼净：肇公曰，即须陀洹道，始见道迹，故得法眼名。
④ 性比丘尼：即摩登伽女也。

生。皆发无等等①阿耨多罗三藐三菩提心。

这时，佛以神通能力，显现出神妙不可思议的境界。然后向文殊师利菩萨说："你现在看上面二十五位达到无学果位的阿罗汉们，以及诸大菩萨们的自述，各自说出他们个人最初成道修持的方法，达到真心实相的圆通法门。他们的修行方法，实在没有什么好坏优劣可评论，也没有前后差别可分。但是我现在要使阿难开悟证得自性，在这二十五位的修行方法中，哪样才与他的根器相宜？而且从我灭度以后，这个世界上的众生，若要进修大乘菩萨道，勤求无上正道，应该依哪种方便法门，才能使他们容易成就？"文殊菩萨就遵照佛的慈旨，起立说偈，作为结论说：

"觉海性澄圆，圆澄觉元妙。"

（文殊菩萨首先指出妙觉灵明真心自性的本元，譬如澄静无波的大海水一样。圆融遍满，寂然无相。在圆澄的寂灭性中，又元自具足灵明妙觉的。所谓本觉之性，不假修证而得。）

"元明照生所，所立照性亡。"

（自性本元的妙觉，是灵光独耀，朗然常照，了了明明，元无尘垢。照性至极，就产生相反的妄动功能。在理则上，就叫做有所动了。既有妄动功能的产生，朗然灵明常照的自性，就亡失它本觉圆澄的真相。等于平静无波的大海中，忽然起了波浪。波涛汹涌，反而遮障了大海平静的本来面目。）

"迷妄有虚空，依空立世界。"

（自性本觉圆澄的功能既已亡失，就依迷于妄动功能的轮转，开始一变而发生心灵与物理上的虚空境界。虚空的形成，是宇宙世界成因

---

① 无等等：心之与理，俱不可得，曰无等等，阿耨多罗三藐三菩提，此云无上正遍知，亦言无上正等正觉。

的根本。所以世界宇宙，都是依于虚空而存在的。）

"想澄成国土，知觉乃众生。"

（本觉自性，一经变动而产生妄能，迷妄就形成虚空世界。由于坚固妄想，就形成国土世间的存在。复由于灵明妙觉的转变，所以有一切具有知觉众生的生存。）

"空生大觉中，如海一沤发。"

（我们所看到的虚空虽然是无边无际，广大无垠。但是虚空还是自性本觉中所生起的第一现象。自性本觉，犹如一大海水。无边无尽的虚空，还只如大海中所发现的一个小浮沤。）

"有漏微尘国，皆依空所生；沤灭空本无，况复诸三有。"

（这些物理世界，凭无量数微尘构造所成的物质世间，都是依于虚空而生起。然后又存在于虚空之间。须知虚空在本觉自性中，犹如大海中的一小浮沤。如果觉性中的浮泡消灭了，自性就归还到本来清净的本位。若能把现象界中的虚空妄觉灭除了，无边无际的境界，也就复归于虚空。虚空都不存在，哪里还有三有的世间可得呢？所谓三有与有漏，都是佛法中指世间现象界的专有名词。三有是指欲有、无明有、烦恼有〔或说是业有〕，这三种现象，都是有生有灭的，名为生灭法。有生灭就有缺漏。所以说精神世间与物理世间，都是有漏的成因。）

"归元性无二，方便有多门。"

（要灭除三有，还归于本元自性，却有很多种不同的方法。虽然方法不同，但都是为了要复还于自性的途径。）

"圣性无不通，顺逆皆方便。"

（在已证本觉自性的圣境中来看，任何一种方法，都可融会贯通，发明自性。无所谓哪一法是顺的，哪一法是逆的。其实都是为了修证的方便所设立。再说：在已证本觉自性圣境的人看来，环境与方法的顺逆，也都是助道的方便。并无一定的执著。）

"初心入三昧，迟速不同伦。"

（但是最初发心修习佛法，要证悟自性，进入本觉真心楞严大定的境界。对于入门方法的选择，与成佛的难易，的确必须要审慎为之。因为方法的适合与否，关系成功的迟速至为深切，这又应当不得不知的。）

"色想结成尘，精了不能彻；如何不明彻，于是获圆通。"

（二十五位圆通法门，是根据六尘五根以及七大种性，与观音耳根圆通共成二十五位。但文殊菩萨的总评，却首先评述色尘入手修持的方法，是有深意的。须知圆澄元妙真心的本觉自性，既因迷妄而有虚空。复从妄想凝结而形成色尘的物质。色尘物质是自性功能所现的真精妙有。凡夫迷妄不悟，就认为是实有的。如果悟彻色尘妄想的本性真空，就可以证入尘销觉净的自性本觉。但从色尘入手，虽然可以精了，可是不能明彻。何以不能明彻呢？因为色尘虽然精了，但是容易著于妙有，所以不能明彻圆通。如果能够透彻色尘，也就可以真正获得圆通了。恰如本经佛的结论所说："生因识有，灭从色除。"是同一意义。所以二十五位圆通的结论评述，先从色尘开始，以观世音的因声证果为结。指出世间所有现象，自始至终，不外声色两种妄尘的缠缚和变化。虽然变出多门，主要还须向声色上了。）

"音声杂语言，但伊名句味；一非含一切，云何获圆通。"

（第二说从听闻道理，研究理论入手的修法，是不容易达到究竟的。因为言语文字，都是抽象的表示，不能从一枝一节上，证入本觉真心的自性，这样怎么可以获得圆通呢？）

"香以合中知，离则元无有；不恒其所觉，云何获圆通。"

（第三说从鼻观闻香的修法，是不容易达到究竟的。鼻与香气相合，才产生中间的知觉性能。香气本身，又是游离不定的。香气离散了，就一无所有。香味的感觉，并不永远存在，这样怎么可以获得圆通呢？）

"味性非本然，要以味时有；其觉不恒一，云何获圆通。"

（第四说从舌性尝味的修法，是不容易达到究竟的。舌头尝味的性能，并不是本来常有，必须要在尝到滋味的时候才有。味觉的性能，又不一定，因滋味不同而变异，这样怎么可以获得圆通呢？）

"触以所触明，无所不明触；合离性非定，云何获圆通。"

（第五说从身体的感触修法，是不容易达到究竟的。感触的作用，是因为与外界有所接触才发生明了的觉知性。如果没有所可感触的，就没有什么可明了。时合时离，并没有一定的性能，这样怎么可以获得圆通呢？）

"法称为内尘，凭尘必有所；能所非遍涉，云何获圆通。"

（第六说从意识思惟法则的修法，是不容易达到究竟的。思惟法则，就是意识内在所生的妄想尘障。而且内尘妄想，必定是有所执的。无论是能执的，或者是所执的。只要有能有所，就不能普遍涉入，这样怎么可以获得圆通呢？）

"见性虽洞然，明前不明后；四维亏一半，云何获圆通。"

（第七说从眼睛见到光明的修法，是不容易达到究竟的。眼的观见性能，虽然洞然明白。但是眼睛只能明见前方，旁观左右，只能看见一半。以四维四方来说，它的功能亏欠了四分之一，这样怎么可以获得圆通呢？）

"鼻息出入通，现前无交气；支离匪涉入，云何获圆通。"

（第八说从依鼻子呼吸的修法，是不容易究竟的。因为鼻子的呼吸，是一出一入，出入的中间，不能互相交接，也没有中间性的存在。出入支离，不可能互相连绵不断，这样怎么可以获得圆通呢？）

"舌非入无端，因味生觉了；味亡了无有，云何获圆通。"

（第九说从舌根尝味的修法，是不容易达到究竟的。因为舌头的作用，在尝到滋味的时候，才发生明了的觉知性。失去了滋味，能尝滋味的知性就不常在，这样怎么可以获得圆通呢？）

"身与所触同，各非圆觉观；涯量不冥会，云何获圆通。"

（第十说从身体感触的修法，是不容易达到究竟的。身体的本身与感触的作用，都同样是不能普遍圆满的。因为身体与感触的边际关系，很不容易冥然体会，这样怎么可以获得圆通呢？）

"知根杂乱想，湛了终无见；想念不可脱，云何获圆通。"

（第十一说从意识了知的修法，是不容易达到究竟的。因为意识的了知作用，始终是混合了杂乱的思想，才显见意识的现象。如果意识到了澄清湛然的境界，就是想念的一种最基本现象，这样怎么可以获得圆通呢？）

"识见杂三和，诘本称非相；自体先无定，云何获圆通。"

（第十二说从眼所能见的见识的修法，是不容易达到究竟的。因为眼所能见的见识，必须因有眼根与外境相对，才引发眼识依他起的见相。眼根与外境，以及依他起的万有识见，三种缺一，都不能显出眼所能见的见识作用。如果追寻他的根本，并没有一个固定的自性现象，自体的性能既然不定，这样怎么可以获得圆通呢？）

"心闻洞十方，生于大因力；初心不能入，云何获圆通。"

（第十三说从心声能闻的修法，是不容易达到究竟的。因为心声虽有洞闻十方的功能，但是必须有很深的修持功力，才能发起它的妙用。初学的人，很不容易进入这种境界，这样怎么可以获得圆通呢？）

"鼻想本权机，只令摄心住；住成心所住，云何获圆通。"

（第十四说从观想鼻息调气的修法，是不容易达到究竟的。因为观想鼻息的方法，本来只是一种巧妙的权宜，不过为了收摄妄念纷飞的妄想，使它专一系在一点上安然而住。其实，那安然而住的，还是妄心所造成的境界，这样怎么可以获得圆通呢？）

"说法弄音文，开悟先成者；名句非无漏，云何获圆通。"

（第十五说从文字言语的说法修法，是不容易达到究竟的。言语讲解的说法，只是播弄声音文字。如果从前修持已有成就的人，或者可以在言下顿悟，否则是很难的。因为名词和文句的本身，这是生灭不定的象征作用，是属于有为法，并不是清净无为的无漏法，这样怎么可以获得圆通呢？）

"持犯但束身，非身无所束；元非遍一切，云何获圆通。"

（第十六说从持戒的修法，是不容易达到究竟的。因为持戒与犯戒的作用，大体是约束管理身心行为的作用，由修身而进入治心。如果不属于身体的行为，或达到无身境界以后所发生的错误，现行的戒律，就不能约束。所以现行有相的戒律范围，仍因时空而异，并不完全相同，不能普遍引用于一切处所，这样怎么可以获得圆通呢？）

"神通本宿因，何关法分别；念缘非离物，云何获圆通。"

（第十七说从神通的修法，是不容易达到究竟的。意识思想测度推寻所不能理解的叫做神，如意自在而无障碍的叫做通。有的神通从修持定力而得，有的神通从历劫功德福报而得。但是神通还是定境中的妄念所生，所以说神通是本于宿世的因缘，和那个无分别的真心正法无关。而且神通始终是依于妄念所缘，妄念所缘仍然不离于物理的作用，这样怎么可以获得圆通呢？）

"若以地性观，坚碍非通达；有为非圣性，云何获圆通。"

（第十八说从地大种性的修法，是不容易达到究竟的。观察身的内外地大的种性，物理的有为法，始终是有障碍，不能自在通达的。从有为法起修，不是直接通明自性至圣的境界，这样怎么可以获得圆通呢？）

"若以水性观，想念非真实；如如非觉观，云何获圆通。"

（第十九说从水大种性的修法，是不容易达到究竟的。念力观想而成水大的境界，完全靠想念的力量所形成，并不是真实的水性。而且观想所形成的境界，只是一种如如不动的现象，不是正觉正智所观照，这样怎么可以获得圆通呢？）

"若以火性观，厌有非真离；非初心方便，云何获圆通。"

（第二十说从火大种性的修法，是不容易达到究竟的。观想本身火力性能的发起，虽然可以厌离有欲的妄情，但并不是真正的离欲。而且这种方法，更不是发心初学者的方便法门，这样怎么可以获得圆通呢？）

"若以风性观，动寂非无对；对非无上觉，云何获圆通。"

（第二十一说从风大种性的修法，是不容易达到究竟的。观察身体内外风大种性，有时候是动摇的，有时候是寂静的，并非是绝对的无对待。既然动静有了互相对待的作用，就不是无上正觉的大道，这样怎么可以获得圆通呢？）

"若以空性观，昏钝先非觉；无觉异菩提，云何获圆通。"

（第二十二说从观空的修法，是不容易达到究竟的。人们眼前可以观察到的虚空，是一种昏钝晦昧的境界，这就不是正觉的空性，也不是觉性的空。这个虚空现象，根本不同于菩提正觉的性空，这样怎么可以获得圆通呢？）

"若以识性观，观识非常住；存心乃虚妄，云何获圆通。"

（第二十三说从唯识观的修法，是不容易达到究竟的。观察识性的作用，能观察与所观察的都是心识的现象。这个能观与所观的识性，又不是经常永住的。存心去观察识性，这个有存心的观察作用，也是一种虚妄的现象，这样怎么可以获得圆通呢？）

"诸行是无常，念性元生灭；因果今殊感，云何获圆通。"

（第二十四说从念性的修法，是不容易达到究竟的。因为心念的业力,是念念迁流,本来无常的。心念的性能,元来生灭不停。前念的因,引来后念的果。后念又成因。前念为更前念的果。所感受的果报,各自不同,这样怎么可以获得圆通呢?)

"我今白世尊,佛出娑婆界;此方真教体,清净在音闻;欲取三摩提,实以闻中入。"

(文殊菩萨又向佛作结论说:佛法出现在这个娑婆世界里,娑婆是堪忍的意思,也可以说这个世界多缺憾,能忍受诸多缺憾的意思。这世界上真实教化的体系,在于听闻音声的清净功能。如果直取如来正定的三昧,实在要从清净能闻的自性入门。)

"离苦得解脱,良哉观世音;于恒沙劫中,入微尘佛国;得大自在力,无畏施众生。"

(要求达到离苦而得解脱的法门,最好的就是观世音菩萨的修法。观音菩萨具备两种意义,一是代表观世音其人的名号。二是代表观察观照世界上的音声法门。这个观世音菩萨与他的修持法门。经过如恒河沙数之多的时劫,和像微尘数之多的诸佛国土,都已得到大自在的力量,以大无畏做布施,给一切众生以安乐的境界。)

"妙音观世音,梵音海潮音;救世悉安宁,出世获常住。"

(观世音菩萨与他的修持法门,第一就是他与一切众生的自性妙音,即如天籁清越的梵音,与海潮等相似的大声音。第二如果能够信心勤修,加以体验,依观世音修持之力,用之入世,就可以救世,而悉得安宁。用之出世,就可以获得自性真心常住的果位。)

"我今启如来,如观音所说;譬如人静居,十方俱击鼓,十处一时闻,此则圆真实。"

(文殊菩萨重加证明地说:正如观世音菩萨所说的,譬如一个人清净闲居的时候,十方同时打鼓。这十处的声音,同时都可以听得到。这证明能闻声音的功能,是真实普遍圆满。)

"目非观障外,口鼻亦复然;身以合方知,心念纷无绪。"

(眼睛虽然有能看的作用,但受到障碍,就看不见了。口与鼻的作用,也同眼睛一样,都有一定的限度,也有一定的范围。身体是须要接触,才发生感触的觉受作用,离了感触,就没有觉受。心思念虑,则憧憧往来,纷繁复杂,极不容易整理出它的头绪。所以整个身心的六根,除了耳根的能闻以外,其他的功能都是不完全的。)

"隔垣听音响,遐迩俱可闻;五根所不齐,是则通真实。"

(就是隔着墙垣听一切的声音响动,无论远近,都可以听得到。这种作用,是其他五根,眼鼻舌身意所不能具备的。因为这样,所以说,只有耳根的闻性,才能通达真实的自性境地。)

"音声性动静,闻中为有无;无声号无闻,非实闻无性。"

(声音的性能,在有声的时候,就有响动作用的动相。无声的时候,就是寂静无音的静相。能闻的自性,闻到有声的响动,就叫做有。闻到无声可闻的静境,就叫做无。在无声的静境里,虽然叫做无闻,但是能闻寂静无声的自性,并不是绝对地灭了。)

"声无既无灭,声有亦非生;生灭二圆离,是则常真实。"

(在无声的寂静境里,能闻的自性,既然并不是绝对的灭了。就在闻到有声音的响动的时候,能闻的自性,也并没有因为有声音才生起来的。因此了知能闻的自性,本自远离生灭的两种作用,就可以证到自性是真实常存的了。)

"纵令在梦想,不为不思无;觉观出思惟,身心不能及。今此娑婆国,声论得宣明。"

(即使人在梦境中,还是有想念的存在。而且能闻的作用,并不因为不思想而不存在。例如人在梦中,呼之就醒。等到醒了以后,能生起思惟的作用,才有知觉观察的作用生起。所以证明能闻的自性,是超越于身心以外,不是身心所能及的。就是现在这个娑婆世界上所有国土的众生,都是靠声音去明白宣扬它的理论,才能使人了解一切深奥不可思议的妙理。)

"众生迷本闻,循声故流转;阿难纵强记,不免落邪思。岂非随所沦,旋流获无妄。"

(一切众生,都迷了本来能闻的自性,只依循追逐声音的作用,所以就流转循环,不能超越,阿难虽然博闻强记,即使学通万理,依正觉本来自性的至理来说,不免仍然落在邪思之中。岂不也是因为追逐声音,便至沦溺吗?如果能够回旋闻听业力之流,归返旋复的自性,就可以获得无妄常住真心的实性了。)

"阿难汝谛听,我承佛威力;宣说金刚王,如幻不思议,佛母真三昧。汝闻微尘佛,一切秘密门,欲漏不先除,蓄闻成过误。"

(文殊菩萨又向阿难说:我现在承受佛的威力,明白宣说佛的至理,犹如颠扑不破的金刚宝石之王,如幻化的不可思议的法门,出生一切诸佛之母的真正三昧境界。你虽然听过如微尘数之多的一切佛说法,记得佛的一切法门,如果不先除了有漏的欲念,纵然蓄积多闻,那反而变为过误与障碍。)

"将闻持佛佛,何不自闻闻。"

(如果把自性能闻的功能,专门来记忆诵持诸佛的佛法,要求他佛来成就你的自性的佛果;何以不向自己能闻的功能上,返照追寻能闻的自性,从闻听法门以返闻自性呢?)

"闻非自然生,因声有名字。"

(闻听的作用,并不是自然而生。因为有声音的动相,才有闻听这一个名词的形成。)

"旋闻与声脱,能脱欲谁名。一根既返源,六根成解脱。"

(如果不依循追逐声音的动静二相,只回旋返闻那个能闻功能的自性,日久功深,就脱离动静有无的声音羁绊。能闻的自性,与声音既然脱离关系,试问:能脱的那个又是谁呢?倘使能闻的自性,与声音的动静有无脱离了关系,返回本然清净的根源,那就是耳根一源,返还本原了,这一根上,既然得到返本还原,所有六根,也就解脱完成了。)

"见闻如幻翳,三界若空华。闻复翳根除,尘消觉圆净。"

(眼的看见,与耳的闻听等作用,都是自性功能上的变态,犹如澄清虚空中的幻翳。三界〔欲界、色界、无色界〕中所有的暂有现象,也都是清净自体的幻变,犹如清净虚空中的花朵。如果能闻的自性,复返本来清净的自体,一切六根幻有妄动的尘翳,自然消除。浮尘幻翳一经消除,本觉的自性就圆满清净了。)

"静极光通达,寂照含虚空;欲来观世间,犹如梦中事。"

(圆满清净到极点,自性的光明,就自然通达。在自性光明中寂然不动,包含朗照十方世界所有的虚空。由此再来观照,这个世间所有一切的事事物物,都犹如在一场大梦之中了。)

"摩登伽在梦,谁能留汝形。"

(如果达到这种境界,摩登伽女也是大梦中的一个梦影,她又怎能留得住你的身形呢?)

"如世巧幻师,幻作诸男女;虽然诸根动,要以一机抽。"

(清净本然的自性本体,变态幻化而生出世间的万有,犹如这个世间上的魔术师们,变化幻作许多男男女女的存在。虽然每个人能运用六根,事实上,只是如机器人一样,根本只有一个机关在抽掣不息,才发生人生的各种作用。)

"息机归寂然,诸幻成无性。"

(如果能止息一机的动能,归返于自性寂然的本位,所有一切幻象,就都没有单独存在的自性了。)

"六根亦如是,元依一精明,分成六和合。一处成休复,六用皆不成。尘垢应念消,成圆明净妙。"

(人的六根作用,也和这个道理一样,元来都只是依于心性的一点精明所生,分散功能,变成六根的单独作用。总合起来,才叫做一个人的全能。所以在六根作用上。只要有一处休息,复返于自性功能,所有六根的作用,就完全不成其为障碍。到了这个时候,一切六根的尘垢,就当下应念消除,成为圆满光明的清净妙觉了。)

"余尘尚诸学,明极即如来。"

(如果还有少许的尘境不能消尽,就叫做二乘声闻等,还在有学的阶段。到了光明圆满之极,那就是佛的境界。)

"大众及阿难,旋汝倒闻机,反闻闻自性,性成无上道,圆通实如是。"

(文殊菩萨再告阿难与大众说:修行的法门,只要你倒转来,回旋复返你能闻听的机能,反转闻听的作用,去听闻自性,明见了真心自性的寂然自体,才得完成无上大道。所说的修行圆通法门,最真实的莫过于这样了。)

"此是微尘佛,一路涅槃门,过去诸如来,斯门已成就,现在诸菩萨,今各入圆明。未来修学人,当依如是法。我亦从中证,非惟观世音。"

(所有无量数的佛,都同修这一路的法门,而证入涅槃〔圆寂〕。过去所有已经成佛的人,也是修这一法门,而得到成就。现在的一切菩萨,也正在修这一法门,已经各自入于圆满光明的境界。未来一般修学佛法的人,也应当依这个法门而修。我也是从这个法门中证得佛道,不只是观世音菩萨一人而已。)

"诚如佛世尊,询我诸方便,以救诸末劫,求出世间人,成就涅槃心,观世音为最。"

(诚如佛所询问我修行方便的法门,为了救度末劫时期,想要出离世间苦海的人,使他成就证得寂静真心的,只有修观世音所开示的观察世间音声的法门,才是最好的修法。)

"自余诸方便,皆是佛威神,即事舍尘劳,非是常修学,浅深同说法。"

(至于其他各种的修持方法,都是因佛的威德神力,为了救度众生,叫他出离苦海,姑且设立各种权宜的方法。针对各种世间的世俗希求,使人们即此用,离此用,而舍弃世间尘劳的束缚,并不是菩萨或佛境界的人所经常修学的。至于这些许多不同方法的深浅关系,和每位自己所叙述的情形一样,不需再加详细的分析。)

"顶礼如来藏,无漏不思议。愿加被未来,于此门无惑。方便易成就。堪以教阿难,及末劫沉沦。但以此根修,圆通超余者,真实心如是。"

(文殊菩萨最后又郑重地表示,起立敬礼说:顶礼无漏不可思议的果位境界,法身本体自性佛。唯愿十方三世诸佛的加被,对于观世音菩萨所说的这一圆通法门,不要再生疑惑。它是一切修持方法中的最方便、最容易成就的法门。不但可以教化阿难,并且也可以教化末劫时期在沉沦中的众生。只要依耳根法门修持,自然可以进入圆通,可以超过其余的方法以证得真心实相。)

阿难与大众,听了文殊菩萨的广大开示,当下觉得身心了然明朗。依此观想佛的正觉自性大道,以及真心寂灭的境界,犹如游子远游他乡,虽然还未回家,可是已经明白归家稳坐的道路。所有在会的大众,也都得悟本心。远离尘劳世事的染污,获得拣择正法的法眼净①。性比丘尼(就是摩登伽女)听说这段话以后,也就成为阿罗汉。还有很多的众生,亦同时发起无上正觉的道心。

---

① 法眼净:分明见真谛谓之法眼净,通于大小乘言之。《注维摩经》嘉祥疏曰:"云法眼净者:小乘亦法眼,大乘亦法眼。小乘法眼即初果见四谛法(苦、集、灭、道)名法眼。大乘法眼,初地得真无生法,故云法眼。"

第六章 修习佛法的程序与方法

阿难整衣服。于大众中合掌顶礼。心迹圆明。悲欣交集。欲益未来诸众生故。稽首白佛。大悲世尊。我今已悟成佛法门。是中修行得无疑惑。常闻如来说如是言。自未得度先度人者。菩萨发心。自觉已圆能觉他者。如来应世。我虽未度。愿度末劫①一切众生。世尊。此诸众生。去佛渐远。邪师说法。如恒河沙。欲摄其心入三摩地。云何令其安立道场。远诸魔事。于菩提心得无退屈。

尔时世尊于大众中。称赞阿难。善哉善哉。如汝所问安立道场。救护众生末劫沉溺。汝今谛听。当为汝说。阿难大众。唯然奉教。佛告阿难。汝常闻我毗奈耶②中。宣说修行三决定义。所谓摄心为（由也）戒。因戒生定。因定发慧。是则名为三无漏学。

阿难。云何摄心我名为戒。若诸世界六道众生。其心不淫。则不随其生死相续。汝修三昧。本（为）出尘劳。淫心不除。尘不可出。纵有多智。禅定现前。如不断淫。必落魔道。上品魔王。中品魔民。下品魔女③。彼等诸魔。亦有徒众。各各自谓成无上道。我灭度后。末法之中。多此魔民。炽盛世间。广行贪淫。（伪）为善知识。令诸众生落爱

---

① 末劫：即未来时也。
② 毗奈耶：此云律藏，又翻善治，谓能自治淫怒痴，亦能治众生恶也，合兹定慧名三无漏学，摄尽万行，决定当依，乃千经万论流出之本源，首楞严大定之所由生也。
③ 魔王……魔民……魔女：《指掌》云，魔王者，欲顶天主，禅智胜于淫心所感，魔民者，魔王所属，禅智与淫欲正等所摄，魔女者，王民所御，淫心胜于禅智所感。

见坑。失菩提路。汝教世人修三摩地。先断心淫。是名如来先佛世尊。第一决定清净明诲。是故阿难。若不断淫修禅定者。如蒸砂石。欲其成饭。经百千劫只名热砂。何以故。此非饭本砂石成故。汝以淫身。求佛妙果。纵得妙悟。皆是淫根。根本成淫。轮转三途①。必不能出。如来涅槃。何路修证。必使淫机身心俱断。断性亦无。于佛菩提斯可希冀。如我此说。名为佛说。不如此说。即波旬②说。

阿难。又诸世界六道众生。其心不杀。则不随其生死相续。汝修三昧。本出尘劳。杀心不除。尘不可出。纵有多智。禅定现前。如不断杀。必落神道③。上品之人为大力鬼。中品则为飞行夜叉诸鬼帅等。下品当为地行罗刹。彼诸鬼神亦有徒众。各各自谓成无上道。我灭度后末法之中。多此鬼神。炽盛世间。自言食肉得菩提路。阿难。我令比丘食五净肉④。此肉皆我神力化生。本无命根。汝婆罗门。地多蒸湿。加以砂石。草菜不生。我以大悲神力所加。因大慈悲假名为肉。汝得其味。奈何如来灭度之后。食众生肉。名为释子。汝等当知。是食肉人。纵得心开似三摩地。皆大罗刹。报终必沈生死苦海。非佛弟子。如是之人。相杀相吞。相食未已。云何是人得出三界。汝教世人修三摩地。次断杀生。是名如来先佛世尊。第二决定清净明诲。是故阿难。若不断杀修禅定者。譬如有人自塞其耳。高声大叫。求人不闻。此等名为欲隐弥露。清净比丘及诸菩萨。于歧路行。不蹋（音塔，践也）生草。况以手拔。云何大悲。取诸众生血肉充食。若诸比丘。不服东方丝绵绢帛。（蚕丝类也）及是此土靴履（皮革类也）裘毳（音粹，褐衣也）。乳

---

① 三途：一火途，二血途，三刀途，即地狱，畜生，饿鬼也。
② 波旬：魔之异称，此云杀者，谓恼乱正修，杀法身，伤慧命也。
③ 神道：指掌云，神道血食，以杀业为堕缘，神通福德，以禅智为生因，今以禅智助杀，故必堕神道也，上中下品，则以其禅智福德，与杀业等次而比也。
④ 五净肉：五净肉，谓五不见杀之肉也，除人蛇象马等外，以不见杀，不闻杀，不疑为我杀，自死，鸟残，为五净。

酪醍醐。如是比丘。于世真脱。酬还宿债。不游三界。何以故。服（食也）其身分。皆为彼缘。如人食其地中百谷。足不离地。必使身心。于诸众生若身身分。身心二涂。不服不食。我说是人真解脱者。如我此说。名为佛说。不如此说。即波旬说。

阿难。又复世界六道众生。其心不偷。则不随其生死相续。汝修三昧。本出尘劳。偷心不除。尘不可出。纵有多智。禅定现前。如不断偷。必落邪道①。上品精灵。中品妖魅。下品邪人。诸魅所著。彼等群邪亦有徒众。各各自谓成无上道。我灭度后末法之中。多此妖邪。炽盛世间。潜匿奸欺。称善知识。各自谓已得上人法。詃（音玄，诱也）惑无识。恐令失心。所过之处。其家耗散。我教比丘循方乞食。令其舍贪。成菩提道。诸比丘等。不自熟食。寄于残生。旅泊三界。示一往还。去已无返。云何贼人假我衣服。裨（音卑）贩如来。造种种业。皆言佛法。却非出家具戒比丘。为小乘道。由是疑误无量众生。堕无间狱。若我灭后。其有比丘发心决定修三摩提。能于如来形像之前。身然一灯。烧一指节。及于身上热一香炷。我说是人无始宿债。一时酬毕。长揖（谢去也）世间。永脱诸漏。虽未即明无上觉路。是人于法已决定心。若不为此舍身微因。纵成无为。必还生人。酬其宿债。如我马麦②正等无异。汝教世人修三摩地。后断偷盗。是名如来先佛世尊。第三决定清净明诲。是故阿难。若不断偷修禅定者。譬如有人水灌漏卮（音支，漏卮，注酒器也）。欲求其满。纵经尘劫。终无平复。若诸比丘。衣钵之余。分寸不畜。乞食余分。施饿众生。于大集会。合掌

---

① 邪道：指掌云，邪道潜取，以偷心为堕缘，上品精灵，附山托水惑人祭祀，邪神类也，中品妖魅，盗人物之精华，窃山川之气润，伺便作祟，邪鬼之类也，下品邪人，赋性险曲，居心邪僻，妄言欺世，外道之类也。
② 马麦：释迦于过去劫中，为梵志时，曾骂一病比丘，应食马麦，今世果成，于毗兰邑，乞食不得，食马麦八十四日，自言受宿报也。

礼众。有人捶（音锤，上声，杖击也）詈（音立，骂也）。同于称赞。必使身心。二俱捐舍。身肉骨血。与众生共。不将如来不了义说。回为己解。以误初学。佛印是人得真三昧。如我所说。名为佛说。不如此说。即波旬说。

阿难。如是世界六道众生。虽则身心无杀盗淫。三行已圆。若大妄语。即三摩地不得清净。成爱见魔。失如来种。所谓未得谓得。未证言证。或求世间尊胜第一。谓前人言。我今已得须陀洹果。斯陀含果。阿那含果。阿罗汉道。辟支佛乘。十地①地前诸位菩萨。求彼礼忏。贪其供养。是一颠迦：销灭佛种。如人以刀断多罗木②。佛记是人永殒善根。无复知见。沈三苦海。不成三昧。我灭度后。敕诸菩萨及阿罗汉。应身生彼末法之中。作种种形。度诸轮转。或作沙门白衣居士。人王宰官。童男童女。如是乃至淫女寡妇。奸偷屠贩。与其同事。称赞佛乘。令其身心入三摩地。终不自言我真菩萨。真阿罗汉。泄佛密因。轻言末学。唯除命终。阴有遗付。云何是人惑乱众生。成大妄语。汝教世人修三摩地。后复断除诸大妄语。是名如来先佛世尊。第四决定清净明诲。是故阿难。若不断其大妄语者。如刻人粪为栴檀形。欲求香气。无有是处。我教比丘直心道场。于四威仪一切行中。尚无虚假。云何自称得上人法。譬如穷人妄号帝王。自取诛灭。况复法王。如何妄窃。因地不真。果招纡曲。求佛菩提。如噬（音视，咬也）脐③人欲谁成就。若诸比丘。心如直弦。一切真实。入三摩地永无魔事。我印是人成就菩萨无上知觉。如我所说。名为佛说。不如此说。即波旬说。　（卷六终）

---

① 十地：十地之位，有种种不同，此处应说缘觉乘之十地，即由第一苦行具足地，至第十习气渐薄地也。
② 多罗木：南印度建那补罗国北，有多罗林，树叶长广光润，诸国书写，莫不采用，其树若以刀断，不复再生，用喻断善根人，自灭佛种也。
③ 噬脐：《左传》若不早图，后君噬脐，杜注云，喻不可及。藕益曰，人不能自噬其脐，喻悔无所及，案麋被人逐，自噬其脐，虽复噬脐，终不免难也。

学佛修行入门的基本戒行

阿难随又起立请问说:"我常听佛说:'自未得度,先度人者,菩萨发心。自觉已圆,能觉他者,如来应世。'意思是说自己并未度脱苦海,要发心先度他人的人,这就是菩萨心肠的发心。如果自己已经证得本性,圆满解脱以后,再依照自己所证的,使别人亦得证自性正觉,那就是等于佛来应化世间。我现在虽然还没有得度,但是要发愿去度末劫时期的众生。将来的人们,距离佛在世的时期渐远,必定会有很多的邪师外道说法。如何才可以使他们摄伏妄心,证得真实佛境界的三昧?怎样才可以建立一个安心修道的场所,远离一切的魔事。使他们对于要求悟得正觉的真心,永远不会退转呢?"

佛说:"你不是经常听我讲说修行所依持的戒律吗?我常说修行的入门基本要点,有三个决定不易的程序:首先要守戒。因戒可以生定。因定可以发慧。这是达成无漏果位的三无漏学。"

何以称摄伏妄心为戒呢?"如果这个世界上的六道众生(天、人、魔、畜生、饿鬼、地狱),他们的心里根本没有淫根,自然就不跟着生死之流去连续不断地轮转。你要修习定慧等持①的正三昧,本来是要求出离尘劳烦恼。如果淫心不除,根本就不能出离尘劳之累。即使有很渊博的世间知识,或者得到少许的禅定境界,如果不断淫根,必定堕落在魔道之中,与群魔为伍。他们也有很多信徒,也都自称已经成就了无上大道。我去世以后,末法时期之中,将有很多魔民,盛行在世间,广作贪淫的行为。并且还自任善知识去教化他人,使一切众

---

① 等持:定之别名,梵语旧称三昧,译曰定。新称三摩地。译曰等持。谓心住于一境而起慧观,定慧平等维持也。

生，堕落在爱欲第一的主观深坑里，丧失正觉的道路。你将来教导世人，修学定慧等持的正三昧。必须要先断心里的淫根。这就是过去一切佛教所建立的第一个具有的决定性的清净教化。如果不除淫欲，修习禅定，犹如蒸煮沙石，要想它变成了香饭，即使经过百千劫的时间，也只能成为热沙。因为沙子根本永远做不成米饭。如果以淫欲之身来求证佛果，即使稍有所悟，也都是淫根。根本基于淫欲所发出，始终还在三途（畜生、饿鬼、地狱）中轮转不休，必定不能超越。要求圆满达成佛果的寂灭境界，必定要使身心淫机之根完全断除。最后连压制断除的心念也化为乌有。然后对于佛的正觉大道，才有希望证得。和我这样说法相同的，便是真正的佛说。不是这样说的，就是魔的说法。"

（一）杀戒："再者，一切世界上的六道众生，他的心里没有杀机，就可以了生脱死。修行的最高三昧，本来要求超越尘劳烦恼。如果杀心不除，根本就不能出离尘劳之累。即使有很多的世间智识，或者得到少许的禅定境界，如果不断杀机，必定堕落在神道之中，与鬼神为伍。他们也有很多信徒，也都自称已经成就了无上大道。我去世以后，末法时期之中，有很多的鬼神之徒，盛行在世间，自称必须肉食，才能证得正觉大道。须知我许可有些出家的比丘们，可以吃食五净肉（1. 不见杀 2. 不闻杀 3. 不疑杀 4. 自死 5. 鸟残），是因为在有些偏僻的地方，地质不佳，不能生长草木菜蔬。所以在没有办法中，才方便许可他们食肉，用来疗饥延命。但是吃它们的肉，应该看做是它们的慈悲布施，应当具有感恩的观念。岂可在我灭度以后，贪求口腹之欲，食众生的肉体，还自称为释迦的法子呢？你们应当知道，这种肉食的人，即使心开悟解，有点相类似的三昧境界，其实还是大罗刹（恶鬼之流）。等到福报完了，必定沉沦在苦海之中，不算是佛弟子。这一类的人，互相杀戮吞吃，没有了期。不能跳出三界。你将来教导世人，修习三昧，其次就要断除杀生。这就是过去一切佛教所建立的第二个具有决定性的清净教化。如果不断除杀机，修习禅定，犹如掩耳盗铃，欲盖弥彰。所以出家比丘，不但不食肉，乃至护惜草木的生机，犹如自家生命一样。更不能穿着服用血肉之躯的众生们的皮革丝毛之属。能够守住这样清净戒律的出家比丘，对于现实世界，才得真正的解脱。只是'随缘消旧业，不更造新殃'。而偿还宿世业债，更不浮游于三界（欲界、色界、无色界）之间。为什么不去服用血肉众生的毛革呢？因为服用它的身体某一部分，仍然有残害它生命的因缘作用。等于人要吃地上生长的百谷，同时足也不能离地。如果对一切众生身心的部分，都不用不食。我说这个人，才是真正的解脱。和我这样说法相同的，便是真正的佛说。不是这样说的，就是魔的说法。"

（二）盗戒："再者，一切世界的六道众生，灭除心里的盗机与偷心，就可以了生脱死。修习正三昧，本来要求超越尘劳烦恼，如果偷心不除，根本就不能出离尘劳之累。即使有很多的世间知识，或者得到少许的禅定境界。如果不断偷心，必定堕落在邪道之中，与精怪妖魅为伍。他们也有很多信徒，也都自称已经成就了无上大道。我去世以后，末法时期之中，有很多的妖孽之流，盛行在世间，居心奸险，自称为善知识。都宣说已经得到无上大道，欺骗无知无识之流，恐吓他们使之丧失真心自性。所过之处，令人家财耗尽。我教导出家比丘们，随时随地乞食延命。是要他们舍弃贪求的心，成功无上正觉之道。甚之，要比丘们不自做熟食。'寄于残生，旅泊三界。'表示今生必须了道，只在人间尽此一度的往来，从此去而不返。有些具有盗贼其心的人，都假借我的衣服，稗贩如来，自造种种罪业。虽然口里都在说着佛法，却非真正出家。即使受过全部的具足戒律，也是只行小乘的道路。由此而使很多的众生怀疑误会，实在是罪过无边。如果在我灭度以后，有的出家比丘，决定发心修学正三昧。能够在佛像之前，为法忘身，我说这个人，无始以来的宿债，都在那一刹那间偿还了。必定可以'长揖世间，永脱诸漏'。（此处可参看本经第六卷原文。因为所说的，为现实世间一般人们难以置信，故部分保留不译。）你将来教导世人，修学三昧，须要断除偷心，这就是过去一切佛教所建立的第三个具有决定性的清净教化。如果不断除偷心，修习禅定，犹如水灌漏卮，永远不会装满。若是出家比丘，对于自己基本必需的衣食之外，分毫没有私蓄。乞食所得，若有剩余，也要布施与其他的众生。假如有人无理来打我骂我，也要以礼相待。必须做到身心两舍，使这个身体骨肉，亦与众生共之。决不把佛的不了义说，作为自己究竟的见解，以贻误初学。能够做到这样的人，我认为他已得真正的三昧。和我这样说法相同的，才是真正的佛说。不是这样说的，就是魔的说法。"

（三）大妄语戒："再者，一切世界的六道众生，虽然身心已经没有杀盗淫的三业。如果犯大妄语，他在正三昧的境界中，也不能得到清净，而成为贪爱主观之魔，失却佛果的种性。所谓大妄语，就是'未得言得，未证言证'。或者为了求得世间人的尊敬，争取唯我至上第一的地位。向别人说：我已得到须陀洹①的果位。或大阿罗汉的果位，或独觉②辟支佛③的果位。甚之是菩萨的果位。只为了贪求别人的敬礼和供养，不知已得无边罪过，消灭佛性种子。等于用刀断木，自甘断除佛种。我可预记这一种人，会永断善根，再没有进益的知见，永远沉沦苦海，不能成就正三昧。我去世以后，常教一般菩萨和罗汉

---

① 须陀洹：译曰预流。声闻四果中初果之名也。预流者，初入圣道之义。断三界之见惑，即得此果。又须译曰无漏，陀洹译曰修。以修无漏故，名须陀洹。
② 独觉：常乐寂静，独自修行。修行功成，于无佛之世，自己觉悟，而离生死者，谓之独觉。
③ 辟支佛：辟支佛有两种：一名独觉；二名缘觉。缘觉者，观待内外之缘见十二因缘——无明、行、识、名色、六处、触、受、爱、取、有、生、老死，而悟圣果，故名缘觉。

们，化身应现世间。在末法时期中，做种种形态的人，去救度在生死海中轮转的众生。他们或者做沙门（出家者）、白衣、居士①、人王、宰官、童男、童女，乃至做淫女、小寡妇、奸偷屠贩，与一般众生共同生活。而在这种种的人生之中，称赞佛法，使他们的身心，进入佛法正三昧的境地。但是他们决不自说我是真菩萨，或真阿罗汉，故意泄漏密行，轻示于末学后进，借以自相夸耀。除非世寿命终，方才暗中有所遗嘱。只有那一般妄人，才妖言惑众，甘犯大妄语戒。你将来教导世人，修学三昧，还须要他们断除大妄语。这就是过去一切佛教所建立的第四个具有决定性的教化。如果不断除大妄语，犹如要雕刻人粪作檀香木状，想在其中求得香气，那是决定不可能的。我教诲一切比丘，直心是道场。在日常生活的四威仪（行、居、坐、卧）中，一切行为，都不能虚假。怎么可以自己谬称已得至高无上的道法呢？这譬如乞丐称王，终会自取杀戮的。更何况自己谬称为人天三界之师的法王呢！须知'因地不真，果遭纡曲。求佛菩提，如噬脐人，欲谁成就'。如果一般出家比丘，调正此心，犹如直弦。一切言行，都绝对的真实，便可进入正三昧的境界，永远不会遭遇魔事。我将印许这种修行的人，决定可以成就菩萨的果地，得到无上正觉。和我这样说法相同的，才是真正的佛说。不是这样说的，就是魔的说法。"

（以上《楞严经》第六卷竟）

阿难。汝问摄心。我今先说入三摩地。修学妙门。求菩萨道。要先持此四种律仪。皎如冰霜。自不能生一切枝叶。心三口四②。生必无因。阿难。如是四事。若不遗失。心尚不缘色香味触。一切魔事。云

---

① 居士：在家学佛之士也。
② 心三口四：心三者，即贪瞋痴也，口四者，即妄言、两舌、绮语、恶口是也。

何发生。若有宿习不能灭除。汝教是人。一心诵我佛顶光明摩诃萨怛多般怛啰①无上神咒。斯是如来无见顶相。无为心佛②从顶发辉。坐宝莲华所说心咒。且汝宿世与摩登伽。历劫因缘③恩爱习气。非是一生及与一劫。我一宣扬。爱心永脱。成阿罗汉。彼尚淫女无心修行。神力冥资速证无学。云何汝等在会声闻。求最上乘决定成佛。譬如以尘扬于顺风。有何艰险。若有末世欲坐道场。先持比丘清净禁戒。要当选择戒清净者。第一沙门。以为其师。若其不遇真清净僧。汝戒律仪必不成就。戒成已后。著新净衣。然香闲居。诵此心佛所说神咒一百八遍。然后结界④。建立道场。求于十方现住国土无上如来。放大悲光来灌其顶。阿难。如是末世清净比丘。若比丘尼。白衣檀越。心灭贪淫。持佛净戒。于道场中发菩萨愿。出入澡浴。六时行道。如是不寐。经三七日。我自现身至其人前。摩顶安慰。令其开悟。

　　阿难白佛言。世尊。我蒙如来无上悲诲。心已开悟。自知修证无学道成。末法修行建立道场⑤。云何结界。合佛世尊清净轨则。

　　佛告阿难。若末世人愿立道场。先取雪山大力白牛。食其山中肥腻香草。此牛唯饮雪山清水。其粪微细。可取其粪。和合栴檀。以泥其地。若非雪山。其牛臭秽。不堪涂地。别于平原。穿去地皮五尺已下。取其黄土。和上栴檀。沈水。苏合。薰陆。郁金。白胶。青木。零陵。甘松。及鸡舌香。以此十种细罗为粉。合土成泥。以涂场地。

---

① 摩诃萨怛多般怛啰：此云大白伞盖，《文句》曰，体无对待曰大，相绝尘染曰白，用覆一切曰伞盖，乃五会神咒之总名，亦即大佛顶三德秘藏之异称也。
② 无为心佛：无为心佛，乃从佛顶所化之佛也。
③ 历劫因缘：案：阿含《摩登伽女经》中，佛说摩登伽女与阿难，在过去生中，有五百世夫妇因缘。
④ 结界：结界者，遮恶持善之义，分迷悟善恶之界畔，退恶类住善者之法也，密教于每一修法之先则行之。
⑤ 建立道场：即建坛方式也，以下至咒前各种仪式，以《楞严蒙钞》引证最为详博，兹皆不注。

方圆丈六。为八角坛。坛心置一金银铜木所造莲华。华中安钵。钵中先盛八月露水。水中随安所有华叶。取八圆镜。各安其方。围绕华钵。镜外建立十六莲华。十六香炉。间华铺设。庄严香炉。纯烧沈水。无令见火。

取白牛乳。置十六器。乳为煎饼。并诸砂糖。油饼。乳糜。苏合。蜜姜。纯酥。纯蜜。于莲华外。各各十六围绕华外。以奉诸佛及大菩萨。每以食时。若在中夜。取蜜半升。用酥三合。坛前别安一小火炉。以兜楼婆香。煎取香水。沐浴其炭。然令猛炽。投是酥蜜于炎炉内。烧令烟尽。享佛菩萨。

令其四外遍悬幡华。于坛室中。四壁敷设十方如来及诸菩萨所有形像。应于当阳。张卢舍那。释迦。弥勒。阿閦。弥陀。诸大变化观音形像。兼金刚藏。安其左右。帝释。梵王。乌刍瑟摩。并蓝地迦①。诸军茶利。与毗俱胝。四天王等。频那夜迦②。张于门侧。左右安置。

又取八镜覆悬虚空。与坛场中所安之镜。方面相对。使其形影重重相涉。

于初七中。至诚顶礼十方如来。诸大菩萨。阿罗汉号。恒于六时诵咒围坛。至心行道。一时常行一百八遍。第二七中。一向专心发菩萨愿。心无间断。我毗奈耶先有愿教。第三七中。于十二时。一向持佛般怛啰咒。

至第七日。十方如来一时出现。镜交光处。承佛摩顶。即于道场修三摩地。能令如是末世修学。身心明净犹如琉璃。阿难。若此比丘本受戒师。及同会中十比丘等。其中有一不清净者。如是道场多不

---

① 蓝地迦等：大孔雀明王经，有蓝毗迦，或曰即蓝地迦也，具大光明，有大神力，乃青面金刚也，军茶利，毗俱胝，俱为护坛菩萨。

② 频那夜迦：苏悉地经，有频那夜迦，障碍神也，或云频那，猪首，夜迦，象鼻，护坛神将也。

成就。

　　从三七后。端坐安居。经一百日。有利根者。不起于座。得须陀洹。纵其身心圣果未成。决定自知成佛不谬。汝问道场。建立如是。

　　阿难顶礼佛足。而白佛言。自我出家。恃佛怜爱。求多闻故。未证无为。遭彼梵天邪术所禁。心虽明了。力不自由。赖遇文殊。令我解脱。虽蒙如来佛顶神咒。冥获其力。尚未亲闻。惟愿大慈重为宣说。悲救此会诸修行辈。末及当来在轮回者。承佛密音。身意解脱。于时会中一切大众。普皆作礼。伫闻如来秘密章句。尔时世尊从肉髻中。涌百宝光。光中涌出千叶宝莲。有化如来。坐宝华中。顶放十道百宝光明。一一光明。皆遍示现十恒河沙金刚密迹。擎山持杵。遍虚空界。大众仰观。畏爱兼抱。求佛哀祐。一心听佛无见顶相放光如来宣说神咒。

　　（第一会名为毗卢真法会。谓下十二法门密言，皆一毗卢真心法身所流演也。）

　　南无萨怛他　苏伽多耶　阿啰诃帝　三藐三菩陀写萨怛他　佛陀俱胝　瑟尼钐　南无萨婆　勃陀勃地　萨哆鞞弊　南无萨多南　三藐三菩陀　俱知喃　娑舍啰　婆迦　僧伽喃　南无卢鸡　阿罗汉　跢喃　南无苏卢多、波那喃　南无娑羯唎陀　伽弥喃　南无卢鸡、三藐、伽跢喃　三藐、伽波啰　底波、多那喃　南无提婆、离瑟赧　南无悉陀耶　毗地耶　陀啰离瑟赧　舍波奴　揭啰诃　娑诃娑啰、摩他喃　南无跋啰诃　摩泥　南无因陀啰耶　南无婆伽婆帝　卢陀啰耶　乌摩般帝　娑醯夜耶　南无婆伽婆帝　那啰野　拏耶　槃遮摩　诃、三慕陀啰　南无悉羯唎多耶　南无婆伽婆帝　摩诃迦啰耶　地唎、般剌那　伽啰毗陀啰　波拏　迦啰耶　阿地目帝　尸摩舍那泥　婆悉泥　摩怛唎伽拏　南无、悉羯唎多耶　南无婆伽婆帝　多他伽跢、俱啰耶　南无般头摩、俱啰耶　南无跋阇啰、俱啰耶　南无摩尼、俱啰耶　南无伽阇、俱啰耶　南无婆伽婆帝　帝唎茶　输啰西那　波啰诃啰、拏啰阇耶　跢他伽多耶　南无婆伽婆帝　南无阿弥、多婆耶　跢他伽多耶　阿啰诃帝　三藐三菩陀耶　南无婆伽婆帝　阿刍鞞耶　跢他伽多耶　阿啰诃帝　三藐三菩陀耶　南无婆伽婆帝　鞞沙阇耶　俱卢、吠柱唎耶　般啰婆、啰阇耶　跢他伽多耶　南无婆伽婆帝　三补师、毖多　萨怜捺啰　剌阇耶　跢他伽多耶　阿啰诃帝　三藐三菩陀耶　南无婆伽婆帝　舍鸡野、母那曳　跢他伽多耶　阿啰诃帝　三藐三菩陀耶　南无婆伽婆帝　剌怛那、鸡都、啰阇耶　跢他伽多耶　阿啰诃帝　三藐三菩陀耶　帝瓢　南无萨羯唎多　翳昙、婆伽婆多　萨怛他、伽都瑟尼钐　萨怛多、般怛嚂　南无阿婆啰视眈　般啰帝、扬岐啰　萨啰婆　部多、揭啰诃　尼揭啰诃　羯迦啰诃尼　跋啰　毖地耶　叱陀你　阿迦啰　密唎柱　般唎怛啰耶　儜揭唎　萨啰婆　槃陀那　目叉尼　萨啰婆　突瑟吒　突悉乏　般那你　伐啰尼　赭都啰　失帝南　羯啰诃　娑诃萨啰、若阇　毗多崩娑那、羯唎　阿瑟吒冰、舍帝南　那叉、刹怛啰　若阇、波啰、萨陀那、羯唎　阿瑟吒南　摩诃羯啰诃　若阇　毗多崩、萨那　羯唎　萨婆、舍都嚧你婆啰　若阇　呼蓝、突悉乏　难遮那舍尼　毖沙舍悉怛啰　阿吉尼　乌陀迦啰　若阇　阿般啰视多、具啰　摩诃般啰、战持　摩诃叠多　摩诃帝阇　摩诃税多、阇婆啰　摩诃跋啰、槃陀啰　婆悉你　阿唎耶、多啰　毗唎俱知　誓婆、毗阇耶　跋阇啰、摩礼底　毗舍嚧多　勃腾罔迦　跋阇啰、制喝那、阿遮　摩啰制婆　般啰质多　跋阇啰、擅持　毗舍啰遮　扇多舍　鞞提婆　补视多　苏摩嚧波　摩诃税多　阿唎耶、多啰　摩诃婆啰、阿般啰　跋阇啰、商羯啰、制婆　跋阇啰、俱摩唎　俱蓝陀唎　跋阇啰、喝萨多　遮　毗地耶　乾遮那　摩唎迦　啒苏母　婆羯啰跢那　鞞嚧遮那　俱唎耶　夜啰菟　瑟尼钐　毗折蓝婆、摩尼遮　跋阇啰、迦那、迦波

啰婆　唑阇那　跋阇啰、顿稚遮　税多遮　迦摩啰　刹奢尸　波啰婆　翳帝夷帝　母陀啰　羯拏　婆鞞啰忏　掘梵都　印兔那、麽麽写

（第二会名为释尊应化会〔又名楞严教主会〕。下之五部三宝，夜叉神王金刚密迹，八种法门，悉为释迦示现者也。）

乌𤙖　唎瑟、揭拏　般剌、舍悉多　萨怛他　伽都瑟尼钐　虎𤙖都嚧雍　瞻婆那　虎𤙖都嚧雍　悉躭婆那　虎𤙖都嚧雍　波啰瑟地耶　三般叉　拏羯啰　虎𤙖都嚧雍　萨婆药叉　喝啰刹娑　揭啰诃、若阇　毗腾崩、萨那羯啰　虎𤙖都嚧雍　者都啰　尸底南　揭啰诃　娑诃萨啰南　毗腾崩、萨那啰　虎𤙖都嚧雍　啰叉　婆伽梵　萨怛他　伽都瑟尼钐　波啰点　阇吉唎　摩诃　娑诃萨啰　勃树、娑诃萨啰　室唎沙　俱知、娑诃萨泥　帝隶、阿弊提视、婆唎多　吒吒罂迦　摩诃跋阇　嚧陀啰　帝唎　菩婆那　曼茶啰　乌𤙖　娑悉帝薄婆都　麽麽　印兔那、麽麽写

（第三会名为观音合同会。下之四门，皆如观音上同下合，圆通修证；四不思议、无作妙德、自在成就也。）

啰阇婆夜　主啰跋夜　阿祇尼、婆夜　乌陀迦、婆夜毗沙、婆夜　舍萨多啰、婆夜　婆啰、斫羯啰、婆夜　突瑟叉、婆夜　阿舍你、婆夜　阿迦啰　密唎柱、婆夜陀罗尼、部弥剑　波伽波陀、婆夜　乌啰迦、婆多、婆夜剌阇檀茶、婆夜　那伽婆夜　毗条怛、婆夜　苏波啰拏、婆夜　药叉、揭啰诃　啰叉私、揭啰诃　毕唎多、揭啰诃　毗舍遮、揭啰诃　部多、揭啰诃　鸠槃茶、揭啰诃　补丹那、揭啰诃　迦吒补丹那、揭啰诃　悉乾度、揭啰诃　阿播悉摩啰、揭啰诃　乌檀摩陀、揭啰诃　车夜揭啰诃　醯唎婆帝、揭啰诃　社多、诃唎南　揭婆　诃唎南　嚧地啰、诃唎南　忙娑　诃唎南　谜陀、诃唎南　摩阇、诃唎南　阇多、诃唎女　视比多、诃唎南　毗多、诃

唎南　婆多　诃唎南　阿输遮、诃唎女　质多、诃唎女　帝钐、萨鞞钐　萨婆、揭啰诃南　毗陀、夜阇　瞋陀、夜弥鸡啰、夜弥　波唎、跋啰、者迦　讫唎担　毗陀、夜阇瞋陀、夜弥　鸡啰夜弥　茶演尼　讫唎担　毗陀夜阇　瞋陀、夜弥　鸡啰夜弥　摩诃般输、般怛夜　噜陀啰　讫唎担　毗陀夜阇　瞋陀夜弥　鸡啰夜弥　那啰夜拏　讫唎担　毗陀夜阇　瞋陀夜弥　鸡啰夜弥　怛埵伽噜茶西　讫唎担　毗陀夜阇　瞋陀夜弥　鸡啰夜弥　摩诃迦啰　摩怛唎伽拏　讫唎担　毗陀夜阇　瞋陀夜弥　鸡啰夜弥　迦波唎迦　讫唎担　毗陀夜阇　瞋陀夜弥鸡啰夜弥　阇夜羯啰　摩度、羯啰　萨婆、啰他、娑达那　讫唎担　毗陀夜阇　瞋陀夜弥　鸡啰夜弥　赭咄啰　婆耆你　讫唎担　毗陀夜阇　瞋陀夜弥　鸡啰夜弥　毗唎羊、讫唎知　难陀、鸡沙啰　伽拏、般帝　索醯夜　讫唎担　毗陀夜阇　瞋陀夜弥　鸡啰夜弥　那揭、那舍啰、婆拏　讫唎担　毗陀夜阇　瞋陀夜弥　鸡啰夜弥　阿罗汉　讫唎担　毗陀夜阇　瞋陀夜弥　鸡啰夜弥　毗多啰伽　讫唎担　毗陀夜阇　瞋陀夜弥鸡啰夜弥　跋阇啰波你　具醯夜、具醯夜　迦地、般帝讫唎担　毗陀夜阇　瞋陀夜弥　鸡啰夜弥　啰叉罔婆伽梵　印兔那、麽麽写

（第四会名为刚藏折摄会。火首、圆通开显；藏王、咒后敕护；金刚、三五部主、降伏五法门一。下之六义，恶则折伏，善则摄授；皆是刚王密迹，力士显本者也。）

婆伽梵　萨怛多、般怛啰　南无粹都帝　阿悉多、那啰剌迦　波啰婆　悉普吒　毗迦、萨怛多、钵帝唎　什佛啰、什佛啰　陀啰陀啰　频陀啰、频陀啰　瞋陀瞋陀　虎𤙖虎𤙖　泮吒、泮吒、泮吒、泮吒、泮吒　婆诃　醯醯泮　阿牟迦耶泮　阿波啰、提诃多泮　婆啰、婆啰陀泮　阿素啰　毗陀啰　波迦泮　萨婆、提鞞、弊泮　萨婆、那伽、弊泮　萨婆、药叉、弊泮　萨婆、乾闼婆、弊泮　萨婆、补丹

那、弊泮 迦吒补丹那、弊泮 萨婆、突狼枳帝、弊泮 萨婆、突涩比嘌 讫瑟帝、弊泮 萨婆、什婆利、弊泮 萨婆、阿播悉摩嘌 弊泮 萨婆 舍啰、婆拏、弊泮 萨婆、地帝鸡、弊泮 萨婆、恒摩陀继、弊泮萨婆、毗陀耶 啰誓、遮嘌、弊泮 阇夜羯啰 摩度羯啰 萨婆、啰他娑陀鸡、弊泮 毗地夜 遮唎、弊泮者都啰 缚耆你、弊泮 跋阇啰 俱摩唎 毗陀夜啰誓、弊泮 摩诃波啰、丁羊 乂耆唎、弊泮、跋阇啰 商羯啰夜 波啰丈耆 啰阇耶泮 摩诃迦啰夜 摩诃、末怛唎迦拏 南无、娑羯唎多、夜泮 毖瑟拏婢、曳泮 勃啰诃 牟尼、曳泮 阿耆尼、曳泮 摩诃羯唎、曳泮 羯啰檀迟、曳泮 蔑怛唎、曳泮 唠怛唎、曳泮遮文茶、曳泮 羯逻啰怛唎、曳泮 迦般唎、曳泮 阿地目、质多 迦尸摩、舍那 婆私你、曳泮 演吉质 萨埵、婆写 麽麽、印兔那、麽麽写

（第五会名为文殊弘传会。自初分领、往护、代问、拣选、及后请名，非大智德首则不能也。）

突瑟吒、质多 阿末怛唎、质多 乌阇、诃啰 伽婆、诃啰 嚧地啰、诃啰 婆婆、诃啰 摩阇、诃啰 阇多、诃啰 视毖多、诃啰 跋略夜、诃啰 乾陀、诃啰 布史波、诃啰 颇啰、诃啰 婆写、诃啰 般波、质多 突瑟吒、质多 唠陀啰、质多 药叉、揭啰诃 啰刹婆、揭啰诃闭嚫多、揭啰诃 毗舍遮、揭啰诃 部多、揭啰诃 鸠槃茶、揭啰诃 悉乾陀、揭啰诃 乌怛摩陀、揭啰诃 车夜、揭啰诃 阿播萨摩啰、揭啰诃 宅祛革 茶耆尼、揭啰诃 唎佛帝、揭啰诃 阇弥迦、揭啰诃 舍俱尼、揭啰诃 姥陀啰 难地迦、揭啰诃 阿蓝婆、揭啰诃 乾度波尼、揭啰诃 什佛啰 堙迦醯迦 坠帝药迦 怛隶帝药迦 者突托迦 昵提、什伐啰 毖钐摩、什伐啰 薄底迦 鼻底迦 室隶、瑟密迦 娑你、般帝迦 萨婆、什伐啰 室嚧吉帝 末陀、鞞达 嚧制剑 阿绮嚧钳 目佉嚧钳 羯唎突

咇钳　揭啰诃　揭蓝、羯拏、输蓝　惮多、输蓝　迄唎夜、输蓝　末麽、输蓝　跋唎室婆、输蓝　毖栗瑟吒、输蓝　乌陀啰、输蓝　羯知输蓝　跋悉帝输蓝　邬嚧输蓝　常伽输蓝　喝悉多输蓝　跋陀输蓝　娑房盎伽般啰、丈伽、输蓝　部多　毖跢茶　茶耆尼　什婆啰　陀突嚧迦　建咄嚧吉知　婆路多毗　萨般嚧　诃凌伽输沙怛啰　娑那羯啰　毗沙喻迦　阿耆尼　乌陀迦末啰、鞞啰　建多啰　阿迦啰　密唎咄　怛敛部迦　地栗剌吒　毖唎瑟质迦　萨婆那俱啰　肆引伽弊　揭啰唎、药叉　怛啰刍　末啰视　吠帝钐　娑鞞钐　悉怛多、钵怛啰　摩诃跋阇嚧　瑟尼钐　摩诃般赖、丈耆蓝　夜波突陀　舍喻阇那　辫怛隶拏　毗陀耶　槃昙迦嚧弥　帝殊　槃昙迦嚧弥　般啰毗陀　槃昙迦嚧弥　跢侄他　唵　阿那隶　毗舍提　鞞啰　跋阇啰　陀唎　槃陀槃陀你　跋阇啰　谤尼泮　虎𤙖都嚧瓮泮　莎婆诃

阿难。是佛顶光聚。悉怛多般怛罗。秘密伽陀。微妙章句。出生十方一切诸佛。

十方如来。因此咒心。得成无上正遍知觉。

十方如来。执此咒心。降伏诸魔制诸外道。

十方如来。乘此咒心。坐宝莲华。应微尘国。

十方如来。含此咒心。于微尘国转大法轮。

十方如来。持此咒心。能于十方摩顶授记。自果未成。亦于十方蒙佛授记。

十方如来。依此咒心。能于十方拔济群苦。所谓地狱饿鬼畜生。盲聋瘖痖。怨憎会苦。爱别离苦。求不得苦。五阴炽盛。大小诸横（去声，祸逆也）同时解脱。贼难兵难。王难狱难。风火水难。饥渴贫穷。应念销散。

十方如来。随此咒心。能于十方事善知识。四威仪中供养如意。恒沙如来会中。推为大法王子。

十方如来。行此咒心。能于十方摄受亲因①。令诸小乘闻秘密藏。不生惊怖。

十方如来。诵此咒心。成无上觉。坐菩提树。入大涅槃。

十方如来。传此咒心。于灭度后付佛法事。究竟住持。严净戒律。悉得清净。

若我说是佛顶光聚般怛罗咒。从旦至暮。音声相联。字句中间。亦不重叠。经恒沙劫终不能尽。亦说此咒名如来顶。汝等有学。未尽轮回。发心至诚取阿罗汉。不持此咒而坐道场。令其身心远诸魔事。无有是处。

阿难。若诸世界。随所国土所有众生。随国所生桦（音话）皮贝叶纸素白氎②（音牒）。书写此咒。贮于香囊。是人心昏。未能诵忆。或带身上。或书宅中。当知是人尽其生年。一切诸毒所不能害。

阿难。我今为汝更说此咒。救护世间得大无畏。成就众生出世间智。若我灭后。末世众生。有能自诵。若教他诵。当知如是诵持众生。火不能烧。水不能溺。大毒小毒所不能害。如是乃至天龙鬼神。精祇魔魅。所有恶咒。皆不能著。心得正受。一切咒诅（音阻）厌蛊毒药③。金毒银毒。草木虫蛇万物毒气。入此人口。成甘露味。一切恶星并诸鬼神。磣（沉上声）心毒人。于如是人不能起恶。频那夜迦诸恶鬼王。并其眷属。皆领深恩。常加守护。

---

① 摄受亲因：言如来与历劫亲眷，互相因依，自虽成佛，念彼等散在十方，亦常持此摄受。
② 桦皮、贝叶、纸素、白氎：桦皮，桦树之皮也，此土即有，治令薄软，可以作书，贝叶，西竺所出，其叶长广，可以写字，纸素，纸之素者，白氎，灌顶曰，高昌国有草实如茧，其中丝如细缕，名曰氎子，取织为细毛布，柔软白净，可以作书。
③ 咒诅厌蛊毒药：厌蛊者，虫毒也，毒药者，物毒也，皆能害人，咒诅厌蛊毒药，谓用恶咒诅祷二毒，以暗害人也，案《左传》皿虫为蛊，疏谓以毒药药人，令人不自知者，谓之蛊毒，相传苗瑶之地，民以百虫置一器中，令其相啖食，最后存者则为蛊，放之可以杀人。

阿难当知。是咒常有八万四千那由他恒河沙俱胝金刚藏王菩萨种族。一一皆有诸金刚众而为眷属。昼夜随侍。设有众生。于散乱心。非三摩地。心忆口持。是金刚王。常随从彼诸善男子。何况决定菩提心者。此诸金刚菩萨藏王。精心阴速①。发彼神识。是人应时心能记忆八万四千恒河沙劫。周遍了知。得无疑惑。

从第一劫乃至后身。生生不生药叉罗刹。及富单那②。迦吒富单那。鸠槃茶。毗舍遮等。并诸饿鬼。有形无形。有想无想。如是恶处。是善男子。若读若诵。若书若写。若带若藏。诸色供养。劫劫不生贫穷下贱不可乐处。此诸众生。纵其自身不作福业。十方如来所有功德。悉与此人。由是得于恒河沙阿僧祇不可说不可说劫。常与诸佛同生一处。无量功德。如恶叉聚③。同处熏修。永无分散。

是故能令破戒之人。戒根清净。未得戒者。令其得戒。未精进者。令得精进。无智慧者。令得智慧。不清净者。速得清净。不持斋戒。自成斋戒。

阿难。是善男子持此咒时。设犯禁戒于未受时。持咒之后。众破戒罪。无问轻重。一时销灭。纵经饮酒。食啖五辛④。种种不净。一切诸佛菩萨金刚天仙鬼神不将为过。设著不净破弊衣服。一行一住悉同清净。纵不作坛。不入道场。亦不行道。诵持此咒。还同入坛行道功德。无有异也。若造五逆无间⑤重罪。及诸比丘比丘尼四弃八

---

① 精心阴速：精心者，纯真之心也，护咒菩萨，以纯真之心，于阴暗中，速疾启发彼持咒人，神识通明，周遍了知，得无疑惑。
② 富单那等：富单那，此云臭恶鬼，迦吒富单那，此云奇臭恶鬼，鸠槃茶，此云瓷形鬼，毗舍遮，此云啖精气鬼。
③ 恶叉聚：恶叉聚果，三颗一带，不相分离，用喻佛德咒德己德，三永相依。
④ 五辛：五种辛辣之菜，即蒜、葱、韭、薤、兴渠，等其味极臭。
⑤ 五逆无间：五逆者，杀父、杀母、杀阿罗汉、破合和僧、出佛身血，罪之重者，无过于此，犯者堕无间狱。

弃①。诵此咒已。如是重业。犹如猛风吹散沙聚悉皆灭除。更无毫发。阿难。若有众生。从无量无数劫来。所有一切轻重罪障。从前世来未及忏悔。若能读诵书写此咒。身上带持。若安住处庄宅园馆。如是积业。犹汤销雪。不久皆得悟无生忍。

复次阿难。若有女人。未生男女。欲求孕者。若能至心忆念斯咒。或能身上带此悉怛多般怛啰者。便生福德智慧男女。求长命者。即得长命。欲求果报速圆满者。速得圆满。身命色力。亦复如是。命终之后。随愿往生十方国土。必定不生边地下贱。何况杂形。

阿难。若诸国土州县聚落。饥荒疫疠（音力）。或复刀兵贼难斗诤。兼余一切厄难之地。写此神咒。安城四门。并诸支提②。或脱阇③（音都）上。令其国土所有众生。奉迎斯咒。礼拜恭敬。一心供养。令其人民各各身佩。或各各安所居宅地。一切灾厄悉皆销灭。

阿难。在在处处。国土众生。随有此咒。天龙欢喜。风雨顺时。五谷丰殷。兆庶安乐。亦复能镇一切恶星。随方变怪。灾障不起。人无横夭。杻械枷锁不著其身。昼夜安眠。常无恶梦。阿难。是娑婆界。有八万四千灾变④恶星。二十八大恶星而为上首。复有八大恶星以为其主。作种种形出现世时。能生众生种种灾异。有此咒地。悉皆销灭。十二由旬成结界地。诸恶灾祥永不能入。

是故如来宣示此咒。于未来世。保护初学诸修行者。入三摩提。身心泰然。得大安隐。更无一切诸魔鬼神。及无始来冤横宿殃。旧业

---

① 四弃八弃：四弃，即淫杀盗妄四根本重罪，犯此四者，则永见弃于佛法之外，清净僧中不共住故，八弃，则为比丘尼戒，前四重罪外，加触、入、覆、随四者，详《四诵律》。
② 支提：此云可供养处，又翻灵庙，或云有佛舍利者曰塔，无舍利者曰支提。
③ 脱阇：或译为幢，或云阇训为都字，脱阇，即城台高显处也。
④ 八万四千灾变：星言八万四千者，应众生尘劳之数也，二十八为四方之纪，八为五行之经，佛经阿含方等中，言星象者，不一而足，与此方三垣七耀二十八宿，分野变异之说，比比小异而大同，可参看史记天官书。

陈债。来相恼害。汝及众中诸有学人。及未来世诸修行者。依我坛场如法持戒。所受戒主。逢清净僧。持此咒心。不生疑悔。是善男子。于此父母所生之身。不得心通。十方如来便为妄语。

说是语已。会中无量百千金刚。一时佛前合掌顶礼。而白佛言。如佛所说。我当诚心保护如是修菩提者。

尔时梵王。并天帝释。四天大王。亦于佛前同时顶礼。而白佛言。审有如是修学善人。我当尽心至诚保护。令其一生所作如愿。

复有无量药叉大将。诸罗刹王。富单那王。鸠槃茶王。毗舍遮王。频那夜迦。诸大鬼王。及诸鬼帅。亦于佛前合掌顶礼。我亦誓愿护持是人。令菩提心速得圆满。

复有无量日月天子。风师雨师。云师雷师。并电伯等。年岁巡官。诸星眷属。亦于会中顶礼佛足。而白佛言。我亦保护是修行人。安立道场。得无所畏。

复有无量山神海神。一切土地水陆空行。万物精祇。并风神王。无色界天。于如来前。同时稽首而白佛言。我亦保护是修行人。得成菩提。永无魔事。

尔时八万四千那由他恒河沙俱胝金刚藏王菩萨。在大会中。即从座起。顶礼佛足而白佛言。世尊。如我等辈所修功业。久成菩提。不取涅槃。常随此咒。救护末世修三摩提正修行者。世尊。如是修心求正定人。若在道场及余经行。乃至散心游戏聚落。我等徒众。常当随从侍卫此人。纵令魔王大自在天。求其方便。终不可得。诸小鬼神。去此善人十由旬外。除彼发心乐修禅者。世尊。如是恶魔若魔眷属。欲来侵扰是善人者。我以宝杵殒碎其首。犹如微尘。恒令此人。所作如愿。

佛又说:"阿难,你问如何摄伏妄心,我现在已先说佛法入门的正三昧,与修学菩萨道的微妙法门。要先能行持这四种戒律仪范,'皎如冰雪',自然就不会另生过犯的枝节。所谓一切过犯,不外心三(贪、嗔、痴），口四（妄语、两舌、恶口、绮语）。如果谨严敬持戒行来自修，这些过犯，就不会有发生的可能了。若能永不遗失这四种戒心，心里根本不染著外界的色香味触等境，一切魔事，哪里再会发生。若是还有宿世的罪过不能除灭，你可以教他们，一心念诵我佛顶光明摩诃萨怛多般怛罗① 无上神咒。"（本节原文已经说得很明白，如有真心修学的人，可自研读本经第七卷的记述）。

阿难即从座起。顶礼佛足而白佛言。我辈愚钝。好为多闻。于诸漏心未求出离。蒙佛慈诲。得正熏修。身心快然。获大饶益。世尊。如是修证佛三摩提。未到涅槃。云何名为乾（音干）慧之地②。四十四心。至何渐次。得修行目。诣何方所。名入地中③。云何名为等觉菩萨④。作是语已。五体投地。大众一心。伫佛慈音。瞪瞢瞻仰。

尔时世尊赞阿难言。善哉善哉。汝等乃能普为大众。及诸末世一切众生。修三摩提求大乘者。从于凡夫终大涅槃悬示无上正修行路。汝今谛听。当为汝说。阿难大众。合掌刳（音枯）心（剖除妄心）。默然受教。佛言。阿难当知。妙性圆明。离诸名相。本来无有世界众生。因妄有生。因生有灭。生灭名妄。灭妄名真。是称如来无上菩提。及大涅槃二转依号⑤。阿难。汝今欲修真三摩地。直诣如来大涅槃者。先当识此众生世界二颠倒因。颠倒不生。斯则如来真三摩地。

---

① 摩诃萨怛多般怛罗咒：摩诃译曰大，萨怛多译曰白，般怛罗译曰伞盖。体无对待曰大，即如来藏本妙圆心，如实空义。相离染垢曰白，即如来藏，妙元明心，如实不空义。用覆一切曰伞盖，即如来藏，妙明心元，如实空不空义。
② 乾慧地：涅槃者，末后圆极之果，乾慧者，最初发觉之因，而于中间四十四心，即十信，十住，十行，十向，及暖，顶，忍，世，之四加行也。
③ 地中：地中者，即十地之中也，地地分齐，不相逾趣，断惑证真，由此可跻于等觉也。
④ 等觉菩萨：此乃地上之菩萨，其觉已与佛等，而未入佛之妙觉果海。
⑤ 二转依号：菩萨智果，乃转众生所依之烦恼所成，涅槃断果，乃转众生所依之生死所成，故曰二转依号也。

阿难。云何名为众生颠倒。阿难。由性明心。性明圆故。因明发性。性妄见生。从毕竟无成究竟有。此有所有。非因所因①。住所住相。了无根本。本此无住。建立世界。及诸众生。迷本圆明。是生虚妄。妄性无体。非有所依。将欲复真。欲真已非真真如性。非真求复。宛成非相。非生非住②。非心非法。展转发生。生力发明。熏以成业。同业相感。因有感业相灭相生。由是故有众生颠倒。

阿难。云何名为世界颠倒。是有所有。分段妄生。因此界立。非因所因。无住所住。迁流不住。因此世成。三世四方。和合相涉。变化众生成十二类。是故世界因动有声。因声有色。因色有香。因香有触。因触有味。因味知法。六乱妄想成业性故。十二区分由此轮转。

是故世间声香味触。穷十二变为一旋复。乘此轮转颠倒相故。是有世界卵生。胎生。湿生。化生。有色。无色。有想。无想。若非有色。若非无色。若非有想。若非无想。

阿难。由因世界虚妄轮回。动颠倒③故。和合气成八万四千飞沉乱想。如是故有卵羯逻蓝（此云凝滑）。流转国土。鱼鸟龟蛇。其类充塞。

由因世界杂染轮回。欲颠倒④故。和合滋成八万四千横竖乱想。如

---

① 此有所有，非因所因：《文句》云，此段文意，与前四卷中性觉必明妄为明觉一段，正相仿佛，言祇由本性真明之心，其性本明圆故，然但有性德，未有修德，故因而明发于性，性中之妄见忽生，遂从毕竟无中，妄成究竟有相，然而此有所有，当体虚妄，如空中花，如梦中物，实非因于所因，即今住所住相，亦复了无根本，不过本此无住，建立世界及诸众生耳，此明众生颠倒，而兼及世界者，正显世界与众生，祇因一迷，更无二法也。
② 非生非住：生住心法，本无自性，而三乘魔外等，于此非生非住非心非法，而妄见有生有住有心有法，从此虚妄展转发生，熏以成业，同业相感，而九界众生颠倒，从此非有，妄成有矣。
③ 动颠倒：《正脉》曰，卵唯想生，虚妄即想也，想体轻举，名动颠倒，卵以气交，名和合气成，想多升沉，名飞沉乱想，故感鱼鸟飞沉之类也。
④ 欲颠倒：《正脉》曰，胎因情有，杂染即情也，情生于爱，名欲颠倒，胎以精交，名和合滋成，情有偏正，名横竖乱想，故感人畜横竖之类也。

是故有胎遏蒲昙（此云胞）。流转国土。人畜龙仙。其类充塞。

由因世界执著轮回。趣颠倒①故。和合暖成八万四千翻覆乱想。如是故有湿相蔽尸（此云软肉）。流转国土。含蠢蠕动。其类充塞。

由因世界变易轮回。假颠倒②故。和合触成八万四千新故乱想。如是故有化相羯南（此云硬肉）。流转国土。转蜕飞行。其类充塞。

由因世界留碍轮回。障颠倒③故。和合著成八万四千精耀乱想。如是故有色相羯南。流转国土。休咎精明。其类充塞。

由因世界销散轮回。惑颠倒④故。和合暗成八万四千阴隐乱想。如是故有色相羯南。流转国土。休咎精明其类充塞。

由因世界罔象轮回。影颠倒⑤故。和合忆成八万四千潜结乱想。如是故有想相羯南。流转国土。神鬼⑥精灵。其类充塞。

由因世界愚钝轮回。痴颠倒⑦故。和合顽成八万四千枯槁乱想。如是故有无想羯南。流转国土。精神化为土木金石。其类充塞。

由因世界相待轮回。伪颠倒⑧故。和合染成八万四千因依乱想。如是

---

① 趣颠倒：《正脉》曰，湿以合成，执著即合也，合由爱滞，触境趣附，名趣颠倒，湿以阳生，名和合暖成，所趣无定，名翻覆乱想，故感蠢蠕翻覆之类也。
② 假颠倒：《正脉》曰，化以离应，变易即离也，离此托彼，名假颠倒，触类而变，名合和触成，转故趣新，名新故乱想，故感蝶蛤蜕变之类也。
③ 障颠倒：《正脉》曰，坚执不舍，名为留滞，障隔不通，名障颠倒，其想结成精耀，但有色相，故感休咎精明之类也。
④ 惑颠倒：《正脉》曰，厌有著空，灭身归无，名销散轮回，迷漏无闻，名惑颠倒，依晦昧空，和合暗成，故曰阴隐乱想，即无色界外道类也。
⑤ 影颠倒：《正脉》曰，虚妄失真，邪著影像，无所托阴，从忆想生，其神不明而幽为鬼，其精不全而散为灵，名潜结乱想，故感鬼神阴隐之类。
⑥ 神鬼精灵：神鬼精灵，相不可见，阴隐潜结，众生邪慕灵通，逐影忆想，时或恍忽见之，久当堕其类也。
⑦ 痴颠倒：《正脉》曰，不了谛理，固守愚痴，痴钝之极，则顽冥无知，而精神化为土木金石也。
⑧ 伪颠倒：《正脉》曰，迷失天真，绵著浮伪，彼此异质，染缘相合，故曰因依乱想也。

故有非有色相。成色羯南。流转国土。诸水母①等。以虾为目。其类充塞。

由因世界相引轮回。性颠倒②故。和合咒成八万四千呼召乱想。由是故有非无色相。无色羯南。流转国土。咒诅厌生。其类充塞。

由因世界合妄轮回。罔颠倒③故。和合异成八万四千回互乱想。如是故有非有想相。成想羯南。流转国土。彼蒲卢④等异质相成。其类充塞。

由因世界怨害轮回。杀颠倒⑤故。和合怪成八万四千食父母想。如是故有非无想相。无想羯南。流转国土。如土枭⑥等附块为儿。及破镜鸟以毒树果。抱为其子。子成。父母皆遭其食。其类充塞。

是名众生十二种类⑦。（卷七终）

（大乘道的四十位的心行，和四种加行的功用境界，是一切众生从凡夫地直达菩萨境界的十地，至于成佛的共通途径。所以仍从众生颠倒和世界颠倒说起。）

修学佛法进度程序的指示

阿难又问："这样修证佛地正三昧境界的人，如果还未达到涅槃

---

① 水母：一名海蜇，温陵曰，水母以水沫为体，以虾为目，本非有色，待物成色，本非有用，待物成用。
② 性颠倒：《正脉》曰，邪业相引，使性情颠倒，而乘咒托识，不由生理，妄随召呼，即世间邪术咒诅精魅魔物，因而有生者也。
③ 罔颠倒：诬罔取他，纳为己有，名罔颠倒，此必因中好取他物，纳为己有，故果中亦被他物取为己有也。
④ 蒲芦：细腰蜂也，取青虫伏之可以化为己子。
⑤ 杀颠倒：长水曰，冤对相雠，连环不止，托至亲之父子，发至冤之杀害，岂不怪哉。
⑥ 土枭—破镜：土枭，鸟名，食母，破镜，兽名，食父，今言鸟者，《正脉》以为等字之悮。
⑦ 十二种类：憨山曰，妙净明心，离诸名相，本来无有世界众生，是故世界众生，但因妄想而有也。

（圆寂），何以只能称他是乾慧地？由乾慧地再求进步，身心善行渐次增益所发现的四十四位心境现象，与它的界说和目的。以及菩萨的十地①境界。乃至等觉（相等于佛地的正觉）菩萨的果地。究竟是如何情形？希望佛再加说明。"

佛说："自性本来是灵妙圆明的。既非任何一个名词可以形容，更非任何一种现象可以比拟。就其形而上的本位而言，本体自性中，本来没有物理世界与众生界的存在。因为妄动，然后才有物理世界和众生界的生起。既然有生，一定就有相对待的作用，跟着就会灭了。有了生灭，就称为妄心。如果生灭不停的妄心消灭了，就名真如，或称为真心，或叫做真性。悟得其理，证到其事的，便称作无上菩提，已得无上正等正觉②。以其现象而言，就称之为大涅槃（圆寂）。其实，这两个名词，只是互相说明表示的名号。你现在要修佛的真正三昧，直入佛的大涅槃境界，首先应当认识这众生界和物理世界两种颠倒的原因。如果再不生起颠倒，就可以达到佛的真正三昧的境地。"

"如何叫做众生颠倒呢？由于真心自性是本来灵明圆满的。灵明至极，于是发起自性功能的妄动。自性妄动不息，就有了生灭不停的作用。于是从自性本体的毕竟虚无空寂的本位中，生起胜妙实有的有为作用。这个有所为的有为作用，原来并不因为有个什么原因才发生。只是当自性功能妄动的时候，突然发生，暂时存在，偶然停留而形成一种现象，其实并无固定的根本。从这个无所住但有现象的有为作用，而形成了物理世界和一切众生界。无奈一切众生反而迷失了自性本来

---

① 十地：《华严》、《仁王》等诸大乘经所明大乘菩萨之十地也。一欢喜地，二离垢地，三发光地，四焰慧地，五极难胜地，六现前地，七远行地，八不动地，九善慧地，十法云地。
② 无上正等正觉：阿耨多罗三藐三菩提之译文，阿云无，耨多罗云上，三云正，藐云等，三云正，菩提云觉，即是无上正等正觉。真正平等觉知一切真理之无上智慧也。

的圆满光明，便发生虚妄的知见，误以为那些有为现象为真实的存在。其实，不知道这个虚妄的作用和现象，并无一个固定的自体，更没有实在存在的东西可以依持。可是如果要想返复归还到真如的本性，有这个要想求得真如的心，就不是真的真如自性了。如用这个并非真心自体来求得返本还元之道，显然又成为一种错误的现象。'非生非住，非心非法'，无生之中求生。不可住之中求住。依妄心而求真如，用谬误的理则而求真理，辗转发生心理连属不休的力量，形成业力的作用。因此，业力相同的就互相感应，产生交感的作用，彼此相生相灭，所以才有众生的种种颠倒的存在。"

"如何叫做世界颠倒呢？这些有为的万有现象，既已形成有所为以后，便自然的成为分段的妄有妄生，因此成立空间的界限与方位。其实，那都不是万有自作或者是人为的造成，也不由于先天有个决定性的原因，更没有一个必然性的果然存在。因此时间的三世（过去、现在、未来的作用）和空间的四个方位，互相和合干涉，互相分化又互相统一。（宇宙犹如一个大而无比的自然物理化学的洪炉。）变化生出一切众生的种类（参看本书第四章）。因此世界上因有动力的妄能而有声音，因有声音而有物理的色相，因物理的色相而有香臭，因香臭而有感触，因感触而有味性，因味性而有思惟意识。（这六种作用，如连环联圈不断，互为因果，互为起灭。）由此六种现象，构成杂乱的妄想，形成业力性能。（有正反和排吸，统一和分化的相对作用。）成立内外正反的十二种区分。由此如轮圈一样地旋转不停，所以世间上有声音香臭味性感触等变化。但无论如何变化，都由六位的能所互变，自始至终，终复为始。充其量的反复变动，都穷极于十二变之中，形成一个轮周似的旋复作用。依据这种轮转似的颠倒变化作用，构成众生界的现象，所以世界上有卵生、胎生、湿生、化生、有色（有色相和情想的）、无色（没有色相和情想的）、有想（有精神存在而无形相可见，如鬼神精灵之类）、无想（没有精神作用而有形相可见，如精神化做土木金石矿物等的物质之类）、非有色（无坚固的色情而有形象的存在，如水母浮石等）、非无色（偶然暂有色情作用，而没有长存的形象可得）、非有想（好像似有知觉，而其实没有情想的作用，如蒲卢、向日葵、含羞草等）、非无想（好像没有情想，而其实也有情想，如土枭、破镜鸟等恶毒禽兽之类），如此等等，共有十二种类的众生。"（此处原文是解释十二种类众生的生命本元，依原文研读即知。）

（以上《楞严经》第七卷竟）

　　阿难。如是众生一一类中。亦各各具十二颠倒①。犹如捏目。乱华发生。颠倒妙圆真净明心。具足如斯虚妄乱想。汝今修证佛三摩提。于是本因元所乱想。立三渐次。方得除灭。如净器中除去毒蜜。以诸汤水并杂灰香。洗涤其器。后贮甘露。云何名为三种渐次。一者修习。除其助因。二者真修。刳（音枯，剜去也）其正性②。三者增进。违其现业③。

　　云何助因。阿难。如是世界十二类生。不能自全。依四食④住。所

---

① 十二颠倒：十二类生，皆由真如不觉，妄颠倒成，一则现起名事造，余则冥伏为理具，故言各各互具十二颠倒也，然妙圆真心，本自明净，虽在颠倒乱想之中，体仍如故，譬犹捏目生华，一停其捏，依然清净，后文三种渐次，即明示反染还净，从浅至深之进修法门也。
② 刳其正性：蕅益曰，正性者，业果相续之根本也，刳者剜去之也，淫杀与盗，皆为杀害法身之劫贼，故须刳而去之，方能执身不动，执心不起，心身俱净，得大神通也。
③ 违其现业：蕅益曰，违现业者，即前第二决定义中之"逆彼无始织妄业流"也，戒行精严，背尘合觉，六根内净，五蕴顿超，即是无灭无生之真如理智，此由戒生定，由定发慧，所以渐进于圣位也。
④ 四食：一段食，谓人间食必有分段，二触食，谓鬼神等触气而饱，三思食，禅天但以禅思为食，四识食，则四空天中唯以识定续命也，法身经于幻质，幻质依于食住，故食不净为助真成妄之初因也。

谓段食。触食。思食。识食。是故佛说一切众生皆依食住。阿难。一切众生。食甘故生。食毒故死。是诸众生求三摩提。当断世间五种辛菜。是五种辛。熟食发淫。生啖增恚。如是世界食辛之人。纵能宣说十二部经。十方天仙。嫌其臭秽。咸皆远离。诸饿鬼等。因彼食次。舐（音示）其唇吻。常与鬼住。福德日销。长无利益。是食辛人修三摩地。菩萨天仙。十方善神。不来守护。大力魔王得其方便。现作佛身。来为说法。非毁禁戒。赞淫怒痴。命终自为魔王眷属。受魔福尽。堕无间狱。阿难。修菩提者永断五辛。是则名为第一增进修行渐次。

云何正性。阿难。如是众生入三摩地。要先严持清净戒律。永断淫心。不餐酒肉。以火净食。无啖生气。阿难。是修行人。若不断淫及与杀生。出三界者。无有是处。当观淫欲。犹如毒蛇。如见怨贼。先持声闻四弃八弃。执身不动。后行菩萨清净律仪。执心不起。禁戒成就。则于世间永无相生相杀之业。偷劫不行。无相负累。亦于世间不还宿债。是清净人修三摩地。父母（所生）肉身。不须天眼。自然（能）观见十方世界。睹佛闻法。亲奉圣旨。得大神通。游十方界。宿命清净。得无艰险。是则名为第二增进修行渐次。

云何现业。阿难。如是清净持禁戒人。心无贪淫。于外六尘不多流逸。因不流逸。旋元自归。（外）尘既不（内）缘。（六则）根无所偶（对也）。反流全一。六用不行。十方国土。皎然清净。譬如琉璃。内悬明月。身心快然。妙圆平等。获大安隐。一切如来密圆净妙。皆现其中。是人即获无生法忍。从是渐修。随所发行。安立圣位。是则名为第三增进修行渐次。

佛告阿难："这些每一种类的众生之中，也同时各自具有十二种生命轮转颠倒的因缘。（换言之，人亦具有兽欲，兽也具有人心。民胞物与，心物是没有绝对可分的界限的。）犹如一个人自捏其目，就会本能地眼前看到许多乱起的光华。须知灵妙圆明的真心自性，本自具足所有的虚妄乱想的功能。你现在要修证佛的正法三昧,对于发生虚妄乱想的根本原因,设立三个渐修的次第步骤,才能灭除其根。好像一个洁净的宝瓶,久装毒药。现在要想除去毒汁,恢复原有的洁净。必须先用汤水香灰洗涤,还它本来的洁净,然后才可以储藏甘露。如何名为三种渐修的次序呢?第一,是修习助因。修习一切善业,薰习一切善心,以消除它的助因。第二,是真修正性。培养善根,从事真正的修行,以剖出圆明灵妙的正性。第三,是增进善业。在行为上,为善无止境。在治心性的功用上,百尺竿头,更求进步。如此增进修持,使与现行业力相反而行。所谓随缘消旧业,不再造新殃了。"

"(一)如何是修习助因?这个世界上十二种类的众生①,都依赖饮食而生存,所谓抟食,又名段食。就是众生们依时间的分段,用肢体帮忙来吃食。触食,依靠感觉而食,如日光空气等。思食,精神上的食粮。识食,心理上的享受。因此众生们,食甘甜的食物而能生存,食毒素食物便会死亡。所以一切众生,要求得佛正法的三昧,应当断除世间的五种辛菜(葱、蒜、韭、薤、兴渠,兴渠——此物中土所无)。这五种辛菜,熟食使人容易发生淫欲,生吃使人容易发生嗔恨。如不戒除,即使善能讲说一切经典,一切天仙圣贤,也都嫌其臭秽,和他远离。鬼魅却喜与其为伍,不知不觉间,就堕落在魔道之中。所以一般修习菩提,而求无上正觉者,必要永断五辛,这就是第一项的修行次序。"

"(二)如何是真修正性?一般众生要求证入佛正法的三昧,必

---

① 十二种类的众生:梵语萨埵,旧译曰众生,新译曰有情。众生有三义:一、众人共生之义。二、众多之法,假和合而生,故名众生。三、经众多之生死故名众生。十二类生者:1.卵生, 2.胎生, 3.湿生, 4.化生, 5.有色, 6.无色, 7.有想, 8.无想, 9.非有色, 10.非无色, 11.非有想, 12.非无想也。

须先要严持清净的戒律，永断淫欲的习气。不饮酒、不食肉，以火净食，不吃生物。如果修行的人，不断淫欲和杀生的心，想超出三界外，是不可能的。所以人们应当看破淫欲的事，犹如毒蛇，视同冤家盗贼一样。首先要守持声闻乘的执身不动的戒律。以后再行持菩萨乘的清净戒律和仪轨，再使执心不起。若得禁戒成就，在此世间，便永远没有相生相杀的恶业。又能永不再起偷盗的心理和行为，就没有互相负累的果报。在此世间，就不需偿还宿债。能够做到这样清净的修行人，如果修习佛正法的三昧，不需要另得天眼通，就以这个父母所生的肉身，也自然可以看见十方世界，亲见诸佛而听法。能够得大神通，游于十方世界。可使宿命清净，再无艰难险阻，这是第二项的修行次序。"

"（三）如何是增进善业，转变现在所行的业力？能够这样严肃持守戒律，没有贪淫的心。对于外界六尘物欲的现象，渐渐不会奔放流逸。因此收摄逸心，回复归还到自性的本元。对于外界物欲现象的诱惑，既然不去追逐它、攀缘它，那么，六根的生理本能，自然就没有对象。这样便会使奔流放逸的狂心休息了，返还到一灵不昧，纯真无漏的境地。六根六尘的作用，既然能够不再生起行动的业力。十方国土的物质障碍，就一齐消除，皎然清净。'譬如琉璃，内悬明月。身心快然，妙圆平等，获大安隐。'一切佛圆明清净微妙的密意，都会在这种境界中明白显现，如此就可以获得无生法忍。由此再加渐修，随他所发现的行持境界的过程，安立各种次序的圣位名称和含义，这是第三项的修行次序。"

阿难。是善男子。欲爱干枯。根境不偶。现前残质①。不复续生。

---

① 残质：《正脉》曰，果缚仅存也。案残质即多生之习气尚有残存，而不更造新业也。

执心虚明①。纯是智慧。慧性明圆。莹（音萤，明也）十方界。乾有其慧。名乾慧②地。

欲习初乾。未与如来法流水接。即以此心。中中流入③。圆妙开敷。从真妙圆。重发真妙。妙信常住。一切妄想灭尽无余。中道纯真。名信心④住。

真信明了。一切圆通。（五）阴（十二）处（十八）界三不能为碍。如是乃至过去未来。无数劫中。舍身受身一切习气。皆现在前。是善男子。皆能忆念。得无遗忘。名念心住。

妙圆纯真。真精发化。无始习气通一精明。唯以精明进趣真净。名精进心。

心精现前。纯以智慧。名慧心住。

执持智明。周遍寂湛。寂妙常凝。名定心住。

定光发明。明性深入。唯进无退。名不退心。

心进安然保持不失。十方如来气分交接。名护法心。

觉明保持。能以妙力。回佛慈光。向佛安住。犹如双镜。光明相对。其中妙影重重相入。名回向心。

心光密回。获佛常凝无上妙净。安住无为。得无遗失。名戒心住。

住戒自在。能游十方。所去随愿。名愿心住。

阿难。是善男子。以真方便发此十心。心精发晖。十用涉入。圆

---

① 执心虚明：即我法二执之心，已离欲染，无烦恼障，故慧性圆明，莹十方界。
② 乾慧：此乾慧即圣位也，四教仪言三贤为外凡，四加行为内凡，地上方名圣位，《楞严经》中以获无生忍即入三摩地，由入三摩地即阶乾慧，故知乾慧即圣位也。
③ 中中流入：长水曰，即用此乾慧中智，合中道理，智理具中，故名中中，此中智念念相续而进上位，故言中中流入，意显无功用道，任运而修也。
④ 信心：信者，纯真无妄之谓也，以中道心纯真无妄，则因心与果觉相应，故三贤十地等妙果海之直入，必依此十心为发轫之始也。

成一心。名发心住①。

心中发明。如净琉璃内现精金。以前妙心。履以成地。名治地住。

心地涉知。俱得明了。游履十方。得无留碍。名修行住。

行与佛同。受佛气分。如中阴身自求父母。阴信冥通。入如来种。名生贵住。

既游道胎。亲奉觉胤（音闰）。如胎已成。人相不缺。名方便具足住。

容貌如佛。心相亦同。名正心住。

身心合成。日益增长。名不退住。

十身②灵相。一时具足。名童真住。

形成出胎。亲为佛子。名法王子住。

表以成人。如国大王以诸国事分委太子。彼刹利王世子长成。陈列灌顶③。名灌顶住。

阿难。是善男子成佛子已。具足无量如来妙德。十方随顺。名欢喜行④。

善能利益一切众生。名饶益行。

自觉觉他。得无违拒。名无瞋恨行。

种类出生。穷未来际。三世平等。十方通达。名无尽行。

---

① 发心住：住者，永不退还之意，从上十心一超直入，依无住智，生如来家，永不退转也。
② 十身：十身者，谓一菩提身，二愿身，三化身，四力持身，五庄严身，六威势身，七意生身，八福身，九法身，十智身。
③ 陈列灌顶：西竺礼习，国王之太子即王位时，须陈取四大海水，贮金瓶内，王持此水灌太子顶，为受王职位，表示为王当用众智也，菩萨受职，亦复如是，诸佛智水灌其顶故，乃住位之极顶也。
④ 欢喜行：行者，具有修行、施行两种意义，前之十住，方生佛家受菩萨职，此十行乃摄行佛事，学习诸佛本所修行，讲说诸佛本所修行，繁兴妙行，自利利他，普令众生欢喜满足，故拣欢喜为初行也。

一切合同。种种法门。得无差误。名离痴乱行。

则于同中。显现群异。一一异相。各各见同。名善现行。

如是乃至十方虚空满足微尘。一一尘中现十方界。现尘现界。不相留碍。名无著行。

种种现前。咸是第一波罗密多。名尊重行。

如是圆融。能成十方诸佛轨则。名善法行。

一一皆是清净无漏。一真无为。性本然故。名真实行。

阿难。是善男子。满足神通。成佛事已。纯洁精真。远诸留患。当度众生。灭除度相。回无为心。向涅槃路。名救护一切众生离众生相回向①。

坏其可坏。远离诸离②。名不坏回向。

本觉湛然。觉齐佛觉。名等一切佛回向。

精真发明。地如佛地③。名至一切处回向。

世界如来。互相涉入。得无罣碍。名无尽功德藏回向。

于同佛地④。地中各各生清净因。依因发挥。取涅槃道。名随顺平等善根回向。

真根⑤既成。十方众生皆我本性。性圆成就。不失众生。名随顺等

---

① 回向：回向，即是发愿，前十住十行，出俗心多，大悲行劣，此须济以悲愿，处俗利生，回真向俗，回智向悲，使真俗圆融，智悲不二，是名十回向位。
② 坏其可坏，远离诸离：坏其可坏，即离众生相，远离诸离，即离相亦离，能所俱空，则本觉湛然，故名不坏也。
③ 地如佛地：《正脉》曰，地如佛地者，正表发挥自己因地心中所含无边境界，全同诸佛果地理上所现无边刹土也。
④ 同佛地：同佛地，即前之地如佛地也，以此藏中功德无尽，如六度万行万德庄严，皆其本有，故言各各生清净也。
⑤ 真根：平等善根，性真圆融，周遍法界，故名真根，此根全修即性；而此性摄尽众生，故曰皆我本性，然我根既成，众生齐成，故曰性圆成就，盖成就真根，即成就佛道也。

观一切众生回向。

即一切法。离一切相。唯即与离。二无所著。名真如相回向。

真得所如。十方无碍。名无缚解脱回向。

性德圆成。法界量灭①。名法界无量回向。

阿难。是善男子。尽是清净四十一心②。次成四种妙圆加行。

即以佛觉用为己心。若出未出。犹如钻火。欲然其木。名为暖地。

又以己心成佛所履。若依非依。如登高山。身入虚空。下有微碍。名为顶地。

心佛二同。善得中道。如忍事人。非怀非出。名为忍地。

数量销灭。迷觉中道。二无所目。名世第一地。

阿难。是善男子。于大菩提善得通达。觉通如来。尽佛境界。名欢喜地③。

异性入同。同性亦灭。名离垢地。

净极明生。名发光地。

明极觉满。名焰慧地。

一切同异所不能至。名难胜地。

无为真如性净明露。名现前地。

尽真如际。名远行地。

一真如心。名不动地。

发真如用。名善慧地。

---

① 法界量灭:《正脉》曰,法界量灭者,良由体无不遍而用无不周,是以一尘一毛,皆等法界无复限量,是则量灭者即无量也。

② 四十一心:温陵曰,四十一心者,乾慧一,信住行向各十,小乘通教皆有四加,而非妙非圆,故此特标妙圆加行,融前四十一心,加功用行,以为登地之胜进,但泯前心,非离前位,别有四行也。

③ 欢喜地:地有二义,一者成实义,盖地以坚实为体也,二者发生意,盖地以发生为用也,温陵曰,十地者,蕴积前法至于成实,一切佛法依此发生,故谓之地也。

阿难。是诸菩萨。从此已往。修习毕功。功德圆满。亦自此地名修习位。慈阴妙云。覆涅槃海。名法云地。

如来逆流①。如是菩萨顺行而至。觉际入交②。名为等觉。

阿难。从乾慧心至等觉已。是觉始获金刚心中初乾慧地。如是重重单复十二③。方尽妙觉。成无上道。

是种种地④。皆以金刚观察如幻十种深喻⑤。奢摩他中。用诸如来毗婆舍那⑥。清净修证。渐次深入。阿难。如是皆以三增进⑦故。善能成就五十五位⑧真菩提路。作是观者。名为正观。若他观者。名为邪观。

五十五位修行的圣位和境界的含义

（一）乾慧地：欲爱之念已经干枯了，六根与外界物欲就不互相偶合。目前的有限残生，气质已经变化，不再继续发生业习。执心虚明不昧，完全是清明在躬的智慧。修持渐久，智慧的性能，光明圆满，照耀十方世界。因为只是乾有其慧而已，未能发生自性大定的功德，

---

① 如来逆流：言逆流者，谓诸佛已至果海，而倒驾慈航出涅槃入生死也，菩萨顺行而至者，谓菩萨将穷果海，方违生死趋向涅槃也。
② 觉际入交：觉际入交者，言佛出菩提觉际，菩萨入菩提觉际，彼此正相交会，故云入交，《正脉》云，譬如入海采宝者，前人已得众宝，逆流而出到于海门，后人方以进取，顺流而入，亦到海门，是二船恰齐，但船头向外向内为不同耳。
③ 重重单复十二：重重单复言位位也，自乾慧以来，如是一重一重有单有复，至十二重方尽妙觉，温陵谓一乾慧为单，二信三住四行五向为复，六暖七顶八忍九世为单，十地为复，十一等觉十二金刚心为单，故曰重重单复十二也。
④ 种种地：种种地，指由乾慧以至妙觉也，金刚喻能观之智，如幻喻所观之境。
⑤ 十种深喻：《大品经》云，解了诸法如幻，如焰，如水中月，如虚空，如响，如乾闼婆城，如梦，如影，如镜中像，如化，为十喻。
⑥ 毗婆舍那：此云差别观。案：奢摩他为止，此观则依止所成之观行也。
⑦ 三增进：即前之第三渐次也。
⑧ 五十五位：信，住，行，向，地，为五十，四加行及等觉为五，共成五十五位，《正脉》云，既言真菩提路，则显乾慧非真，妙觉非路也。

所以名为乾慧地。

（二）十信①

（1）信心住：乾慧地中，只是欲习初乾，还未与真如自性的法流相接，就以这初得乾有智慧的心，心心念念之中，如箭箭中的，中入法性之流，渐渐使真心开展圆妙。从此在真心妙圆的境界里，重新发生至真绝妙的知见，证得真心元是常住不变，深具真实的信心。一切妄想，自然灭尽无余，完全在中道纯真中行，名为信心住。

（2）念心住：证得真实的信心，明了一切都能圆通自在。身心内外和中间三处，再不会受到障碍。乃至对于过去未来，无数劫中舍身受身的一切习气，都在一念之间，现在目前，自然记忆不失，名为念心住。

（3）精进心：真心灵妙圆满，真精发生变化。无始以来的习气，都融化成为一体的精明妙用。只用这种精明再求进步，入于真净之境，名为精进心。

（4）慧心住：真心的精明现前，一切作为，纯为智慧，名慧心住。

（5）定心住：执持智慧光明之境，身心内外，周遍寂湛。在寂静灵妙之中，有如止水澄波，经常凝定不动，名为定心住。

（6）不退心：在定境中，发现清净光明。由定境的光明中，深入自性，有进而无退，名为不退心。

（7）护法心：此心进入轻安泰然之境，始终保持不失，和十方诸佛的气分相交接，名为护法心。

（8）回向心：保持真心寂照的觉明境界，能够生起妙有的力量，回光返照到佛力的慈光。转向佛的境界中安然而住犹如一对明镜，光明互相映照。其中的妙影，互相重重映入，名为回向心。

（9）戒心住：心光绵密返还，获得佛的常凝无上妙净之力。安住

---

① 十信：菩萨五十五位修行中之第十位也。

在无为之境中，永远不会遗失，名为戒心住。

（10）愿心住：住于自在无碍的戒心境中，能够游于十方世界，所去都可随愿，名为愿心住。

（三）十住①

（1）发心住：若有人用此真实的法门，发起以上的十心。心精发生光辉，所举的十心功用，都互相涉入，圆成为唯一真心，名为发心住。

（2）治地住：心中所发的明净境界，犹如在清净的琉璃之中，现出内在的精金，前面所发的妙心，随时随地都在妙明的心地中行履，名为治地住。

（3）修行住：发心与治地所涉及的一切知见，都得明明了了。遍游十方世界，都无留碍，名为修行住。

（4）生贵住：所行与佛相同，感受佛的气分。犹如中阴身一样，能够自由求得转生的父母，互相感应，入于佛的种性，名为生贵住。

（5）方便具足住：既能随时游心于道，犹如初得人身而入胎，已经亲承佛的法统。由此再加修行，如胎儿的完成人形，名为方便具足住。

（6）正心住：再进而形容如佛，道心也和佛相同，名正心住。

（7）不退住：身心圆明，打成一片，日日增长，名为不退住。

（8）童真住：再此增进，佛所具有的十身②灵相，一时都得具足，名为童真住。

（9）法王子住：逐渐人形完全长成，出胎在世，亲为佛的得法之子，名为法王子住。

---

① 十住：菩萨五十五位修行中之第二十位也。
② 十身：1. 菩提身，2. 愿身，3. 化身，4. 住持身，5. 相好庄严身，6. 势力身，7. 如意身，8. 福德身，9. 智身，10. 法身。

（10）灌顶住：已经长养成人，犹如国之太子，成年以后，行将继承王位，得到灌顶，名为灌顶住。

（以上由生贵住至灌顶住，以入胎成人为譬喻。在功用上，确很实在。不过有些人，却把它当成实相来做，坚执为实有的境界，实在贻误不浅。此中妙用，唯证方知，要到空有双融、智悲双运的实际理地，才解此语。）

（四）十行①

（1）欢喜行：既已成为佛的法子，就具足有无量如来的妙德。在十方世界中，一切随顺众生，随缘而度，名为欢喜行。

（2）饶益行：善于为一切众生造福利，名为饶益行。

（3）无瞋恨行：不但自觉，且能觉他。对于所遭遇的一切烦恼，皆无违拒，名为无瞋恨行。

（4）无尽行：于未来无穷的时际里，出生于任何种类的众生之中，不受时间空间的影响，名为无尽行。

（5）离痴乱行：或演绎、或综合一切各种法门，始终没有差误，名为离痴乱行。

（6）善现行：在一切根本同一的法性中，显示各种不同的差异作用不同。在每一差异的现象上，又能见到它根本的同处，名为善现行。

（7）无著行：进而至于十方虚空界的所有微尘里，在任何一粒尘中，又可以现出另一个十方世界。如此互相变现，无论现尘或现出世界，都能彼此不相留碍，名为无著行。

（8）尊重行：种种现前的作为，都是为了救度众生，使其解脱到达彼岸②的第一义，名为尊重行。

---

① 十行：菩萨五十五位修行中之第三十位也。菩萨于十信十住满足自利，又复为利他之行也。

② 彼岸：生死之境界，譬之此岸。业烦恼，譬之中流。涅槃，譬之彼岸也。

（9）善法行：如此圆融通达，能够完成十方诸佛的仪轨和法则，名为善法行。

（10）真实行：如上所说的各种次序和境界，一一都是清净无漏中的行业。也都是一真无为自性中本然的流露，名为真实行。

（五）十回向①

（1）救护一切众生离众生相回向：此人如果已经满足得到神通妙用，成就佛事，绝对的纯洁精真，远离了一切残留的过患，当然就要救度一切众生。但是自己又须灭除心中表示足以度他，或我已度他的观念和现象。回此无为之心，都归向于涅槃（圆寂）之路，名为救护一切众生离众生相回向。

（2）不坏回向：空坏了一切可以空坏的，远离了一切可以远离的，连能坏能离之相都不存在，名为不坏回向。

（3）等一切佛回向：自性本觉之体，湛然现前。觉性已并齐于佛的正觉，名为等一切佛回向。

（4）至一切处回向：真心至精发出光明，心地等于佛的心地，名为至一切处回向。

（5）无尽功德藏回向：万有世界，与真如自性，可以互相涉入，一点没有挂碍，名为无尽功德藏回向。

（6）随顺平等善根回向：在佛与众生平等的性地中，而发生各各不同的清净之因。依此因而发挥它的妙用，取得涅槃（圆寂）的道果，名为随顺平等善根回向。

（7）随顺等观一切众生回向：真实的道根既已成就，视十方世界里的众生，都是我本性的同体。自性虽然已经圆满成就，同时亦不忘失救度任何一个众生，名为随顺等观一切众生回向。

---

① 十回向：菩萨五十五位修行中之第四十位也。以大悲心救护一切众生，谓之回向。

（8）真如相回向："即一切法，离一切相。"于不即不离，亦离亦即之中，两者都没有执著的心，名为真如相回向。

（9）无缚解脱回向：真心得到如所如如的境界，十方世界，一切无碍，名为无缚解脱回向。

（10）法界无量回向：本来自性的妙德圆成了，所谓法界的边际和数量的观念也灭除了，名为法界无量回向。

以上就是心性修行过程中，所立四十一位清净心地境界的含义。其次还要成功四种微妙圆满的加行。（这里所谓加行，是针对以上修治心性的心地法门而言。因为四十一位的修行次序，大部分是专指心性的境界而建立它的名称和次序。心地虽然已经得到极高明之境，而在行持的工夫上，还得注意它的功用。这种工夫的功用境界，就名为四加行。如果将四加行也作为心性的法则来看，似乎失于切实。所以下面就基于这个体验，来说四加行的妙用。）

（六）四加行①

（1）暖地：既已得到如佛的觉性妙用，在自己心地上用功夫，好像欲出未出，有如钻木取火。火光虽未燃发，而暖气已经流布，就名为暖地。

（2）顶地：自己心地上，已经成就，和佛的所行所履一样。对于这个气质残留尘色的生理之身，外表像是依靠它。其实内在又并不一定依靠它。犹如人登到高山的峰顶上，身体虽然已经上接虚空，入于虚空之中，但是下面还有些障碍，不能完全离开，就名为顶地。

（3）忍地：即心即佛，心就是佛。已经证得这个真心不二的绝对真理之实境。此心已同于佛道，并且善能得到中道不二的妙用。犹如忍住

---

① 四加行：于大乘法相宗以暖地、顶地、忍地、世第一地等四善根为五位中加行位，故以四加行为四善根之异名。

某一种事的人,心中如有如无,大有忍住不动的意味,就名为忍地。

(4)世第一地:一切境界和名称数量,完全消灭。既无所谓迷,也无所谓觉。迷觉乃二边对待的名词和作用,现在都成为未悟以前的过去剩语。只有在不二的中道第一义谛中行,其余都成为无所谓的名词,就名为世第一法。

(七)十地①

(1)欢喜地:在大菩提中(无上正知正觉),善得通达,觉心已通达于真如自性,尽能了解佛的境界,名为欢喜地。

(2)离垢地:一切世间出世间诸法差异的性能,都能明了它的同一根源。后来并同一之性也灭除不住,名为离垢地。

(3)发光地:内心净极,自性光明发生,名为发光地。

(4)焰慧地:自性光明已极,正觉圆满,名焰慧地。

(5)难胜地:一切诸法的同异,都不可得,名为难胜地。

(6)现前地:无为真如自性,自然发露净明妙德,名为现前地。

(7)远行地:穷尽真如自性的边际,名为远行地。

(8)不动地:一心真如,如如不动,名为不动地。

(9)善慧地:发起真如心的妙用,名为善慧地。

(10)法云地:在修习菩萨道的过程中,从此以往,修习的功用已毕,功德已经圆满。也有认为到此才是真正修习佛法的正位,所谓慈荫妙云,覆涅槃海,名为法云地。

(以上为修习大乘菩萨道的五十五位次序竟。)

等觉:由凡夫境界,要求返本还元,证得自性真如。必须要逆转生死海中的妄想之流。如有一修习行持者,依照上面所说的次序,顺行而至于正觉的性海,与诸佛法性相交,名为等觉之位,便和诸佛的

---

① 十地:菩萨五十五位修行中之第五十位也。

菩提正觉相等了。

妙觉：到了等觉位以后，觉性才获得金刚喻心中的大定。由最初的乾慧地，如是重重单复十二，方尽妙觉，成无上道。（例如以每一位为单数，加积成为十位，十位即是五位的二数的复数，此为一重单复。众生世界因有时间的三位，空间的四位，三四四三，乘得十二。所以众生界得形成六根六尘，统名为十二根尘。如果修返本还元之道，也得依十二根尘而修持，此为第二重单复。从乾慧地，至暖、顶、忍、世第一法、等觉、妙觉，七个单位，加上十地等五十位的五数，七五相加得十二。此为第三重单复。天数五、地数五、天地之数五十又五，其用四十有九。五是一至十的中数，与十交叉，顺行推演至于无穷数，逆行复归于一。所以修行佛道，建立五十五位，此为第四重单复。形而下的有数，都始于一。十百千万亿而至于无量之数，还都只是一位。形而上的数，也由一而逆返。返一以还，进于形而上的不可知之数。古今中外，东西方的圣凡，对于名数的道理，并无两样，实为不可思议的至理。此中妙理无穷，由此贯通，佛法名数之理，可以了然矣。）

以上所说的种种地位，都是用不变如金刚的智慧去观察。认识世间事物，皆是如梦、如幻、如露、如电、如镜花、如水月、如阳焰、如空花、如海市蜃楼、如芭蕉。观察认识清楚了，在奢摩他（止定的境界）中，用诸佛所教毗婆舍那（慧观）。双融双运，而清净修证之。渐次深入，从步步精进的程序上，立此位数。但都是用上述三种渐次增进的方法，修成五十五位的真正菩提正觉之路。如果能够依此去修观，才名为正观。若做其他观的，就名为邪观。

尔时文殊师利法王子。在大众中。即从座起。顶礼佛足。而白佛言。当何名是经。我及众生云何奉持。佛告文殊师利。是经名大佛顶悉怛多般怛罗无上宝印。十方如来清净海眼。亦名救护亲因。度脱阿难。及此会中性比丘尼。得菩提心。入遍知海。亦名如来密因修证了义。亦名大方广妙莲华王。十方佛母陀罗尼咒。亦名灌顶章句。诸菩萨万行首楞严。汝当奉持。

说是语已。即时阿难及诸大众。得蒙如来开示密印般怛罗义。兼闻此经了义名目。顿悟禅那修进圣位。增上妙理。心虑虚凝。断除三界①修心六品微细烦恼。即从座起。顶礼佛足。合掌恭敬而白佛言。大威德世尊。慈音无遮。善开众生微细沈惑。令我今日身心快然。得大饶益。世尊。若此妙明真净妙心。本来遍圆。如是乃至大地草木。蠕（音孺）动含灵。本元真如。即是如来成佛真体。佛体真实。云何复有地狱。饿鬼。畜生。修罗。人。天。等道。世尊。此道为复本来自有。为是众生妄习生起。世尊。如宝莲香②比丘尼。持菩萨戒。私行淫欲。妄言行淫非杀非偷。无有业报。发是语已。先于女根生大猛火。后于节节猛火烧然。堕无间狱。琉璃大王③。善星比丘④。琉璃为诛瞿昙族姓。善星妄说一切法空。生身陷入阿鼻地狱。此诸地狱。为有定处。为复自然。彼彼发业。各各私受。惟垂大慈。开发童蒙。令诸一切持戒众生。闻决定义。欢喜顶戴。谨洁无犯。

佛告阿难。快哉此问。令诸众生不入邪见。汝今谛听。当为汝说。阿难。一切众生实本真净。因彼妄见。有妄习⑤生。因此分开内分（去声）外分。阿难。内分即是众生分内。因诸爱染。发起妄情。情积不休。能生爱水。是故众生。心忆珍羞。口中水出。心忆前人。或怜或

---

① 断除三界：断除三界修道位中前六品细惑，以实证二果也。
② 宝莲香：长水曰，宝莲香事，未检所出。
③ 琉璃大王：琉璃王，舍卫国之太子也，以私怨诛释族，佛谓其七日当入地狱，王怖乘舟浮海以避，水中出火烧王死。
④ 善星比丘：善星比丘，即调达之子也，善说十二部经，以近恶友故，妄说诸法断灭，生陷无间地狱。案：上三人，皆谬执圆妙，拨无因果，毁律误人，故循业受报也。
⑤ 妄习：习妄成执，惑为性具，生佛之趣，实由此判也。

恨。目中泪盈。贪求财宝。心发爱涎。举体光润。心著行淫。男女二根。自然流液。阿难。诸爱虽别。流结是同。润湿不升。自然从坠。此名内分。阿难。外分即是众生分外。因诸渴仰。发明虚想。想积不休能生胜气①。是故众生。心持禁戒。举身轻清。心持咒印。顾盼雄毅。心欲生天。梦想飞举。心存佛国。圣境冥现。事善知识。自轻身命。阿难。诸想虽别。轻举是同。飞动不沉。自然超越。此名外分。

阿难。一切世间生死相续。生从顺习。死从变流。临命终时。未舍暖触。一生善恶俱时顿现。死逆生顺。二习相交。(《正脉》云,死逆生顺二习相交,当在暖触下。)

纯想即飞。必生天上。若飞心中②。兼福兼慧。及与净愿。自然心开。见十方佛。一切净土。随愿往生。情少想多。轻举非远。即为飞仙。大力鬼王。飞行夜叉。地行罗刹。游于四天。所去无碍。其中若有善愿善心。护持我法。或护禁戒。随持戒人。或护神咒。随持咒者。或护禅定。保绥法忍。是等亲住如来座下。情想均等。不飞不坠。生于人间。想明斯聪。情幽斯钝。情多想少。流入横生。重为毛群。轻为羽族。七情三想。沉下水轮。生于火际。受气猛火。身为饿鬼。常被焚烧。水能害己。无食无饮。经百千劫。九情一想。下洞火轮。身入风火二交过地。轻生有间。重生无间。二种地狱。纯情即沉。入阿鼻狱。若沉心中。有谤大乘。毁佛禁戒。诳妄说法。虚贪信施。滥(音乱)膺(音应)恭敬。五逆十重。更生十方阿鼻地狱。循造恶业。虽则自招。众同分中。兼有元地③。

阿难。此等皆是彼诸众生自业所感。造十习因。受六交报。

---

① 胜气:胜气,由积想生,想久观成即超举之妙因也。
② 若飞心中:飞者纯想之所现,言若纯想自己心中所作福业慧业,及净愿等,自得见佛净土也。
③ 元地:元地者,各随原由因地,造业受报也。

云何十因。阿难。一者。淫习交接。发于相磨。研磨不休。如是故有大猛火光。于中发动。如人以手自相摩触。暖相现前。二习相然。故有铁床铜柱诸事。是故十方一切如来。色目①行淫。同名欲火。菩萨见欲。如避火坑。二者。贪习交计。发于相吸。吸揽（音览，取也）不止。如是故有积寒坚冰。于中冻冽（音烈）。如人以口吸缩风气。有冷触生。二习相陵。故有吒吒②（音乍）。波波。罗罗。青赤白莲。寒冰。等事。是故十方一切如来。色目多求。同名贪水。菩萨见贪。如避瘴（音障，毒也）海。

三者。慢习交陵。发于相恃。驰流不息。如是故有腾逸奔波。积波为水。如人口舌自相绵味③。因而水发。二习相鼓。故有血河。灰河。热沙。毒海。融铜。灌吞诸事。是故十方一切如来。色目我慢。名饮痴水。菩萨见慢。如避巨溺。

四者。瞋习交冲。发于相忤。忤结不息。心热发火。铸（音柱）气为金。如是故有刀山。铁橛（音厥）剑树。剑轮。斧钺（音月）铓锯。如人衔冤。杀气飞动。二习相击。故有宫割斩斫（音昨）。剉（音错）刺槌（音追）击④诸事。是故十方一切如来。色目瞋恚。名利刀剑。菩萨见瞋。如避诛戮。

五者。诈习交诱。发于相调。引起不住。如是故有绳木绞校（音教）。如水浸田。草木生长。二习相延。故有杻（音钮）械（音谢）枷锁鞭杖挝（音挝）棒诸事。是故十方一切如来。色目奸伪。同名谗贼。菩萨见诈。如畏豺狼。

---

① 色目：《指掌》曰，向人形容曰色，自己观察曰目，故如来向人形容自己观察皆名欲火也。
② 吒吒、婆婆、罗罗、青赤白莲等：吒吒婆婆罗罗，酷寒逼人之声也，青赤白莲，寒气冻结之相也。
③ 绵味：《指掌》曰，绵味者，舌挂上颚，深取其味也。
④ 宫割斩斫剉刺槌击：皆刑名也。

六者。诳习交欺。发于相罔。诬罔不止。飞心造奸。如是故有尘土屎尿。秽污不净。如尘随风。各无所见。二习相加。故有没溺腾掷。飞坠漂沦诸事。是故十方一切如来。色目欺诳。同名劫杀。菩萨见诳。如践蛇虺（音卉）。

七者。怨习交嫌。发于衔恨。如是故有飞石投砺①（音历）。匣贮车槛。瓮盛囊扑。如阴毒人。怀抱畜恶。二习相吞。故有投掷擒捉。击射抛撮诸事。是故十方一切如来。色目怨家。名违害鬼。菩萨见怨。如饮鸩（音趁）酒②。

八者。见习③交明。如萨迦耶④。见戒禁取。邪悟诸业。发于违拒。出生相反。如是故有王使主吏。证执交籍。如行路人。来往相见。二习相交。故有勘（音刊，考对也）问权诈。考讯推鞫（音菊，穷诘也）。察访。披究。照明。善恶童子。手执文簿辞辩诸事。是故十方一切如来。色目恶见。同名见坑。菩萨见诸虚妄遍执。如临毒壑。

九者。枉习交加。发于诬谤。如是故有合山合石⑤。碾（音拈，轧也）硙（音挨）耕磨。如谗贼人。逼枉良善。二习相排。故有押（压）捺捶（槌）按。蹙（音促）漉（音鹿）衡度诸事。是故十方一切如来。色目怨谤。同名谗虎。菩萨见枉。如遭霹雳（音辟历，雷震也）。

十者。讼习交谊。发于藏覆⑥。如是故有鉴见照烛。如于日中。不能藏影。二习相陈。故有恶友。业镜。火珠。披露宿业。对验诸事。

---

① 飞石投砺，柙贮车槛，瓮盛囊扑：飞以石块，投以碎石，柙牢盛贮，车中槛禁，盛人瓮中以火炙之，收入于囊举以扑之，皆害人事也。
② 鸩酒：鸩鸟最毒，忌毛沥酒饮之，则肠寸寸断也。
③ 见习：见习有五，一身见，二边见，三邪见，四见取，五戒禁取，此五总名恶见，互相违反，皆能陷法身致业苦也。
④ 萨迦耶：此云有身，即是众生身见，谓执身有我，种种计著也。
⑤ 合山合石，碾硙耕磨：两山竖夹，两石横夹，碾轧石研，耕舌磨顶，皆苦惨罪刑也。
⑥ 藏覆：谓藏覆己过也，人虽不知，自心难昧，故于自心预现其相也。

是故十方一切如来。色目覆藏。同名阴贼。菩萨观覆。如戴高山。履于巨海。

云何六报。阿难。一切众生六识造业。所招恶报。从六根出。

云何恶报从六根出。一者见报招引恶果。此见业交。则临终时。先见猛火满十方界。亡者神识。飞坠乘烟。入无间狱。发明二相。一者明见。则能遍见种种恶物。生无量畏。二者暗见。寂然不见。生无量恐。如是见火。（眼根）烧听。（耳根）能为镬（音户，釜也）汤烊铜。烧息。（鼻根）能为黑烟紫焰。烧味。（舌根）能为焦丸铁糜。烧触（身根）能为热灰炉炭。烧心。（意根）能生星火迸（音并，散也）洒。煽（扇）鼓空界。

二者。闻报招引恶果。此闻业交。则临终时。先见波涛没溺天地。亡者神识。降注乘流。入无间狱。发明二相。一者开听。听种种闹。精神愗（音茅，昏也）乱。二者闭听。寂无所闻。幽魄沈没。如是闻波。注闻。（耳）则能为责为诘。注见。（目）则能为雷为吼。为恶毒气。注息。（鼻）则能为雨为雾。洒诸毒虫周满身体。注味。（舌）则能为脓为血。种种杂秽。注触。（身）则能为畜为鬼。为粪为尿。注意。则能为电为雹。摧碎心魄。

三者嗅报招引恶果。此嗅业交。则临终时。先见毒气充塞远近。亡者神识。从地踊出。入无间狱。发明二相。一者通闻。被诸恶气熏极心扰。二者塞闻。气掩不通。闷绝于地。如是嗅气。冲息。则能为质为履冲见。则能为火为炬。冲听。则能为没为溺。为洋为沸。冲味。则能为馁（音蚋，创也）为爽。冲触。则能为绽（音占，破也）为烂。为大肉山。有百千眼。无量咂（音札，吸也）食。冲思。则能为灰为瘴。为飞砂砾。击碎身体。

四者味报招引恶果。此味业交。则临终时。先见铁网猛焰炽烈。周覆世界。亡者神识。下透挂网。倒悬其头。入无间狱。发明二相。

一者吸气。结成寒冰。冻裂身肉。二者吐气。飞为猛火。焦烂骨髓。如是尝味。历尝。则能为承（领纳也）为忍（受也）历见。则能为然金石。历听。则能为利兵刃。历息。则能为大铁笼。弥覆国土。历触。则能为弓为箭为弩为射。历思。则能为飞热铁从空雨下。

五者触报招引恶果。此触业交。则临终时。先见大山四面来合。无复出路。亡者神识。见大铁城。火蛇火狗。虎狼师子。牛头狱卒。马头罗刹。手执铃稍（音朔）。驱入城门。向无间狱。发明二相。一者合触。合山逼体。骨肉血溃。二者离触。刀剑触身。心肝屠裂。如是合触。历触。则能为道为观。为听为案。历见。则能为烧为爇。历听。则能为撞为击。为剚（音刺）为射。历息。则能为括为袋。为考为缚。历尝则能为耕为钳。为斩为截。历思则能为坠为飞。为煎为炙（音炽）。

六者思报招引恶果。此思业交。则临终时。先见恶风吹坏国土。亡者神识。被吹上空。旋落乘风。堕无间狱。发明二相。一者不觉。迷极则荒。奔走不息。二者不迷。觉知则苦。无量煎烧。痛深难忍。如是邪思。结思。则能为方为所。结见。则能为鉴为证。结听。则能为大合石。为冰为霜。为土为雾。结息。则能为大火车。火船火槛。结尝。则能为大叫唤。为悔为泣。结触。则能为大为小。为一日中万生万死。为偃为仰。

阿难。是名地狱十因六果。皆是众生迷妄所造。若诸众生。恶业圆造。入阿鼻狱。受无量苦。经无量劫。六根各造。及彼所作兼境兼根。是人则入八无间狱。身口意三。作杀盗淫。是人则入十八地狱。三业不兼。中间或为一杀一盗。是人则入三十六地狱。见见一根。单犯一业。是人则入一百八地狱。由是众生别作别造。于世界中入同分地。妄想发生。非本来有。

复次阿难。是诸众生。非破律仪。犯菩萨戒。毁佛涅槃。诸余杂业。历劫烧然。后还罪毕。受诸鬼形。

若于本因贪物为罪。是人罪毕。遇物成形。名为怪鬼。

贪色为罪。是人罪毕。遇风成形。名为魃（音跋，旱鬼也）鬼。

贪惑为罪。是人罪毕。遇畜成形。名为魅鬼。

贪恨为罪。是人罪毕。遇虫成形。名蛊毒鬼。

贪忆为罪。是人罪毕。遇衰成形。名为疠鬼。

贪傲为罪。是人罪毕。遇气成形。名为饿鬼。

贪罔为罪。是人罪毕。遇幽为形。名为魇（音掩）鬼。

贪明为罪。是人罪毕。遇精为形。名魍魉鬼。

贪成为罪。是人罪毕。遇明为形。名役使鬼。

贪党为罪。是人罪毕。遇人为形。名传送鬼。

阿难。是人皆以纯情坠落。业火烧干。上出为鬼。此等皆是自妄想业之所招引。若悟菩提。则妙圆明本无所有。

复次阿难。鬼业既尽。则情与想二俱成空。方于世间与元负人。怨对相值。身为畜生。酬其宿债。

物怪之鬼。物销报尽。生于世间。多为枭类。

风魃之鬼。风销报尽。生于世间。多为咎徵一切异类。

畜魅之鬼。畜死报尽。生于世间。多为狐类。

虫蛊之鬼。蛊灭报尽。生于世间。多为毒类。

衰疠之鬼。衰穷报尽。生于世间。多为蛔（音回，腹内虫也）类。

受气之鬼。气销报尽。生于世间。多为（供人所）食（之）类。

绵幽之鬼。幽销报尽。生于世间。多为（供人）服用（之用）类。

和精之鬼。和销报尽。生于世间。多为应（时而至之）类。

明灵之鬼。明灭报尽。生于世间。多为休徵（麟凤之类）一切诸类。

依人之鬼。人亡报尽。生于世间。多为循（善也）类。

阿难。是等皆以业火干枯。酬其宿债。傍为畜生。此等亦皆自虚妄业之所招引。若悟菩提。则此妄缘本无所有。如汝所言宝莲香等。

及琉璃王。善星比丘。如是恶业。本自发明。非从天降。亦非地出。亦非人与。自妄所招。还自来受。菩提心中。皆为浮虚妄想凝结。

复次阿难。从是畜生酬偿先债。若彼酬者分（去声）越所酬。此等众生。还复为人。反征其剩。如彼有力兼有福德。则于人中不舍人身。酬还彼力。若无福者。还为畜生。偿彼余直。阿难当知。若用钱物。或役其力。偿足自停。如于中间。杀彼身命。或食其肉。如是乃至经微尘劫。相食相诛。犹如转轮。互为高下。无有休息。除奢摩他及佛出世。不可停寝（止也）。

汝今应知。彼枭伦者。酬足复形。生人道中。参合①顽（心忘德义之人）类。

彼咎征者。酬足复形。生人道中。参合（妖）异（之）类（异类他本有作愚类者）。

彼狐伦者。酬足复形。生人道中。参于庸（鄙之）类。

彼毒伦者（蛇蝎之属）。酬足复形。生人道中。参合很（戾之）类。

彼蛔伦者。酬足复形。生人道中。参合微（贱之）类。

彼食伦者。酬足复形。生人道中。参合柔（弱之）类。

彼服伦者。酬足复形。生人道中。参合劳（役之）类。

彼应伦者。酬足复形。生人道中。参于文（彩之）类。

彼休徵者。酬足复形。生人道中。参合（聪）明（之）类。

彼诸循伦。酬足复形。生人道中。参于（豁）达（之）类。

阿难。是等皆以宿债毕酬。复形人道。皆无始来业计颠倒。相生相杀。不遇如来。不闻正法。于尘劳中法尔轮转。此辈名为可怜悯者。

阿难。复有从人。不依正觉修三摩地。别修妄念。存想固形。游于山林人不及处。有十种仙。

---

① 参合：参者，杂也，杂合其中，似纯而非纯也。

阿难。彼诸众生。坚固服饵①而不休息。食道圆成②。名地行仙。

坚固草木而不休息。药道圆成。名飞行仙。

坚固金石而不休息。化道圆成。名游行仙。

坚固动止而不休息。气精圆成。名空行仙。

坚固津液而不休息。润德圆成。名天行仙。

坚固精色而不休息。吸粹圆成。名通行仙。

坚固咒禁而不休息。术法圆成。名道行仙。

坚固思念而不休息。思忆圆成。名照行仙。

坚固交遘而不休息。感应圆成。名精行仙。

坚固变化而不休息。觉悟圆成。名绝行仙。

阿难。是等皆于人中炼心。不修正觉。别得生理。寿千万岁。休止深山或大海岛。绝于人境。斯亦轮回。妄想流转。不修三昧。报尽还来。散入诸趣。阿难。诸世间人。不求常住。未能舍诸妻妾恩爱。于邪淫中。心不流逸。澄莹生明。命终之后。邻于日月。如是一类。名四天王天。

于己妻房。淫爱微薄。于净居时。不得全味③。命终之后。超日月明。居人间顶。如是一类。名忉利天④。

逢欲暂交。去无思忆。于人间世。动少静多。命终之后。于虚空中朗然安住。日月光明。上照不及。是诸人等。自有光明。如是一类。名须焰摩天⑤。一切时静有应触来。未能违戾⑥。命终之后。上升精微。

---

① 坚固服饵：坚固谓立志不退，服饵谓服食药饵。
② 食道圆成：谓服食既久，道理相应也。
③ 全味：谓净心不纯，间有念起，禅思之味，不得全也。
④ 忉利天：此云三十三，居须弥山顶，四周各八天，中为善见城，乃帝释所居。
⑤ 须焰摩天：此云善时分，以日月不及，应无昼夜，唯视莲花开合为昼夜耳。
⑥ 违戾：犹拒绝也。

不接下界诸人天境。乃至劫坏。三灾不及。如是一类。名兜率陀天①。

我无欲心。应汝行事。于横陈②时。味如嚼蜡③。命终之后。生越化地。如是一类。名乐变化天。

无世间心。同世行事。于行事交。了然超越。命终之后。遍能出超化无化境。如是一类。名他化自在天。

阿难。如是六天。形虽出动。心迹尚交。自此已还。名为欲界④。（卷八终）

地狱天堂的有无与人生精神心理的因果关系

阿难问："如果这灵妙光明真如清净的妙心，本来是遍满圆明的。那么，所有山河大地，与草木含灵等等，都是真如自性本元的变化作用，和佛得成正觉的自性同是一体。佛的性体既然真实不变，何以其中又有地狱、饿鬼、畜生、修罗、人、天等道，各自差别不同的存在呢？这些差别不同的种类，还是本来自然就有的呢？或是一切众生的虚妄习气所生起的呢？所谓地狱等，还是有一定的所在？或是基于各自的业力所生，又各自自然地去感受它呢？希望加以说明，使将来的众生，知道谨慎守戒，纯洁不犯。"

佛说："一切众生，自性本体，本来实在都是清净的真如。因为妄心动生知见，才发生有虚妄习气的作用。因此就分成有内分外分的现象。所谓内分，就是众生的分内之事。由于爱染一切，发生妄有的情意。情意累积不休，能够产生内在的爱水（犹如现代医学所说的内分

---

① 兜率陀天：此云喜足，菩萨住此，多修喜足行故也。
② 横陈：谓横放其身，陈献于旁也。
③ 嚼蜡：以蜡味膻腻，嚼之无味，反欲呕也。
④ 欲界：以前六天，虽出尘扰，而未能绝欲，故通名曰欲界。

泌作用）。所以众生们，心里忆想珍馐妙味，就会流出口水。心里忆想某一个人，或怜或恨，就会眼泪盈眶。如果贪恋追求财宝，心里就发生一种爱涎，久久使身体光润。心里坚想淫欲，男女二根，自然流出液体。爱的心理，虽然有各种差别，却同是业力之流，连绵不断所致。心中之结，同样地无法开解。内在被爱水润湿，始终不能升华。愈陷愈深，自然从此堕落，这就叫做内分。所谓外分，就是众生的分外之事。因为追求一切外物与外务，发生虚妄的想念。想念累积不休，就能够产生胜气（犹如现代物理学所说的原子电子的放射作用）。所以众生们，心里严守清净的戒律，全身都会轻安清快。心里信仰坚定，专一信仰某一形而上的一尊，或咒印，就会顾盼自豪，有毅然出众的气概。心里要想生天，梦里就觉得自己在飞升远举。心里存念佛国，圣境就会突然出现。一心事奉善知识，就会自轻其身体与生命。一切想念的心理，虽然不同，但是妄想的功能，却同是轻清上升的（所以现代心理学认为思想是脑神经的波动作用）。想念继续不止，向上飞动而不下沉，自然有超越的知觉发生。所以叫做外分。"

"一切世间的生死相续，生从习惯性的顺路而来，死从变化之流而灭亡。当生命将要终了时，这个人还未完全舍灭了暖气的感触，那时一生的善恶行为，在意识境象中，就会一齐显现。死逆生顺，两种习气，互相交战。如果平生纯粹落在思想中的人，神识就会上升，必定生于天上（此处所谓天，也就是代表上升的界说）。如果只有心中的升华意境，一生兼有福德与智慧，以及具有净愿的，自然心境开豁，可以见到十方佛的境界，便可随愿往生任何一个佛国的净土。如果是情少想多，即使轻举，也不会很高远的。就会成为鬼仙，大力鬼王，飞行夜叉，地行罗刹等，仍然游行于日月所照临的天下，所去都无障碍。其中若是有人曾发善愿，善心护持佛法戒律神咒禅定等，便能亲住如来的座下。情想平均的，不飞也不坠，就生在人间。于是思想清明的，就是聪明的人。情意幽郁的，就是愚钝的人，情多想少，就流入畜生，重为毛群，轻为羽族。七分情，三分想，就沉下到水轮，生在火边，受猛火炙烤。或身为饿鬼，常被焚烧。同时水也能够伤害它。而且没有饮食，如此要经历百千劫的时间（例如深海水中的庞大生物等）。九分情，一分想，就会下洞火轮，身入风火二交过地。轻的生在有间地狱，重的生在无间地狱①。至于纯情无想的，便即沉入阿鼻地狱（所谓永堕泥犁，不得转生）。如果在沉心之中，有诽谤大乘，诬毁佛的禁戒，以诳妄而演说佛法，虚贪别人的信施，滥得他人的恭敬，乃至犯了五逆②、十重③，就会更番生于十方阿鼻地狱。这些所造的恶业，虽然说都是自作自受，在共同的业力果报当中，各自兼有它的原因和境地。也都是众生自心所造的业力，由自己感召而形成的。"（此处说明地狱、饿鬼、畜生等业力果报的各种情形，研读原经即知。）

"这些恶业所形成的果报，都是自性中所起的业力作用。既不从天而降，也不是从地而出，亦不是他人所授予。完全是根于自己妄心所招引，也由自己去感受。假使能够证得菩提正觉，这些妄缘，都成为一种虚浮不实的幻象，才知道都是由妄想凝结所形成。"（倘若还未澈悟证得菩提正觉，明见真心自性，尽管人们不相信地狱报应之说，果报来时，还须自受。不妨细心观察现实世间的事，就可以知其大半了。）

---

① 无间地狱：地狱，梵语曰泥犁，其依处界说在地下，因谓之地狱。无间地狱，梵语曰阿鼻旨，造五逆罪之一者，即堕于此，一劫之间，受苦无间，故名无间地狱。
② 五逆：又曰五无间业，罪恶极逆于理，故谓之逆。是为感无间地狱苦果之恶业，故谓之无间业。一、杀父，二、杀母，三、杀阿罗汉，四、由佛身出血，五、破和合僧。
③ 十重：又曰十恶，一、杀生，二、偷盗，三、邪淫，四、妄语，五、两舌，六、恶口，七、绮语，八、贪欲，九、瞋恚，十、邪见拨无因果求僻信福者。此十者并乖理而起，故名恶。

十种仙道与天人间精神心理的关系

佛说:"又有一种从人本位,不依自性正觉而修习定慧的正三昧,却怀有妄念而别修一种法门。他们借着精神存想,以坚固自身的形骸,而逍遥游乐于山林之中,或者人迹所不能到的地方。这样的共有十种仙道。

(一)地行仙:修习服食的法门。坚固形骸而不休息,由食物上达到目的,名为地行仙。

(二)飞行仙:修习烹炼草木药物的法门。坚固形骸而不休息,由药物上达到目的,名为飞行仙。

(三)游行仙:修习化炼五金八石,用以服食的法门。坚固形骸而不休息,由化验烹炼上达到目的,名为游行仙。

(四)空行仙:修习吐纳,导引,运行气脉的法门。坚固形骸而不休息,由锻炼本身精气达到目的,名为空行仙。

(五)天行仙:修习咽纳,吞服津液,或服用净水的法门。坚固形骸而不休息,由水德润泽的功能而达到目的,名为天行仙。

(六)通行仙:修习日月精气,采纳天地精华的法门。坚固形骸而不休息,由吸收天地间物理精华而达到目的,名为通行仙。

(七)道行仙:修习梵咒的法门。坚固形骸而不休息,依咒语法术上而达到目的,名为道行仙。

(八)照行仙:修习精神思念,存一注想的法门。坚固形骸而不休息,用精神思惟忆念而达到目的,名为照行仙。

(九)精行仙:修习交遘的法门。坚固形骸而不休息,在互相交感相应而达到目的,名为精行仙。

(十)绝行仙:修习天地变化物理的玄妙法门。坚固形骸而不休息,从觉悟天地变化妙理而达到目的,名为绝行仙。

他们都从人本位中，只求修炼此心，不修自性正觉。另外别求长生之理，可以使寿命维持千万岁。休止在深山茂林，或者大海岛之间，自与人世隔绝。其实还是没有离开妄想轮回的流转作用。如果不再进修正知正觉的如来三昧，福报完时，还会轮转堕落。"

（以上《楞严经》第八卷竟）

阿难。世间一切所修心人。不假禅那。无有智慧。但能执身不行淫欲。若行若坐。想念俱无。爱染不生。无留欲界。是人应念身为梵侣。如是一类。名梵众天。

欲习既除。离欲心现。于诸律仪。爱乐随顺。是人应时能行梵德。如是一类。名梵辅天。

身心妙圆。威仪不缺。清净禁戒。加以明悟。是人应时能统梵众。为大梵王。如是一类。名大梵天。

阿难。此三胜流。一切苦恼所不能逼。虽非正修真三摩地。清净心中。诸漏不动。名为初禅。

阿难。其次梵天。统摄梵人。圆满梵行。澄心不动。寂湛生光。如是一类。名少光天。

光光相然。照耀无尽。映十方界。遍成琉璃。如是一类。名无量光天。

吸持圆光。成就教体。发化清净。应用无尽。如是一类。名光音天。

阿难。此三胜流。一切忧悬所不能逼。虽非正修真三摩地。清净心中。粗漏已伏①。名为二禅。

阿难。如是天人。圆光成音。披音露妙。发成精行。通寂灭乐。

---

① 粗漏已伏：漏者，欲染之谓也，粗漏已伏，即初禅中爱染虽不能断，而于二禅清净心中，亦能无所由起，故曰已伏也。

如是一类。名少净天。

净空现前。引发无际。身心轻安。成寂灭乐。如是一类。名无量净天。世界身心。一切圆净。净德成就。胜托现前①。归寂灭乐。如是一类。名遍净天。

阿难。此三胜流。具大随顺。身心安隐。得无量乐。虽非正得真三摩地。安隐心中。欢喜毕具。名为三禅。

阿难。复次天人。不逼身心。苦因已尽。乐非常住。久必坏生。苦乐二心。俱时顿舍。粗重相灭。净福性生。如是一类。名福生天。

舍心圆融。胜解清净。福无遮中。得妙随顺。穷未来际。如是一类。名福爱天。

阿难。从是天中。有二歧（音奇，分也）路。若于先心。无量净光。福德圆明。修证而住。如是一类。名广果天。

若于先心。双厌苦乐。精研舍心。相续不断。圆穷舍道。身心俱灭。心虑灰凝②。经五百劫。是人既以生灭为因。不能发明不生灭性。初半劫灭。后半劫生。③ 如是一类。名无想天。

阿难。此四胜流。一切世间诸苦乐境所不能动。虽非无为真不动地。有所得心。功用纯熟。名为四禅。

阿难。此中复有五不还天④。于下界中九品习气⑤。俱时灭尽。苦乐双亡。下无卜居。故于舍心众同分中。安立居处。

---

① 胜托现前：有漏之乐，至此已极，自觉殊胜可托，故曰胜托现前。
② 灰凝：此即无想定也。
③ 初半劫灭，后半劫生：指掌云，初半劫灭者，谓初生此天，宿定暂坏，半劫渐灭想心，宿定乃成故也，后半劫生者，谓后将报终，现定未失，半劫渐生想心，现定乃坏故也。
④ 五不还天：第三果人，断欲界九品思惑尽，即生此天，不复欲界受生，故曰不还也。
⑤ 下界九品习气：下界即欲界，习气即指思惑，与生俱来，积习难除，分九品断，断前六品证二果，断后三品证三果。

阿难。苦乐两灭。研心不交。如是一类。名无烦天。

机括独行①。研交无地。如是一类。名无热天。

十方世界。妙见圆澄。更无尘象一切沈垢。如是一类。名善见天。

精见现前。陶铸无碍②。如是一类。名善现天。

究竟群几。穷色性性。入无边际。如是一类。名色究竟天。

阿难。此不还天。彼诸四禅四位天王。独有钦闻。不能知见。如今世间旷野深山。圣道场地。皆阿罗汉所住持故。世间粗人所不能见。

阿难。是十八天。独行无交。未尽形累。自此已还。名为色界③。

复次阿难。从是有顶色边际中。其间复有二种歧路。若于舍心发明智慧。慧光圆通。便出尘界。成阿罗汉。入菩萨乘。如是一类。名为回心大阿罗汉。

若在舍心。舍厌成就。觉身为碍。销碍入空。如是一类。名为空处。

诸碍既销。无碍无灭。其中唯留阿赖耶识。全于末那半分微细。如是一类。名为识处。

空色既亡。识心都灭。十方寂然。迥无攸往。如是一类。名无所有处。

识性不动。以灭穷研。于无尽中发宣尽性。如存不存。若尽非尽。如是一类。名为非想非非想处。

此等穷（追究也）空。不尽（得也）空理。从不还天圣道穷者。如是一类。名不回心钝阿罗汉。若从无想诸外道天。穷空不归。迷漏无闻。

---

① 机括独行：斗心发动曰机，收摄不交曰括，唯余一念，故曰独行。
② 陶铸无碍：如陶师之范土为瓦，铸人之模金成像，心之所至，手之所到，任运成就，得自在故，曰无碍。
③ 色界：以上十八天，虽离欲染，尚有色质，故通名色界，又通名梵世，为已离欲染也，又号四禅天，谓已离散动也，欲界六天，为十善感生，此界兼禅定感生，然特有漏禅观也。

便入轮转。

阿难。是诸天上各各天人。则是凡夫业果酬答。答尽入轮。彼之天王。即是菩萨游三摩提。渐次增进。回向圣伦所修行路。(《正脉疏》云，此节当在四空天节之下)

阿难。是天四空。身心灭尽。定性现前。无业果色。从此逮终。名无色界。此皆不了妙觉明心。积妄发生。妄有三界。中间妄随七趣沈溺。补特伽罗① 各从其类。

复次阿难。是三界中。复有四种阿修罗类。

若于鬼道以护法力。乘通入空。此阿修罗从卵而生。鬼趣所摄。

若于天中降德贬坠。其所卜居邻于日月。此阿修罗从胎而出。人趣所摄。

有修罗王执持世界。力洞(贯也)无畏。能与梵王及天帝释四天争权。此阿修罗因变化有。天趣所摄。

阿难。别有一分下劣修罗。生大海心。沈水穴口。旦游虚空。暮归水宿。此阿修罗因湿气有。畜生趣摄。

（此段有述说三界（欲界、色界、无色界），天人境界的修行果报，以四禅② 九定③ 的功用境界，配合心地修养，形成三界天人的差别本位。人天之事，道理深秘，恐非一般所能信解。但择要述说，故不详译。研读原经可知。至于天堂地狱的变相，以及其如何形成的问题，

---

① 补特伽罗：此云有情，亦云数取趣，谓诸有情，起惑造业，随趣受生，于三界中数数有所取著也。
② 四禅：初禅：不须分段而食，故无鼻舌二识。二禅：无前五识，仅有意识。三禅：亦仅有意识，怡悦之相，至极净妙。四禅：亦仅有意识，唯有舍受与之相应。
③ 九定：上述四禅加四空及灭尽定，是谓九定。四空，又曰四无色定：一、空无边处定，舍色想而缘无边之虚空。二、识无边处定，心识无边之意。三、无所有处定，观心识无所有。四、非想非非想处定，舍前之有想故曰非想，复舍前之无想故曰非非想。灭尽定：又名灭受想定，灭尽六识心、心所而不使起之禅定也。

却有其扼要的结论如下。）

阿难。如是地狱。饿鬼。畜生。人及神仙。天洎修罗。精研七趣。皆是昏沉诸有为相。妄想受生。妄想随业。于妙圆明无作本心。皆如空华。元无所著。但一虚妄。更无根绪。阿难。此等众生。不识本心。受此轮回。经无量劫。不得真净。皆由随顺杀盗淫故。反此三种。又则出生无杀盗淫。有名鬼伦。无名天趣。有无相倾。起轮回性。若得妙发三摩提者。则妙常寂。有无二无。无二亦灭。尚无不杀不偷不淫。云何更随杀盗淫事。阿难。不断三业。各各有私。因各各私。众私同分。非无定处。自妄发生。生妄无因。无可寻究。汝勖（音旭，勉也）修行。欲得菩提。要除三惑。不尽三惑。纵得神通。皆是世间有为功用。习气不灭。落于魔道。虽欲除妄。倍加虚伪。如来说为可哀怜者。汝妄自造。非菩提咎。作是说者。名为正说。若他说者。即魔王说。

天堂地狱的原理

佛说："以上所说的地狱天堂，人及神仙和魔等情形，如果精细研究其根本，都因为众生自己昏迷沉醉于一切有为的现象当中，因为有了妄想而感受各类不同的生命。妄想随着业力的旋转，在元来圆明无作的本觉真心中，自作自受。都像空华乱发，元本是没有所著。其实一切都是虚妄，哪里有它的根本。因为一切众生，不认识圆明灵妙的本觉真心，所以感受轮回的作用。虽然经过无量劫来，也不能够得到真净。基本原因，都因为随顺着杀盗淫三业去造作一切。反此三者，就生出没有杀盗淫的意境。有此三业的恶念就成为鬼类。没有此三业的善念就成为天人境界。或有或无，互相扰乱，就生起轮回旋复的性能。如果能得发生定慧妙觉的性境，就可常住在妙圆常寂的圣境。到此有与无两种都不存在，乃至不存在也归寂灭。如此，连不杀不盗不淫的善境也没有，哪里还会随着杀盗淫的恶念去行事呢？你要知道，如果不能断了这三业的根本，一切众生，人人必然各自有他的自私之心存在。因为各有各的自私之心，所以又有集合大众的自私之心，就成为一个共同的大我之私。大我的私心与个人的自私，自有人为的一定界限，形成人生各种不同的意境。因此可以了解天堂地狱，实在是有它固定的处所。但是仍然根源于自心的妄念业力所形成。至于妄念的发生，根本是无因而自起，实在无可寻究（如切见妄念是空，当下可以释然冰消）。所以你努力修行，要求证得无上正觉的菩提，必须先要断除这三业之惑。如果不断尽这三惑，即使得到神通，也都是世间的有为功用。习气不能灭尽，结果落于魔道之中。虽然要想灭除妄想，反而倍加虚伪，我说为最可怜悯的了！你要知道，业力妄念，都是因为不了自心所造成，并非自性菩提有此必然的过咎。'作是说者，名为正说，若他说者，即魔王说。'"

第七章　修习佛法定慧中的错误和歧路

即时如来将罢法座。于师子床。揽七宝几。回紫金山①。再来凭倚。普告大众及阿难言。汝等有学缘觉声闻。今日回心趣大菩提无上妙觉。吾今已说真修行法。汝犹未识修奢摩他毗婆舍那微细魔事。魔境现前。汝不能识。洗心非正。落于邪见。或汝阴魔。或复天魔。或著鬼神。或遭魑魅。心中不明。认贼为子。又复于中得少为足。如第四禅。无闻比丘②妄言证圣。天报已毕。衰相现前。谤阿罗汉身遭后有。堕阿鼻狱。汝应谛听。吾今为汝子细分别。阿难起立。并其会中同有学者。欢喜顶礼。伏听慈诲。佛告阿难及诸大众。汝等当知。有漏世界十二类生。本觉妙明觉圆心体。与十方佛无二无别。由汝妄想迷理为咎。痴爱发生。生发遍迷。故有空性。化迷不息。有世界生。则此十方微尘国土。非无漏者。皆是迷顽妄想安立。当知虚空生汝心内。犹如片云点太清里。况诸世界在虚空耶。汝等一人发真归元。此十方空皆悉销殒。云何空中所有国土而不振裂。汝辈修禅饰三摩地。十方菩萨。及诸无漏大阿罗汉。心精通吻（同吻合也）。当处湛然。一切魔王及与鬼神诸凡夫天。见其宫殿无故崩裂。大地振坼（音策，裂也）水陆飞腾。无

---

① 紫金山：喻佛身也。
② 无闻比丘：《智度论》言，此比丘不广寻经论，师心修行，无广闻慧，不识诸禅三界地位，但精勤不息，证得初禅，谓是初果，乃至四禅，便谓已证四果罗汉，更不进修，无常至时，忽然起谤，谓佛说罗汉无生，是大妄语，由此生谤，堕阿鼻狱。

不惊慑（音摺）。凡夫昏暗。不觉迁讹（音俄）彼等咸得五种神通。唯除漏尽。恋此尘劳。如何令汝摧裂其处。是故鬼神。及诸天魔。魍魉妖精。于三昧时。佥（音千，皆也）来恼汝。然彼诸魔虽有大怒。彼尘劳内。汝妙觉中。如风吹光。如刀断水。了不相触。汝如沸汤。彼如坚冰。暖气渐邻。不日销殒。徒恃神力。但为其客。成就破乱。由汝心中五阴主人。主人若迷。客得其便。当处禅那。觉悟无惑。则彼魔事无奈汝何。阴销入明。则彼群邪咸受幽气。明能破暗。近自销殒。如何敢留。扰乱禅定。若不明悟。被阴所迷。则汝阿难必为魔子。成就魔人。如摩登伽。殊为眇（音杪，微也）劣。彼唯咒汝。破佛律仪。八万行中。只毁一戒。心清净故。尚未沦溺。此乃隳汝宝觉全身。如宰臣家。忽逢籍没。宛转零落。无可哀救。

性空正觉的基本认识

佛说："一切众生灵妙光明的自性本觉真心，本来是圆满的。与十方诸佛，无二无别。众生们因为迷此真理，才有变相作用的妄心，发生痴迷与贪爱。生了痴爱以后，就普遍地遮障了自性本觉的光明。于是自性真空，迷妄变化不息，形成世界万有形形色色种种的存在。所以这十方世界之内，所有物质和精神的存在，凡是未得到无漏果的人，都是痴迷于顽固性的妄想而生存成长。应当知道：'虚空生汝心内，（自性本觉的真心）犹如片云点太清里，况诸世界在虚空耶！'如果有一个人能够证悟到真心自性，返还自性本无之体。这十方虚空，就完全销殒。所谓虚空粉碎，大地平沉。只因一切凡夫智慧昏暗，所以觉不到它变迁的迹象。如果是已经证得果位的大菩萨、阿罗汉等，彼此心精相通，当处湛然清净。其他鬼神天魔精怪之流，自然会感觉不安，便要向你扰乱不休。"

"他们虽然震怒,向你扰乱,但是他们在尘劳烦恼里,你若能住灵明妙觉的自性寂照中,好像'如风吹光,如刀断水,了不相触。汝如沸汤,彼如坚冰。暖气渐邻,不日销殒'。他们虽然依靠神通之力,等于外客想来喧宾夺主,是否能够成就破乱,全在你心中的五阴主人。如果自己心中着迷,不能自主,外来的客邪,就得到方便了。若是能够在禅定境界中,当下不迷,即使群魔乱舞,也就无奈你何。否则,就会为之迷惑,堕入魔道,以致形神俱灭,无可哀救。"(以下说明修习禅定的功用过程中,精神发生心理生理的变化,自己误认为已经得道,著于幻觉错觉的魔境,吾佛慈悲,故一一加以分析。)

阿难当知。汝坐道场。销落诸念。其念若尽。则诸离念一切精明。动静不移。忆忘如一。当住此处入三摩提。如明目人。处大幽暗。精性妙净。心未发光。此则名为色阴区宇①。若目明朗。十方洞开。无复幽黯。名色阴尽。是人则能超越劫浊。观其所由。坚固妄想以为其本。

阿难。当在此中精研妙明。四大不织②。少选③之间。身能出碍④。此名精明流溢前境。斯但功用暂得如是。非为圣证。不作圣心。名善境界。若作圣解。即受群邪。

阿难。复以此心精研妙明。其身内彻。是人忽然于其身内。拾出蛲(音饶)蛔⑤。身相宛然。亦无伤毁。此名精明流溢形体。斯但精行暂

---

① 色阴区宇:区宇犹小屋也,精性妙净之心,本自周遍,因受色阴局蔽,其光不能普照,故为区宇也。
② 四大不织:织者,彼此相入之意,一切众生,妄认地水火风为自身相,今既不织,则身不有也。
③ 少选:谓须臾之间。
④ 出碍:出碍者,不是肉身出碍,盖以四大不织,另觉有清虚之身,出离四大也。
⑤ 蛲蛔:蛲蛔肠胃中虫、此身乃清虚之身,盖以精明从外向内,观肉身如木偶,故得拾出蛲虫,而宛然无伤也。

得如是。非为圣证。不作圣心。名善境界。若作圣解。即受群邪。

又以此心内外精研。其时魂魄意志精神①。除执受身。余皆涉入。互为宾主②。忽于空中闻说法声。或闻十方同敷密义。此名精魄递相离合。成就善种。暂得如是。非为圣证。不作圣心。名善境界。若作圣解。即受群邪。

又以此心澄露皎彻。内光发明。十方遍作阎浮檀色。一切种类化为如来。于时忽见毗卢遮那③。踞天光台④。千佛围绕。百亿国土及与莲华。俱时出现。此名心魂灵悟所染。心光研明。照诸世界。暂得如是。非为圣证。不作圣心。名善境界。若作圣解。即受群邪。

又以此心精研妙明。观察不停。抑按降伏。制止超越⑤。于时忽然十方虚空。成七宝色。或百宝色。同时遍满。不相留碍。青黄赤白。各各纯现。此名抑按功力逾分。暂得如是。非为圣证。不作圣心。名善境界。若作圣解。即受群邪。

又以此心研究澄彻。精光不乱。忽于夜半。在暗室内。见种种物。不殊白昼。而暗室物。亦不除灭。此名心细。密澄其见。所视洞幽。暂得如是。非为圣证。不作圣心。名善境界。若作圣解。即受群邪。

又以此心圆入虚融。四肢忽然同于草木。火烧刀斫。曾无所觉。

---

① 魂魄意志精神：《指掌》曰，天地之气有六，所谓阴阳晦明风雨，人亦应有，所谓魂魄意志精神，气之上升为魂，下沉为魄，宛似天地阴阳二气，气敛静者为志，散动者为意，宛似天地晦明二气，气之充和者为神，气之浸润者为精，宛似天地风雨二气，但唯约一身言之，是六气为所执受，身为能执受，即色质总相也。
② 互为宾主：言魂本上升，而亦能下沉，魄本下沉而亦能上升，余四例此，故曰互为宾主也。
③ 毗卢遮那：此云遍一切处，法身佛也。
④ 天光台：《梵网经》云，尔时莲花台藏世界，赫赫天光师子座上，盖台依于座，故曰天光台也。
⑤ 抑按降伏，制止超越：抑按者，不得抑按前境，但唯抑止自心，按定不动，以此对治，前境销灭即是降伏，若一味抑按，即是制止超越观慧，故有以下之现象也。

又则火光不能烧爇。纵割其肉。犹如削木。此名尘并①。排四大性。一向入纯。暂得如是。非为圣证。不作圣心。名善境界。若作圣解。即受群邪。

又以此心成就清净。净心功极。忽见大地十方山河皆成佛国。具足七宝。光明遍满。又见恒沙诸佛如来遍满空界。楼殿华丽。下见地狱。上观天宫。得无障碍。此名欣厌②凝想日深。想久化成。非为圣证。不作圣心。名善境界。若作圣解。即受群邪。

又以此心研究深远。忽于中夜。遥见远方市井街巷。亲族眷属。或闻其语。此名迫心③逼极飞出。故多隔见。非为圣证。不作圣心。名善境界。若作圣解即受群邪。

又以此心研究精极。见善知识。形体变移。少选无端种种迁改。此名邪心含受魑魅。或遭天魔入其心腹。无端说法。通达妙义。非为圣证。不作圣心。魔事销歇。若作圣解。即受群邪。

阿难。如是十种禅那现境。皆是色阴用心交互。故现斯事。众生顽迷。不自忖量。逢此因缘。迷不自识。谓言登圣。大妄语成。堕无间狱。汝等当依如来灭后。于末法中宣示斯义。无令天魔得其方便。保持覆护。成无上道。

色阴区宇——生理与心理互变范畴的魔境

佛说:"在禅定静虑的当中,消灭一切杂念。如果杂念真能舍离无

---

① 尘并:尘并者,身界俱忘,内尘外尘,合为一体也,虽合为一体,而四大之性,犹未全忘,若复以研究之力,排遣四大之性,以致空洞无碍,则是一向入纯。
② 欣厌:欣者欣求净心,厌者厌弃染境也。
③ 迫心:迫心者,谓研究妙明以求深远,功力逼迫之极,似觉妄理相应,有飞出之相。

存,一切精明了然,动中静中,自然都不变移。忆念妄念,还是一样。当你停留在这种禅定的境界上,正像一个开着眼的人,处在很幽暗的房间里。虽然自性心精灵妙清净,但是真心还未发生光明。这种境界,名为色阴区宇。如果像开眼去看晴明,十方洞开无遮,再也没有幽暗的存在,就名为色阴尽。这个人就能够超越劫浊①。可是若仔细观察这种来由,还是因为坚固妄想为它的根本作用。"(以下列举色阴区宇的十项魔境,佛都说:并非已经得证圣道,如果心里不认为是证圣境,那是很好的境界。假使认为这就是证得圣境,就会落于群邪。)

"(一)在色阴区宇里,精诚研究它的玄妙灵明。觉得自己这个四大之身,忽然脱离羁绊似的。顷刻之间,身体能够脱离了障碍,优游自在。这是精明流溢到眼前的境界。只是功用的现象。暂时得到如此,不可以执著为是。"

"(二)又因为此心精诚研究它的玄妙灵明,可以彻见身内的一切。自己竟能在身体的内部,捡拾出蛲蛔等虫。可是自身仍旧安然无恙,也不会受到伤毁。这是精明流溢到身体上去,只是精诚专一修行所致。暂时得到如此,不可以执著为是。"

"(三)又因为此心向内外精诚研究,那时候的魂魄意志和精神,除了还把握住有这个身体以外,其余的地方,都可以互相涉入,而且还可以互为宾主。这时,忽然听到空中说法的声音,或者听到十方虚空中,同时有人在演讲奥妙的至理。这是精神魂魄互相分离,却与别的精神魂魄互相和合的作用,也可以成就一种善根。暂时得到如此,不可以执著为是。"

"(四)又因为此心的澄清皎洁,发露出自心的光明。看见了十方

---

① 劫浊:从灭劫人寿二万岁时为劫浊。五浊之一,言时之浊乱也,指五浊(劫浊、见浊、烦恼浊、众生浊、命浊)中烦恼浊等四浊之兴时。《法华经·方便品》曰:"劫浊乱时,众生垢重。"

世界，都变成紫金色的光明。一切物件，都化为佛身。或者在那个时候，忽然看到毗卢遮那佛踞坐在天空中的光台上面。还有千佛围绕着，虚空中的无数国土和莲花，都同时出现。这是心魂灵悟，引发平时闻听所习染的境界。因为自心光明的发起，照到一切世界。暂时得到如此，不可以执著为是。"

"（五）又因为此心精诚研究它的灵明虚妙，一直不停地在起观察作用。过分地抑制按捺，想要降伏妄念，自然会引起超越制止作用的相反力量。于是，忽然之间，看见十方的虚空，同时都变成七宝或百宝的光色，青黄赤白，各自显现，彼此不相障碍。这是抑制按捺的功力太过于用力所致的现象。暂时得到如此，不可以执著为是。"

"（六）又因为此心研究到澄清透澈的境界，自心的精光，再不散乱妄动。在夜半暗室之中，犹如白天一样，忽然可以看见种种的物象。而且暗室中的东西，依旧照样存在。这是此心功用细密所致。因此使能见的功能澄清，可以使它洞见幽暗中的现象。暂时得到如此，不可以执著为是。"

"（七）又因为此心契合圆通，与虚无相融化，觉得四肢同于草木一样，就用火烧刀斫，也没有感觉。用火烧他的身体，不能着热，用刀割他的肢肉，犹如削劈木头。这是生理本能的物理尘性的并合，排除了四大（地、水、火、风）的种性。一直趋向而入于纯一的现象。暂时得到如此，不可以执著为是。"

"（八）又因为此心力求成就清净之果，净心的功力达到极点，忽然看见十方大地山河，都变成了佛国。并且具足七宝，各色的光明又遍满在虚空之间。同时又看见无数的佛，遍满在虚空之间，都有非常华丽的楼殿。而且下见地狱，上观天堂，都没有障碍。这是平常欣慕佛国胜景，厌恶人间浊世的思想所凝结。日累月积，凝想久了，精神就变化成功这种现象。暂时得到如此，不可以执著为是。"

"（九）又因为此心研究至于深远之极，忽然在夜半，可以看见远方的市井街巷，或者亲族眷属等人。甚之，还可以听到他们的说话。这是用功急切，迫逼此心太过，使令心神飞出，所以不受障碍远隔，也能够看见一切。暂时得到如此，不可以执著为是。"

"（十）又因为此心研究到精细之极，看见善知识的形体变移不定，刹那之间，无端有种种迁改。这是邪心含受了魑魅，或者是遭遇天魔入于心腹。甚之，会无端说法，通达一切妙义。自己若不认做已经证得圣心，这种魔事，就会渐渐销歇，不可以执著为是。"

"以上所说的这十种禅定中的境界现象，都是色阴的生理与心理，和物理的交感互变，所以显现这种情形。因为众生迷顽无知，不自忖量，遇到这种现象，就迷不自识，自己说是已经跻登圣人的地位。于是便成为大妄语，结果堕于无间地狱。当我灭度以后，你们应当依我所教，在末法时期中，宣扬其中义理。莫使天魔得其方便，保护扶持一般修学的人，得成无上大道。"

阿难。彼善男子。修三摩提奢摩他中色阴尽者。见诸佛心。如明镜中显现其像。若有所得而未能用。犹如魇人。手足宛然。见闻不惑。心触客邪而不能动。此则名为受阴区宇①。若魇咎歇。其心离身。返观其面。去住自由。无复留碍。名受阴尽。是人则能超越见浊。观其所由。虚明妄想以为其本。

阿难。彼善男子。当在此中②得大光耀。其心发明。内抑过分。忽于其处发无穷悲。如是乃至观见蚊虻。犹如赤子。心生怜愍。不觉流泪。此名功用抑摧过越。悟则无咎。非为圣证。觉了不迷。久自销歇。

---

① 受阴区宇：行人修三摩提，色阴既尽，空色俱忘，心光遍圆，虽自心本具佛心功德，昭昭不昧，然而蔽于受阴，不能随缘显现，如才出一屋，又进一屋，故名受阴区宇也。

② 此中：指受阴将破未破之时。

若作圣解。则有悲魔入其心腑。见人则悲。啼泣无限。失于正受。当从沦坠。

阿难。又彼定中诸善男子。见色阴销。受阴明白。胜相现前。感激过分。忽于其中生无限勇。其心猛利。志齐诸佛谓三僧祇①。一念能越。此名功用陵率过越②。悟则无咎。非为圣证。觉了不迷。久自销歇。若作圣解。则有狂魔入其心腑。见人则夸。我慢无比。其心乃至上不见佛。下不见人。失于正受。当从沦坠。

又彼定中诸善男子。见色阴销。受阴明白。前无新证。归失故居。智力衰微。入中隳地③。迥无所见。心中忽然生大枯渴。于一切时沈忆不散。将此以为勤精进相。此名修心无慧自失。悟则无咎。非为圣证。若作圣解。则有忆魔入其心腑。旦夕撮(执也)心④。悬在一处。失于正受。当从沦坠。

又彼定中诸善男子。见色阴销。受阴明白。慧力过定。失于猛利。以诸胜性怀于心中。自心已疑是卢舍那⑤。得少为足。此名用心亡失恒审⑥溺于知见。悟则无咎。非为圣证。若作圣解。则有下劣易知足魔。入其心腑。见人自言我得无上第一义谛。失于正受。当从沦坠。

又彼定中诸善男子。见色阴销。受阴明白。新证未获。故心已亡。历览二际。自生艰险。于心忽然生无尽忧。如坐铁床。如饮毒药。心不欲活。常求于人令害其命。早取解脱。此名修行失于方便。悟则无咎。非为圣证。若作圣解。则有一分常忧愁魔。入其心腑。手执刀剑。自割其肉。欣其舍寿。或常忧愁。走入山林。不耐见人。失于正受。

---

① 三僧祇:僧祇,此云无量数,三则包含过现未来之无央长时劫也。
② 陵率过越:意谓陵跨佛乘,率尔自任,未免过越其分。
③ 中隳地:色阴已消,受阴未尽,两者中间,杳无所依,灰心泯志,曰中隳地。
④ 撮心:谓从朝至暮,拘促其心,系于方寸,丝毫不敢纵放,故全失于正受也。
⑤ 卢舍那:圆满报身佛也。
⑥ 恒审:恒常审察自己身份也。

当从沦坠。

又彼定中诸善男子。见色阴销。受阴明白。处清净中。心安隐后。忽然自有无限喜生。心中欢悦。不能自止。此名轻安无慧自禁。悟则无咎。非为圣证。若作圣解。则有一分好喜乐魔。入其心腑。见人则笑。于衢路傍自歌自舞。自谓已得无碍解脱。失于正受。当从沦坠。

又彼定中诸善男子。见色阴销。受阴明白。自谓已足。忽有无端大我慢起。如是乃至慢与过慢。及慢过慢。或增上慢。或卑劣慢。一时俱发。心中尚轻十方如来。何况下位声闻缘觉。此名见胜无慧自救。悟则无咎。非为圣证。若作圣解。则有一分大我慢魔。入其心腑。不礼塔庙。摧毁经像。谓檀越言。此是金铜。或是土木。经是树叶。或是氎华。肉身真常。不自恭敬。却崇土木。实为颠倒。其深信者。从其毁碎。埋弃地中。疑误众生入无间狱。失于正受。当从沦坠。

又彼定中诸善男子见色阴销。受阴明白。于精明中。圆悟精理。得大随顺。其心忽生无量轻安。己言成圣得大自在。此名因慧获诸轻清。悟则无咎。非为圣证。若作圣解。则有一分好轻清魔。入其心腑。自谓满足。更不求进。此等多作无闻比丘。疑误众生。堕阿鼻狱。失于正受。当从沦坠。又彼定中诸善男子。见色阴销。受阴明白。于明悟中得虚明性。其中忽然归向永灭。拨无因果。一向入空。空心现前。乃至心生长断灭解。悟则无咎。非为圣证。若作圣解。则有空魔入其心腑。乃谤持戒。名为小乘。菩萨悟空。有何持犯。其人常于信心檀越。饮酒啖肉。广行淫秽。因魔力故。摄其（面）前（之）人不生疑谤。鬼心久入。或食屎尿与酒肉等。一种俱空。破佛律仪。误入人罪。失于正受。当从沦坠。（长断灭解下有脱落，《楞严指掌》补云：此名定心，沈没失于照应。）

又彼定中诸善男子。见色阴销。受阴明白。味其虚明深入心骨。其心忽有无限爱生。爱极发狂。便为贪欲。此名定境安顺入心。无慧自持。误入诸欲。悟则无咎。非为圣证。若作圣解。则有欲魔入其心腑。一向说欲为菩提道。化诸白衣平等行欲。其行淫者。名持法子。神鬼力故。于末世中摄其凡愚。其数至百。如是乃至一百二百。或五六百多满千万。魔心生厌。离其身体。威德既无。陷于王难。疑误众生。入无间狱。失于正受。当从沦坠。

阿难。如是十种禅那现境。皆是受阴用心交互。故现斯事。众生顽迷。不自忖量。逢此因缘。迷不自识。谓言登圣。大妄语成。堕无间狱。汝等亦当将如来语。于我灭后传示末法。遍令众生开悟斯义。无令天魔得其方便。保持覆护。成无上道。

受阴区宇——感觉变幻范畴的魔境

佛说："在修止观、禅定的止定境界中，色阴已尽者。身心的物理互变净尽了，就见到一切佛心，宛如明镜当中，显现出影像，如像似有所得而未能生起作用。犹如睡梦中被魇魔的人，手足宛然存在，见闻之性也不迷惑。只是此心被客邪所魇触而不能动。这种境界，名为受阴区宇。例如被魇魔的人，如果魔力销歇。其心就可离身，可以返观其面，来往去住自由，再无留碍之处，就名为受阴尽。这个人就可以超越见浊。可是若仔细观察这种来由，还是因为妄想虚明为它的根本作用。"

"（一）在这种禅定境界中的人，得到大光明的照耀，其心有所发明。因为内心抑制过分，就在这境界上，发起无穷的悲心，乃至看见了蠢动蚊虻，都犹如自己的赤子，心里发生怜悯，不觉泪流。这是功用摧抑过度。悟则无咎，并非真正证得圣果。只要觉了不迷，久之自会销歇。如果见解上，认为这便是已经得道的圣人境界，就有悲魔入其心腑，见人就悲，啼泣无限，从此就失于正受而致沦坠。"

"（二）又在禅定中的人，自见色阴销尽，受阴明白。胜相现前，感激过分。忽然在这中间，生起无限的勇气，其心猛利无比，志齐诸佛，认为三大阿僧祇劫，自己已经在一念之间，就能超越。这种境界，名为功用陵越，草率过分。悟则无咎。就可明白这种境界，并非真正证得圣果。只要觉了不迷，久久自会销歇。如果见解上，认为这便是已经得道的圣人境界，就有狂魔入其心腑，见人就夸，我慢无比。其心乃至上不见佛，下不见人，从此就失去正受，而致沦坠。"

"（三）又在禅定中的人，自见色阴销尽，受阴明白。前进得不到新的证验，退后又遗失了原来已经得到的境界。以致智力日益衰微，而堕入不进不退的中隳之地，再无新的见地，心中忽然发生一种大枯竭的境界。在一切时，沉忆不散，自己竟认为这就是勤精进的现象。这种境界，名为修心无慧而自失其心。悟则无咎，就可明白那并非真正证得圣果。如果见解上，认为这便是已经得道的圣人境界，就有忆魔入其心腑，时刻撮紧此心，悬在一处，从此失于正受而致沦坠。"

"（四）又在禅定中的人，自见色阴销尽，受阴明白，慧解过于定力，因此失于猛利，落在智者过之之病。以驾陵一切好胜的个性，怀在心中。疑心自己就是报身佛，因此就得少为足。这种境界，名为用心修行，而亡失恒常反省审察之过。溺于少得的知见，就自命为究竟。悟则无咎，就可明白那并非真正证得圣果。如果见解上，认为这便是已经得道的圣人境界，就有下劣易知足魔入其心腑，见人自言，我已证得无上第一义谛，从此失于正受而致沦坠。"

"（五）又在禅定中的人，自见色阴销尽，受阴明白，新的证验未能获得，从前的心得又已亡失，历览过去现在与未来的三际，自己就发生求道多艰难阻的想法。心上忽然发生无尽忧愁。如坐铁床，如饮毒药，心不欲活，常求他人令害其命，以便早得解脱。这种境界，名为失却修行方便对治的法门。悟则无咎，就可明白那并非真正证得圣果。如果见解上，认为这便是已经得道的圣人境界，就有一分常忧愁魔入其心腑，手执刀剑，自割其肉，喜欢舍断自己的寿命。或者常怀忧愁，走入山林，不耐见人，从此失却正受而致沦坠。"

"（六）又在禅定中的人，自见色阴销尽，受阴明白。处在清净的境界中，此心得到安隐以后，忽然自有无限的喜悦产生。心中的欢悦，不能自止。这种境界，名为在轻安境中，却无智慧以自禁。悟则无咎，就可明白那并非真正证得圣果。如果见解上，认为这便是已经得道的圣人境界，就有一分好喜乐魔入其心腑，见人就笑，在衢路旁自歌自舞，自谓已经证得无碍解脱，从此失去正受而致沦坠。"

"（七）又在禅定中的人，自见色阴销尽，受阴明白。自谓菩提道业，已经满足，无端生起大我慢（谓我已成佛），这样乃至生起慢与过慢（谓自计自己胜于一切），及慢过慢（谓在胜中更自计已胜），或增上慢（稍见其理，即未得言得，未证言证），或卑劣慢（在有道的贤者前，却自甘卑劣，不肯去求学上进），这些慢心，同时发起，对于十方如来，却加轻视。更何况下位声闻缘觉之流。这种境界，虽略有殊胜的见地，但又无智慧可以自救。悟则无咎，就可明白那并非真正证得圣果。如果见解上，认为这便是已经得道的圣人境界，就有一分大我慢魔入其心腑，不礼塔庙，摧毁经像。向他人说：这些都是泥塑木雕，或者金铜打造的偶像。只有此现在的肉身，方是常住的真佛。为什么不崇拜自己，却来崇敬土木之流。实在是一大颠倒等云云。有些人也深信其言，也跟着他毁碎佛像，埋弃地下。因此使一般众生，自取疑误，入于无间地狱，从此失于正受而致沦坠。"

"（八）又在禅定中的人，自见色阴销尽，受阴明白。在一灵不昧的精明境界当中，圆满地悟到真理，得到一切大随顺的感觉。其心就忽然生起无量的轻安，自言已经成圣，得到了大自在了。这种境界，名为因慧解而获得轻清。悟则无咎，就可明白那并非真正证得圣果。

如果见解上，认为这便是已经得道的圣人境界，就有好轻清魔入其心腑。自谓已经满足，更不再求进步。这些人多做无闻的比丘，自误误人，因此堕入无间地狱，从此失于正受而致沦坠。"

"（九）又在禅定中的人，自见色阴销尽，受阴明白。在明悟的境界中，得悟虚明之性。就在悟中归向永灭，认为世间根本没有因果作用的存在。一直认为什么都空了，就是最高的成就。因此空心现前，内心生出断灭的见解。悟则无咎，就可明白那并非真正证得圣果。如果见解上，认为这便是已经得道的圣人境界，就有空魔入其心腑，反而毁谤持戒的人，称他们为小乘。自谓是修菩萨道的人，只要悟到了空就是了。在空的中间，有什么戒可持，又有什么叫做犯戒呢？这种人就经常在信仰他的人家，饮酒啖肉，广行淫秽。因为魔力的缘故，震慑住信仰他的人们，对他不生怀疑毁谤的心。如此鬼心久入，或者自吃屎尿，也会同酒肉一样。认为同样都是空的，又何必有香臭之别。破了佛所教导的戒律和威仪，引致他人入于罪行，从此失于正受而致沦坠。"

"（十）又在禅定中的人，自见色阴销尽，受阴明白。尝到虚明的感觉，深入身心骨髓之间。他的内心忽有无限的爱念生起。爱极发狂，便成为贪恋淫欲。这种境界，名为定境安顺入心，缺乏智慧的行持，误入于一切欲念之中。悟则无咎，就可明白那并非真正证得圣果。如果见解上，认为这便是已经得道的圣人境界，就会有贪欲之魔入其心腑。便一向说贪欲就是菩提大道，不修欲事反不能成功无上正道。于是教化一般人们，平等行欲。能多行淫欲者，就名为修持正法的王子。他们因为受神鬼之力的支持，所以在末世之中能够摄收凡愚等人，多至百千万众，等到魔心生厌，离开了他的身体，魔境中的威德一日丧失，就身陷国法王难。这样去疑误众生，必入无间地狱，从此失于正受而致沦坠。"

"以上所说十种禅定中的境界现象，都是受阴的感觉作用。用心太过，与外魔的交感互变，所以显现这种情形。因为众生迷顽无知，不自加忖量，遇到这种现象，就迷不自识。自称已经跻登圣人的地位。实在都是大妄语，结果堕于无间地狱。当我灭度以后，你们也应当依我所教，在末法时期中，宣扬其中义理，使一切众生，都能明白这种道理。莫使天魔得其方便。保护扶持一般修学的人，使其得成无上大道。"

阿难。彼善男子修三摩提受阴尽者。虽未漏尽。心离其形。如鸟出笼。已能成就。从是凡身。上历菩萨六十圣位①。得意生身②。随往无碍。譬如有人熟寐寱（音益，梦中语也）言。是人虽则无别所知。其言已成音韵伦次。令不寐者咸悟其语。此则名为想阴区宇。若动念尽。浮想销除。于觉明心。如去尘垢。一伦生死。首尾圆照。名想阴尽。是人则能超烦恼浊。观其所由。融通妄想以为其本。

阿难。彼善男子受阴虚妙。不遭邪虑。圆定发明。三摩地中。心爱圆明。锐其精思贪求善巧。尔时天魔候得其便。飞（其）精（气）附（于旁）人。口说经法。其人（魔附之人）不觉是其魔著。自言谓得无上涅槃。来彼求巧善男子处。敷座说法。其形斯须（少许时也）。或作比丘。令彼（求巧之）人见。或为帝释。或为妇女。或比丘尼。或寝暗室身有光明。是人愚迷。惑为菩萨。信其教化。摇荡其心。破佛律仪。潜行贪欲。口中好言灾祥变异。或言如来某处出世。或言劫火。或说刀兵。恐怖于人。令其家资。无故耗散。此名怪鬼年老成魔。恼乱是（求巧）

---

① 六十圣位：由乾慧至妙觉，五十七位外加三渐次也，《文句》曰，三渐次为能增进，五十七位为所增进，能所合称，共成六十。
② 意生身：意生身者，随意所想，身即能到，乃第八本识所变现，初十信位，即能获得，为如来十身相好之一，彼外道邪宗，以默坐出神为胜事，不知佛门初位，即有此工夫也。

人。厌足心生。(谓魔)去彼人体。弟子与师。(信者说者)俱陷王难。汝当先觉。不入轮回。迷惑不知。堕无间狱。

阿难。又善男子。受阴虚妙。不遭邪虑。圆定发明。三摩地中。心爱游荡。飞其精思。贪求经历。尔时天魔候得其便。飞精附人。口说经法。其人亦不觉知魔著。亦言自得无上涅槃。来彼求游善男子处。敷座说法。自形无变。其听法者。忽自见身坐宝莲华。全体化成紫金光聚。一众听人。各各如是。得未曾有。是人愚迷。或为菩萨。淫逸其心。破佛律仪。潜行贪欲。口中好言诸佛应世。某处某人。当是某佛化身来此。某人即是某菩萨等。来化人间。其人见故。心生倾渴。邪见密兴。种智销灭。此名魅鬼年老成魔。恼乱是人。厌足心生。去彼人体。弟子与师。俱陷王难。汝当先觉。不入轮回。迷惑不知。堕无间狱。

又善男子。受阴虚妙。不遭邪虑。圆定发明。三摩地中。心爱绵㵳①(音虎,合也)。澄其精思。贪求契合。尔时天魔候得其便。飞精附人。口说经法。其人实不觉知魔著。亦言自得无上涅槃。来彼求合善男子处。敷座说法。其形及彼听法之人。外无迁变。令其听者。未闻法前。心自开悟。念念移易。或得宿命(忆知过去事)。或有他心(亦知他人事)。或见地狱。或知人间好恶诸事。或口说偈。或自诵经。各各欢娱(音于)。得未曾有。是人愚迷。惑为菩萨。绵爱其心。破佛律仪。潜行贪欲。口中好言佛有大小。某佛先佛。某佛后佛。其中亦有真佛假佛。男佛女佛。菩萨亦然。其人见故洗涤本心。易入邪悟。此名魅鬼年老成魔。恼乱是人。厌足心生。去彼人体。弟子与师。俱陷王难。汝当先觉。不入轮回。迷惑不知。堕无间狱。

---

① 绵㵳:自觉定心绵密,妙用㵳合,是心虽善,然若一有欣爱贪求,是自开其衅,宜乎魔得其便也。

又善男子。受阴虚妙。不遭邪虑。圆定发明。三摩地中。心爱根本①。穷览物化性之终始。精爽其心。贪求辨析。尔时天魔候得其便。飞精附人。口说经法。其人先不觉知魔著。亦言自得无上涅槃。来彼求元善男子处。敷座说法。身有威神。摧伏求者。令其座下。虽未闻法。自然心伏。是诸人等。将佛涅槃菩提法身。即是现前我肉身上。父父子子。递代相生。即是法身常住不绝。都指现在即为佛国。无别净居及金色相。其人信受。亡失先心。身命归依。得未曾有。是等愚迷。惑为菩萨。推究其心。破佛律仪。潜行贪欲。口中好言眼耳鼻舌。皆为净土。男女二根。即是菩提涅槃真处。彼无知者。信是秽言。此名蛊毒魇胜恶鬼年老成魔。恼乱是人。厌足心生。去彼人体。弟子与师。俱陷王难。汝当先觉。不入轮回。迷惑不知。堕无间狱。

又善男子。受阴虚妙。不遭邪虑。圆定发明。三摩地中。心爱悬应②。周流精研。贪求冥感。尔时天魔候得其便。飞精附人。口说经法。其人元不觉知魔著。亦言自得无上涅槃。来彼求应善男子处。敷座说法。能令听众。暂见其身如百千岁。心生爱染。不能舍离。身为奴仆。四事供养③。不觉疲劳。各各令其座下人心。知是先师本善知识。别生法爱。黏（音年）如胶漆。得未曾有。是人愚迷。惑为菩萨。亲近其心。破佛律仪。潜行贪欲。口中好言。我于前世于某生中。先度某人。当时是我妻妾兄弟。今来相度。与汝相随归某世界。供养某佛。或言别有大光明天。佛于中住。一切如来所休居地。彼无知者。信是虚诳。遗失本心。此名疠鬼年老成魔。恼乱是人。厌足心生。去彼人体。弟子与师。俱陷王难。汝当先觉。不入轮回。迷惑不知。堕无间狱。

---

① 根本：心爱穷究万化根本，逐物析心，求契全体大用，此机一发，便易招魇也。
② 悬应：《正脉》曰，悬应即多生有缘诸圣来应化也，周流精研，竭诚求于四方，以求冥冥中来相感悟于己也。
③ 四事供养：谓饮食、衣服、卧具、汤药也。

又善男子。受阴虚妙。不遭邪虑。圆定发明。三摩地中。心爱知见（《文句》作深入）。勤苦研寻（《文句》作克己辛勤乐处阴寂）。贪求宿命（《文句》作静谧）。尔时天魔候得其便。飞精附人。口说经法。其人殊不觉知魔著。亦言自得无上涅槃。来彼求知善男子处。敷座说法。令其听人。各知本业①。或于其处语一人言。汝今未死。已作畜生。敕使一人于后蹋（音塔，足践也）尾。顿令其人起不能得。于是一众倾心敛伏。有人起心。已知其肇（始也）。佛律仪外。重加精苦。诽谤比丘。骂詈（音立）徒众。讦（音揭，攻也）露人（私）事。不避讥嫌。口中好言未然祸福。及至其时。毫发无失。此大力鬼年老成魔。恼乱是人。厌足心生。去彼人体。弟子与师。俱陷王难。汝当先觉。不入轮回。迷惑不知。堕无间狱。

又善男子。受阴虚妙。不遭邪虑。圆定发明。三摩地中。心爱深入②（《文句》此作知见）。克（苦也）己辛勤。乐处阴寂（《文句》作勤苦研寻）。贪求静谧（音密，安也。《文句》作贪求宿命）。尔时天魔候得其便。飞精附人。口说经法。其人本不觉知魔著。亦言自得无上涅槃。来彼求阴善男子处。敷座说法。是人无端于说法处。得大宝珠。其魔或时化为畜生。口衔其珠。及杂珍宝简册符牍③诸奇异物。先授彼人。后著其体。或诱听人藏于地下。有明月珠照耀其处。是诸听者。得未曾有。多食药草。不餐嘉馔。或时日餐一麻一麦。其形肥充。魔力持故。诽谤比丘。骂詈徒众。不避讥嫌。口中好言他方宝藏。十方圣贤潜匿之处。随其后者。往往见有奇异之人。此名山林土地城隍川岳鬼神。年老成魔。或有宣淫破佛戒律。与承事者潜行五欲。或有精进纯食草木。无

---

① 各知本业：温陵曰，邪定能具五通，本业即宿业也，畜生后报也，此二宿命通也，起心知肇，他心通也，讦露眼耳通也。
② 深入：《指掌》曰，自觉想阴未破，胜用未圆，心爱深入圆通境故。
③ 简册符牍：天书符箓、神碑谶语之类，皆预示国家兴亡、圣人出世之事。

定行事。恼乱是人。厌足心生。去彼人体。弟子与师。俱陷王难。汝当先觉。不入轮回。迷惑不知。堕无间狱。

又善男子。受阴虚妙。不遭邪虑圆定发明。三摩地中。心爱神通。种种变化。研究化元。贪取神力。尔时天魔候得其便。飞精附人。口说经法。其人诚不觉知魔著。亦言自得无上涅槃。来彼求通善男子处。敷座说法。是人或复手执火光。手撮其光。分于所听四众头上。是诸听人顶上火光。皆长数尺。亦无热性。曾不焚烧。或水上行。如履平地。或于空中安坐不动。或入瓶内。或处囊中。越牖透垣。曾无障碍。唯于刀兵不得自在。自言是佛。身着白衣。受比丘礼。诽谤禅律。骂詈徒众。讦露人事。不避讥嫌。口中常说神通自在。或复令人傍见佛土。鬼力惑人。非有真实。赞叹行淫（为）不毁粗行。将诸猥（音委，鄙也）媟（音屑，狎也）。以为传法。此名天地大力山精。海精风精河精土精。一切草木积劫精魅。或复龙魅。或寿终仙。再活为魅。或仙期终。计年应死。其形不化。他怪所附。年老成魔。恼乱是人。厌足心生。去彼人体。弟子与师。多陷王难。汝当先觉。不入轮回。迷惑不知。堕无间狱。

又善男子。受阴虚妙。不遭邪虑。圆定发明。三摩地中。心爱入灭。研究化性。贪求深空。尔时天魔候得其便。飞精附人。口说经法。其人终不觉知魔著。亦言自得无上涅槃。来彼求空善男子处。敷座说法。于大众内。其形忽空众无所见。还从虚空突然而出存没自在。或现其身洞如琉璃。或垂手足作旃檀气。或大小便如厚石蜜。诽毁戒律。轻贱出家。口中常说无因无果。一死永灭。无复后身。及诸凡圣。虽得空寂。潜行贪欲。受其欲者。亦得空心。拨无因果。此名日月薄蚀精气。金玉芝草。麟凤龟鹤。经千万年不死为灵。出生国土。年老成魔。恼乱是人。厌足心生。去彼人体。弟子与师。多陷王难。汝当先觉。不入轮回。迷惑不知。堕无间狱。

又善男子。受阴虚妙。不遭邪虑。圆定发明。三摩地中。心爱长寿。辛苦研几（微也）。贪求永岁。弃分段生。顿希变易①细相常住。尔时天魔候得其便。飞精附人。口说经法。其人竟不觉知魔著。亦言自得无上涅槃。来彼求生善男子处。敷座说法。好言他方往还无滞。或经万里。瞬息再来。皆于彼方取得其物。或于一处。在一宅中。数步之间。令其从东诣至西壁是人急行。累年不到。因此心信。疑佛现前。口中常说。十方众生皆是吾子。我生诸佛。我出世界。我是元佛。出世自然。不因修得。此名住世自在天魔②。使其眷属。如遮文茶。及四天王毗舍③童子。未发心者。利其虚明。食彼精气。或不因师。其修行人亲自观见。称执金刚与汝长命。现美女身。盛行贪欲。未逾年岁。肝脑枯竭。口兼独言。听若妖魅。前人未详。多陷王难。未及遇刑。先已干死。恼乱彼人。以至殂殒。汝当先觉。不入轮回。迷惑不知。堕无间狱。

阿难当知。是十种魔。于末世时。在我法中出家修道。或附人体。或自现形。皆言已成正遍知觉。赞叹淫欲。破佛律仪。先恶魔师。与魔弟子。淫淫相传。如是邪精魅其心腑。近则九生。多逾百世。令真修行。总为魔眷。命终之后。必为魔民。失正遍知。堕无间狱。汝今未须先取寂灭。纵得无学留愿入彼末法之中。起大慈悲。救度正心深信众生。令不著魔。得正知见。我今度汝已出生死。汝遵佛语。名报佛恩。阿难。如是十种禅那现境。皆是想阴。用心交互。故现斯事。众生顽迷。不自忖量。逢此因缘。迷不自识。谓言登圣。大妄语成。

---

① 分段……变易：长水曰，分段生死，三界惑尽，方始得离，二乘无学登地菩萨，乃得变易，今未离染，顿欲于此分段身上，变粗身为细质，易短命为长年，过分希求，故为魔著也。
② 住世自在天魔：即欲界第六天上大魔王也，以其无出离心。故曰住世也。
③ 毗舍：此云啖人精气。

堕无间狱。汝等必须将如来语。于我灭后。传示末法。遍令众生。开悟斯义。无令天魔得其方便。保持覆护。成无上道。**（卷九终）**

想阴区宇——想念中精神幻觉范畴的魔境

佛说："在修止观、禅定的止定境界中，受阴已尽者。虽然没有达到烦恼漏尽的果位，而此心可以离开形体以外。犹如飞鸟出笼，顿时已能由此凡夫肉体之身，刹那之间，上历菩萨道六十圣位的阶梯。得成意生身，随往他方，一切无碍。譬如在熟睡中说梦话的人，虽然他对于其他一切并无知觉，但是他说的话，却是音韵清晰可辨，使在旁不睡的人，都能懂得他的语意。（换词言之，即使不利用这个肉质形体机能，也能够做到想象中所要做到的事情。）这种境界名为想阴区宇。如果妄自起心动念的妄心净尽了，乃至轻微飘忽的浮想也消除了，自性本觉的光明，就会自然显现。犹如久受沉埋的明镜，一时之间，去掉尘垢一般。视一切众生死生始终来去之迹，都如明镜似的了然圆照。这种境界，名为想阴已尽，这个人就能超越烦恼浊①。可是若仔细观察这种来由，还是以粗浮妄想为其根本，使身心内外发起融通自在的作用。"

"（一）当受阴已很清虚灵妙，再不至于被感觉所惑而遭受邪虑。在明朗而圆融的定境中，如果心里贪爱圆明的境界，使精微的思想更为敏锐，借以贪求善巧方便。那时天魔就候得其便，飞精附人。自己不知不觉之间，口说经法。而且并不觉得为魔所着，反自说已经得达无上涅槃（自性圆寂）之境。就到一般有此同好的人那里，敷座说法。他的形体，由别人看来，在顷刻之间，有时会变为出家比丘的形状，

---

① 烦恼浊：五浊之一，贪欲、瞋恚、愚痴等诸惑，烦心恼身，谓为烦恼。

有时变为天主,或者妇女,或者出家的比丘尼等。有时他身卧暗室之中,会放出光明。一般愚昧无知的人,就迷信他是菩萨化身,至诚地相信他的教化。他摇荡了人心,破坏了佛所教的戒律和威仪,暗中实行贪欲之事。口中又好说些灾祥祸福变异的事实,或者说某佛在某处出世,或说世界的劫数到了,某时某地要有刀兵战祸的灾难。以种种耸人听闻的危言,使人自相恐怖,致使他们的家财,无故耗散完了。这种境界,是被年老成魔的怪鬼所恼乱。等到魔心满足讨厌了,就离开了他的身体。他自己与弟子们,都会陷于国法王难。所以你应当先知先觉,便不致堕入轮回。倘若迷惑不知,便会随之堕在无间地狱。"

"(二)当受阴已很清虚灵妙,再不至于被感觉所惑而遭受邪魔。在明朗而圆融的定境中,如果心里贪求游历,那时天魔就候得其便,飞精附人。自己不知不觉间,宣说经法。而且并不觉得为魔所着,反自说已经得达无上涅槃(自性圆寂)之境。就到一般有此同好的人那里,敷座说法。他自己的形体不变,而听他说法的人,会忽然看见自身坐在宝色的莲花上面,觉得自己整体化为紫金光团一样。一般在座听法的人,也都是如此,得到平常所未曾有的经验。那些愚昧无知的人,就迷信他是菩萨化身。淫逸其心,破佛律仪,暗地里实行贪欲的事。而又好说诸佛应化等事迹。指出某处某人,就是某佛化身来的,某人就是某菩萨化生人间。于是使见到他们的人,就从内心发生虔诚的信仰,渐使邪见秘密兴起,消灭了佛性的种子。这种境界,是被年老成魔的魅鬼所恼乱。等到魔心满足讨厌了,就离开了他的身体。他自己和弟子们,都会陷于国法王难。所以你应当先知先觉,才不致堕入轮回。倘若迷惑不知,便会随之堕入无间地狱。"

"(三)当受阴已很清虚灵妙,再不至于被感觉所惑而遭受邪虑。在明朗而圆融的定境中,如果心里爱着绵密的妙境,殚精竭虑,去澄清他的精思,贪求契合于佛心或菩萨境界中的妙用。那时天魔就候得其便,飞精附人。自己不知不觉间,宣说经法。而且并不觉得为魔所着,反自说已经得达无上涅槃(自性圆寂)之境。就到一般有此同好的人那里,敷座说法。他自己的形体和听他说法的人们,在外表上都没有什么两样。但使一般来听他说法的人,还未闻听他的说法以前,心里就自有所悟似的。念念之间,密密移易。或者得宿命通,知道自己前生的事情。或得他心通,知道别人心里所想的事情。或看见地狱的现象。或知道人间好恶等事情,或口里出言便成为绝妙的诗词偈语。或自会诵出一部很好而有道理的经文。大家都各自欢喜,觉得是从来所未曾有。一般愚昧无知的人,就迷信他是菩萨化身,生起迷恋他的心理。破坏了佛的戒律和威仪,暗中实行贪欲的事。口里好说佛有大小之别。某佛是先佛,某佛是后佛。其中还有真佛假佛,男佛女佛的分别。又说菩萨也是如此的。使见了他的人,抛弃了本心,跟着入于邪悟的境界里去。这种境界,是被年老成魔的魅鬼所恼乱。等到魔心满足讨厌了,就离开了他的身体。他自己和弟子们,都会陷于国法王难。所以你应当先知先觉,才不致堕入轮回。倘若迷惑不知,便会随之堕入无间地狱。"

"(四)当受阴清虚灵妙,再不至于被感觉所惑而遭受邪虑。在明朗而圆融的定境中,如果心里爱想追究万物的根本的知识,深深观察万物的变化性能的究竟原因,自心精明开爽,贪求辨别和分析。那时天魔就候得其便,飞精附人。自己不知不觉之间,口说经法。而且不觉得为魔所着,反自说已经得达无上涅槃(自性圆寂)之境。就到了一般有此同好的人那里,敷座说法。他的身体自然地具有一种神秘的威力,可以摧伏一般来求法的人。他们虽然还没有听到什么,却自然地就心里佩服他。他们认为佛法所说的涅槃、菩提、法身,就在现在我们的肉身上。父父子子,历代相生不绝,就是法身常住不绝了。并且指称现在的世界,就是佛国。另外并没有别的净土,也别无光明相好的金色佛身。于是使一般接受相信的人，亡失了以先的信心。竭其身命去归依他，觉得是从来所未曾有。一般愚昧无知的人，就迷信他是菩萨化身。研究追寻他的心意所喜，破坏了佛所教的戒律和威仪，暗中实行贪欲的事。口里好说眼耳鼻舌等，都是净土。男女的两根，就是菩提涅槃的真实所在。他们一般无智慧的人，就相信这些谬论。这种境界，是被年老成魔的蛊毒魔胜恶鬼所恼乱。等到魔心满足讨厌了，就离开了他的身体。他自己和弟子们，都会陷于国法王难。所以你应当先知先觉，才不致堕入轮回。倘若迷惑不知，便会随之堕入无间地狱。"

"（五）当受阴清虚灵妙，再不至于被感觉所惑而遭受邪魔。在明朗而圆融的定境中，如果心里爱好预知与遥远的感应之妙。精细去周流研究，贪求冥感作用。那时天魔就候得其便，飞精附人。自己不知不觉间，口说经法。而且并不觉得为魔所着，反自说已经得证无上涅槃（自性圆寂）之境。就到一般有此同好的人那里，敷座说法。他能够使一般听众，暂时看见他的身体犹如百千岁以上的人。心里就生出爱慕之念，不能舍离。自己愿意献身为其奴仆，诸般供养，不觉疲劳。并且会使其在座的各人心里，觉得他就是前生的先师，本来就是他的善知识。特别生出一种法爱，如胶如漆般黏着不舍，觉得是从来所未曾有的。一般愚昧无知的人，就迷信他是菩萨化身去亲近他。破坏了佛所教的戒律和威仪，暗中实行贪欲之事。他的口里好说我在前世，在某一年中，先度某某人。某某人又是我的妻妾或兄弟，所以我今世再来度他。现在与你相随不舍，回到某世界去供养某佛。或者说另外有一个大光明天，佛就住在那里。一切如来也都长期在那里休息。一般无知的人，相信他这种虚诳之言，就遗失了自己本心。这种境界，是被年老成魔的疠鬼所恼乱。等到魔心满足讨厌了，就离开了他的身体，他自己和弟子们都会陷于国法王难。所以你应当先知先觉，才不致堕入轮回。倘若迷惑不知，便会随之堕入无间地狱。"

"（六）当受阴清虚灵妙，再不至于被感觉所惑而遭受邪虑。在明朗而圆融的定境中，如果贪爱知见，勤苦研究寻求宿命的来源。那时候天魔便候得其便，飞精附人。自己不知不觉间，口说经法。而且并不觉得为魔所着，反自说已经证得无上涅槃（自性圆寂）之境。就到一般有此同好的人那里，敷座说法。他能够使一般听众，自知前生的本业。或者就在那里，告诉某一个人说：你现在虽然还没有死，但是已经变了畜生。同时又命令另一个人，在他的后面，凭空地可以踏住他的尾巴，前面这个人果然就站不起来了。于是大家都自然而然会衷心敬仰他。或者有人偶然在心里起了一个心念，他当下就会知道他的意思。他们除了在佛所说的戒律和威仪以外，却更加多做许多难能的苦行。诽谤出家的比丘，骂詈他的徒众。揭发别人的阴私，不避任何讥嫌。口里好说还未发生的祸福事情。到时果然如其所说，毫厘不差。这是被年老成魔的大力鬼所恼乱。等到魔心满足讨厌了，就离开了他的身体。他自己和弟子们，都会陷于国法王难。所以你应当先知先觉，才不致堕入轮回。倘若迷惑不知，便会随之堕入无间地狱。"

"（七）当受阴清虚灵妙，再不至于被感觉所惑而遭受邪虑。在明朗而圆融的定境中，如果心里爱求更深的定境，严格克制自己，辛勤求道，喜欢住在阴寂的地方，贪求静谧的境界。那时天魔就候得其便，飞精附人。自己不知不觉间，口说经法。而且并不觉得为魔所着，反自说已经证得无上涅槃（自性圆寂）之境。就到一般有此同好的人那里，敷座说法。在他说法的地方，会忽然无端的得到大宝珠。或者在那时候，魔鬼变化成一个畜生，口里衔着宝珠，掺杂着其他珍宝或简册符牍等奇珍异物。先将这些东西授予他们，后来再附着在他身上。或者诱惑一般听众，令其藏在地下，果然看见地下明月珠在照耀着。使这些听众们，觉得是从来所没有的奇迹。他们多服食药草。平常不大肯吃常人们的好饮食。或者每天只吃一麻一麦,可是他的身体,还很强壮。这些现象,都因为是魔力所支持而形成的。他诽谤出家比丘,随意骂詈徒众,不避任何讥嫌。口里好说各地的矿藏所在,乃至十方得道圣贤潜迹的地方。如果跟着他去看,往往也会看见些奇异的人在那里。这是被年老成魔的山林土地城隍山岳鬼神等所恼乱。或者宣讲淫秽之行,破了佛的戒律,与一般跟他学习的人,暗中实行五欲的事情。或者也能很精进地修道,完全吃食草木,做事没有定则。等到魔心满足讨厌了,就离开他的身体。他自己和弟子们,都会陷于国法王难。所以人应当先知先觉,才不致堕入轮回。倘若迷惑不知,便会随之堕入无间地狱。"

"(八)当受阴清虚灵妙,再不致被感觉所惑而遭受邪虑。在明朗而圆融的定境中,如果心里爱求神通的种种变化,而研究变化之元,贪求神力。那时天魔就候得其便,飞精附人。自己不知不觉间,口说经法。而且并不觉得为魔所着,反自说已经证得无上涅槃(自性圆寂)之境。就到一般有此同好的人那里,敷座说法。他或者拿着火把,用手撮弄,将火光分放于在场听众们的头上。这些听众们的头顶火光,都会自长数尺,可是既不觉得热得难受,也不会焚烧到身上,他或者在水面上行走,如履平地。或坐在空中,安然不动。或钻入瓶内。或住在囊中。乃至隔着窗户与墙垣,都可自由出入而没有障碍。只有对于兵器,还不能自在不怕。自说已经是佛,身着普通人的衣裳,接受出家比丘的礼拜。诽谤禅静和戒律,随意骂詈徒众。揭发他人的阴私,不避任何讥嫌。口里常说神通自在。或者也可使人们旁见佛国。这些都是被鬼力所迷惑着的人,其事并不真实。他们赞叹行淫,并不要你戒掉粗秽的行为。而且把猥亵的事,作为传法之用。这是天地间大力的山精、海精、风精、河精、土精。或是一切草木等的积劫精魅,或是龙魅,或是寿终之仙,复活成魅。或者仙寿将终,自己计算将应死亡，他的形体不化，被其他精怪所附。年老成魔，来恼乱这些人。等到魔心满足讨厌了，就离开了他的身体。他自己和弟子们，都会陷于国法王难。所以你应当先知先觉，才不致堕入轮回。倘若迷惑不知，便会随之堕入无间地狱。"

"（九）当受阴清虚灵妙，再不至于被感觉所惑而遭受邪虑。在明朗而圆融的定境中，如果心里爱着寂灭，研究变化之性，贪求入于寂灭深空的定境。那时天魔就候得其便，飞精附人。自己不知不觉间，口说经法。而且并不觉得为魔所着，反自说已经证得无上涅槃（自性圆寂）之境。就到一般有此同好的人那里，敷座说法。在大众之中，他的形体忽然空了，大家都不能看见他。再从虚空里，突然现出。如此存没可以自在。有时或显现出他的身体，空空洞洞的犹如琉璃一样。或者垂下他的手足，发出一种旃檀的香气。或者他的大小便，犹如厚石蜜一般。他诽毁一切戒律，轻贱一般出家人。口里常说无因无果，一死就永远寂灭。根本没有转世后身的事，更没有什么凡夫与圣贤之分。他虽然得到空寂的功力，而仍然在暗中实行贪欲。并且使一般接受了他共同行欲的人，也能够得到空心的感觉和享受，拨置因果的道理。这是日蚀月蚀的时候。或是植物中的金玉芝草，或是动物中的麟凤龟鹤，偶然得到日月的天然精气，经过千万年而不死。变化成为精灵，存在于人世之间。年老成魔，来恼乱这些人。等到魔心满足讨厌了，就离开了他的身体。他自己和弟子们，都会陷于国法王难。你应当先知先觉，才不致堕入轮回。倘若迷惑不知，便会随之堕入无间地狱。"

"（十）当受阴清虚灵妙，再不至于被感觉所惑而遭受邪虑。在明朗而圆融的定境中，如果心里爱求长寿，辛苦研究，贪求长生永岁之道，想避免转世的分段生死。希望从变易生死中，使细微的寿命之相常住。那时天魔就候得其便，飞精附人。自己不知不觉之间，口说经法。而且并不觉得为魔所着，反说自己已经证得无上涅槃（自性圆寂）之境。就到一般有此同好的人那里，敷座说法。他好说在各方世界，可以往返无阻。或者经历万里，瞬息之间，便再转来。而且果然在那边取得足资征信的东西。或者在一个地方，一间屋里。几步之内，要你从东边走到西边，你就是拼命快走，经年累月也不能走到。因此使人心里发生信仰，疑心他是真佛在前。他口里常说：十方众生，都是我的孩子。我出生一切佛，我出生这个世界。我是最初的元佛。我的出世，是自然而来。并不是靠修行而得到的。这是住世的自在天魔，使令他的眷属，如遮文茶（奴神、嫉妒女）以及四天王所管属的毗舍童子（啖精气鬼神）等，候得尚未发心的人们利用他的虚明清净，盗食他的精气。或者不因师教，使修行人自己可以亲见虚空中有佛现身，与他说法。自称为持有如金刚坚固的长生不死之术，可以传你，使你长命。或现出美女之身，与他盛行贪欲之事。如此不到一年，就会使他肝脑枯竭。只听他口里自言自语，不知说些什么。旁人听起来，好像与妖魅对话。这个被魔魅的人，自己根本不知道原因。多半会陷于国法王难。而且不等遭到刑戮，就先已干死。如此被魔所困恼，以至于殂殒。你应当先知先觉，才不致堕入轮回。倘若迷惑不知，便会随之堕入无间地狱。"

"以上所说的十种魔。时当末世的时候。在我的佛法中，出家修道。或附在人身上，或自己现形。都说已成正遍知觉。赞叹淫欲，破了佛所教的戒律和威仪。先由魔师与魔弟子们，以淫欲为修持的方法，彼此相传。都被这些邪精之类，魅惑了他的心腑。近则九生，多至百世。使令一般真实跟他修行的人，都成为他的魔眷。等到命终之后，心为魔民。丧失了正遍知，堕入无间地狱。你现在不需要先取寂灭。即使得到无学的果位，也应当发愿留住世间，入于末法之中，发起大慈大悲之心，救度一般具有正心的深信众生。使他们不要着魔，而能得到正知见。我现在已经度你跳出生死。你应当依我所教，才是报佛之恩。这十种禅定中的境界现象，都是想阴的欲求太过，与外魔的交感互变，所以显现这种情形。因为众生迷顽无知，不自加忖量，遇到这种现象，就迷不自识。反说已经跻登圣人的地位，实在是大妄语，结果堕于无间地狱。当我灭度以后，要把这种道理，传示于末法时期。普遍地使大家开悟其中义理。莫使天魔得其方便。保护扶持一般修学的人，使其得成无上大道。"

（以上《楞严经》第九卷竟）

阿难。彼善男子。修三摩提想阴尽者。是人平常梦想销灭。寤寐恒一。觉明虚静。犹如晴空。无复粗重。前尘影事。观诸世间大地山河。如镜鉴明。来无所黏。过无踪迹。虚受照应。了罔（无也）陈（旧也）习。唯一精真。生灭根元。从此披露。见诸十方十二众生。毕殚（音丹，尽也）其类。虽未通（知）其各（类受）命（原）由（头）绪。（而）见（其各类共）同（受）生（之根）基。犹如野马①熠熠（音育，光不定也）清扰。为浮根尘（之）究竟枢穴②。此则名为行阴区宇。若（以）此清扰熠熠（者为）元性。（此）性（一）入元澄。一澄元习③。如波澜灭。化为澄水。名行阴尽。是人则能超众生浊。观其所由。幽隐妄想以为其本。阿难当知。是得正知奢摩他中诸善男子。凝明正心④。十类天魔不得其便。方

---

① 野马：阳焰也。《庄子·逍遥游》：野马也，尘埃也，生物之以息相吹也。案：即春日远望，田野中所生之白气，望之似水，而即之则不可得。
② 枢穴：《宝镜》曰，枢为门轴，穴乃门臼，由枢穴故，门得开关，喻由行阴故，根尘妄有生灭也。
③ 元性……元澄……元习：元性，即行阴，乃无始生灭之根元性体也，元澄即识阴，元习即为识阴之种子，言想阴如洪波，行阴如细浪，识阴如流水，本觉如止水。
④ 凝明正心：凝则不动摇，明则不疑惑，正则不邪念，如此用心，即为定慧相资，故外魔不得其便也。

得精研穷（究众）生（各）类（根）本。于（一一）本类（之）中（见其）生（灭根）元（显）露者（即行阴也）。观彼幽清圆扰动元①。于圆元中起（邪）计（妄）度者。是人坠入二无因论②。一者。是人见本无因。何以故。是人既得生机（行阴）全破。（显也）乘于眼根八百功德。见八万劫所有众生。业流湾环。死此生彼。只见众生轮回其处。八万劫外。冥无所观。便作是解。此等世间十方众生。八万劫来。无因自有。由此计度。亡正遍知。堕落外道。惑菩提性。二者。是人见末无因。何以故。是人于生既见其根。知人生人。悟鸟生鸟。乌从来黑。鹄从来白。人天本竖。畜生本横。白非洗成。黑非染造。从八万劫无复改移。今尽此形。亦复如是。而我本来不见菩提。云何更有成菩提事。当知今日一切物象。皆本无因。由此计度。亡正遍知。堕落外道。惑菩提性。是则名为第一外道。立无因论。

阿难。是三摩中诸善男子。凝明正心。魔不得便。穷生类本。观彼幽清常扰动元。于圆常中起计度者。是人坠入四遍常论。一者。是人穷心境性。二处无因。修习能知二万劫中。十方众生。所有生灭。咸皆循环。不曾散失。计以为常。二者。是人穷四大元。四性常住。修习能知四万劫中。十方众生。所有生灭。咸皆体恒。不曾散失。计以为常。三者。是人穷尽六根（《正脉》作识）末那执受③。心意识中本元由处。性常恒故。修习能知八万劫中。一切众生。循环不失。本来常住。穷不失

---

① 幽清圆扰动元：《文句》曰，动元即指行阴为群动之元也，此之行阴，境界难可了知、知名为幽，非是粗重前尘，故名为清，互含互具，故名曰圆，于真常中妄有流注，故名为扰也。
② 二无因论：《正脉》云，二无因论，乃先世外道修心邪解所立，违理背正之恶见耳，今行现之解，适与彼同，故即堕彼论中，如后车踏前车之覆辙，故即同堕一坑堑也。
③ 末那执受：《指掌》云，末那即是七识，此云思量，恒审思量故，执受即是八识，执持根器种子，领以为境，令生觉受故。

性。计以为常。四者。是人既尽想元。生理更无流止运转。生灭想心。今已永灭。理中自然成不生灭。因心所度。计以为常。由此计常。亡正遍知。堕落外道。惑菩提性。是则名为第二外道。立圆常论。

又三摩中诸善男子。坚凝正心。魔不得便。穷生类本。观彼幽清常扰动元。于自他中起计度者。是人坠入四颠倒见。一分无常。一分常论①。一者。是人观妙明心遍十方界。湛然以为究竟神我。从是则计我遍十方。凝明不动。一切众生。于我心中自生自死。则我心性名之为常。彼生灭者。真无常性。二者。是人不观其心。遍观十方恒沙国土。见劫坏处。名为究竟无常种性。劫不坏处。名究竟常。三者。是人别观我心。精细微密。犹如微尘。流转十方。性无移改。能令此身即生即灭。其不坏性。名我性常。一切死生从我流出。名无常性。四者。是人知想阴尽。见行阴流。行阴常流。计为常性。色受想等。今已灭尽。名为无常。由此计度一分无常一分常故。堕落外道。惑菩提性。是则名为第三外道。一分常论。

又三摩中诸善男子。坚凝正心。魔不得便。穷生类本。观彼幽清常扰动元。于分位②中生计度者。是人坠入四有边论。一者。是人心计生元。流用不息。计过（去）未（来）者。名为有边。计（现在）相续心。名为无边。二者。是人观八万劫。则见众生。八万劫前。寂无闻见。无闻见处。名为无边。有众生处。名为有边。三者。是人计我遍知。得无边性。彼一切人现我知中。我曾不知彼之知性。名彼不得无边之心。但有边性。四者。是人穷行阴空③。以其所见心路筹度一切众生。

---

① 一分无常，一分常论：憨山大师云，以七识执第八识见分为我，故或执我能生他，则我常他无常，或执我从他生，则他常我无常，谬执断常，妄计自他，依后文之四种颠倒而立论也。

② 分位：温陵曰，分位有四，谓三际分位、见闻分位、彼我分位、生灭分位。

③ 穷行阴空：《正脉》曰，穷行阴空者，盖斯人穷至行阴，不了区宇未空，而遂谓为真空寂灭之性也。

一身之中。计其咸皆半生半灭。明其世界一切所有。一半有边。一半无边。由此计度有边无边。堕落外道。惑菩提性。是则名为第四外道。立有边论。

又三摩中诸善男子。坚凝正心。魔不得便。穷生类本。观彼幽清。常扰动元。于知见中生计度者。是人坠入四种颠倒。不死矫乱。遍计虚论①。一者。是人观变化元。见迁流处。名之为变。见相续处。名之为恒。见所见处。名之为生。不见见处。名之为灭。相续之因。性不断处。名之为增。正相续中。中所离处。名之为减。各各生处。名之为有。互互亡处。名之为无。以理都观。用心别见。有求法人。来问其义。答言。我今亦生亦灭。亦有亦无。亦增亦减。于一切时皆乱其语。令彼前人遗失章句。二者。是人谛观其心。互互无处。因无得证。有人来问。唯答一字。但言其无。除无之余。无所言说。三者。是人谛观其心。各各有处。因有得证。有人来问。唯答一字。但言其是。除是之余。无所言说。四者。是人有无俱见。其境枝（分也）故。其心亦乱。有人来问。答言。亦有即是亦无。亦无之中。不是亦有。一切矫乱。无容穷诘。由此计度矫乱虚无。堕落外道。惑菩提性。是则名为第五外道。四颠倒性。不死矫乱。遍计虚论。

又三摩中诸善男子。坚凝正心。魔不得便。穷生类本。观彼幽清常扰动元。于无尽流②生计度者。是人坠入死后有相③发心颠倒。或自固身。云色是我。或见我圆。含遍国土。云我有色。或彼前缘随我

---

① 不死矫乱，遍计虚论：执拗而不顺理为矫，心无主正为乱，《婆沙论》云，"外道计天常住，名为不死，计乱答得生彼天，若实不知而辄答者，恐成矫乱，故有问时，答言秘密言辞，不应皆说，或不定答，佛法诃为此真矫乱。"故名不死矫乱虚论也。

② 无尽流：《文句》曰，行阴，名无尽流，以其无始以来，恒相续转故也。

③ 死后有相：《蒙钞》引融室云，于行阴无穷迁流而生计度，计其身后而流不断，故落死后有相之十六颠倒也。

回复。云色属我。或复我依行中相续。云我在色。皆计度言死后有相。如是循环。有十六相①。从此或计毕竟烦恼。毕竟菩提。两性并驱。各不相触。由此计度死后有故。堕落外道。惑菩提性。是则名为第六外道。立五阴中死后有相。心颠倒论。

又三摩中诸善男子。坚凝正心。魔不得便。穷生类本。观彼幽清常扰动元。于先除灭色受想中。生计度者。是人坠入死后无相②发心颠倒。见其色灭。形无所因。观其想灭。心无所系。知其受灭。无复连缀。阴性销散。纵有生理。而无受想。与草木同。此质现前犹不可得。死后云何更有诸相。因之勘（音刊）校死后相无。如是循环。有八无相③。从此或计涅槃因果。一切皆空。徒有名字。究竟断灭。由此计度死后无故。堕落外道。惑菩提性。是则名为第七外道。立五阴中死后无相。心颠倒论。

又三摩中诸善男子。坚凝正心。魔不得便。穷生类本。观彼幽清常扰动元。于行存中。兼受想灭。双计有无④。自体相破。是人坠入死后俱非。起颠倒论。色受想中。见有非有。行迁流内。观无不无。如是循环。穷尽阴界。八俱非相⑤。随得一缘。皆言死后有相无相。又计诸行性迁（变）讹（错）故。心发通悟。有无俱非。虚实失措。由此计度死后俱非。后际昏瞢无可道故。堕落外道。惑菩提性。是则名为第八

---

① 十六相：十六相者，一即色是我，二我大色小，色在我中，三离色是我，四色大我小，我在色中，受想行三，亦复如是，四阴循环，互成十六，烦恼菩提，不相凌夺，两性并驱，毕竟后有，此则错解性具圆宗，差之毫厘，谬逾天壤也。

② 死后无相：长水曰，见前三阴已灭，当知行阴亦应还灭，即计死后断灭，总名无相。

③ 八无相：憨山大师云，此约四阴现在因亡，未来果丧，故成八无相，由此便计涅槃因果，一切皆空，成断灭见颠倒论也。

④ 双计有无：即计为非有非无也。

⑤ 八俱非相：谓于现存之识阴中，计为非有非无，过去三阴，亦复如是，前后相望，成四俱非，现在既尔，死亦必然，故成八俱非。

外道。立五阴中死后俱非。心颠倒论。

又三摩中诸善男子。坚凝正心。魔不得便。穷生类本。观彼幽清常扰动元。于后后无①生计度者。是人坠入七断灭论。或计身灭。或欲尽灭。或苦尽灭。或极乐灭。或极舍灭。如是循环。穷尽七际②。现前销灭。灭已无复。由此计度死后断灭。堕落外道。惑菩提性。是则名为第九外道。立五阴中死后断灭。心颠倒论。

又三摩中诸善男子坚凝正心。魔不得便。穷生类本。观彼幽清常扰动元。于后后有③生计度者。是人坠入五涅槃论。或以欲界为正转依④。观见（六欲天上境界）圆明生爱慕故。或以初禅。性无忧故。或以二禅。心无苦故。或以三禅。极悦随故。或以四禅。苦乐二亡。不受轮回生灭性故。迷有漏天⑤。作无为解。（计此）五处（暂时）安隐（以）为（便是）胜净（转）依。如是循环。五处究竟。由此计度五现涅槃。堕落外道。惑菩提性。是则名为第十外道。立五阴中五现涅槃。心颠倒论。

阿难。如是十种禅那狂解。皆是行阴用心交互。故现斯悟。众生顽迷。不自忖量。逢此现前。以迷为解。自言登圣。大妄语成。堕无间狱。汝等必须将如来语。于我灭后。传示末法。遍令众生觉了斯义。无令心魔自起深孽。保持覆护。销息邪见。教其身心。开觉真义。于无上道不遭枝歧。勿令心祈得少为足。作大觉王清净标指。

---

① 后后无：行阴念念生灭处，名后后无，设生七处，后皆断灭。
② 七际：七际即前之七处断灭论也。诸家说各不同，《文句》谓一者人道身死即灭，二者欲天身寿尽即灭，三与四者，初禅二禅苦尽皆归死灭，五者三禅极乐，亦归死灭，六与七者，四禅双舍苦乐，四空并舍色阴，亦归死灭，故曰穷尽七际皆销灭也。
③ 后后有：谓行阴念念生起也。《正脉》曰，观见行阴，念念相续，新新成有，故解其当有实果，必不灭无也。
④ 转依：转依者，谓转有漏之生死，而依于无漏之涅槃也。
⑤ 有漏天：诸天皆为有漏，而妄计为真常不灭之涅槃现前，此正于无常苦空无我不净之中，而误为常乐我净，所谓前四颠倒也。

行阴区宇——心理生理的本能活动与对宇宙心物认识的偏差

佛说:"在修止观、禅定的止定境界中,想阴已尽者。此人平常的梦想消灭,寤寐一如,昼夜都住在光明虚静的境界中。犹如晴空无障,朗然清明,再没有粗重的前尘影事来往心中。看一切世间的山河大地,犹如明镜照映物象。来了无所黏,过了也无踪迹。只是一片清虚,照了一切事物。当下适应,了然无碍。再没有过去存留的习气。唯有那至真之精灵,了了常明。因此一切万有的生灭根元,都披露无遗。见到了十方世界中的十二类众生,都能够了解他的种类。虽然还不能够通晓他的每一个生命根本的由来,但是已经看到了其共通的生命本能。这个生机犹如游动不定的微明光体,像太阳里的焰影光照一样。捉摸不定而又清明存在有扰扰摇曳的现象。这就是为生理心理活动本能究竟机枢的窍穴。这种境界,名为行阴区宇。如果经由这个既清明而扰扰微明发光的本元性能,再进而入于自性元本澄清之境。元来习性一经澄清,有如波澜平息,化为一道清流。这种境界,名为行阴尽。这个人就能超越众生浊①。可是若仔细观察这种来由,还是因为妄想潜伏为其根本作用。"

"(一)在这种正知的禅定境界中的人,凝明正心。以上所说的十类天魔,就不能候得缠绕的机会。因此才能在这种禅定境界中,精细研究,穷究各类生命的本元。在本类之中,他看到生命的本元,始终是幽清圆扰,永远不息地在活动。于是在这圆常之中,妄自生起计(推理)度(想象)。这个人就会堕入两种无因论:(1)这个人见到一

---

① 众生浊:五浊之一。

切万物,本来是无因而自生的。那是什么原因呢?因为他到此程度,生机已经完全破了。由于眼根本来具有的八百功德。看见了八万劫内,所有的众生,在生命业力之流中,犹如一湾流水的回环往复。死于此而后复生于彼。只见一切众生,如轮转一样回旋其处。而对于八万劫外,都渺冥无有所见。因此便有了这种见解。认为这个世间,十方所有的众生,八万劫以来,本来是无因而自有的。由推理想象,忘失了正遍知。堕落成为外道,迷惑了菩提正觉的真性。(2)这个人见到一切结果都是无因而来的。那是什么原因呢?因为这个人对于生命的来源,自己认为既已见到它的根本。知道了人本来生人。鸟本来生鸟。老鸦本来是黑的。鹄鸟本来是白的。人与天人们本来是站立起来的。畜生们本来是横伏行走的。白的既不是靠洗成,黑的也不是靠染造。自从八万劫来,根本就没有改变过。等到这个形体寿命完了,也依旧还是这个样子。我本来就见不到什么菩提正觉之性,哪里更有什么成菩提的事实呢?他认为应当知道现在的一切物象,本来都是无因而来的。由此种推理想象,他就亡失了正遍知①,堕落成外道,迷惑了菩提正觉真性。像这样的人,就名为第一外道。建立无因的理论。"(这种理论,认为宇宙万有的根本,是冥然无因而自生的。万有现象,都是自然的规律。起初既无为什么目的之因,终亦无有因之果,相同于自然物理论者的一部分理论。)

"(二)又在这种正知的禅定境界中的人,凝明正心,外魔不能候得缠绕的机会。因此才能在这种禅定境界中,精细研究,穷究各类生命的本元。他看到生命的本元。始终是幽清圆扰,永远不息地在活动。于是在这圆常之中,妄自生起推理和想象。这个人就会堕入四种遍常论:(1)这个人穷究心和心境所生的性能,两处都是无因的。由此修

---

① 正遍知:真正遍知一切法也,即三藐三菩提之旧译,新译曰正等正觉。

习心空，能够知道两万劫当中、十方空间里所有众生的生灭现象，都是死此生彼循环不息的作用，根本未曾散失。因此就推想心境性是经常存在的（这种理论，相同于精神不灭论）。（2）这个人穷究四大的本元，认为地、水、火、风，物质四大种类的本元性能是经常存在的。由此修习物元，能够知道四万劫当中，十方空间里所有众生的生灭现象。四大性能之体，本来都是经常存在，根本未曾散失。因此就推想四大的性能，是经常存在的（这种理论，相同于物质不灭论）。（3）这个人穷究六根（眼、耳、鼻、舌、身、意）、末那（与生命俱生的我执）和所有身心的执受作用。执著心意识初动之处的本元来源，认为它的性能就本来经常存在。由此修习此本元，能够知道八万劫当中，一切众生都是循环不已。本来就永远存在，始终未失。因此就推想本元性能是经常存在的。（4）这个人既已灭尽妄想的本元，生理上再没有流动运转的作用。生灭的妄想心，已经永远消灭。所以认为在理性中，自然也会是不生不灭。因为他们以为心的推理，设想一个超越妄想的理性，却是经常存在的。总之，他们因为推理想象某一事物的经常存在，而亡失了正遍知，堕落成为外道，迷惑了菩提正觉的真性。像这样的人，就名为第二外道，建立圆常的理论。"

"（三）又在这种正知的禅定境界中的人，坚凝正心，外魔不能候得缠绕的机会。因此才能在这种禅定境中，精细研究，穷究各类生命的本元。他看到生命的本元，始终是幽清圆扰，永远不息地在活动。于是对于自他之间（主观的我和客观的外境），生起推理和想象。这个人就会堕入四种颠倒的见解，生出一分无常，一分常论：（1）这个人观察自己的灵妙灵明之心，遍满于十方世界。就以这个澄澄湛湛的便是最究竟的神我。由此推想，我本来遍满十方空间里的一切处，无所不在，凝明不动。一切众生都在我心中自生自死，唯有我的心性，才是常存的。其他一切，则有生有灭的，是毕竟无常性的（这种理论，是瑜伽学术的根源）。（2）这个人不肯反省观察自心，只遍观十方无数无量的国土世间，见到劫运毁坏的时候，无一物可以存在，名之为毕竟是无常的种性。那个空界的性能，却不受劫运影响而毁坏的了，所以就名之为究竟的常存之性。（3）这个人别自反省观察自心，确是精细微密，犹如物质的微尘（相同于物质的原子能）一样，虽然周流六虚，变动不居，天然的性能，根本没有移改。它却能够使这个身体，即生即灭。它自己本来是不坏的，因此名我性是常存的。那个从我天然之性流出的生死作用，就名为无常之性。（4）这个人自己知道想阴尽了，见到生命本能活动的行阴的流行不息，就推理行阴就是经常存在的常性。色（心物的光和能）受（感觉）想（思想）现在都已经灭尽，可以就名这些都是无常性的。总之，他们就由此推理想象：一部分无常，一部分是常存的（这种理论，大体相同于现代自然科学和部分哲学中所说的理论，认为主观的物理世界是不存在的，客观的宇宙是存在的）。由此堕落成为外道，迷惑了菩提正觉的真性。像这样的人，就名为第三外道，一分常存的理论。"

"（四）又在这种正知的禅定境界中的人，坚凝正心，外魔不能候得缠绕的机会。因此才能在这种禅定境界中，精细研究，穷究各类生命的本元。他看到生命的本元，始终是幽清圆扰，永远不息地在活动。于是对于时间和人我，生起推理和想象。这个人就会堕入四种有边论：（1）这个人心里推想生命活动的本元，是本能地流行不息，可以推测到过去和未来的，就名为有边。推测现在的心，是念念相续不断的，就名为无边。（2）这个人可以看到八万劫初，就有众生存在。对于八万劫以前，寂然不闻不见。认为八万劫以前无闻无见处，就名为无边。当八万劫开始有众生时，就名为有边。（3）这个人认为自己遍知一切，已经证得无边性。其他一切的人，都显在我的能知性之中。但是我却不知其他人等能知之性的边际。于是认为别人都不能得无边之心,只是具有有边之性而已。(4)这个人穷究行阴的空性,就依他所见到的,自心加以计算和想象。认为一切众生的一身之中,都有两面的作用。一半是生起作用的,一半是空的。因此认为世界上一切所有,也是一半有边,一半无边。总之,他们都由此去推理想象有边与无边,堕落成为外道,迷惑了菩提正觉的真理。像这样的人,就名为第四外道,建立有边际的理论。"

"(五)又在这种正知的禅定境界中的人,坚凝正心,外魔不能候得缠绕的机会。因此才能在这种禅定境界中,精细研究,穷究各类生命的本元。他看到生命的本元,始终是幽清圆扰,永远不息地在活动。于是在他所知所见的境界当中,生起推理和想象。这个人就会坠入四种颠倒的见解。就矫说另有一不死的存在。随便建立四种矛盾对立的理论,自己反遍计其所执的谬论:(1)这个人观察生命本能活动中的变化之元,见到迁流不息的,就名之为变。见到相续运行的现象,便名之为恒。见到自己所见之处,就名之为生。见不到能见的根本,便名之为灭。在相续运行的基本原因中,认为另有一个不断的性能,就名之为增。正在相续运行之中,其间有空隙隔离之处,便名之为减。见到其各个存在处,就名之为有。见到其各个亡失处,便名之为无。这些道理,都由用心观察所得而发生差别的知见。如果有求法的人来问他的义理,他就答说:我现在亦生亦灭,亦有亦无,亦增亦减。在一切时,都乱其言语,模棱两可,使得来问的人,茫然不解,反而遗失其本来要问的问题。(2)这个人仔细观察其心,都各自没有固定的存在,认为自己因无而得证。如果有人来问,就只答他一个无字,除了无之外,就没有其他言语可说了。(3)这个人仔细观察其心,都各自有他动念的起点处所,认为自己因有而得证,如果有人来问,就只答一个是字,除了是之外,就没有其他言语可说了。(4)这个人见到了有与无,但是他的境界,却陷于矛盾之中,其心也因之而乱。如果有人来问，他就答说亦有就是亦无，亦无之中，不是亦有。一切矫乱其辞，使人无法穷诘。总之，他们都是由推理和想象，矫揉乱立虚无的谬论，堕落成为外道，迷惑了菩提正觉的真性。像这样的人，就名为第五外道，四种颠倒矛盾性的不死矫乱，自己遍计他的虚谬理论为是。"

"（六）又在这种正知的禅定境界中的人，坚凝正心，外魔不能候得缠绕的机会。因此才能在这种禅定境界中，精细研究，穷究各类生命的本元。他看到生命的本元，始终是幽清圆扰，永远不息地在活动，运行不息，犹如无尽之流，于是生起推理和想象，这个人就会坠入死后有相，心里发生颠倒的知见。或者自己坚意固守此身，说四大（地、水、火、风）种性之色就是我。或者认为我的自性圆融，普遍包含着一切的国土世间。说我之中，本自包括了物理的成分。或者认为眼前的物理光色，跟着我的运用，起循环往复的作用。又说光色本来就是我的附属，一切物理的现象，都是我所显现的。或者认为我依附在生命本能活动的中间，我就在物理色相之中。总之，这些人都推想死后是有相的。便从这四种循环相对现象中，重重反复，可以发展为四四十六种相。或者因此推想，认为烦恼毕竟就是烦恼。菩提（正觉自性）毕竟就是菩提。菩提和烦恼，两种性能，可以并驾齐驱，互不相触。他们都由这种推理和想象，认为死后有相的缘故，而堕落成为外道，迷惑了菩提正觉的真性。像这样的人，就名为第六外道，建立了五阴（色、受、想、行、识）中的我死后有相，心里发生颠倒的理论。"

"（七）又在这种正知的禅定境界中的人，坚凝正心，外魔不能候得缠绕的机会。因此才能在这种禅定境界中，精细研究，穷究各类生命的本元。他看到生命的本元，始终是幽清圆扰，永远不息地在活动。对于先前已经除灭了色受想的阴境中，生起推理和想象。这个人就会坠入死后无相，心里发生颠倒的见解。他见到色相终归消灭，心念本来就无所系。他认为受的感触作用也会消灭，一切并无所缀。感觉作用的性能消散了，即使还有生理，如果没有领受感触的想念之心，等于草木一样。现在这个生理实质犹在，尚且无相可得，死后哪里更有相可得。因此推寻，认为死后无相。如此循环研探，由色受想行四阴的互相反复，所以有八无相的理论。从此推理，认为涅槃（自性圆寂）因果，一切皆空。徒有名字，并无实义，都是究竟断灭的。总之，他们由此推理和想象，认为死后就什么都完了，堕落成为外道，迷惑了菩提正觉的真性。像这样的人，就名为第七外道，建立了五阴（身心的色、受、想、行、识）中，死后根本无相，心里发生颠倒的理论。"

"（八）又在这种正知的禅定境界中的人，坚凝正心，外魔不能候得缠绕的机会。因此才能在这种禅定境界中，精细研究，穷究各类生命的本元。他看到生命的本元，始终是幽清圆扰，永远不息地在活动。他在行阴还存在的境界里，见到色受想三阴已经灭了，于是就双计有无，认为行阴是有，色受想三阴是无，自体互相矛盾。这个人就会坠入死后一切皆非，生起颠倒的理论。他在色受想的作用之中，看它好像是有，仔细追寻，又是没有。他在本能活动的行阴迁流不息的境界之中，仔细观察它好像是没有，事实上又并不是没有。这样循环往复，穷究以上四阴互相对待的八相，都不是固定的现象。只是随便把住一点，就说死后也是有相存在，也是无相可得。复又推想一切本能活动的作用，都无固定的性能，都是在虚妄的变迁。因此自己心里觉得已经通达大道，已经领悟到真理。认为有无都不是。以致虚实失措，茫然没有把握。总之，他们都由此推理想象，死后一切俱非。身后是昏昏渺渺，没有什么可把握的，堕落成为外道，迷惑了菩提正觉的真性。像这样的人，就名为第八外道，建立五阴（身心的色、受、想、行、识）中，死后万事皆非，心里发生颠倒矛盾的理论。"

"（九）又在这种正知的禅定境界中的人，坚凝正心，外魔不能候得缠绕的机会。因此才能在这种禅定境界中，精细研究，穷究各类生命的本元。他看到生命的本元，始终是幽清圆扰，永远不息地在活动，却认为身死以后什么都虚无，生起推理和想象，这个人就会坠入七种断灭的理论。他们或认为死后身体断灭，或欲念灭尽，或痛苦灭尽，或极乐灭尽，或极舍灭尽，这样就是毕竟的无。如此循环推求，穷尽七际（地、水、火、风、空、识、觉的七种边际，又有说是四禅和四空天等），现前一切终归于消灭，灭了便不会再有。总之，他们都由此推理和想象死后就断灭完了。堕落成为外道，迷惑了菩提正觉的真性。像这样的人，就名为第九外道，建立五阴（身心的色、受、想、行、识）中死后都归断灭、心里发生颠倒矛盾的理论。"

"（十）又在这种正知的禅定境界中的人，坚凝正心，外魔不能候得缠绕的机会。因此才能在这种禅定境界中，精细研究，穷究各类生命的本元。他看到生命的本元，始终是幽清圆扰，永远不息地在活动，就认为身死以后，决定是另有存在。于是生起推理和想象，这个人就会坠入有五种涅槃（寂灭）的理论。或以欲界的天人境界，认为就是真正涅槃所依的境界。因为他们看见天人境界的光明清净，就发生爱慕。或以初禅离生喜乐的境界，不受忧虑所逼，认为就是涅槃的境界。或以二禅定生喜乐的境界，不为苦痛所逼，认为就是涅槃的境界。或以三禅离喜得乐的境界，唯有极悦随顺而住，认为就是涅槃的境界。或以四禅舍念清净的境界，苦乐双亡，再不受轮回生灭性的影响，认为就是涅槃的境界。总之，他们迷于这五种天人有漏境界，认为就是真正清净无为的极致，视这五处是绝对安隐，是最难超胜的清净所依之处。这样循环往复，都以这五处为究竟，堕落成为外道，迷惑了菩提正觉的真性。像这样的人，就名为第十外道，建立五阴（身心的色、受、想、行、识）境中现出五种的涅槃境界，心里发生颠倒矛盾的理论。"

"以上所说的十种禅定中的狂妄知解，皆是自心行阴在生命本能活动中的用心交互作用，所以显现这些狂妄知解的悟境。众生顽迷不识，自己不肯反省忖量，遇到这种境界现前，就以此愚迷作为正知解，自称已经跻登圣人的地位，实在是大妄语，结果堕落无间地狱。当我灭度以后，你们必须将我所说的话，传示于末法时期。普遍地使一切众生，觉了其中义理。莫令心魔，自起深孽。保持覆护一般真正修行的人，消除此等邪见。使他的身心，开悟真义，对于求无上正觉之道，不遭受枝节歧路之误。不要使自心生起得少为足的偏见，以此作为大觉法王的清净指标。"

　　阿难。彼善男子修三摩提行阴尽者。诸世间性①。幽清扰动同分生机。倏然隳裂沈细纲纽②。补特伽罗。酬业深脉③。感应悬绝。于涅槃天将大明悟。如鸡后鸣④。瞻顾东方。已（现）有精（白之）色。六根虚静。无复驰逸。内外湛明。入无所入⑤。深达十方十二种类。受命（投胎之）元由。观由执元。诸类不召⑥。于十方界。已获其同⑦。精色不沈。发现幽秘⑧。此则名为识阴区宇。若于群召。已获同中销磨六

---

① 诸世间性：憨山大师曰，世间性，谓行阴为世间生死之体也，以众生生死，皆因行阴生灭，故成同分生机，前言基乃其本，今言机乃机枢也。
② 沈细纲纽：网上大绳曰纲，衣领结处曰纽，皆喻其要也。《宝镜疏》曰，以一切世间，十二类生，如网如衣，而此行阴，生灭相续，始终贯串，如网衣之纲纽，言沈细者，谓幽沈微细乃行阴之相，故行阴尽，则生机纲纽自必忽然隳裂而毁裂也。
③ 补特伽罗，酬业深脉：补特伽罗，为循业受生之中阴身，义见前解，以生死纲纽，既已揭破，则彼十二类生之酬偿宿业，深远命脉，由业感而受报者，皆悬远而断绝也。
④ 如鸡后鸣：温陵曰，涅槃性天，为五阴所覆，昏如长夜，前三阴尽如鸡初鸣，虽为曙兆犹沈二阴，精色未分，此行阴尽，如鸡后鸣，惟余一阴，故将大明也。
⑤ 入无所入：憨山大师曰，行阴既尽，意根已消，则六识无体，故六根虚静不驰，内照识体，通一湛明，湛入合湛更无可入，故曰内外湛明入无所入也。
⑥ 观由执元，诸类不召：召犹牵引也。《正脉》曰，既已观见受命由绪，必能执守受生元本，令不流逸，则尽十二类皆不能牵引受生矣。
⑦ 已获其同：《正脉》曰，同者空也，言其根尘既尽，惟一空性也。
⑧ 精色不沈，发现幽秘：发现幽秘，即四阴已尽，精色不沈，如晓天可辨色也。

门。合开成就①。见闻通邻②。互用清净。十方世界及与身心。如吠琉璃。内外明彻③。名识阴尽。是人则能超越命浊。观其所由。罔象虚无④。颠倒妄想。以为其本。（内外湛明，《长水疏》及《要解纂注》皆作内内湛明。）

阿难。当知是善男子穷诸行空。于识还元⑤。已灭生灭。而于寂灭精妙未圆。能令己身根隔合开⑥。亦与十方诸类通觉。觉知通㳷。能入圆元。若于所归。立真常因。生胜解者。是人则堕因所因执⑦。娑毗迦罗⑧所归冥谛。成其伴侣。迷佛菩提。亡失知见。是名第一立所得心。成所归果。违远圆通。背涅槃城。生外道种。

阿难。又善男子穷诸行空。已灭生灭。而于寂灭精妙未圆。若于所归览为自体。尽虚空界十二类内所有众生。皆我身中一类流出。生胜解者。是人则堕能非能执⑨。摩醯首罗⑩。现无边身。成其伴侣。迷佛菩提。亡失知见。是名第二立能为心。成能事果。违远圆通。背涅槃

---

① 合开成就：《文句》曰，以六根为一根用，名合成就，以一根为六根用，名开成就。
② 见闻通邻：此六根以分位言，虽似比邻，以性体言原无彼此，皆互通而互用也。
③ 如吠琉璃，内外明彻：世界身心，如吠琉璃内外明彻，唯清净本然如来藏性，更无他物，此识阴已尽之相也。
④ 罔象虚无：《开蒙》曰，罔者若无，象者若有，若有若无，名为罔象，即恍惚不真识中生灭影子也，执影迷真，故曰颠倒妄想也。
⑤ 于识还元：识由行流，故行空则识还元，既空行阴，则已灭生灭，尚依识元，故寂灭未圆也。
⑥ 根隔合开：渐破识阴，消磨六门，故能令己六知根，溘合无隔，诸类觉性，通融不二，能入元圆，即识元也。
⑦ 因所因执：若于所归圆元识阴，而立为真因，则堕因所因执，盖真因非所，有所皆妄也。
⑧ 娑毗迦罗：娑毗外道，执冥初主谛，从冥生觉等二十五法，故以冥谛为生法因，非因计因，谬起斯计，故亡正知见，成外道种也。
⑨ 能非能执：温陵曰，认识元为自体，而谓一切众生，皆自此流出，遂执我能生彼，而实不能，故曰能非能执。
⑩ 摩醯首罗：摩醯首罗，即色顶天王也，妄计我能生起无边众生，亦能非能类也。

城。生大慢天① 我遍圆种。

又善男子穷诸行空。已灭生灭。而于寂灭精妙未圆。若于所归有所归依。自疑身心从彼流出。十方虚空。咸其生起。即于都起所宣流地。作真常身无生灭解。在生灭中。早计常住。既惑不生。亦迷生灭。安住沈迷生胜解者。是人则堕常非常执②。计自在天。成其伴侣。迷佛菩提。亡失知见。是名第三立因依心。成妄计果。违远圆通。背涅槃城。生倒圆种③。

又善男子穷诸行空。已灭生灭。而于寂灭精妙未圆。若于所知。知遍圆故。因知立解。十方草木皆称有情。与人无异。草木为人。人死还成十方草树。无择遍知。生胜解者。是人则堕知无知执④。婆吒霰（音现）尼⑤。执一切觉。成其伴侣。迷佛菩提。亡失知见。是名第四计圆知心。成虚谬果。违远圆通。背涅槃城。生倒知种。

又善男子穷诸行空。已灭生灭。而于寂灭精妙未圆。若（但）于圆融根互用中。（虽）已（略）得随顺。便（谓）于（此）圆（融变）化⑥ 一切（皆能）发生。（因之或）求火光明。（或）乐水清净。（或）爱风周流。（或）观尘（能）成就。各各（而）崇事⑦（之遂妄）。以此（地水火风之）群尘。（皆

---

① 大慢天：大慢天，即摩醯首罗天，不能谓能，故曰大慢。
② 常非常执：温陵曰，以识元为所归依，故疑彼能生我及一切法，遂计生起流出之处，为真常无生之体，此则在生灭中，妄计常住，既惑其不生性，又迷现生灭法，以非常为常，故名常非常执。
③ 倒圆种：温陵曰，由依识元，妄计常住，故曰立因依心，成妄计果，前计我圆生物，此计彼圆生我，故名倒圆种也。
④ 知无知执：温陵曰，所知即所观识阴也，谓识有知，而一切法由知变起，因计知体遍圆诸法，遂立异解，谓诸无情，遍皆有知。
⑤ 婆吒霰尼：婆吒此云避去，霰尼此云有军，二外道名，妄执一切有情无情皆有觉知者。
⑥ 圆化：即指隔根合开略具圆融变化之义。
⑦ 各各崇事：《正脉》曰，崇，尊尚也，事，供养也，而言各各者，如尊火供地，各随所见，而遍执也。

为）发（生造）作（之）本因。(即）立（此群尘为）常住解。是人则堕生无生执①。诸迦叶波②并婆罗门。勤心役身。事火崇水。求出生死。成其伴侣。迷佛菩提。亡失知见。是名第五计著崇事。迷心从物。立妄求因。求妄冀果。违远圆通。背涅槃城。生颠化种③。

又善男子穷诸行空。已灭生灭。而于寂灭精妙未圆。若于圆明。计（此）明中（本自）虚。(寂遂欲）。非灭群化。以永灭依。为所归依生胜解者。是人则堕归无归执④。无想天中⑤（及四空天）诸舜若多。成其伴侣。迷佛菩提。亡失知见。是名第六圆虚无心。成空亡果。违远圆通。背涅槃城。生断灭种。

又善男子穷诸行空。已灭生灭。而于寂灭精妙未圆。若于圆常。（之中即欲）固身常住。(使其）同于精圆。长不倾逝。生胜解者。是人则堕贪非贪执⑥。诸阿斯陀⑦求长命者。成其伴侣。迷佛菩提。亡失知见。是名第七执著命元。立固妄因。趣长劳果⑧。违远圆通。背涅槃城。生妄延种。

又善男子穷诸行空。已灭生灭。而于寂灭精妙未圆。(若）观（此）命（元）互通。(继乃）却留尘劳⑨。恐其销尽。便于此际坐莲华宫。广化

---

① 生无生执：妄计群尘为生物之原，能成圣果，而群尘实不能生，故曰生无生执也。
② 诸迦叶波：即指优楼频螺等，其先事火，后归佛化，婆罗门则总该事水外道等。
③ 颠化种：因果皆妄，颠倒化理，故曰颠化种也。
④ 归无归执：《纂注》云，观理不谛，误堕虚无，故于圆明识性之中，计皆虚无，于是绝灭群化，归于永灭，而不知其非，名归无归执。
⑤ 无想天中：即四空天中诸外道天也，诸外道天，类多穷空不归，故又以舜若多名之。
⑥ 贪非贪执：非所应贪而妄贪，故曰贪非贪执。
⑦ 阿斯陀：阿斯陀，此云无比，长寿仙人名也，彼虽延长，终归坏灭。
⑧ 长劳果：虚妄色身全属尘劳，今欲固而长生，岂非自趣劳果耶。
⑨ 观命互通，却留尘劳：以识阴为十二类生之命元，彼我互通，识阴若尽，众生命尽，我亦与之俱尽，纵能证得真常，已无所乐之境，亦何贵乎，遂欲屏出世智，栖心声色，华宫宝女，五欲自恣，故卒生为天魔种也。

七珍。多增宝媛（音员，美女也）。恣纵其心生胜解者。是人则堕真无真执①。吒枳迦罗②成其伴侣。迷佛菩提。亡失知见。是名第八发邪思因。立炽尘果③。违远圆通。背涅槃城。生天魔种。又善男子穷诸行空。已灭生灭。而于寂灭精妙未圆。于命明④中分别精粗。疏决真伪⑤。因果相酬。唯求感应⑥。背清净道。所谓见苦断集。证灭修道。居灭已休⑦。更不前进。生胜解者。是人则堕定性声闻。诸无闻僧⑧。增上慢者。成其伴侣。迷佛菩提。亡失知见。是名第九圆精应心。成趣寂果⑨。违远圆通。背涅槃城。生缠空种⑩。

又善男子穷诸行空。已灭生灭。而于寂灭精妙未圆。若于圆融清净觉明。发研深妙⑪。即立涅槃而不前进。生胜解者。是人则堕定性辟支。诸缘独伦⑫不回心者。成其伴侣。迷佛菩提。亡失知见。是名第十圆觉㳷心。成湛明果。违远圆通。背涅槃城。生觉圆明不化圆种⑬。

---

① 真无真执：妄执命元为己真宰，而实非真也。
② 吒枳迦罗：温陵曰，吒枳迦罗，即欲顶自在天类也。
③ 炽尘果：谓以邪思纵欲为因心，以尘劳炽盛为果觉也。
④ 命明：《要解》曰，命明者，因穷识阴，深明累生受命原由，遂起分别决择之心。
⑤ 精粗……真伪：以四谛之苦集有漏为粗伪，灭道无漏为精真。
⑥ 因果……感应：以专修道因为感，求证灭果为应。
⑦ 居灭已休：居于寂灭，心满志足，更不前进求菩提道，故成定性声闻之钝根阿罗汉也。
⑧ 无闻僧：无闻僧者不了识阴，迷为涅槃之一流僧众也。
⑨ 圆精应心，成趣寂果：圆满也，精专也，《正脉》曰，满其专求取证之因心，成其偏趣冥寂之断果也。
⑩ 缠空种：为空所缚曰缠空。
⑪ 发研深妙：谓独觉则寂居观化，缘觉则观十二因缘，皆依识阴，精研穷究以发深妙之悟，即以所悟之境立为涅槃也。
⑫ 诸缘独伦：伦等也即缘觉独觉之同等也，所觉止于圆融，不知回心向慕于大乘也。
⑬ 生觉圆明不化圆种：谓见闻觉知已得圆融互用，但其精真妙明尚不发化以圆照也，住此则障真寂灭，碍圆通用，终不达于宝所矣，声闻辟支为正乘小圣，今皆列之魔数者。《正脉》曰，此经大定，以顺圆通向涅槃为益，以违圆通背涅槃为损，二乘宛然违背，非魔而何，然以定性简之而能回心者固不堕斯数也。

阿难。如是十种禅那。中涂成狂。因依迷惑。于未足中生满足证。皆是识阴用心交互。故生斯位。众生顽迷。不自忖量。逢此现前。各以所爱先习迷心。而自休息。将为毕竟所归宁地。自言满足无上菩提。大妄语成。外道邪魔。所感业终。堕无间狱。声闻缘觉。不成增进。汝等存心秉如来道。将此法门。于我灭后。传示末世。普令众生。觉了斯义。无令见魔。自作沈孽。保绥哀救。销息邪缘。令其身心入佛知见。从始成就。不遭歧路。

如是法门。先过去世恒沙劫中。微尘如来。乘此心开。得无上道。识阴若尽。则汝现前。诸根互用。从互用中。能入菩萨金刚乾慧。圆明精心。于中发化。如净琉璃。内含宝月。如是乃超十信。十住。十行。十回向。四加行心。菩萨所行金刚十地。等觉圆明。入于如来妙庄严海。圆满菩提。归无所得。此是过去先佛世尊。奢摩他中。毗婆舍那。觉明分析微细魔事。魔境现前。汝能谙（音庵，熟也）识。心垢洗除。不落邪见。阴魔销灭。天魔摧碎。大力鬼神。褫（音驰，丧也）魄逃逝。魑魅魍魉。无复出生。直至菩提。无诸少乏。下劣增进。于大涅槃心不迷闷。若诸末世愚钝众生。未识禅那。不知说法。乐修三昧。汝恐同邪。一心劝令持我佛顶陀罗尼咒。若未能诵。写于禅堂。或带身上。一切诸魔。所不能动。汝当恭钦十方如来。究竟修进最后垂范。

识阴区宇——唯识境界中所生的偏差

佛说："当在正定三昧中的人，行阴已经灭尽者。对于一切世间生命活动的本能，那幽清扰动的共同的生机的根本，已经倏然毁裂。向来为生命纲纽的中阴身，在轮回中生生不已的深细命脉，就可以断除它业力的感应而虚悬不著。对于涅槃寂灭的性天之境，将要得到大彻大悟。犹如鸡鸣报晓之后，瞻顾东方，天色已有精光显露。光明的曙色，就要展开了。这时六根（眼、耳、鼻、舌、身、意）虚静之极，再不向外奔驰放逸，内外都是一片湛然清明，入于无所入之境。因此能够深切明白十方虚空中十二种类的众生，所以感受生命根源的由来。但是他虽然看到了生命由来所执的根源，自己却不受一切种类业力的感召。对于十方世界，已经获得它共同的根源。这种境界，名为识阴区宇。如果在一切业力感召之中，已经把握住它共同的根源，自己再不起反应的作用，再加用功，消磨六根①门头的习气障碍。要用时，仍可分而为六。不用时，就可合而为一。看见与闻听的功能，可以互相随意掉换。在互用之中，而又清净自在。十方世界的物质世间，以及身心，都犹如玻璃一样，内外透体明澈。这种境界，就名为识阴尽。这个人就能够超越命浊②。可是若仔细观察这种来由，还是因为在虚无无象中的颠倒妄想为其根本作用。"

"（一）有人穷尽行阴的空性，返还到唯识③的境界。虽然已经灭了生灭的作用，但是对于寂灭精妙，还是未能圆满。他能够使自己的六根（眼、耳、鼻、舌、身、意）合而为一，或分而可起多种作用，也能够与十方一切种类众生的见闻觉知，融通会合于一，都入于一个圆元的境界中。如果他认为这个还归唯识的境界，就是至真常存的本元因地，因此生出自己以为了不起的见解，这个人就会堕入因有所执之因。等于师事梵天的黄发外道们，认为渺渺冥冥的冥谛，就是道的本元，是同样的错误。因此冥谛外道们成其伴侣，迷却菩提正觉的佛性。这名第一偏差，建立了以有所得的心，成有所归的果。违背圆通之智，自远涅槃圣境，生于外道种中。"

---

① 六根：眼根、耳根、鼻根、舌根、身根、意根。
② 命浊：五浊之一，谓至末世而寿命短缩也，是为烦恼与邪见之结果。浊者秽浊，以烦恼与邪见为浊之根本，命之短缩，为其结果，故曰命浊。
③ 唯识：唯者简别之义，简别识外无法，谓之唯。识者了别之义。识，五阴之一。

"（二）又有人穷尽行阴的空性，已经灭了生灭的作用。但于寂灭精妙，还是未能圆满。如果在这还归唯识的境界中，观察万象，认为都是我的自体，所有尽虚空界的十二类内的众生，都是从我一身变化分流而出，因此生出自己以为了不起的见解，这个人就会堕入能非能执，认为唯有那个才是全能的主宰，其他就都有所不能。因此大自在天主现无边各类之身，成其伴侣。迷却菩提正觉的佛性，亡失了正知正见。这名第二偏差，建立全能有为的心，成能生万事的果。违背圆通之智，自远涅槃圣境，生在大我慢的大自在天主领域，成为我执遍圆之种。"

"（三）又有人穷尽行阴的空性，已经灭了生灭的作用，但于寂灭精妙，还是未能圆满。如果对于这还归的唯识之境，认为这个就是我所归依的本元。并且自疑我的身心，也是从这个境界里流出，十方虚空，也都从它所生起，就把这个生起万有的唯识境地，作为是至真常住的真身，以为他是没有生灭的。所以在一切有生灭之中，只有这个是常住不变的。他既不认识不生的实相，同时也不认识生灭的本原。但是他就安住沉迷其中，生起自己以为了不起的见解。这个人就堕在常非常执，认为另外有一真常的存在，其他一切则有生有灭，是不常住的。他的这种推理，同于自在天人的境界，因此成其伴侣，迷却菩提正觉的佛性，亡失了正知正见。这名第三偏差，建立了因有所依的心，形成虚妄推理的果，违背圆通之智，自远涅槃圣境，于圆满中生颠倒之解，名为生倒圆种。"

"（四）又有人穷尽行阴的空性，已经灭了生灭的作用，但于寂灭精妙，还是未能圆满。如果认为这个所知性，就是普遍圆满的能知之性，于是就因知立解，认为十方草木，都是有情，与人无异。草木可以变为人，人死还成为草木。十方草树与人，并无分别，都是有知的。因此发生自己以为了不起的见解，这个人就堕入知无知执，认为一切有情的生物，与无情的草木相等，都有知觉的存在。这样他便和执一切觉的外道们，成其伴侣，迷却菩提正觉的佛性，亡失了正知正见。这名第四偏差，推测知觉之心是圆满遍及的，形成虚谬不实的果，违背圆通之智，自远涅槃圣境，于正知中生颠倒见，名为生倒知种。"

"（五）又有人穷尽行阴的空性，已经灭了生灭的作用，但于寂灭精妙，还是未能圆满。如果在圆融无碍的境界中，可以使六根随便互相为用。他在圆融变化之中，对于一切，都发现了它的本能。所以就求火的光明，乐水的清净，爱风的周流，观尘的成就。这些四大物能，他都各各崇拜敬事，认为这四大的物能，就是生成世界的本因，建立本能便是常住不变的见解。这个人就堕入生无生执。认为世间种种万象，都由此本能所生，万象都是无常，唯有这本能常住，以为那就是造化的真宰，和一切婆罗门的勤苦锻炼身心，专诚拜火，或者拜水，自求出离生死的人们，成其伴侣，迷却菩提正觉的佛性，亡失了正知正见。这名第五偏差，执著崇拜物事，迷心从物，建立妄求之因，妄冀求得其果，违背圆通之智，自远涅槃圣境，认为可以颠倒化理，名为生颠化种。"

"（六）又有人穷尽行阴的空性，已经灭了生灭的作用，但于寂灭精妙，还是未能圆满。如果在圆明的境界之中，认为圆明也是子虚，不但群化幻灭，即使这个虚空，也是永灭无依。就以此理为其毕竟的归依，因此生出自己以为了不起的见解。这个人就堕入归无归执。以一切皆空，都无所归的境界为其毕竟归依，和一切空无想天等，成其伴侣，迷却菩提正觉的佛性，亡失了正知正见。这名第六偏差，认为圆虚无心，就是道的究竟，因此终究成为空亡之果，违背圆通之智，自远涅槃圣境，以一切皆空，断灭生灭就是正果，名为生断灭种。"

"（七）又有人穷尽行阴的空性，已经灭了生灭的作用，但于寂灭精妙，还是未能圆满。如果认为在这个圆满常住的境界中，勤修坚固色身的法门,使此身形常住,就等于是精灵圆满,长生常住永不消逝,因此生出自己以为了不起的见解。这个人就堕入贪非贪执,以一切皆不可贪著,只取此精灵不昧以为究竟,和那些自称无比仙们,但求长寿的仙道,成其伴侣,迷却菩提正觉的佛性,亡失了正知正见。这名第七偏差,执著生命本元,建立坚固妄想之因,不辞劳苦,趋修长生之果,违背圆通之智,自远涅槃圣境,以坚固妄念而延续生命,名为生妄延种。"

"(八)又有人穷尽行阴的空性,已经灭了生灭的作用,但于寂灭精妙,还是未能圆满。如果看到生命的本元,本来都是一体,可以互相通达,只是殊途同归,因此不舍世间尘劳等事,反而恐其消灭净尽。就在此时,以神通力,坐莲花宫,多方变化七宝以庄严自己。多增美女仙媛,恣纵其心,以图享乐,因此生出自己以为了不起的见解,这个人就堕入真无真执,以不真实常住的生命本元,却认为真实常住,和天魔成其伴侣,迷惑菩提正觉的佛性,亡失了正知正见。这名第八偏差,发生邪思之因,成立尘劳炽盛的苦果,违背圆通之智,自远涅槃圣境,以天魔境界为至道,名为生天魔种。"

"(九)又有人穷尽行阴的空性,已经灭了生灭的作用,但于寂灭精妙,还是未能圆满。如果在明白生命本来的境界中,由此分别出圣凡,确有精微粗浅的差别,在其中通疏辨决它的真伪,知道世出世间,都是因果的关系。如果因缘会合,业力感应,犹如磁石吸铁,互相酬还他们的夙业。众生一切作为,都是与清净大道,背道而驰。所谓见到世间一切皆苦,如能断除烦恼,不再去积集苦因,只求灭除烦恼,便是修道的究竟法门,住在已灭生灭心,休止在不生灭的境中,更不再求进步,因此生出自己以为了不起的见解,这个人就堕入定性的声闻乘,和所有不求智慧多闻的僧众、具有增上慢的人(自以为已得无上大道,而生起憍慢心的,叫做增上慢)成其伴侣,迷惑菩提正觉的佛性，亡失了正知正见。这名第九偏差，以圆明精妙不生灭的心境，作为趋向寂灭之果。违背圆通之智，自远涅槃圣境，以空为究竟，名为生缠空种。"

"（十）又有人穷尽行阴的空性，已经灭了生灭的作用，但于寂灭精妙，还是未能圆满。如果在圆融无碍，清净觉明的境界中，发生研求深妙之心，认为这样就是涅槃的境界，再也不求上进。因此生出自己以为了不起的见解。这个人就堕入定性的独觉乘，和一切从因缘法而悟圣果的缘觉等，不肯回心转向大乘的人们，成其伴侣，迷惑了菩提正觉的佛性，亡失了正知正见。这名第十偏差，以泯心无念，入于圆觉，成就湛然清净的湛明果，违背圆通之智，自远涅槃圣境，生于自觉圆明境界，执著圆明而不化众生，名为生觉圆明不化圆种。"

"以上所说的十种禅定中的人，都因为中途偏差而成狂见，自己迷惑无知，在未到圆满菩提正觉的中途，便发生已经证得满足的知解。其实，都是识心的用心交互作用，唯识所变，所以就成这些果位。无奈众生顽迷不识，自己不肯反省忖量，遇到这种境界现前，各自就其多生历劫以来所爱好的习气，迷惑了真心，就此休息，认为那就是道果所归的究竟之地，自称已经满足了无上菩提，成为大妄语。或受外道邪魔所感应，等到业果终了，便堕入无间地狱。或者成为声闻缘觉二乘之果，不再增进上进。你们要存心秉持吾佛之道，把这种法门，在我灭度以后，传示于末法时期，普遍地使一切众生，觉了其中义理，莫令知见之魔，自造沉迷之孽，保护修行的人。他如果在中途偶有偏差，应当哀悯救助其心，消灭他的邪缘，使其身心进入佛的正知见。最好使修行人从开始至于成就，都不走入歧路。这个法门，是过去世无数先佛，都乘此道而心得开悟，由此证取无上菩提的。"

"如果识阴尽了，你现在的生理心理诸根，就可以互相替代，交换应用。在互用当中，能够进入菩萨道最终的金刚乾慧，圆明精妙的真心，就能在此中发生变化的妙用。'如净琉璃，内含宝月。'这样才能超越前面所说的十信、十住、十行、十回向、四加行心，菩萨所行的金刚十地，至于等觉圆明的果地，进入于自性如来的'妙庄严海，圆满菩提，归无所得'。这就是过去先佛世尊们，在奢摩他（止定）毗婆舍那（观慧）的如来大定中，圆觉妙明所分析的魔事。若是魔境现前，只要你能当时认识明白，反求自心，使心垢洗除清净，自然就不落于邪见。那么，五阴心魔消灭了，天魔外境也会摧碎。大力鬼神等，当然褫魄逃逝。魑魅魍魉，也就无法出生。由此而直至菩提，始知本来现成具足，决定不会缺少了哪一点。就是下劣浅智的人，由此增进修行，也会进于自性真心涅槃之境，不再迷闷。"

阿难即从座起。闻佛示诲。顶礼钦奉。忆持无失。于大众中重复白佛。如佛所言五阴相中。五种虚妄为本想心。我等平常。未蒙如来微细开示。又此五阴。为并销除。为次第尽。如是五重。诣何为界。惟愿如来发宣大慈。为此大众清净心目。以为末世一切众生。作将来眼。

佛告阿难。精真妙明本觉圆净。非留死生及诸尘垢。乃至虚空。皆因妄想之所生起。斯元本觉妙明真精。妄以发生诸器世间。如演若多。迷头认影。妄元无因。于妄想中立因缘性。迷因缘者。称为自然。彼虚空性。犹实幻生。因缘自然。皆是众生妄心计度。

阿难。知妄所起。说妄因缘。若妄元无。说妄因缘元无所有。何况不知。推自然者。是故如来与汝发明。五阴本因。同是妄想。

汝体先因父母想生。汝心非想。则不能来想中传命。如我先言心想醋味。口中涎生。心想登高。足心酸起。悬崖不有。醋物未来。汝体必非虚妄通伦。口水如何因谈醋出。是故当知。汝现色身。名为坚固第一妄想。

即此所说临高想心。能令汝形真受酸涩。由因受生。能动色体。

汝今现前顺益违损。二现驱驰。名为虚明第二妄想。

由汝念虑。使汝色身。身非念伦。汝身何因随念所使。种种取像。心生形取。与念相应。寤即想心。寐为诸梦。则汝想念摇动妄情。名为融通第三妄想。

化理不住。运运密移。甲长发生。气销容皱。日夜相代。曾无觉悟。阿难。此若非汝。云何体迁。如必是真。汝何无觉。则汝诸行念念不停。名为幽隐第四妄想。

又汝精明湛不摇处。名恒常者。于身不出见闻觉知。若实精真。不容习妄。何因汝等。曾于昔年睹一奇物。经历年岁。忆忘俱无。于后忽然覆睹前异。记忆宛然。曾不遗失。则此精了湛不摇中。念念受熏。有何筹算。阿难。当知此湛非真。如急流水。望如恬（音甜，安也）静。流急不见。非是无流。若非想元。宁受妄习。非汝六根互用开合。此之妄想无时得灭。故汝现在。见闻觉知。中串习几①。则湛了内罔象虚无。第五颠倒微细精想。

阿难。是五受阴五妄想成。汝今欲知因界浅深。唯色与空。是色边际。唯触及离。是受边际。唯记与忘。是想边际。唯灭与生。是行边际。湛入合湛。归识边际。此五阴元。重叠生起。生因识有。灭从色除。理则顿悟。乘悟并销。事非顿除。因次第尽。我已示汝劫波巾结。何所不明。再此询问。汝应将此妄想根元。心得开通。传示将来末法之中诸修行者。令识虚妄。深厌自生。知有涅槃不恋三界。

阿难。若复有人。遍满十方所有虚空。盈满七宝。持以奉上微尘诸佛。承事供养。心无虚度。于意云何。是人以此施佛因缘。得福多不。阿难答言。虚空无尽。珍宝无边。昔有众生施佛七钱。舍身犹获

---

① 中串习几：盖言于见圆觉知性中，能念念串穿几微习气，虽罔象虚无，犹为妙觉湛然中之微细颠倒也。

转轮王位。况复现前虚空既穷。佛土充遍。皆施珍宝。穷劫思议。尚不能及。是福云何更有边际。佛告阿难。诸佛如来。语无虚妄。若复有人。身具四重十波罗夷①。瞬息即经此方他方阿鼻地狱。乃至穷尽十方无间。靡不经历。能以一念将此法门。于末劫中开示未学。是人罪障。应念销灭。变其所受地狱苦因。成安乐国。得福超越前之施人。百倍千倍千万亿倍。如是乃至算数譬喻所不能及。

阿难。若有众生。能诵此经。能持此咒。如我广说。穷劫不尽。依我教言。如教行道。直成菩提。无复魔业。

佛说此经已。比丘。比丘尼。优婆塞。优婆夷。一切世间天人阿修罗。及诸他方菩萨二乘。圣仙童子。并初发心大力鬼神。皆大欢喜。作礼而去。**（卷十终）**

解脱五阴和直指明心见性的结论

阿难问："如果据佛所说的，五阴（色、受、想、行、识）的现象，只是五种虚妄的作用，都是自性妄想心所生的差别关系。我们平常未蒙佛的微细开示，现在请问：在修行进境中，这五阴是一齐消除的呢？还是要次第逐渐来灭尽呢？并且这五种阴境，以什么为界限呢？希望大发慈悲，再加详细的开示。"

佛说："自性真心的'精真妙明，本觉圆净'，本来就不滞留于生死和尘垢之间。你要知道，就是这个无尽的虚空，也都是自性妄想所

---

① 四重十波罗夷：梵语婆罗夷，此云弃，亦云极恶，小乘四重，谓杀盗淫妄，大乘十弃，于四重外，更加五酤酒，六说出家在家人过，七自赞毁他，八悭吝，九瞋恚，十自谤三宝不信因果也，以上十波罗夷，准之佛律为极重罪，然若一念宏经，亦得前业清净，转极苦因，成极乐果，盖七宝盈空仅止供佛，若此大佛顶法，乃能出生十方诸佛一切如来也。

生的境界。一切物理的器世间现象，元本都是自性本觉妙明精真中的妄动作用。犹如前面所说的狂人演若达多，自己迷却本来原有的真头，妄自认影，发生妄想的本元，根本无所谓为什么原因而发生。只是在妄想当中，建立它的因缘①性。迷于这个因缘性者，就称宇宙间的事物，是自然的法则。其实，那个无尽的虚空，尚且还是幻有所生的现象。何况寄存于虚空间的事物，说它是因缘的，或是自然的，更是众生妄心的推理想象而已。"

"人们可以知道自己妄想所起的法则，由此才说妄想是因缘所生的。如果根本没有妄想，去说妄想和因缘，也根本元无所有。何况还不知最初的真谛②究竟是个什么，便推测它说是自然的呢？所以我再为你发明五阴的本来原因，都同是妄想所生。"

"首先你要了解，你的身体原是因你的父母妄想所生。你的心，如果不是妄想，就不能够配合他们的妄想而有此身，用以传续生命。如我以前所说的，想到醋酸的味道，口里就会生涎。心想登高，足心就会酸起。可是眼前既没有悬崖，也没有酸醋，你的身体如果不同于虚妄的妄想一样，何以口里会因讲说酸性就流涎水呢？所以你应当知道，你现在色身的存在，就名为第一重极坚固的大妄想。（色）"

"就如上面所说的：心想登临很高的悬崖，就能够使你的身形真能感受到酸涩。因为有了感受，就能够使你的色身起变化的作用。那么你现在的顺益性的快感与违损性的痛苦，两种现象互相交换奔腾，就名为第二重虚而明的妄想。（受）"

"由于你有思想念虑，指使你的色身起一切作用。你的身体如果不

---

① 因缘：一物之生，亲与强力者为因，疏添弱力者为缘。例如稻种为因，雨露农夫等为缘，此因缘和合而生米。
② 真谛：二谛（真谛、俗谛）之一，真谓真实无妄，谛犹义也。对俗谛言，如谓世间法为俗谛，出世间法为真谛是也。

属于思虑之类，那么，你的色身，何以会随念虑所指使呢？何以会在种种吸取外界境象当中，心里发生各种作用，形体就会跟着去取得，与你的思念相应配合呢？醒了就成为思想的心，睡中就形成一切梦境。那么，你的想念摇动妄情，就名为第三重融通的妄想。（想）"

"生理上的变化，念念不得停住，随时随地在运动密移。指甲在长，头发在生，气机在消息往来，容貌在改变衰老。新陈代谢，日夜互相更代，你却没有觉察。如果这些变化不是你自己，何以你的身体会变迁？如果那就是你的本来真心，你何以又不觉不知呢？所以说你的一切行动，都随念念迁流而不停，就名为第四重幽隐的妄想。（行）"

"你在精明清净、湛然不动的境界中，就认这个是永恒不变的心性。那么，它在身上所起的作用，不外见闻觉知四种现象。如果这个实在就是你精明的真心，就不应该容它受外界熏习染污的妄习进来。何以你们在多年前看到一件奇物，经历若干年后，对于它记忆和遗忘都不存在了。后来忽然重新再看到那件奇物时，就会宛然记忆起来。那个记忆一点也不曾遗失呢？那么，在这个明白精了、湛然不动的境界中，念念俱受外界外物的熏染，无法可以计算它究竟有了多少。因此你应当知道，这个湛然不动的心境，并不是真心。它犹如一股急快的流水一样，从表面粗看起来是很恬静的，其实只是流动太急，所以你看不见它在流，并不是真实不流。如果这个境界，不是妄想的根源，它哪里会受外界事物妄境的熏习呢？除非你的六根，修到随心所欲，可以互相开合的时候，这个妄想，是无时消灭的。所以你现在的见闻觉知的作用，其实都是一连串的几微妄习所生。就是那个湛然明了的境界，也还是虚无无象的一种境界。就名为第五重颠倒微细的精想。（识）"

"这五重感受的阴境，就是五种妄想所形成。你现在要想知道它的原因与界限的浅深关系，必须明白色与空，就是色阴的范围。感触与离了感觉，就是受阴的范围。记忆与遗忘，就是想阴的范围。生起灭了，灭了还生，就是行阴的范围。湛然不动，入合于湛然清净，就是识阴的范围。这五阴的本元，是重重叠叠所生起的。生起时，是因为识阴的作用而先有。灭除时，须先从色阴去除灭，'理则顿悟，乘悟并销。事非顿除，因次第尽'，我已经在前面示知你一条华巾上打成六个结的譬喻，何以依然还不明白，再发出这个疑问呢？你应当把这个妄想根源，心得开通的道理，传示将来末法之中。使一切修行的人们，令其认识一切都是虚妄的作用。对于这个妄想自生深厌，便会知道有涅槃之存在，再不留恋于三界（欲界、色界、无色界）之中了。"

（以上《楞严经》第十卷竟）

楞严法要串珠

当知一切众生。从无始来。生死相续。皆由不知常住真心。性净明体。用诸妄想。此想不真。故有轮转。内守幽闲。犹为法尘分别影事。昏扰扰相。以为心性。一迷为心。决定惑为色身之内。不知色身外泊山河虚空大地。咸是妙明真心中物。譬如澄清百千大海。弃之。唯认一浮沤体。目为全潮。穷尽瀛渤。若能转物。则同如来。身心圆明。不动道场。于一毫端。遍能含受十方国土。离一切相。即一切法。见见之时。见非是见。见犹离见。见不能及。殊不能知生灭去来。本如来藏。常住妙明。不动周圆。妙真如性。性真常中。求于去来迷悟生死。了无所得。当知了别见闻觉知。圆满湛然。性非所从。兼彼虚空地水火风。均名七大。性真圆融。皆如来藏。本无生灭。一切世间诸所有物。皆即菩提妙明元心。心精遍圆。含裹十方。反观父母所生之身。犹彼十方虚空之中。吹一微尘。若存若亡。如湛巨海。流一浮沤。起灭无从。背觉合尘。故发尘劳。有世间相。而如来藏唯妙觉明。圆照法界。是故于中一为无量。无量为一。小中现大。大中现小。不动道场。遍十方界。身含十方无尽虚空。于一毫端。现宝王刹。坐微尘里。转大法轮。灭尘合觉。故发真如妙觉明性。心中狂性自歇。歇即菩提。胜净明心。本周法界，不从人得。随拔一根。脱黏内伏。伏归元真。发本明耀。诸余五黏。应拔圆脱。不由前尘所起知见。明不循根。寄根明发。由是六根互相为用。若弃生灭。守于真常。常光现前。根尘识心。应时销落。想相为尘。识情为垢。二俱远离。则汝法眼应时清明。云何不成无上知觉。知见立知。即无明本。知见无见。斯即涅槃无漏真净。于外六尘。不多流逸。因不流逸。旋元自归。尘既不缘。根无所偶。反流全一。六用不行。十方国土。皎然清净。譬如琉璃。内悬明月。身心快然。获大安稳。一切如来密圆净妙。皆现其中。是人即获无生法忍。当知虚空生汝心内。犹如片云点太清里。况诸世界。在虚空耶。汝等一人发真归元。此十方空。皆悉销殒。圆明精心。于中发化。如净琉璃。内含宝月。圆满菩提。归无所得。生因识有。灭从色除。理则顿悟。乘悟并销。事非顿除。因次第尽。

增补楞严法要串珠修证次第

汝坐道场。销落诸念。其念若尽。则诸离念一切精明。动静不移。忆忘如一。当住此处。入三摩提。如明目人。处大幽暗。精性妙净。心未发光。此则名为色阴区宇。若目明朗。十方洞开。无复幽黯。名色阴尽。是人则能超越劫浊。观其所由。坚固妄想以为其本。

彼善男子。修三摩提。奢摩他中。色阴尽者。见诸佛心。如明镜中。显现其像。若有所得而未能用。犹如魇人。手足宛然。见闻不惑。心触客邪而不能动。此则名为受阴区宇。若魇咎歇。其心离身。返观其面。去住自由。无复留碍。名受阴尽。是人则能超越见浊。观其所由。虚明妄想以为其本。

彼善男子。修三摩提。受阴尽者。虽未漏尽。心离其形。如鸟出笼。已能成就。从是凡身。上历菩萨六十圣位。得意生身。随往无碍。譬如有人。熟寐寱言。是人虽则无别所知。其言已成音韵伦次。令不寐者。咸悟其语。此则名为想阴区宇。若动念尽。浮想销除。于觉明心。如去尘垢。一伦生死。首尾圆照。名想阴尽。是人则能超烦恼浊。观其所由。融通妄想以为其本。

彼善男子。修三摩提。想阴尽者。是人平常梦想消灭。寤寐恒一。觉明虚静。犹如晴空。无复粗重。前尘影事。观诸世间大地山河。如镜鉴明。来无所黏。过无踪迹。虚受照应。了罔陈习。唯一精真。生灭根元。从此披露。见诸十方十二众生。毕殚其类。虽未通其各命由绪。见同生基。犹如野马。熠熠清扰。为浮根尘究竟枢穴。此则名为行阴区宇。若此清扰熠熠元性。性入元澄。一澄元习。如波澜灭。化为澄水。名行阴尽。是人则能超众生浊。观其所由。幽隐妄想以为其本。

彼善男子。修三摩提。行阴尽者。诸世间性。幽清扰动。同分生机。倏然隳裂。沉细纲纽。补特伽罗。酬业深脉。感应悬绝。于涅槃天。将大明悟。如鸡后鸣。瞻顾东方。已有精色。六根虚静。无复驰逸。内外湛明。入无所入。深达十方十二种类。受命元由。观由执元。诸类不召。于十方界。已获其同。精色不沉。发现幽秘。此则名为识阴区宇。若于群召已获同中。销磨六门。合开成就。见闻通邻。互用清净。十方世界。及与身心。如吠琉璃。内外明彻。名识阴尽。是人则能超越命浊。观其所由。罔象虚无。颠倒妄想以为其本。

汝等存心。秉如来道。将此法门。于我灭后。传示末世。普令众生觉了斯义。无令见魔。自作沉孽。保绥哀救。销息邪缘。令其身心入佛知见。从始成就。不遭歧路。

精真妙明。本觉圆净。非留死生。及诸尘垢。乃至虚空。皆因妄想之所生起。斯元本觉妙明精真。妄以发生诸器世间。如演若多。迷头认影。妄元无因。于妄想中。立因缘性。迷因缘者。称为自然。彼虚空性。犹实幻生。因缘自然。皆是众生妄心计度。阿难。知妄所起。说妄因缘。若妄元无。说妄因缘。元无所有。何况不知。推自然者。是故如来与汝发明。五阴本因。同是妄想。

是五受阴。五妄想成。汝今欲知因界浅深。唯色与空。是色边际。唯触及离。是受边际。唯记与忘。是想边际。唯灭与生。是行边际。湛入合湛。归识边际。此五阴元。重叠生起。生因识有。灭从色除。理则顿悟。乘悟并销。事非顿除。因次第尽。

跋楞严大义今释

南居士怀瑾出示其近著《楞严大义今释》十卷，属为校阅。费十日之力，为之审读一过。曰：此佛学历史上一大贡献，亦我学术界一大开创事业也。佛教于我国，犹之基督教于欧美，同为外来之学。经典文学，托命于翻译，盖自然之数。佛教自东汉传入中土，译经随之而起。自晚汉迄中唐，凡七百年间，译经在中国实为民族学术史上辉煌之阶段，译经极盛于中唐。至宋元仅为补苴之工作。其在西历，此一事业之弘扬发达，盖在纪元后六十余年至第八世纪。故今日吾人所研诵之经文，大抵其译作在千年以前，少亦在数百年以上。故今日流行之经文，各种译本即使尽得信达与雅。则时隔千百年，文义亦随时空而变迁，其有待于修正与重译，其理至明。尝考中国译经历史，隋以前诸经主持译务之人，多为梵僧。口授经义与涉笔翻译之人，截然不同。大抵授经者只通梵语，而涉笔者仅谙华文。口笔分歧，不能通会，《玄奘传》云："前代已来，所译经教，初从梵语，倒写本文，次乃回之。顺同此俗，然后笔人观理文句，中间增损，多坠全言。今所翻译，都由奘旨，意思独断。出语成章。词人随写，即可披玩。"由此可知译经事业，自晚汉至于中唐，中经一大变改。此一变革之枢纽，盖前于此一时期，则译事主者为梵僧。口传与操笔之人，各不互通其语文。逮鸠摩罗什西来，及于玄奘大师。译事主者乃为本国之高僧或梵僧中精通华文者。中唐所以为中国佛经译作之最高峰，玄奘大师之造诣实为其主因。玄奘大师出而佛经之译述，悉操之于华梵精通之本国高僧，文化事业之发扬。不能依恃外人与外力，此其明证矣。景教流传中国垂及千年，然耶经中文译本，其佶屈俚俗，久为识者所诟病。予尝深考耶经在中国译述之史实，乃知耶经在中国之译述，主其事者悉为西人，数百年来，彼土无鸠摩罗什其人，远来中国。而我国亦无玄奘其人，融会中西之精英，舍身于弘扬耶教之述作。此中西文化交流史上莫大之缺陷，至今尚不知何自弥补。英语民族崇奉之耶经，名曰英王杰姆斯钦定本者。自一六一一年以来，英语民族中不仅奉为圣教之津梁，且视为文学之典谟。其庄严典雅，简洁威重，与其铿锵之音韵，数百年来，其精神交织于英语民族之每个人及其制度，此钦定本《圣经》至成为英语民族之瑰宝。若以佛学名词言之，则此文字般若之力量，其伟大深远，有不可思议者如此。虽然，自十九世纪中叶以后，欧洲研究耶经之风大盛，考古学上之考证，发现钦定本实质上之错误不少，而三百余年之时境迁易，文字之变化亦多，英格兰教会于一八七〇年开始从事修正。一八八一至一八八五年《圣经》英文修正本 The English Revised Version of the Bible 正式刊行。而美国修正本 The American Standard Version 则于一九〇一年印行。美利坚与加拿大两国教会，联合成立修订《圣经》委员会，从事再修订一九〇一年之本，费时二十余年，今日流行之标准修正版《圣经》, Revised Standard Version of Bible 卒于一九五一年经过美国全国教会联合会之投票通过而正式印行。英国近人斐立浦斯 J.B.Phillips 八年前再取《新约》全部重译为现代之英文。其方法乃将《新约》各章旧有之节目次序，重为厘正写译。故纲要内容以及文体语句，莫不焕然一新，斐立浦斯先生在自序中反复重译之方法有二，一为尽弃尽忘杰姆斯钦定本美妙庄严之原文原句，二为忠实而自由显示原文之格调与语意。今日英语世界中，标准修正版《圣经》与斐立浦斯重译《新约》，几乎取昔日之钦定本而代之。文化之日新益新，典章文物，乃至语言文字，迁变无常。其世间之共相也欤。南居士怀瑾《楞严大义今释》之作，综予所闻于居士及其自序所述，方之西土，其犹杰姆斯钦定本之辗转而成标准修订本与斐立浦斯书之意乎。昔憨山大师有言："不知《法华》，则不知如来救世之苦心。不知《楞严》，则不知修心迷悟之关键，不知《楞伽》，则不辨知见邪正之是非。"予尝谓佛学者，实践之宗教哲学也，故学佛不仅研究理论，还在苦心修持。《楞严经》为修心迷悟之关键，其在佛典中之重要可知。《楞严经》译在唐时。据近时印本，均载唐天竺沙门般剌密帝译，乌苌国沙门弥伽释迦译语，清河房融笔受。揆之本文首段所论译经史实，本经口笔分歧，不能通会之处，必复不少。何况时历千载，理解释喻，完全异趣。苟欲弘扬圣教，实非广设译场，取重要经论，重为移译诠释，盖无由通晓末学，开示来兹。南居士以一人之力，穷半岁之昼夜，成此《今释》十卷。不仅文体尽采语体，即喻释取譬，亦全用现代事物理则。此书之出，能否使佛学大义，家喻户晓，虽不敢必，然由陈入新，变古到今，则今日释经译经之大势所趋，盖无可疑者。居士此书，其将为震旦佛学开一新机，此吾国文化上一大事因缘，百千万劫中所难遭遇。《法华经》云："能为一人说法华经，乃至一句，是人则为如来所遣，行如来事。"南居士今发大心，成此《楞严大义今释》，到处随说是经。为如来所遣，行如来事，其法施于众生，功德宁有涯量！稽首顶礼。敬以此愿，普皆回向。

一九六〇年六月沧波程中行于台北寓庐

后　记

　　芸芸众生，茫茫世界，无论入世或出世的。一切宗教、哲学，乃至科学等，其最高目的，都是为了追求人生和宇宙的真理。但真理必是绝对的，真实不虚的，并且是可以由智慧而寻思求证得到的。因此世人才去探寻宗教的义理，追求哲学的睿思。我也曾经为此努力多年，涉猎得愈多，怀疑也因之愈甚。最后，终于在佛法里，解决了知识欲求的疑惑，才算心安理得。但佛经浩如烟海，初涉佛学，要求得佛法中心要领，实在无从着手。有条理，有系统，而且能够概括佛法精要的，只有《楞严经》，可算是一部综合佛法要领的经典。明儒推崇此经，曾有"自从一读《楞严》后，不看人间糟粕书"的颂词，其伟大价值可以概见。然因译者的文词古奥，使佛法义理，愈形晦涩，学者往往望而却步。多年以来，我一直期望有人把它译为语体，普利大众。为此每每鼓励朋辈，发愤为之。但以高明者既不屑为，要做的又力有未逮，这个期望遂始终没有实现。

　　避世东来，匆匆十一寒暑，其间曾开《楞严》讲席五次，愈觉此举的迫切需要。去年秋末的一个晚上，讲罢《楞严》，台湾大学助教徐玉标先生，与师范大学巫文芳同学，同在我斗室内闲谈，又讲到这个问题。他们希望我亲自动手译述，我说自己有三个心戒，所以迟延至今。第一，译述经文，不可冒昧恃才。尤其佛法，首先重在实证，不能但作学术思想来看。即或证得实相，又须仰仗文字以达意。所以古人对于此事，曾有一句名言，谓"依文解义，三世佛冤。离经一字，允为魔说。"如唐代宗时，一供奉谒慧宗国师，自云要注《思益经》。国师说：要注经必须会得佛意。他说：不会佛意，何以注经。国师就命侍者盛一碗水，中间放七粒米，碗面安一支箸，问他是什么意？他无语可对。国师说：你连老僧意都不会，何况佛意？由此可见注经的不易。我也唯恐佛头著粪，不敢率尔操觚。第二，从前受蜀中一前辈学者嘱咐云：人心世道，都由学术思想而转移。文字是表达学术思想的利器，可以利人，亦可以害人。聪明的思想，配合动人的文词，足可鼓舞视听，成名一时。但现在世界上邪说横行，思想紊乱，推原祸始，都是学术思想制造出来的。如果没有真知灼见，切勿只图一时快意，舞文弄墨。从此我对文字就非常戒惧，二十年来，无论处在何种境遇，总是只求浅修默行。中间一度，几乎完全摒弃文字而不用，至于胸无点墨之境。现在前人虽已作古，但言犹在耳，还是拳拳服膺，不敢孟浪。第三，向来处事习惯，既经决定方针，必竭全力以赴。自参究心宗以后，常觉行业不足。习静既久，耽嗜疏懒为乐。偶或动写作兴趣，就会想到德山说的："穷诸玄辩，如一毫置于太虚。彻世机枢，似一滴投于巨壑。"便又默然搁笔了。徐巫二位听了，认为是搪塞的遁词，遂说但要我来口述，他们当下记录，以免我写作的麻烦。我想这样可以试而为之，就随便答应下来。起初是把每句文词意义，逐字逐句翻成白话，所以字斟句酌，不胜其烦。过了三天，萧正之先生来访，又谈到此事。他认为佛法被人误解，也正如其他宗教一样，病在不肯脱掉宗教神秘的色彩，所以不能学术化，大众化。不如撷取其精华，发挥其要义，比较容易使人了解。我同意他的意见，为切合时代的要求，就改了方式，但用语体来述说它的大义，而且尽可能纯粹保留原文字句的意义，糅合翻译和解释两种作用，定名为《楞严大义讲话》。而徐巫二位，因学校开学事忙，不能兼顾，我只有自己担起这副担子。起初预计三个月可以全部完成，不料日间忙于俗务和宾客酬应。必须到深夜更阑，方能灯前执笔。虽然每至连宵不寐，仍然拖到今年初夏，才得完成全稿。

每一事的成功，却须仰仗许多助缘。这本书的完成，也不外此例。当我写了一半的时候，杨管北居士闻知此事，即发心共同完成此一愿望，预定由他集资印出赠送，以广弘扬。对篇章编排方面，他并且提供了若干意见，这对于本书顺利问世，是一有力的助缘。刘世纶（叶曼）也立志襄助此事，在此半年期间，朝夕为之校阅原经和译稿，虽风雨而无阻。每因一字一句的斟酌，往返商量数次方定。虽值出国行期匆促，仍于百忙中竟成其事。其他如杨啸伊夫妇为之安排稿纸。韩长沂居士为之誊清全稿，查考注释，并自动发心负总校对之责。所以在印刷校对方面，我可以省却许多心力。有这许多自发的至诚，乃益增加我的努力。程沧波先生又为总阅原稿一遍，并为文跋其后，且提议改为今名，在此同志谢意。此外，去年秋间，张起钧教授赴美国华盛顿大学讲学之先，曾留赠名笔一枝，希望他返国之时，能够看到我一部著作。虽然没有写出如他所预期的那本书，但这本书的完成，曾数易其稿，都用这支笔来写成，也可说是不负其所望，故志之以为纪念。张翰书教授、朱亚贤居士、巫文芳小友、邵君圆舫、龚君健群，有的协助抄写，有的分神校阅，或多或少，都贡献过心力，并笔之以志胜缘之难得。萧天石、鲁宽缘两位居士，曾提议要附印原经，以便读者对照研究。但因印刷不便，所以未能依照他的雅教，谨致歉意。最后，接洽印刷事务，多蒙妙然、悟一两位法师的帮忙，感谢无量。

这本书的译述，只能算是一得之见，一家之言，不敢说是完全符合原经意旨。但开此风气之先，作为抛砖引玉。希望海内外积学有道之士，因此而有更完善的译本出现，以阐扬内典的精英，为新时代的明灯，庶可减少我狂妄的罪责。这诚是我薰香沐祷、衷心引领企望的。

乃说偈曰：

　　白话出，楞严没。愿其不灭，故作此说。

　　为世明灯，照百千劫。无尽众生，同登觉阙。

　　　　　　一九六〇年（岁次庚子）孟秋南怀瑾记于台北

南怀瑾先生著述目录

1. 禅海蠡测 （一九五五）
2. 楞严大义今释 （一九六〇）
3. 楞伽大义今释 （一九六五）
4. 禅与道概论 （一九六八）
5. 维摩精舍丛书 （一九七〇）
6. 静坐修道与长生不老 （一九七三）
7. 禅话 （一九七三）
8. 习禅录影 （一九七六）
9. 论语别裁（上） （一九七六）
10. 论语别裁（下） （一九七六）
11. 新旧的一代 （一九七七）
12. 定慧初修 （一九八三）
13. 金粟轩诗词楹联诗话合编 （一九八四）
14. 孟子旁通 （一九八四）
15. 历史的经验 （一九八五）
16. 道家密宗与东方神秘学 （一九八五）
17. 习禅散记 （一九八六）
18. 中国文化泛言（原名"序集"） （一九八六）
19. 一个学佛者的基本信念 （一九八六）
20. 禅观正脉研究 （一九八六）

21. 老子他说　（一九八七）

22. 易经杂说　（一九八七）

23. 中国佛教发展史略述　（一九八七）

24. 中国道教发展史略述　（一九八七）

25. 金粟轩纪年诗初集　（一九八七）

26. 如何修证佛法　（一九八九）

27. 易经系传别讲（上传）　（一九九一）

28. 易经系传别讲（下传）　（一九九一）

29. 圆觉经略说　（一九九二）

30. 金刚经说什么　（一九九二）

31. 药师经的济世观　（一九九五）

32. 原本大学微言（上）　（一九九八）

33. 原本大学微言（下）　（一九九八）

34. 现代学佛者修证对话（上）　（二〇〇三）

35. 现代学佛者修证对话（下）　（二〇〇四）

36. 花雨满天　维摩说法（上下册）　（二〇〇五）

37. 庄子諵譁（上下册）　（二〇〇六）

38. 南怀瑾与彼得·圣吉　（二〇〇六）

39. 南怀瑾讲演录二〇〇四—二〇〇六　（二〇〇七）

40. 与国际跨领域领导人谈话　（二〇〇七）

41. 人生的起点和终站　（二〇〇七）

42. 答问青壮年参禅者　（二〇〇七）

43. 小言黄帝内经与生命科学　（二〇〇八）

44. 禅与生命的认知初讲　（二〇〇八）

45. 漫谈中国文化　（二〇〇八）

46. 我说参同契（上册）　（二〇〇九）

47. 我说参同契（中册）　（二〇〇九）

48. 我说参同契（下册）　（二〇〇九）

49. 老子他说续集　（二〇〇九）

50. 列子臆说（上册）　（二〇一〇）

51. 列子臆说（中册）　（二〇一〇）

52. 列子臆说（下册）　（二〇一〇）

53. 孟子与公孙丑　（二〇一一）

54. 瑜伽师地论　声闻地讲录（上册）　（二〇一二）

55. 瑜伽师地论　声闻地讲录（下册）　（二〇一二）

56. 廿一世纪初的前言后语（上册）　（二〇一二）

57. 廿一世纪初的前言后语（下册）　（二〇一二）

58. 孟子与离娄　（二〇一二）

59. 孟子与万章　（二〇一二）

60. 宗镜录略讲（卷一至五）　（二〇一三至二〇一五）

打开微信，扫码听南怀瑾著作有声书

《论语别裁》有声书

《易经杂说》有声书

《老子他说》有声书

《原本大学微言》有声书

购买南怀瑾先生纸质图书，请打开淘宝，扫码登陆复旦大学出版社天猫旗舰店

打开微信，扫码看南怀瑾著作电子书

《金刚经说什么》电子书

《如何修证佛法》电子书

购买南怀瑾先生纸质图书，请打开淘宝，扫码登陆复旦大学出版社天猫旗舰店

打开微信，扫码观看
《复旦大学出版社南怀瑾著作出版纪程》视频

打开微信，扫码观看
南怀瑾先生授课原声视频

图书在版编目(CIP)数据

楞严大义今释/南怀瑾著述. —2版. —上海：复旦大学出版社,2016.3(2025.4重印)
ISBN 978-7-309-11611-3

Ⅰ.楞… Ⅱ.南… Ⅲ.①大乘-佛经②《楞严经》-研究 Ⅳ.B942.1

中国版本图书馆CIP数据核字(2015)第157890号

楞严大义今释
南怀瑾 著述
出 品 人/严 峰
策划创意/南怀瑾项目组
编辑统筹/南怀瑾项目组
责任编辑/张旭辉

复旦大学出版社有限公司出版发行
上海市国权路579号 邮编：200433
网址：fupnet@fudanpress.com http://www.fudanpress.com
门市零售：86-21-65102580 团体订购：86-21-65104505
出版部电话：86-21-65642845
浙江临安曙光印务有限公司

开本 787毫米×960毫米 1/16 印张23.5 字数278千字
2016年3月第2版
2025年4月第2版第19次印刷

ISBN 978-7-309-11611-3/B·547
定价：42.00元

如有印装质量问题,请向复旦大学出版社有限公司出版部调换。
版权所有 侵权必究